日本全国

境界未定地の事典

Kenji Asai

浅井建爾——［著］

東京堂出版

はじめに

地図には膨大な量の情報が詰め込まれている。たった1枚の地図でも、書籍1冊分に相当する情報量が記載されているといわれているほどで、「地図は見るものではなく読むものである」といわれる所以である。地図からその地域の地形や地名、町の様子など、さまざまなことを知ることができる。たった1枚の地図なのに、これだけ多くの情報を詰め込むことができるのも、地図記号があるからなのだが、その地図記号の一つに県境や市町村境を表している1本の線がある。これらの境界線が、複雑に曲がりくねっていることに興味を抱く人も少なくないだろう。意味もなく曲がりくねっているわけではないのである。

ところで、県境や市町村境などの境界線は、誰が、いつ、どのようにして決めたのか。複雑に屈曲した境界線には、私たちが知らない謎が隠されていることが多い。その謎をいろいろ調べていくと思わぬ発見をすることもあり、興味は尽きないのである。県境も市町村境も、行政区域を区分する単なる境界線に過ぎないかもしれないが、この目には見えない1本の境界線には非常に大きな意味がある。境界線をまたいだだけで生活圏は異なり、暮らしのルールや生活習慣などにも違いが見られるからだ。

昔から各地域の境界はあいまいで、現在のように正確に決められていたわけではなかった。そのため縄張り争いや、領地をめぐる争いが絶えなかった。誰も見向きをしない利用価値のなかった土地でも、やがて開発されてそこに利害関係が生じるようになると、境界線をめぐって地域紛争へと発展していった。境界線が確定するまでには、それこそ紆余曲折のドラマが繰り広げられてきた。何でもないように見える1本の境界線には、先人たちの血のにじむような戦いの歴史が秘められていることが少なくないのである。紛争が発生するたびに境界が確定していったのだが、それでも、いまだに境界が確定していない県境や市町村境が全国には数多く存在している。

詳細な地図を見ていると、境界線を表している点線が途切れている箇所が随分あることに気づくはずだ。たとえば、静岡県と山梨県の県境を示している点線が、富士山頂付近で途切れているのがその典型的な例だろう。決して印刷ミスではない。これがまさに境界未定地なのである。

一つの県の中にはいくつもの市町村境が引かれているし、市町村の中にも学区ごとの境界線がある。さらにその下には各町内の境界線もある。極端なことをいえば、隣の家との間にも境界があるはずだ。隣の木の枝が我が家の敷地にはみ出しているとか、このゴミは隣の家のゴミだなどと、隣家との間でもしばしば境界をめぐって縄張り争いが発生することもある。境界線は私たちが日常生活を営んでいく上での基本線で、目には見えない境界線の制約のもとに、私たちは社会秩序を守っているといってもいいだろう。

境界未定地はどのようにして発生したのか、なぜそこに境界未定地があるのか、そのほとんどは原因がはっきりしていないというのが実情だが、本書では、２０１８年9月時点において、国土地理院発行の地形図で確認することができた全国にある境界未定地をすべて取り上げ、それをわかりやすく解説したつもりである。それに加えて、主な湖沼の境界未定地が近年になって確定するに至った経緯と、国境紛争地も併せて紹介した。境界線というものの意義を再認識していただければ幸いである。

なお、本書を刊行するにあたって東京堂出版の酒井香奈さんをはじめ、編集スタッフの方々、ならびに資料提供や取材に協力していただいた方には厚くお礼を申し上げます。

２０１９年1月

浅井建爾

日本全国 境界未定地の事典◉目次

第4章　中部地方の境界未定地

第7章　九州・沖縄地方の境界未定地

第8章　確定した湖沼の境界

第9章 国境の未定地および紛争地

凡　例

- 未定地の場所がわかりやすいように「　」や「　」の網掛けで示した。ただし未定地の面積などを示すものではない。
- 該当する市町村名は左頁の地図において枠で囲み網掛けとした。
- 次の語はそれぞれ略称を用いた。
  インターチェンジ→ＩＣ、ジャンクション→ＪＣＴ、パーキングエリア→ＰＡ
  スマートインターチェンジ→ＳＩＣ

第1章

北海道地方の境界未定地

■北海道　千歳市×恵庭市

支笏湖の北岸にそびえる恵庭岳の境界未定地

北海道の南西部に、支笏《しこつ》湖という美しい湖がある。面積78・5平方キロメートルと千代田区の約7倍もある大きな湖で、水深360メートルは秋田県にある田沢湖に次いで日本で2番目に深い湖だ。透明度も高く、日本最北の不凍湖としても知られている。支笏洞爺国立公園の一翼を担っている道南観光の中心である。

支笏湖が形成されたころは円形のカルデラ湖だったといわれているが、北側の恵庭《えにわ》岳と南側の風不死《ふっぷし》岳や樽前《たるまえ》山の噴火活動により、現在のようにヒョウタン形の湖になった。

その支笏湖の北岸にそびえる恵庭岳（1320メートル）の北麓に、千歳《ちとせ》市と恵庭《えにわ》市の境界未定地がある。直線で約2キロの間だが、千歳市と恵庭市の主張する境界線に大きな隔たりがあるのだ。

千歳市は国土地理院の地形図に基づき、漁川《いざりがわ》水系と千歳川水系の分水嶺、すなわち国道453号からオコタンペ湖に向かって、ほぼ北海道道78号支笏湖線沿いのラインを主張している。だが、恵庭市は1906年（明治39）当時の道地方課保管図を論拠に、境界未定地の両端から恵庭岳の山頂まで引いた線が境界線であることを主張している。つまり、Vの字になった内側（北側）が恵庭市、外側が千歳市の領域だというのである。

境界未定地の発生は、1965年（昭和40）6月の恵庭町議会（現・恵庭市議会）で、両地図の境界線が整合していないという異議が出されたことが端緒になっている。これまで両市の間で幾度も協議が行われたが、決着には至っていない。境界未定地の周辺は山林なので特に支障はないが、万が一、境界未定地で自然災害などが発生した場合、どちらの市が対応するかという問題が出てくる。このように懸念する材料はあるので、いつまでも境界が未定でいいはずはない。現在は千歳、恵庭両市の間で年1回、事務レベルでの協議を継続しているが、解決する見通しは不明である。

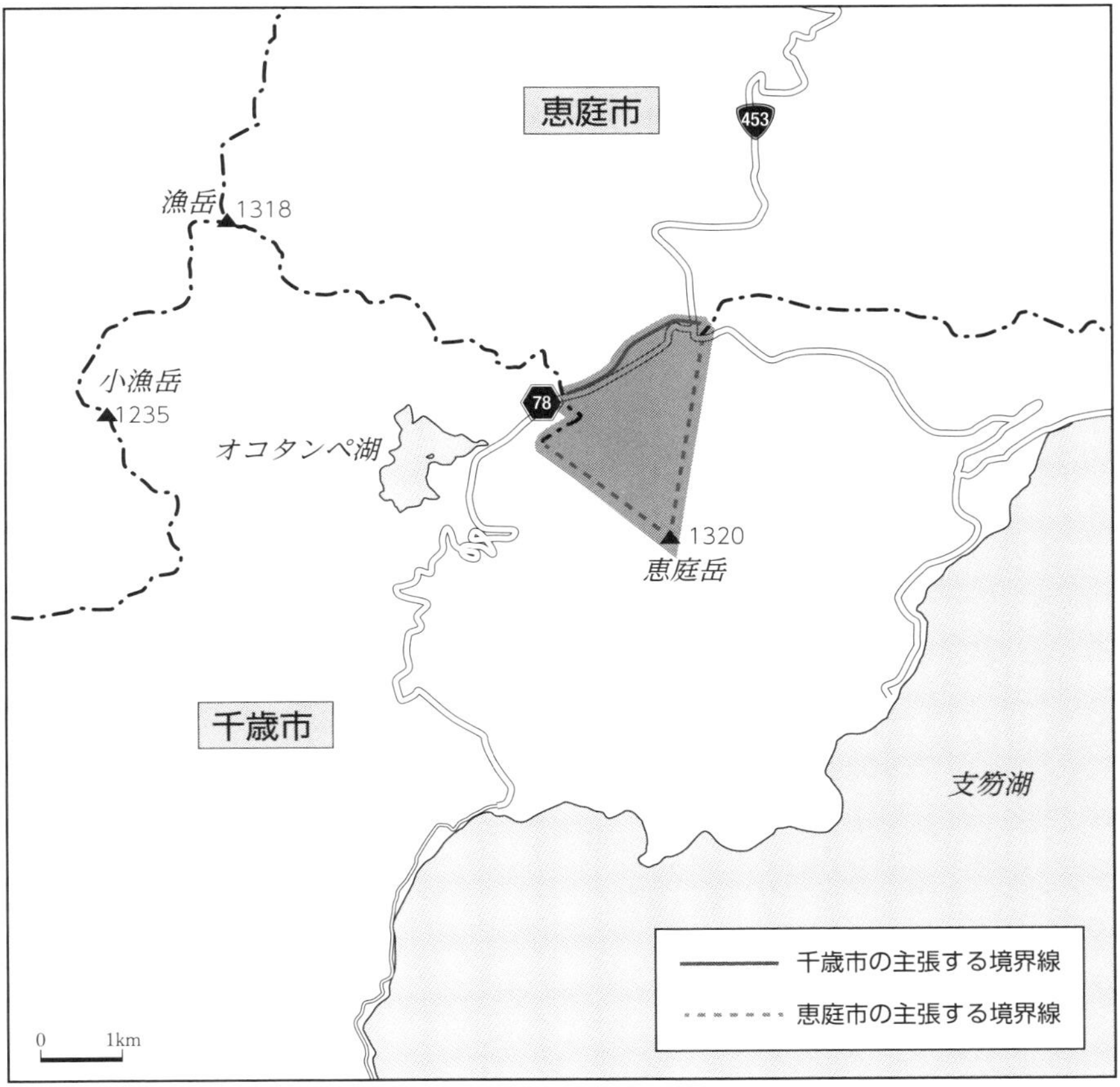
恵庭市
453
漁岳
1318
小漁岳
1235
78
オコタンペ湖
1320
恵庭岳
千歳市
支笏湖
千歳市の主張する境界線
恵庭市の主張する境界線
0
1km

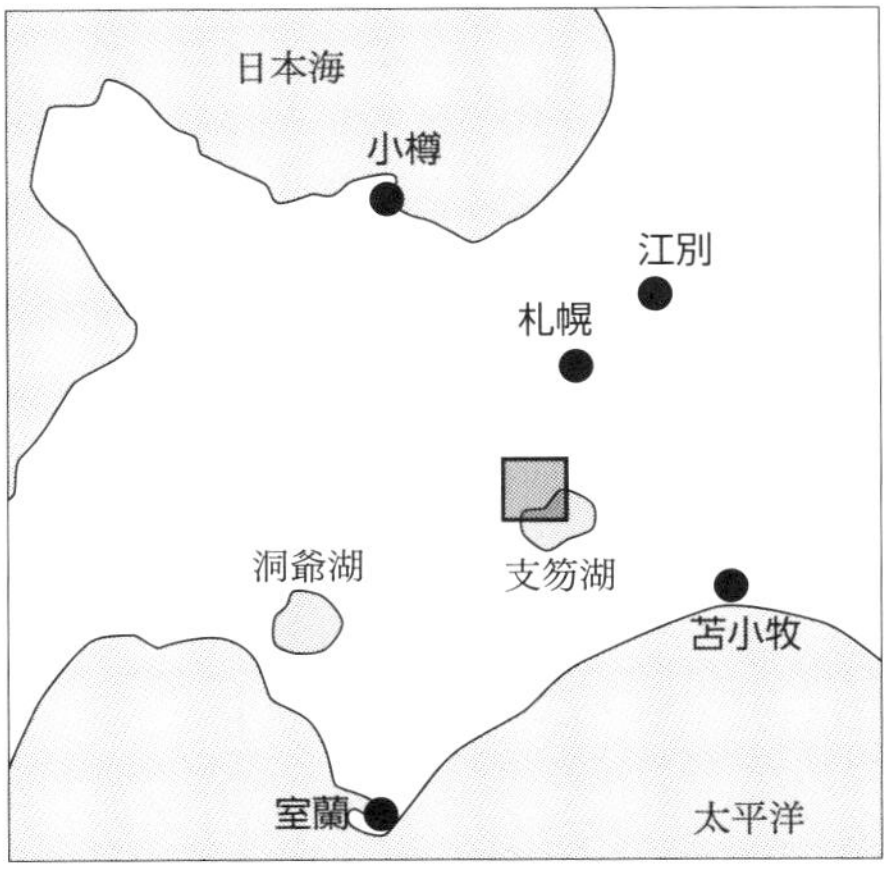
日本海
小樽
江別
札幌
洞爺湖
支笏湖
苫小牧
室蘭
太平洋

■北海道　喜茂別町×京極町

羊蹄山の山頂から延びる5本の市町村境に境界未定地が

北海道の南西部にそびえている羊蹄山《ようてい》（1898メートル）は円錐形をした成層火山で、山容の美しさから「蝦夷《えぞ》富士《ふじ》」の別称がある。この羊蹄山には、全国でも極めて珍しい境界線がある。市町村境の五差路である。羊蹄山の山頂から5本の市町村境が、山の斜面を下って放射線状に延びているのだ。しかも、山の中腹までは、ほぼ直線の境界線になっている。市町村境の五差路は全国で唯一、羊蹄山の山頂だけにしかない。5本の市町村境によって倶知安《くっちゃん》町、京極《きょうごく》町、喜茂別《きもべつ》町、真狩《まっかり》村、ニセコ村の5町村が区切られている。

羊蹄山の南東麓に位置する喜茂別町は、尻別《しりべつ》川の上流域に開けた、アスパラガスやジャガイモなどの畑作農業と畜産が盛んな町である。喜茂別町にも非常に珍しい境界線がある。隣接する真狩村および留寿都《るすつ》村との20キロ余りの境界線が直線なのである。北海道には直線の道路や直線の鉄道路線などとともに、直線の市町村境も多いのだ。だが、さすがに20キロ以上も直線の市町村境は、全国でもここだけにしかない。また、喜茂別町は町の東側で札幌市とも隣接しており、国道230号が札幌市の中心部に通じている。喜茂別町と札幌市の境界にある中山峠（835メートル）は、羊蹄山やニセコ連峰などを望む景勝地として知られている。

境界未定地は喜茂別町と、その北に隣接する京極町との間に存在している。中山峠から西へ9キロほど行った標高約650メートルの地点と、札幌市南区との境界にそびえる喜茂別岳（1177メートル）の山頂近くを結ぶ6キロ余りの区間が境界未定地である。羊蹄山の山頂から放射状に延びる5本の市町村境のうち、境界未定地はこの区間だけである。これまで喜茂別町と京極町との間で境界未定地を解消するための協議が行われてきたが、調査や測量などに多額の費用を要することもあって、境界を確定するまでには至っていない。

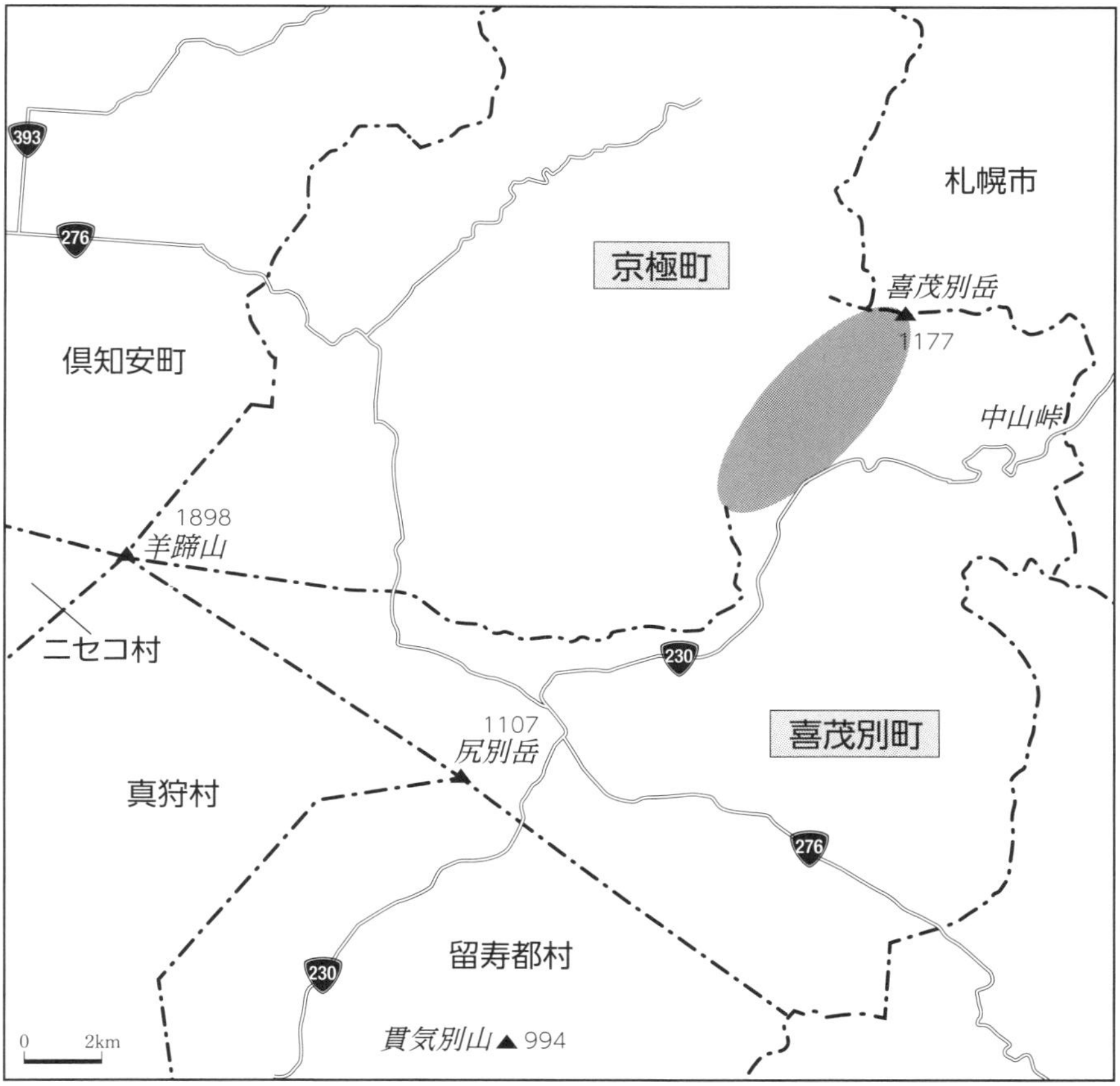
393
276
札幌市
京極町
喜茂別岳
1177
倶知安町
中山峠
1898
羊蹄山
ニセコ村
230
1107
尻別岳
喜茂別町
真狩村
276
留寿都村
230
0
2km
貫気別山
994

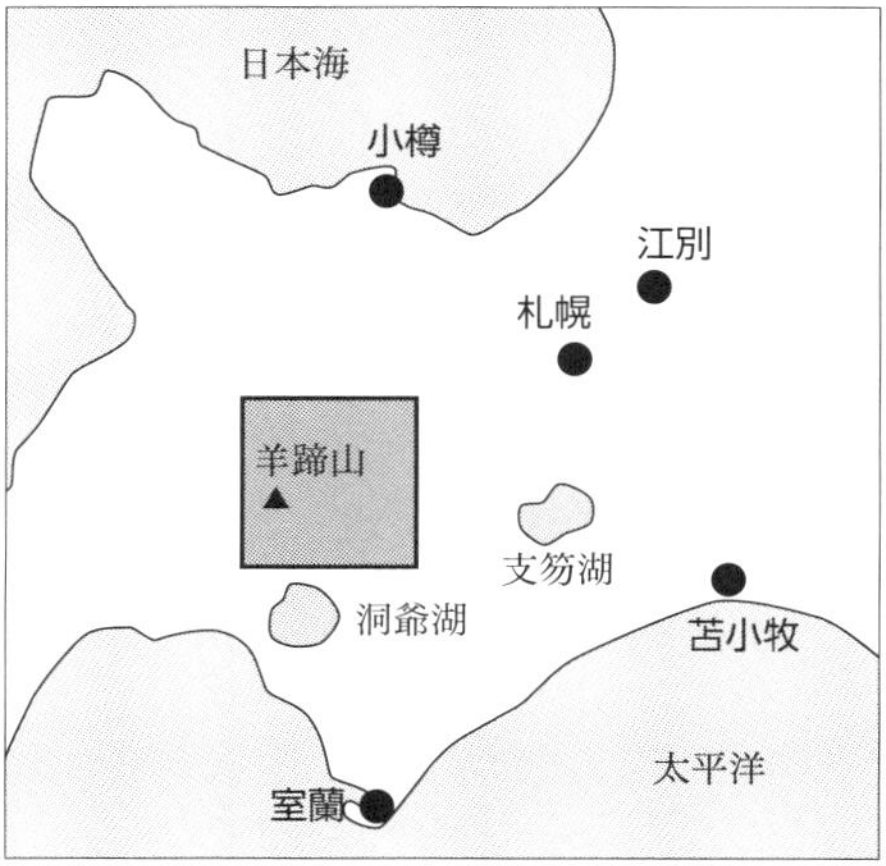
日本海
小樽
江別
札幌
羊蹄山
支笏湖
洞爺湖
苫小牧
太平洋
室蘭

■北海道　伊達市×壮瞥町

大正時代に発覚した伊達市と壮瞥町の境界未定地

渡島《おしま》半島に抱かれた内浦湾《うちうら》（噴火湾）に面している伊達《だて》市は、仙台支藩の亘理《わたり》藩伊達氏が集団移住して開発した地で、市名は開拓功労者の伊達氏に由来している。伊達市の北側には、道南観光の拠点として賑わう洞爺《とうや》湖があり、南岸に活火山の有珠《うす》山や昭和新山がそびえている。洞爺湖は壮瞥《そうべつ》町と洞爺湖町の境界に横たわっている。湖の中央に浮かぶ中島には、壮瞥町と洞爺湖町の境界線が走っている。洞爺湖の湖面は、壮瞥町と洞爺湖町で折半されているのだ。このように、洞爺湖町と壮瞥町の境界線はすべて確定しているが、壮瞥町と伊達市の間に境界未定地がある。昭和新山の山頂から南東へ約1・5キロ、長流《おさる》川の東側から有珠山の南麓を通って、洞爺湖町との境界線まで直線でおよそ5キロの境界が未定なのである。未定地の一帯は山林と原野に覆われている。

境界未定地は大正時代に発生したようだ。1900年（明治33）、伊達村（現・伊達市）の一部が分村して壮瞥村（現・壮瞥町）と合併し、北海道庁告示により両村の境界が確定している。1903年（明治36）にも、伊達村の一部が壮瞥村に編入されているが、これによって境界未定地が発生するようなことはなかった。境界未定地が発覚したのは1918年（大正7）ごろ、両村が主張する境界線に食い違いのあることが表面化し、北海道庁告示の境界と明らかに相違していることが認められたからである。そのため土地連絡調査図を、告示に基づいて更生しようとしたが、伊達村から分村した当時の地図が、両村役場にも胆振《いぶり》支庁（現・胆振総合振興局）にも存在せず、確認することができなかった。以来、境界未定地として扱われるようになった。1993年（平成5）、境界未定地を解消するため、伊達市と壮瞥町は胆振支庁長を通じて北海道長官に「町村境界に関する争論裁定申請」を提出したが、北海道長官の裁定はなく、いまだに境界は未定地のままになっている。

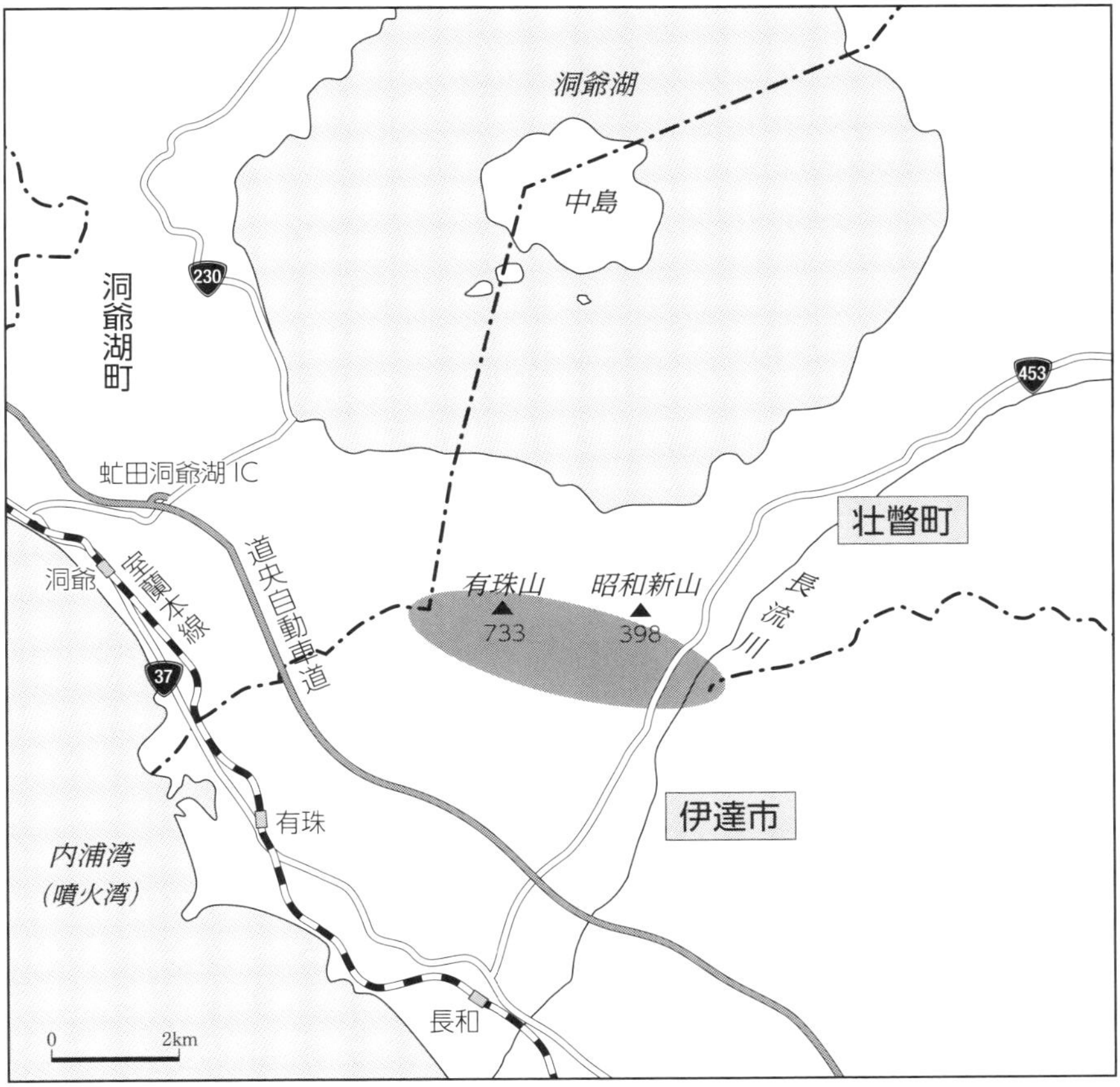
洞爺湖
中島
洞爺湖町
230
453
虻田洞爺湖 IC
壮瞥町
洞爺
室蘭本線
道央自動車道
有珠山
733
昭和新山
398
長流川
37
有珠
伊達市
内浦湾
（噴火湾）
長和
0
2km

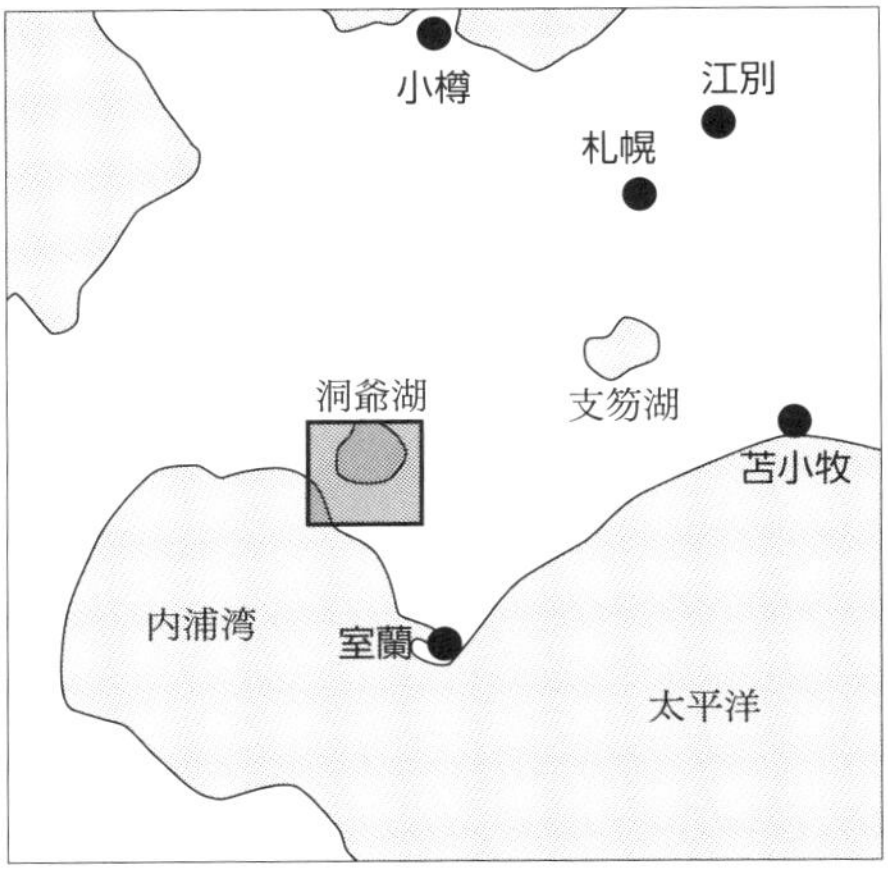
小樽
江別
札幌
洞爺湖
支笏湖
苫小牧
内浦湾
室蘭
太平洋

■北海道　苫小牧市×厚真町、苫小牧市×安平町

勇払原野に2ヵ所の境界未定地

北海道南西部に位置し、太平洋に面する苫小牧《とまこまい》市は、明治末期に王子製紙苫小牧工場が操業して以来、「紙の町」として発展し、現在は北海道最大の工業都市に成長している。市の西北部は山地だが、市域の大半は勇払《ゆうふつ》原野で占められている。その勇払原野で境界を接している厚真《あつま》町、および安平《あびら》町との間に境界未定地がある。

厚真町との境界未定地は、苫小牧東港にある苫東《とまとう》厚真発電所の北1キロほどの地点から、日高自動車道の南側まで約3・5キロの間である。境界未定地には北海道石油共同備蓄基地と苫小牧東部石油備蓄基地があり、円柱形の巨大なタンクが整然と並んでいる。厚真村（現・厚真町）は1897年（明治30）、苫小牧戸長役場管内から独立したが、その際の分村図が苫小牧市と厚真町のどちらにも残っていないため、境界未定地になったようだ。1977年（昭和52）から1980年（昭和55）にかけて、石油備蓄基地の建設計画が持ち上がったとき、両市町に北海道を交えて境界の解消に向けて協議を行ったが、両市町の主張に食い違いがあったため、境界確定には至らなかった。そのため、境界未定地に石油備蓄基地が建設された。だが、行政上不都合なことは特に生じていないという。

安平町との境界未定地は、安平川の中流、日高自動車道の苫東中央ＩＣの北3キロほどの地点から東へ約3キロ、厚真町との境界線までの間である。境界未定地の周辺は勇払原野の湿地帯で、多くの沼が点在している。また、近くには競走馬の総合牧場であるノーザンファームがある。1900年（明治33）、勇払村と植苗村（現・苫小牧市）の一部を割いて安平村（現・安平町）が設置された際の分村図が存在していないため、境界未定地になっている。

両地域の境界未定地は、行政上不都合な事案が発生していないことから、解消に向けての協議は特に行われていないようだ。

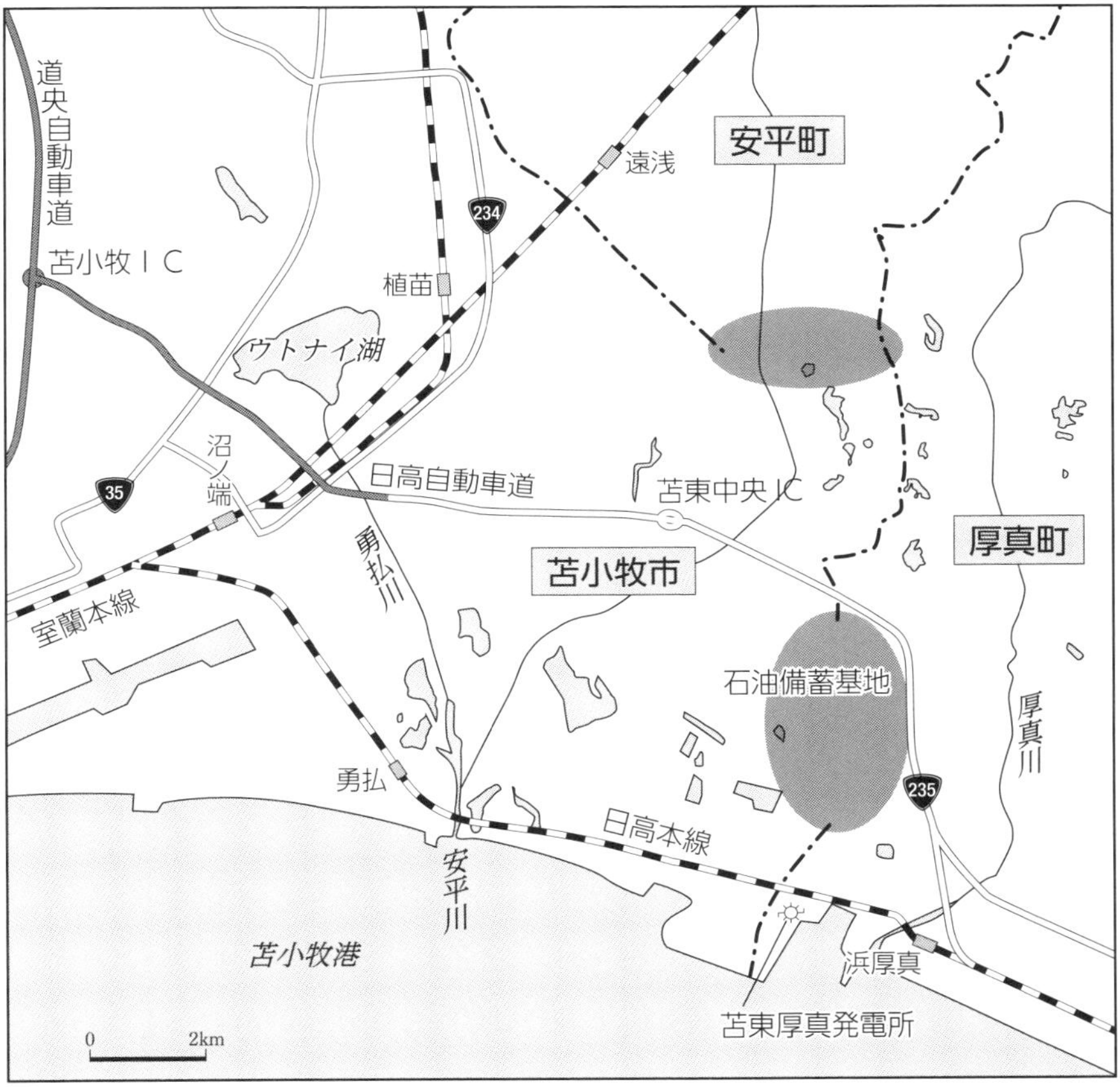
道央自動車道
苫小牧ＩＣ
ウトナイ湖
植苗
遠浅
234
安平町
沼ノ端
35
日高自動車道
苫東中央ＩＣ
勇払川
苫小牧市
厚真町
室蘭本線
石油備蓄基地
厚真川
勇払
235
日高本線
安平川
苫小牧港
浜厚真
苫東厚真発電所
0
2km

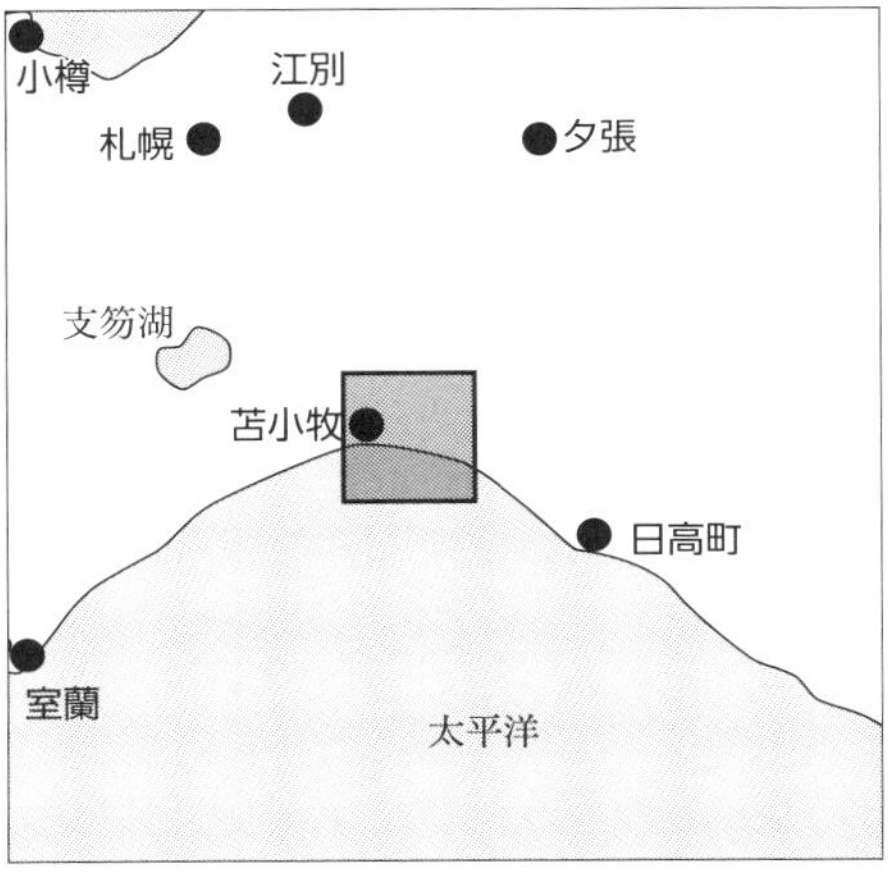
小樽
江別
札幌
夕張
支笏湖
苫小牧
日高町
室蘭
太平洋

■北海道　上士幌町×鹿追町

大雪山国立公園の然別湖に境界線はない

北海道の中央部を占める大雪山国立公園の一角に、糠平《ぬかびら》湖と然別《しかりべつ》湖という美しい湖がある。糠平湖は十勝川支流の音更《おとふけ》川に、発電用ダムの糠平ダムが建設されたことによって誕生した人造湖だが、そこから南西に10キロほど行った山間にある然別湖は自然湖だ。約3万年前の火山噴火で、北東部から流れてくるヤンベツ川がせき止められて出現した湖である。湖畔からは温泉が湧いている。面積3・6平方キロメートルとさほど大きな湖ではないが、周囲を南ペトウトル山、西ヌプカウシヌプリ、東ヌプカウシヌプリなどの山々に囲まれた神秘的な湖として観光客に人気がある。水深108メートル、湖面標高は810メートルもあり、北海道では最も標高の高いところにある湖として知られている。

糠平湖は上士幌《かみしほろ》町のほぼ中央にあるが、然別湖は上士幌町と鹿追《しかおい》町の境界線上に横たわっている。湖面に両町の境界線はない。北端から南端まで約3・5キロ、周囲13・8キロの然別湖が、そっくり境界未定地なのである。したがって然別湖の面積3・6平方キロメートル（千代田区の約3分の1）は、上士幌町の面積にも、鹿追町の面積にも含めることができない。

地方交付税の交付金は自治体の面積も算定基準になっているので、然別湖の面積分の地方交付税を上士幌町も鹿追町も受け取ることはできないのだ。境界が確定していれば当然受け取ることができるはずの地方交付税を、みすみすもらい損ねているわけである。小さな湖なので、受け取れる交付金は大した額ではないかもしれないが、財政の乏しい町村にとっては貴重な財源になるはずである。しかし、早急に境界を確定させようという動きはみられない。然別湖は湖岸に面している上士幌町と鹿追町の共有財産であり、この地域にとっては貴重な観光資源でもあるので、無理に境界を確定させて両町の関係にシコリを残したくないと考えているのだろうか。

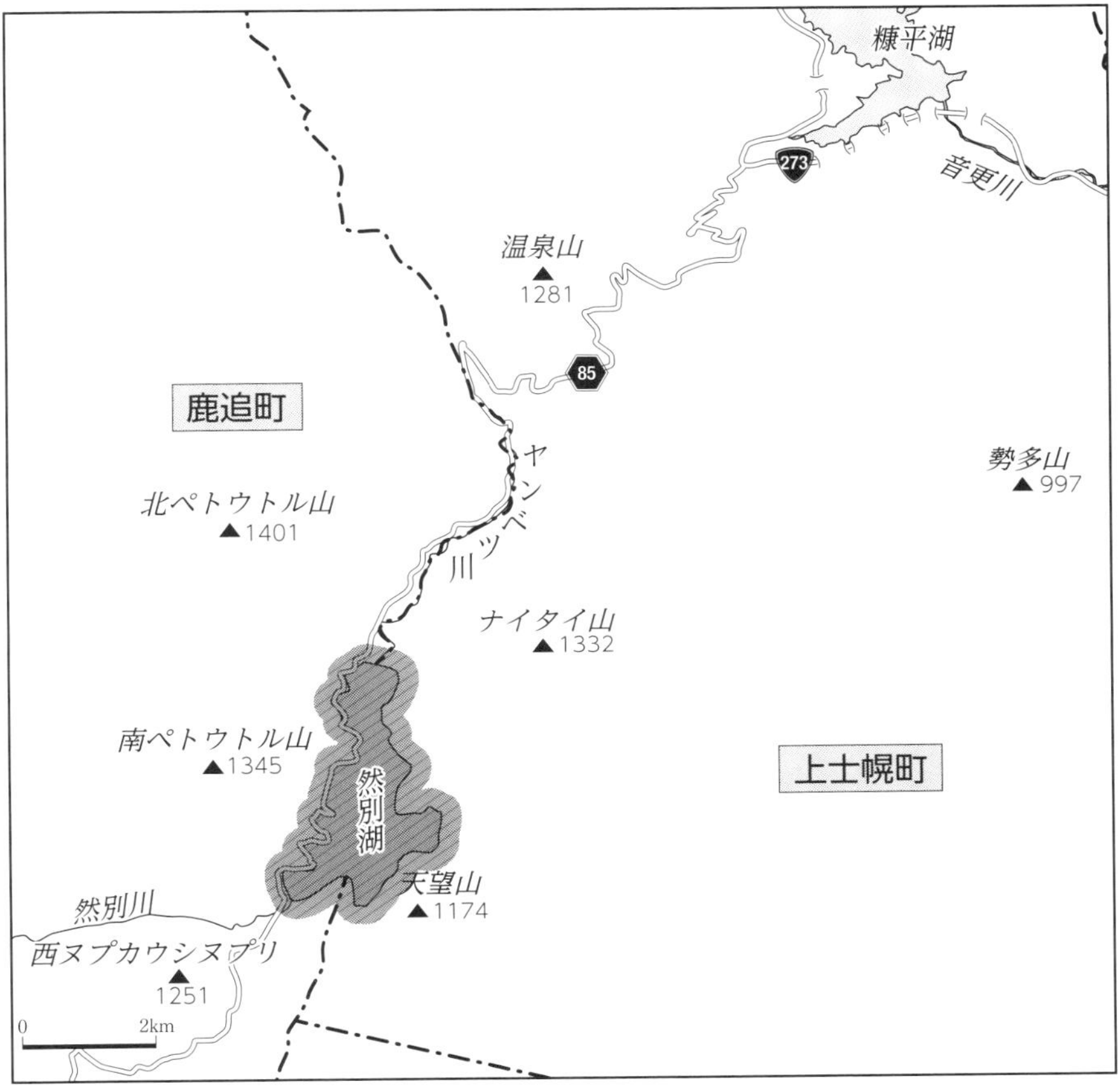
糠平湖
273
音更川
温泉山
1281
85
鹿追町
ヤンベツ川
勢多山
997
北ペトウトル山
1401
ナイタイ山
1332
南ペトウトル山
1345
然別湖
上士幌町
天望山
1174
然別川
西ヌプカウシヌプリ
1251
0
2km

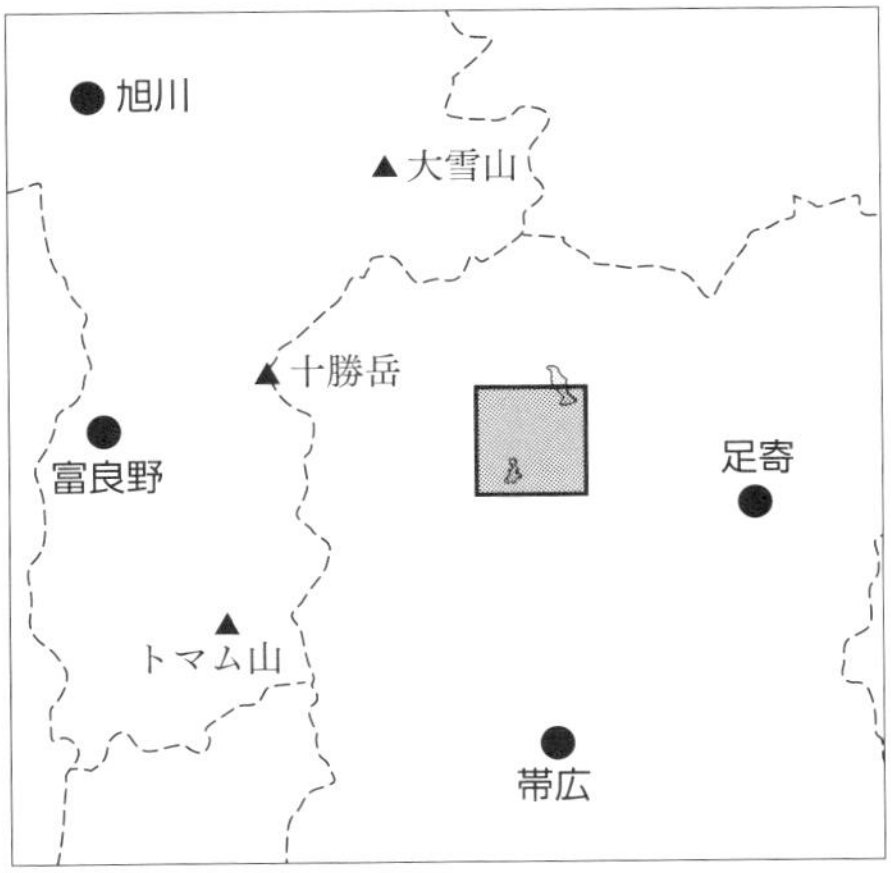
旭川
大雪山
十勝岳
富良野
足寄
トマム山
帯広

■北海道　釧路町×厚岸町

確定した境界線が再び未定地に

北海道東部の釧路総合振興局管内にある釧路町《くしろ》と、厚岸《あっけし》町の間に境界未定地がある。釧路町の西部は、釧路市に隣接しているため都市化が進んでいるが、内陸部は農山村地帯で太平洋の沿岸には漁村が点在している。隣接する厚岸町も漁業が盛んな町で、厚岸湖や厚岸湾はカキの産地として知られている。

釧路町と厚岸町の境界未定地は、釧路町の町域が厚岸町に向かって細長く突き出している農山村地帯にある。境界未定地の北側が厚岸町で、南側が釧路町。厚岸湾に注ぐ尾《お》幌《ぼろ》分水の河口付近から、ルークシュポール川の上流あたりを通っている国道44号まで、直線で約10キロの区間が境界未定地になっている。両町の境界問題は明治時代からくすぶり続けており、1901年（明治34）に北海道庁の裁定を仰いだが、解決するまでには至らなかった。だが、1916年（大正5）、釧路支庁長の調停によってやっと決着し、境界未定地は晴れて解消することになった。

ところが、それから二十数年経過した1941年（昭和16）、北海道庁宅地課土地調整係が測量を再度実施したところ、道庁の行政区域図に誤り箇所のあることが判明した。そのため、いったん解決した厚岸町と釧路町（当時は昆布《こんぶ》森《もり》村）との境界問題が復活することになった。北海道庁が測量した境界と、厚岸町が認識していた境界との間に大きなズレがあったのだ。厚岸町に著しく不利な測量結果であったため、厚岸町はそれに激しく反発し、釧路町の境界変更の申し出に応じなかった。そのため、境界紛争へと発展していくことになったのである。

釧路支庁が仲裁に入って円満解決を図ろうと試みるが、両町の主張は平行線をたどるばかりだった。さいわい境界未定地にはほとんど居住者がいないので、行政には特に支障がない。そういうこともあって、境界問題が解決するめどは立っていない。

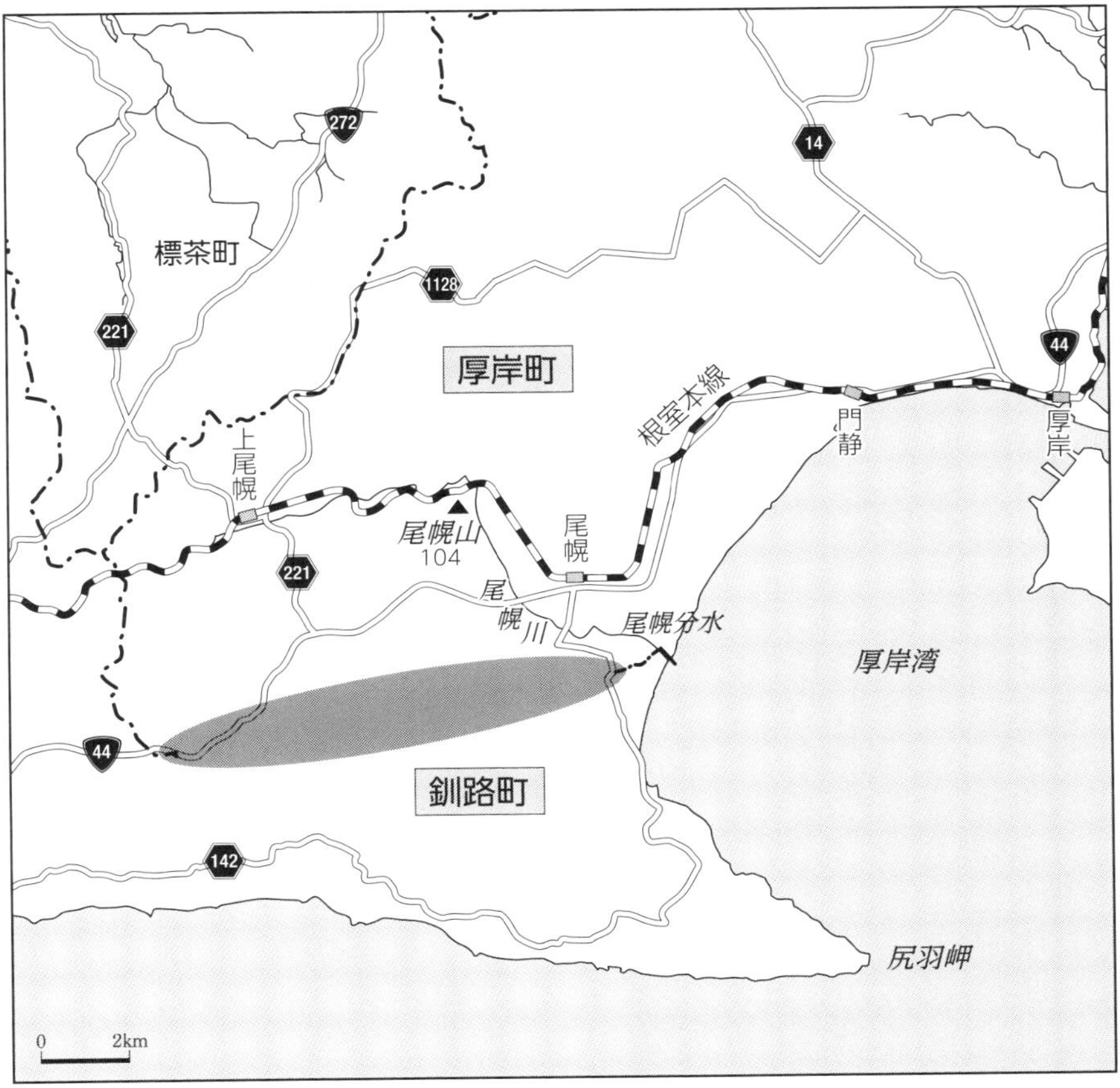
272
14
標茶町
1128
221
厚岸町
44
根室本線
門静
厚岸
上尾幌
尾幌山
104
尾幌
221
尾幌川
尾幌分水
厚岸湾
44
釧路町
142
尻羽岬
0
2km

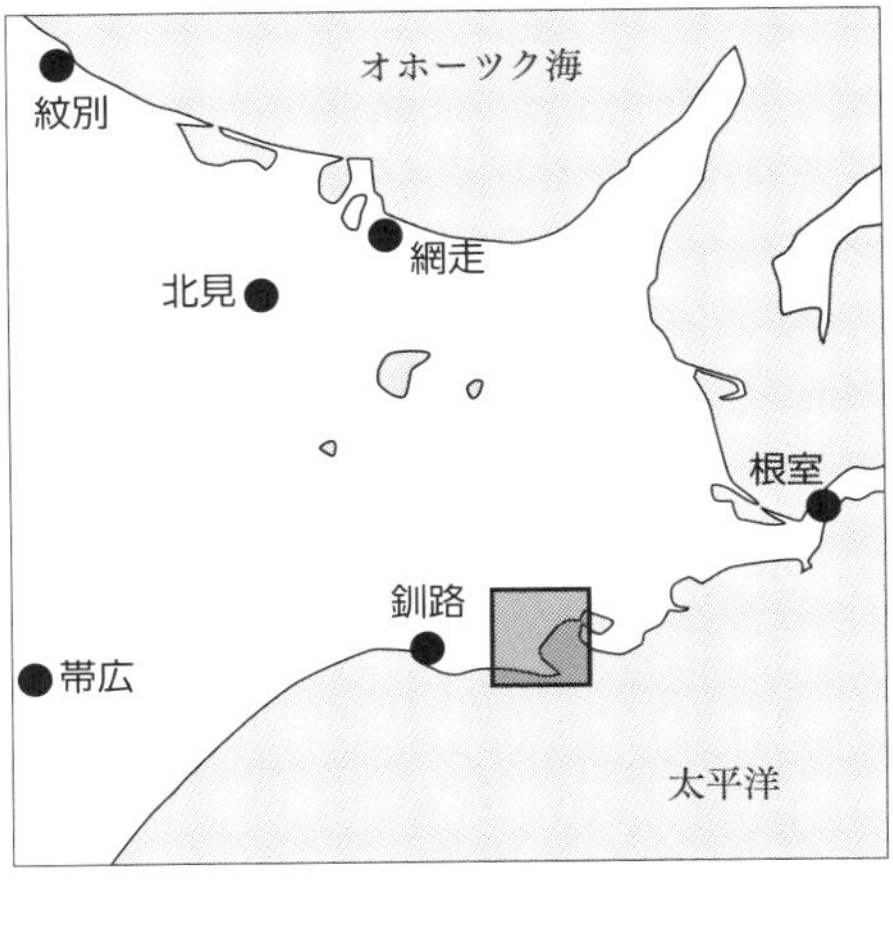
オホーツク海
紋別
網走
北見
根室
釧路
帯広
太平洋

■北海道　根室市×別海町

風蓮湖は境界が未定の湖沼では日本一大きい

大きな湖沼は複数の自治体にまたがっていることが多い。ひと昔前までは、それらの湖沼のほとんどが境界未定地だったが、近年になって、全国各地の湖沼に境界線が次々と引かれていった。境界を確定させて、地方交付税を増額させることがおもな目的である。しかし、いまだに境界が未定の湖沼もある。北海道の最東端に位置するハクチョウの飛来地として知られる風蓮《ふうれん》湖も境界が未定である。面積は57・5平方キロメートルと、箱根にある芦ノ湖の8倍以上、東北の十和田湖とほぼ同じ大きさの湖で、境界が確定していない湖沼としては日本一大きいのだ。

風蓮湖は根室《ねむろ》半島の基部に横たわっている潟湖である。エゾマツやトドマツが茂る砂州で根室湾と区切られているが、砂州の中央部と南東部で湖口が開いている。また、風蓮湖の周辺には湿地帯が広がっており、風蓮川をはじめ、別当賀《べっとが》川、厚床《あっとこ》川、ヤウシュベツ川など多くの河川が湖に流入している。

激しく蛇行している風蓮川の下流は、根室市と別海《べっかい》町の境界になっているが、根室市と別海町の境界にまたがっている風蓮湖は境界未定地なのである。そのため、風蓮湖の面積は根室市および別海町の面積には含まれていない。

各自治体が国から受け取る地方交付税は、面積も算定基準になっている。だが、境界が未定だと、その面積を自治体の面積に加えることができない。したがって、風蓮湖の面積分の地方交付税をもらい損ねていることになる。風蓮湖の境界を確定させれば、地方交付税の増額を実現できるわけだ。そこで2001年（平成13）、根室振興局と根室市、別海町の3者で、境界確定に向けての協議が行われたことがある。しかし、風蓮湖は湖岸が複雑に入り組んでいるので、容易に境界線を決められないという事情もあるのだろう。話し合いは決裂し、現在でも風蓮湖の境界は確定していない。

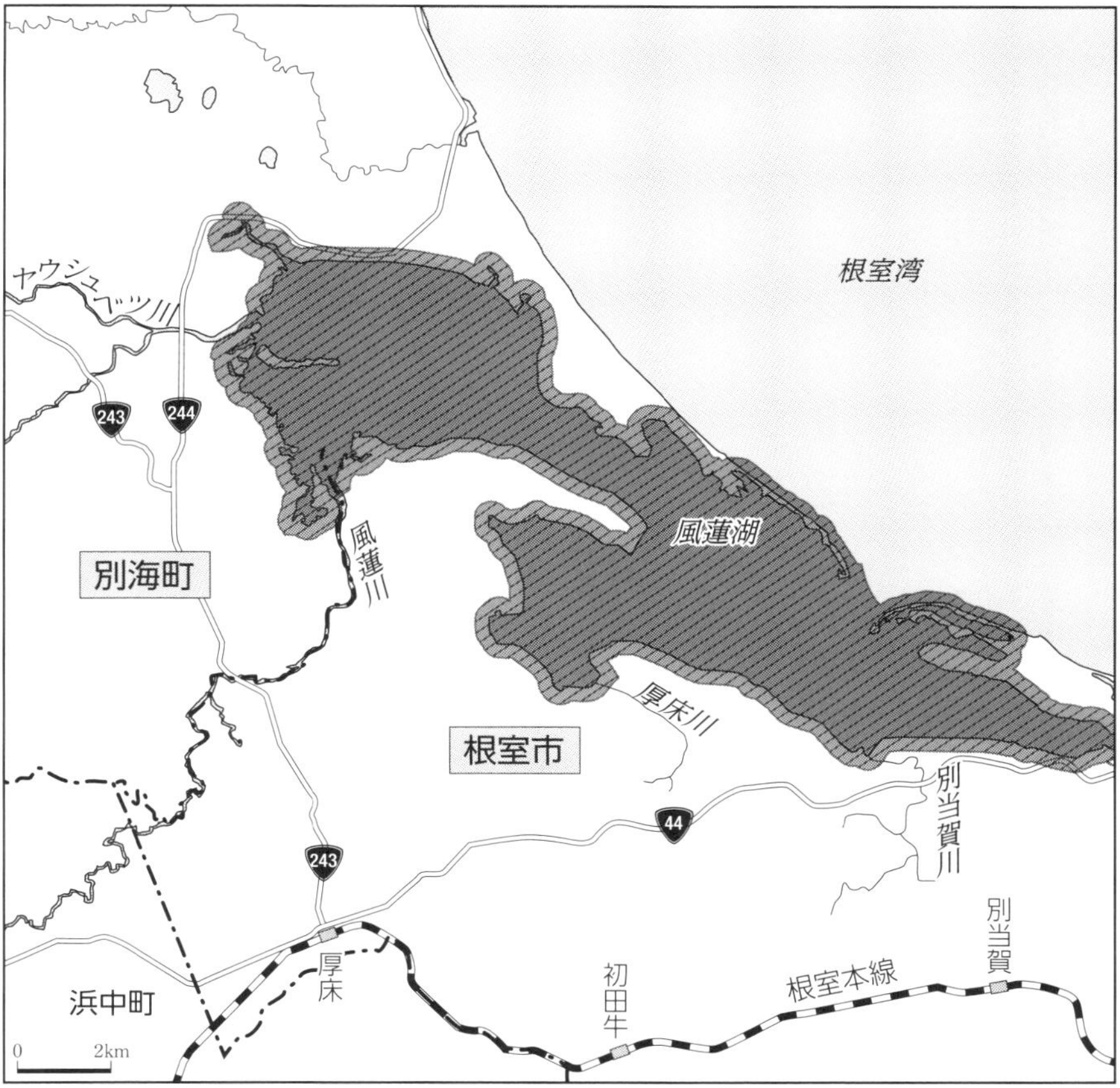

根室湾
ヤウシュベツ川
243
244
風蓮湖
風蓮川
別海町
厚床川
根室市
別当賀川
44
243
別当賀
初田牛
根室本線
厚床
浜中町
0
2km

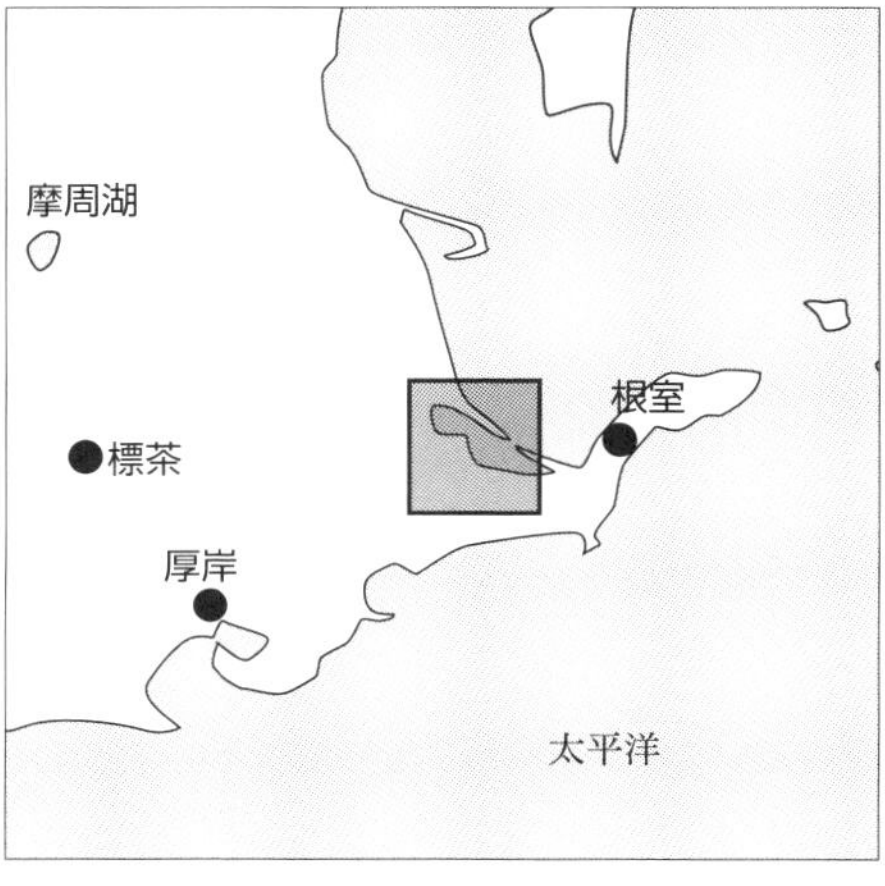

摩周湖
根室
標茶
厚岸
太平洋

■北海道　湧別町×遠軽町、湧別町×紋別市

湖と川に境界未定地がある

オホーツク海沿岸に位置する湧別町《ゆうべつ》は、北側はオホーツク海に面しているが、東側は佐呂間町《さろま》、南側は遠軽町《えんがる》、西側を紋別市《もんべつ》に囲まれている。湧別町は屯田兵が入植して開発した地として知られており、町内には「上湧別屯田市街地《かみゆうべつ》」などという地名も残っている。佐呂間町には北海道で最大の湖のサロマ湖が横たわっている。遠軽町はキリスト教徒が入植した地をルーツとしており、紋別市はオホーツク海沿岸の漁業基地として知られている。

境界未定地は湧別町と遠軽町、および湧別町と紋別市との間に存在している。湧別町と遠軽町との境界未定地は、湧別川支流のサナブチ川の下流で道道137号遠軽雄武《おうむ》線が交差するあたりから、サナブチ川の上流に向かって紋別市との境界までの10キロ以上の区間である。さいわい境界未定地の一帯は、国有林なので特に障害はない。

湧別町と西に隣接する紋別市との境界未定地も、シブノツナイ川という川の流れに沿っている。シブノツナイ川の河口には、シブノツナイ湖という潟湖が横たわっており、オホーツク海とシブノツナイ湖を仕切っている砂州の幅はわずか150メートルほどしかない。その砂州上の境界は確定しているが、シブノツナイ湖の湖面に境界線は引かれていない。さらに、シブノツナイ湖に注いでいるシブノツナイ川の河口から上流へ4キロほどの区間も、境界未定地になっている。そこから先は、シブノツナイ川の流れが湧別町と紋別市の正式な境界になっている。境界未定地もシブノツナイ川を正式な境界にしてもよさそうなものだが、そういうわけにもいかないのだろう。境界未定地はいずれ決めなければならない問題だが、差し迫った問題でも発生しなければ、確定する必要はないのかもしれない。境界を確定させようとすれば綿密な調査と測量を必要とする。しかも、境界未定地は長い距離に及ぶので、解決の見通しは立っていない。

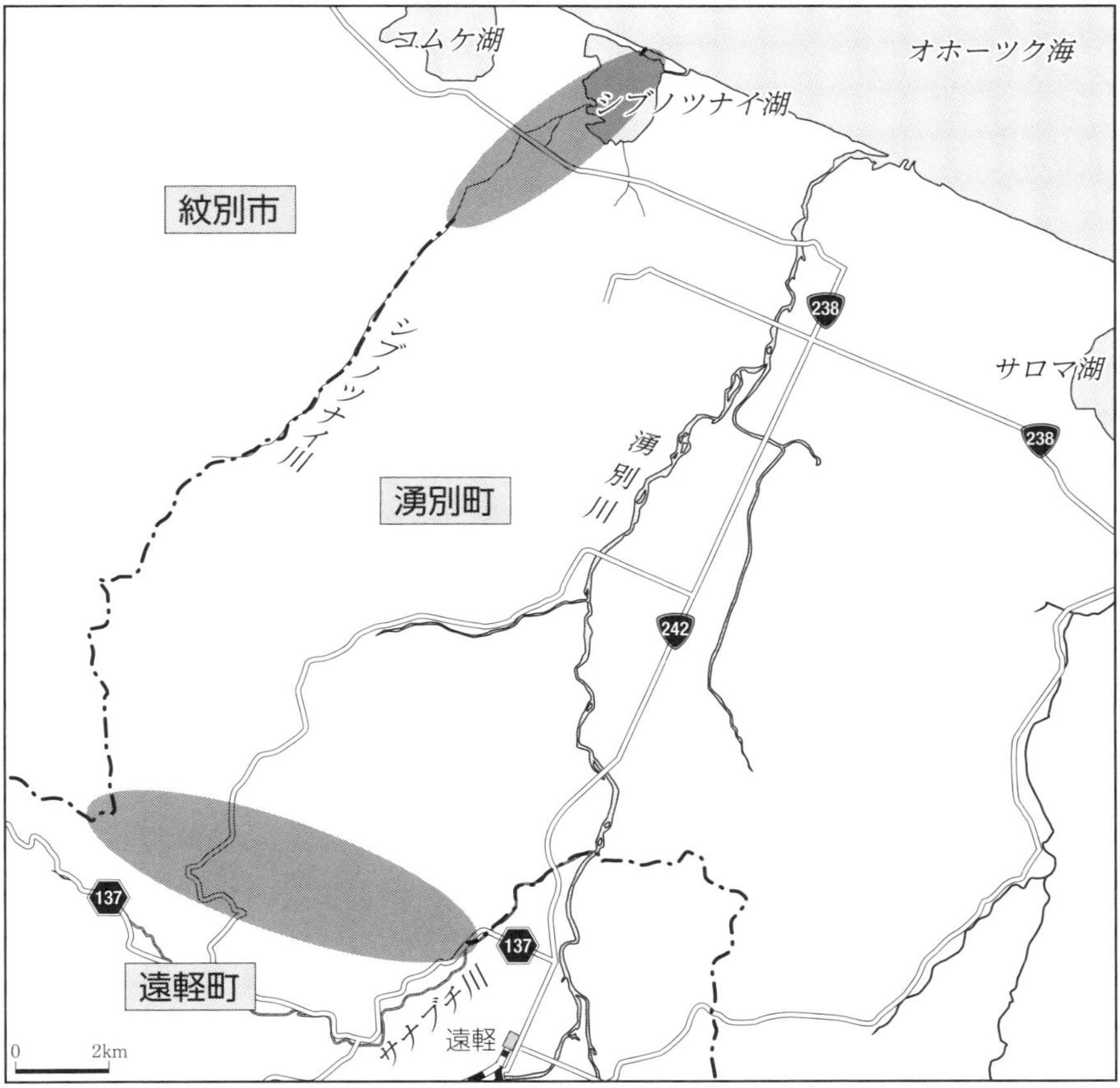
コムケ湖
オホーツク海
シブノツナイ湖
紋別市
238
シブノツナイ川
サロマ湖
238
湧別川
湧別町
242
137
137
遠軽町
サナブチ川
遠軽
0
2km

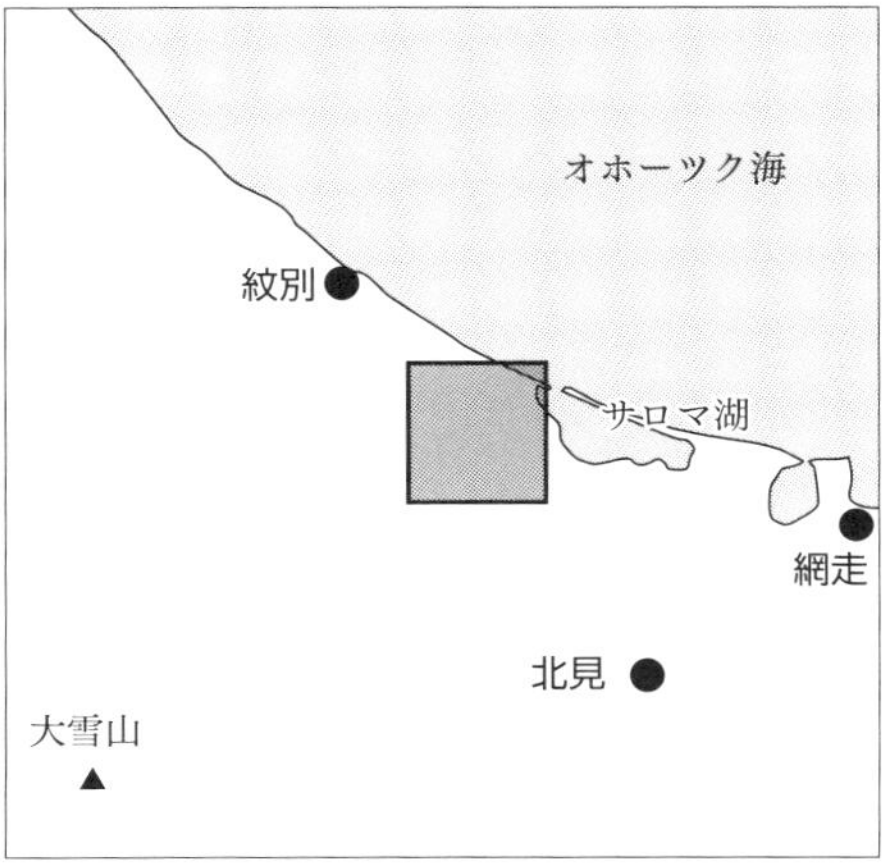
オホーツク海
紋別
サロマ湖
網走
北見
大雪山

■北海道　浜頓別町×枝幸町

オホーツク海沿岸にある日本最北の境界未定地

北海道北部のオホーツク海沿岸に、浜頓別町《はまとんべつ》と枝幸町《えさし》という小さな町がある。両町とも漁業が盛んな町で、特に毛ガニの漁獲量は北海道でも1、2位を争う。気候が寒冷のため農作物の栽培には適さず、酪農と漁業を主産業としている。オホーツク海の沿岸には湿地帯も多く、浜頓別町にはハクチョウの飛来地として知られるクッチャロ湖がある。また、枝幸町の内陸部は北海道屈指の寒冷地で、しばしば北海道の最低気温を記録することもある。枝幸町は渡島《おしま》半島の江差《えさし》町と区別するため、「北見枝幸」と呼ばれている。

浜頓別町と枝幸町との間に、日本で最北の境界未定地がある。両町の境界付近から、オホーツク海に突き出している神威《かむい》岬が境界未定地なのである。かつては海岸線に沿って、浜頓別駅と北見枝幸駅を結ぶ国鉄興浜北線《こうひんほくせん》という鉄道路線が走っていた。しかし、1980年（昭和55）の国鉄再建法により、興浜北線は第一次特定地方交通線に指定され、1985年（昭和60）に廃止されてしまった。そのため、オホーツク海の沿岸は鉄道の空白地帯になっている。浜頓別町と枝幸町を結ぶ交通路は、国道238号のみだった。しかし、1999年（平成11）、バイパスとして北オホーツクトンネルが完成し、岬の沿岸を通っていた国道238号は町道に格下げになっている。

浜頓別町と枝幸町の境界未定地は、斜内山《しゃない》（439メートル）の山頂から神威岬の突端まで、直線で約1・6キロの間である。斜内山の山頂と神威岬を結ぶ尾根が、おおむね浜頓別町と枝幸町の境界線だと両町とも認識しているが、正式な境界線ではない。神威岬が国の名勝に指定された景勝地だということもあり、境界線ごときで両町の良好な関係に波風を立てたくないという思いがあるからなのか、境界を確定させるための協議は特に行われていない。神威岬の断崖中腹には、縞模様の灯台がオホーツク海の荒波を見下ろしている。

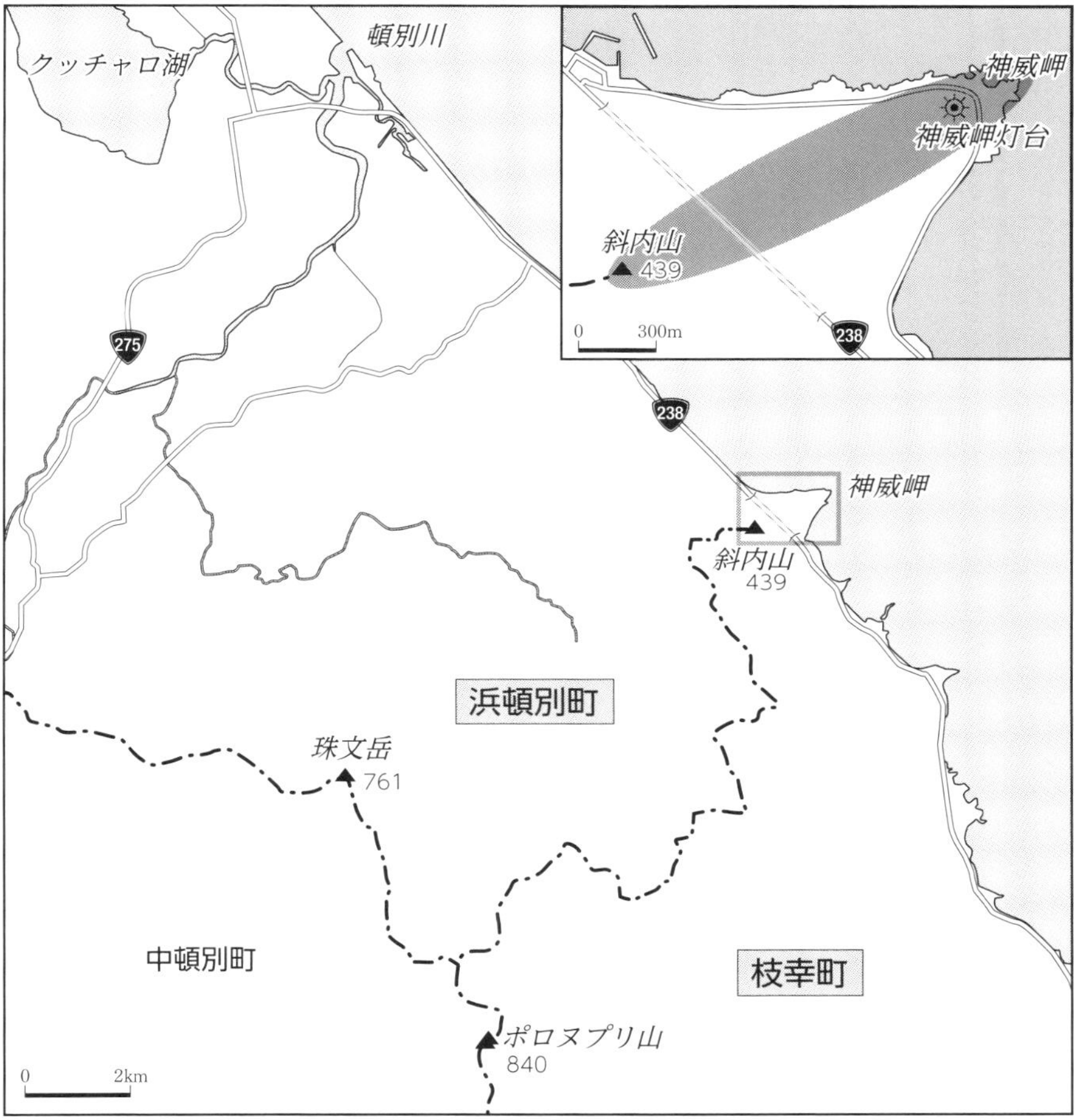

頓別川
クッチャロ湖
275
神威岬
神威岬灯台
斜内山
439
0
300m
238
238
神威岬
斜内山
439
浜頓別町
珠文岳
761
中頓別町
枝幸町
ポロヌプリ山
840
0
2km

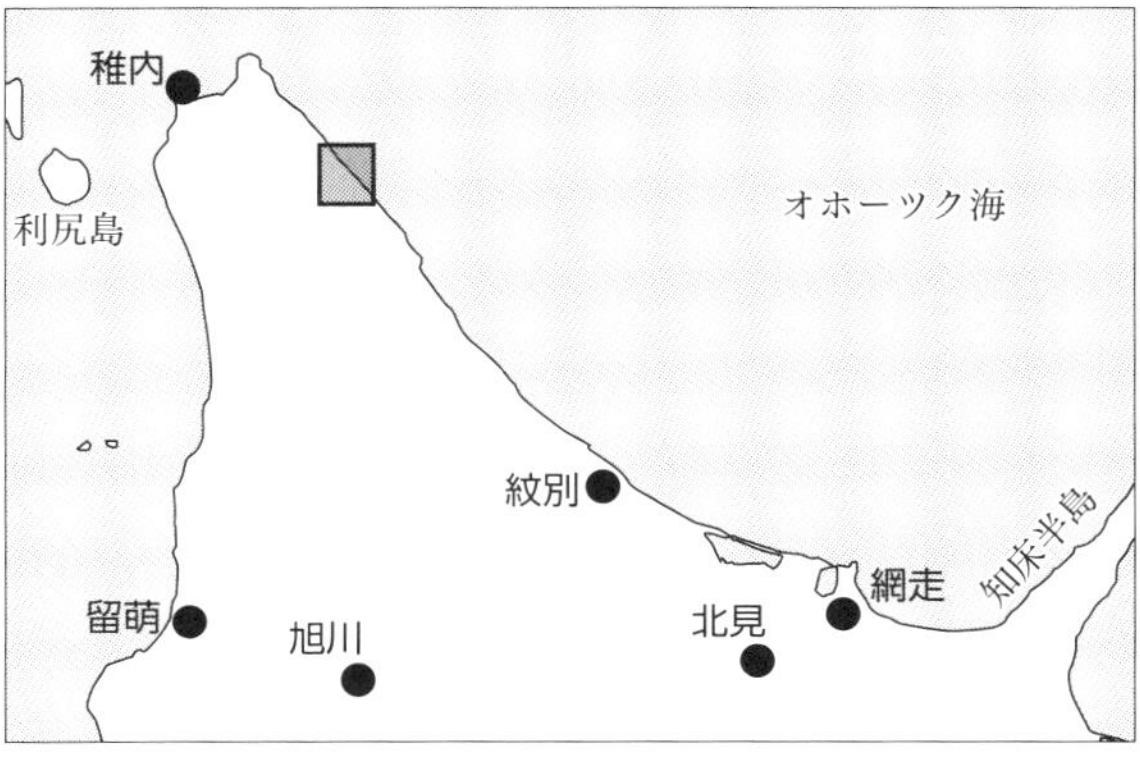

稚内
利尻島
オホーツク海
紋別
知床半島
網走
留萌
旭川
北見

第2章

東北地方の境界未定地

■岩手県　奥州市×金ケ崎町、奥州市×平泉町

奥州市の北と南に境界未定地が

岩手県の南部に位置する奥州《おうしゅう》市は２００６年（平成18）2月、水沢市と江刺《えさし》市、前沢町、胆沢《いさわ》町、衣川《ころもがわ》村の5市町村が合併して発足した人口、面積とも県内第3位の都市である。市の中央を北上《きたかみ》川が南北に貫流し、その流域の北上盆地に市街地が開けている。面積が広大なので、周囲を北上市、金ケ崎《かねがさき》町、花巻《はなまき》市、遠野《とおの》市、住田《すみた》町、一関《いちのせき》市、平泉《ひらいずみ》町、西和賀《にしわが》町の県内8市町に囲まれ、西側は秋田県東成瀬《ひがしなるせ》村と接している。このうち、北側の金ケ崎町と南側の平泉町との間に境界未定地がある。

金ケ崎町との境界未定地は、市西部の胆沢地区（旧・胆沢町）にそびえている鍋割《なべわり》山（６７２メートル）の北東麓にある。ちなみに鍋割山の南側には、奥羽山脈の焼石岳を発して北上川に注ぐ一級河川の胆沢川が流れており、上流に建設された胆沢ダムは、全国屈指の規模を誇るロックフィルダムとして知られている。

境界未定地は直線距離で約5キロもあり、約８００ヘクタールの土地が未定地になっている。全域が山林原野で、国有林が多くを占めているため、未定地のあることが判明したのは１９６６年（昭和41）以降のことである。これまで旧・胆沢町と金ケ崎町との間で、幾度となく協議が重ねられてきた。合併後、奥州市になってからも解決する方向で協議が続けられているが、解決の見通しは立っていない。

世界遺産に登録されている中尊寺で有名な平泉町との間にある境界未定地は、東北自動車道の平泉前沢ＩＣのすぐ西側にある。距離にして約1キロ、６・５ヘクタールの土地が未定地になっている。山林原野の中に田畑もあり、多くの溜め池がある。昭和40年代の半ば、私有地の測量調査を行った際に境界未定地の存在が明らかになり、１９７６年（昭和51）ごろから旧・衣川村と平泉町との間で協議が重ねられてきた。だが、解決には至らず、いまだに境界未定地のままである。

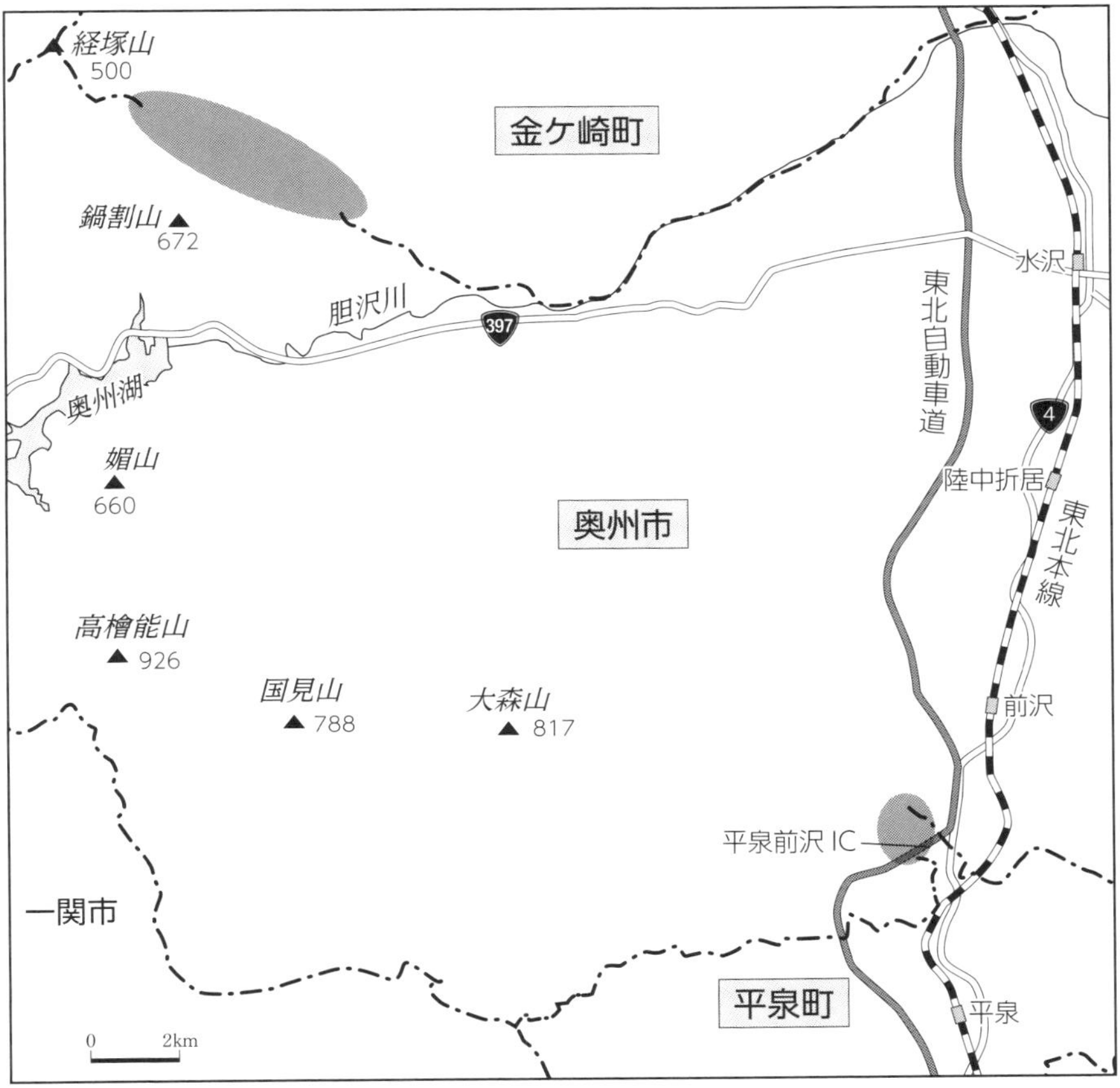
経塚山
500
金ケ崎町
鍋割山
672
水沢
胆沢川
397
東北自動車道
奥州湖
4
媚山
660
陸中折居
奥州市
東北本線
高檜能山
926
国見山
788
大森山
817
前沢
平泉前沢 IC
一関市
平泉町
平泉
0
2km

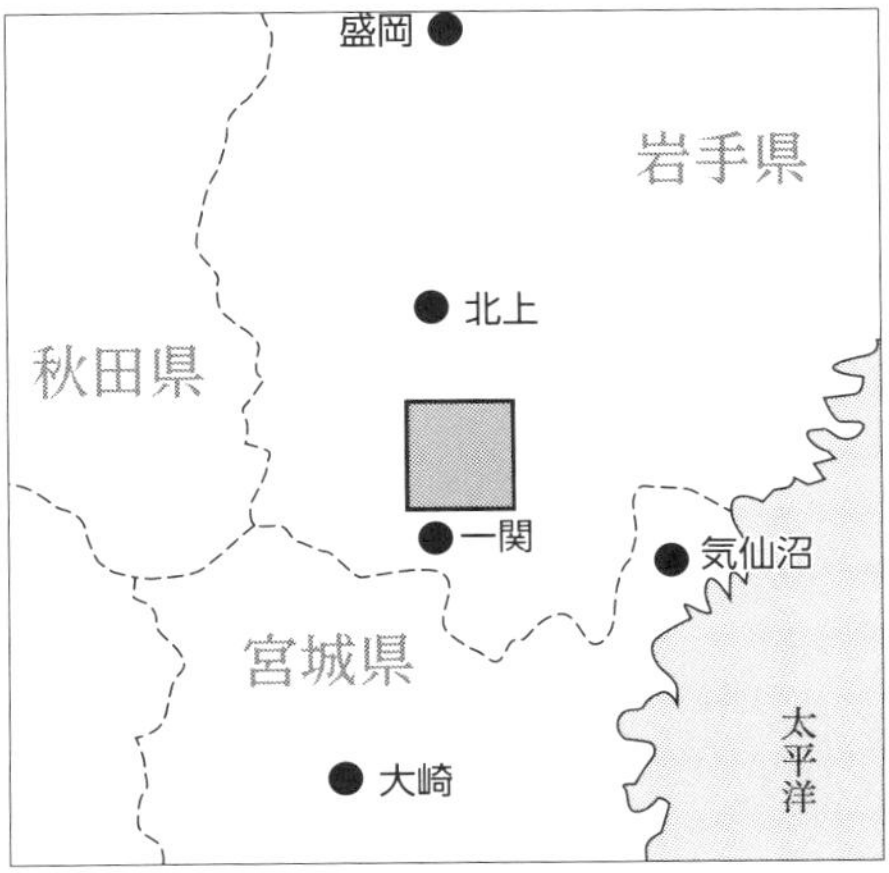
盛岡
岩手県
北上
秋田県
一関
気仙沼
宮城県
太平洋
大崎

■岩手県　岩泉町×野田村

日本一長い洞窟の安家洞の近くに境界未定地が

　岩手県は北海道を除けば日本一面積が広い県だが、その岩手県の北東部に位置する岩泉町《いわいずみ》は、東京23区の１・５倍以上もある本州で最も面積の広い町である。町の中央に北上高地が横たわり、町域の大半は山と谷が複雑に入り組んだ山岳地帯だ。面積の広い町だけに、周囲を盛岡《もりおか》市、葛《くず》巻《まき》町、久慈《くじ》市、野田《のだ》村、普代《ふだい》村、田野畑《たのはた》村、宮古《みやこ》市の７市町村に囲まれ、町域の一部が太平洋に面している。

　町の中心部からほど近くにある龍泉洞《りゅうせんどう》は、「日本三大鍾乳洞」の一つで、洞窟内にある地底湖は世界一の透明度を誇っている。この水はミネラルウォーターとして全国に販売されている。鍾乳洞の多い岩手県だが、岩泉町には龍泉洞の他にもう一つ、全国的に有名な鍾乳洞がある。県の北部の山間にある安家洞《あっかどう》だ。洞窟の全長が約2万３７００メートルもあり、日本一長い洞窟として知られている。この安家洞から北東へ５キロほどのところに、岩泉町（旧・安家村）と野田村の境界未定地がある。標高７０２メートルの高森の山頂から、3町村（岩泉町、野田村、普代村）の境界が交わっている高森まで、直線で約4キロの区間が境界未定地になっており、境界未定地のほぼ中央を安家川が流れている。

　境界未定地はほぼ全域が山林で、人家はまったく存在していない。町村の境界は地権者間の境界をそのまま町村境としているが、旧・安家村だったころから地権者と地権者の境界が確定できない状況にあった。しかも、このあたり一帯は私有地のため開発の予定もない。したがって、未定地であっても行政上、支障になるようなことはなく、境界をめぐるトラブルも、これまで発生したことはない。境界未定地は解消することが望ましいが、それには地権者間の話し合いが必要である。だが、利害が伴う問題だけに、定規で線を引くようなわけにもいかず、いまだに境界が確定する見通しは立っていない。

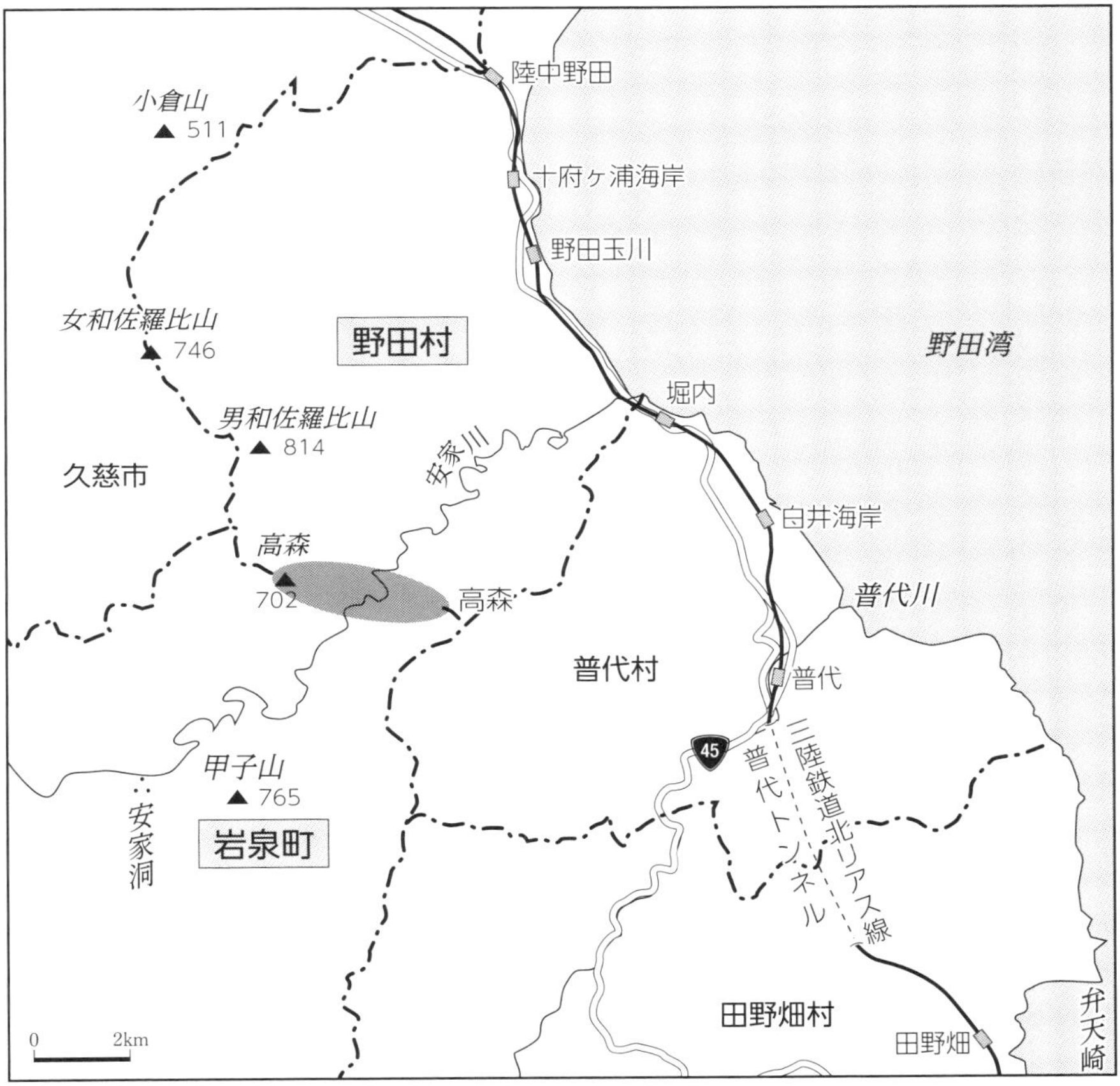
陸中野田
小倉山
511
十府ヶ浦海岸
野田玉川
女和佐羅比山
746
野田村
野田湾
堀内
男和佐羅比山
814
安家川
久慈市
白井海岸
高森
702
高森
普代川
普代村
普代
45
三陸鉄道北リアス線
普代トンネル
甲子山
765
安家洞
岩泉町
田野畑村
田野畑
弁天崎
0
2km

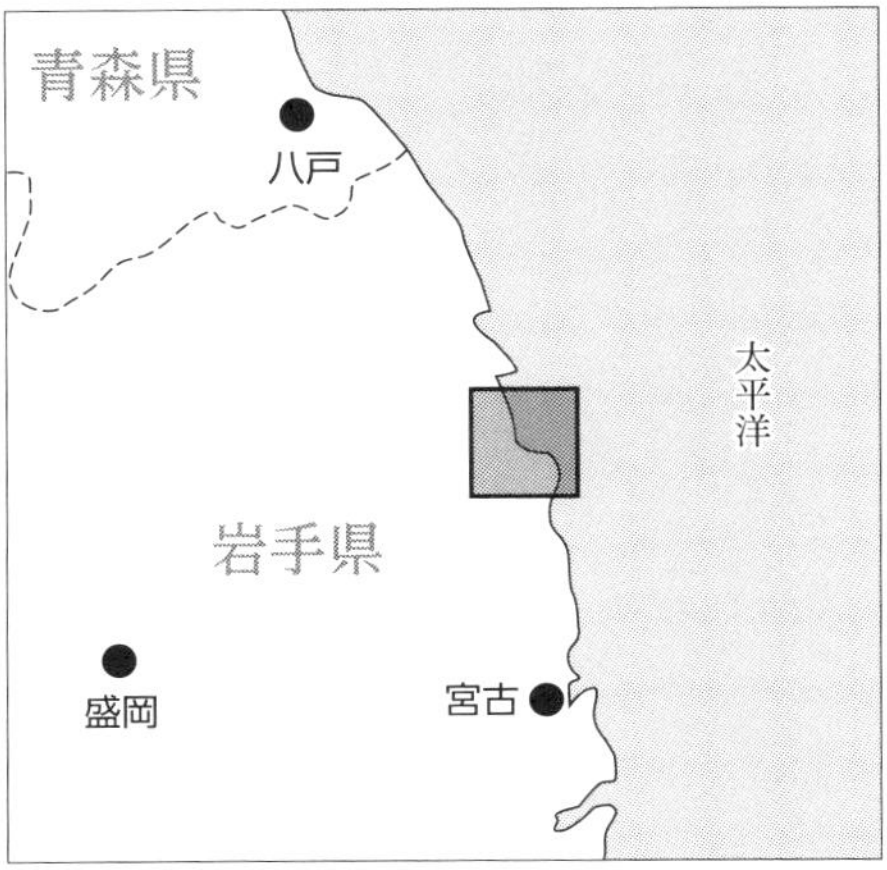
青森県
八戸
太平洋
岩手県
盛岡
宮古

■岩手県　釜石市×大船渡市

三陸海岸の死骨崎は何市に属す?

東北地方の太平洋側にある三陸海岸は、典型的なリアス式海岸として知られている。岬と半島、入江が複雑に入り組み、随所に景勝地が形成されている。三陸海岸は多くの良港にも恵まれている。2011年（平成23）3月にこの地を襲った東日本大震災は、まだ記憶に新しい。

三陸海岸のほぼ中央、唐丹《とうに》湾と吉浜湾の間に突き出した小半島の先端に、死骨崎《しこつざき》という不気味な名前の岬がある。この死骨崎の付近が境界未定地になっているのだ。

小半島の中央に境界線が走っている。北側が釜石《かまいし》市、南側が大船渡《おおふなと》市。岬の先端近くに物見《ものみ》山（280メートル）という小高い山がそびえているが、その東側の山麓から死骨崎までの300メートルほどの間が、釜石市と大船渡市の境界未定地になっている。しかし、ここに境界未定地があることは、両市とも認識していなかった。境界未定地のあることが判明したのは、最近になってからのことである。

1971年（昭和46）10月、釜石市の唐丹漁業協同組合と、三陸町（現・大船渡市）の吉浜漁業協同組合の漁業権に関わる境界基点を設置するにあたり、両漁業協同組合が認識していた地点に相違があることが判明。大船渡水産事務所から釜石市と三陸町の境界についての照会があったことから、境界未定地であることが表面化することになった。

大船渡市は物見山の山麓と死骨崎を結ぶラインが両市の境界であると主張しており、釜石市側は死骨崎から350メートルほど南にある岬の続ヶ磯（長磯）と物見山の山麓を結ぶラインが境界線であると主張している。両者の意見はかみ合っていないのだ。

そのため、境界未定地の解消に向けての話し合いが続けられている。最近では2012年（平成24）に両市で協議が行われているが、解決には至らなかった。今後も引き続き両市で協議を続けていくことを確認し合ったが、解決の見通しは立っていない。

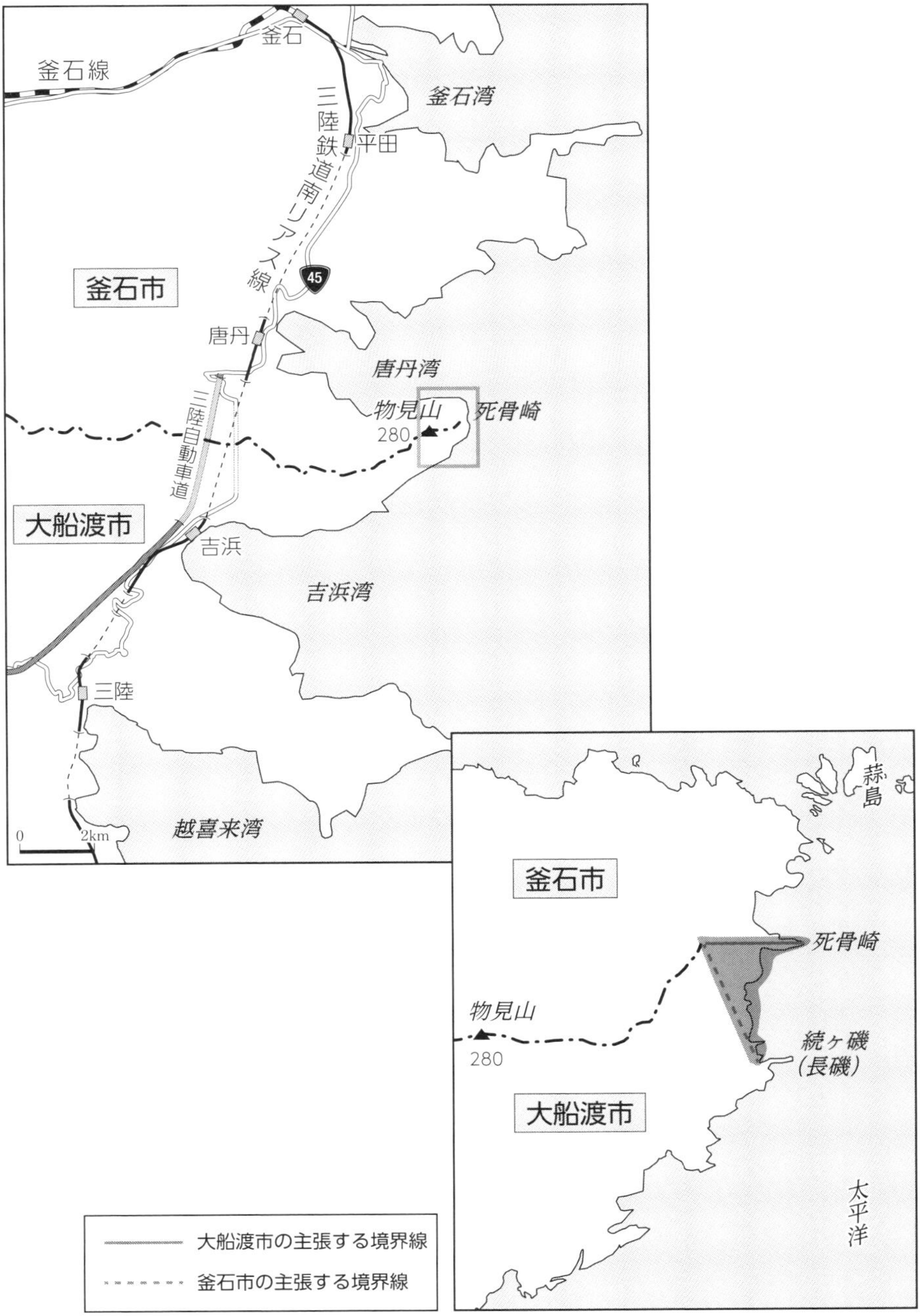

釜石
釜石線
三陸鉄道南リアス線
平田
釜石湾
45
釜石市
唐丹
唐丹湾
物見山
280
死骨崎
三陸自動車道
大船渡市
吉浜
吉浜湾
三陸
越喜来湾
0
2km
蒜島
釜石市
死骨崎
物見山
280
続ヶ磯
(長磯)
大船渡市
太平洋
大船渡市の主張する境界線
釜石市の主張する境界線

八郎潟調整池は境界未定地

かつて、秋田県には琵琶湖に次いで全国で2番目に大きな湖が存在していた。秋田県の北部から、日本海に向かって突き出している男鹿《おが》半島の基部に横たわっていた八郎潟《はちろうがた》という潟湖で、面積は220平方キロメートルと、霞ケ《かすみが》浦《うら》の1・3倍以上もある大きな湖だった。ところが、戦後の食糧不足対策として八郎潟の干拓計画が浮上。1957年（昭和32）、国営事業として八郎潟の干拓工事が着手された。八郎潟を埋め立て、広大な農地を創出させようというのである。湖の周囲に水路を設け、南部に調整池を残して八郎潟の中央部が干拓により陸地化された。1964年（昭和39）、7年の歳月を費やして誕生したのが大潟村である。

干拓前の八郎潟に市町村境は引かれていなかった。つまり境界未定地だったのである。当時は男鹿市、琴浜《ことはま》村、八《はち》竜《りゅう》村、山本町、琴丘町、八郎潟町、五城目《ごじょうめ》町、井川《いかわ》村、飯田川町、昭和町、天王町の11市町村が八郎潟に面していた。11市町村に境界未定地が存在していたわけだ。だが、八郎潟を干拓して誕生した大潟村は、境界がすべて確定していたので、八竜村、山本町、琴丘町、八郎潟町の4町村の境界も必然的に確定することになり、境界未定地があるのは調整池に面する男鹿市など7市町村になった。

さらに2005年（平成17）3月には、天王町、昭和町、飯田川町の3町が合併して潟上《かたがみ》市が発足し、若美《わかみ》町（旧・琴浜村）が男鹿市と合併して消滅したため、八郎潟調整池に面する自治体は男鹿市、潟上市、井川町、五城目町の4市町だけになった。調整池に面する4市町に境界未定地が存在していることになる。したがって、八郎潟調整池の面積27・7平方キロメートルは、男鹿市など4市町のいずれの面積にも含まれていないのだ。秋田県の総面積と、県内にある市町村の面積を合計した数値とが一致していないのは、八郎潟調整池の境界が未定だからである。

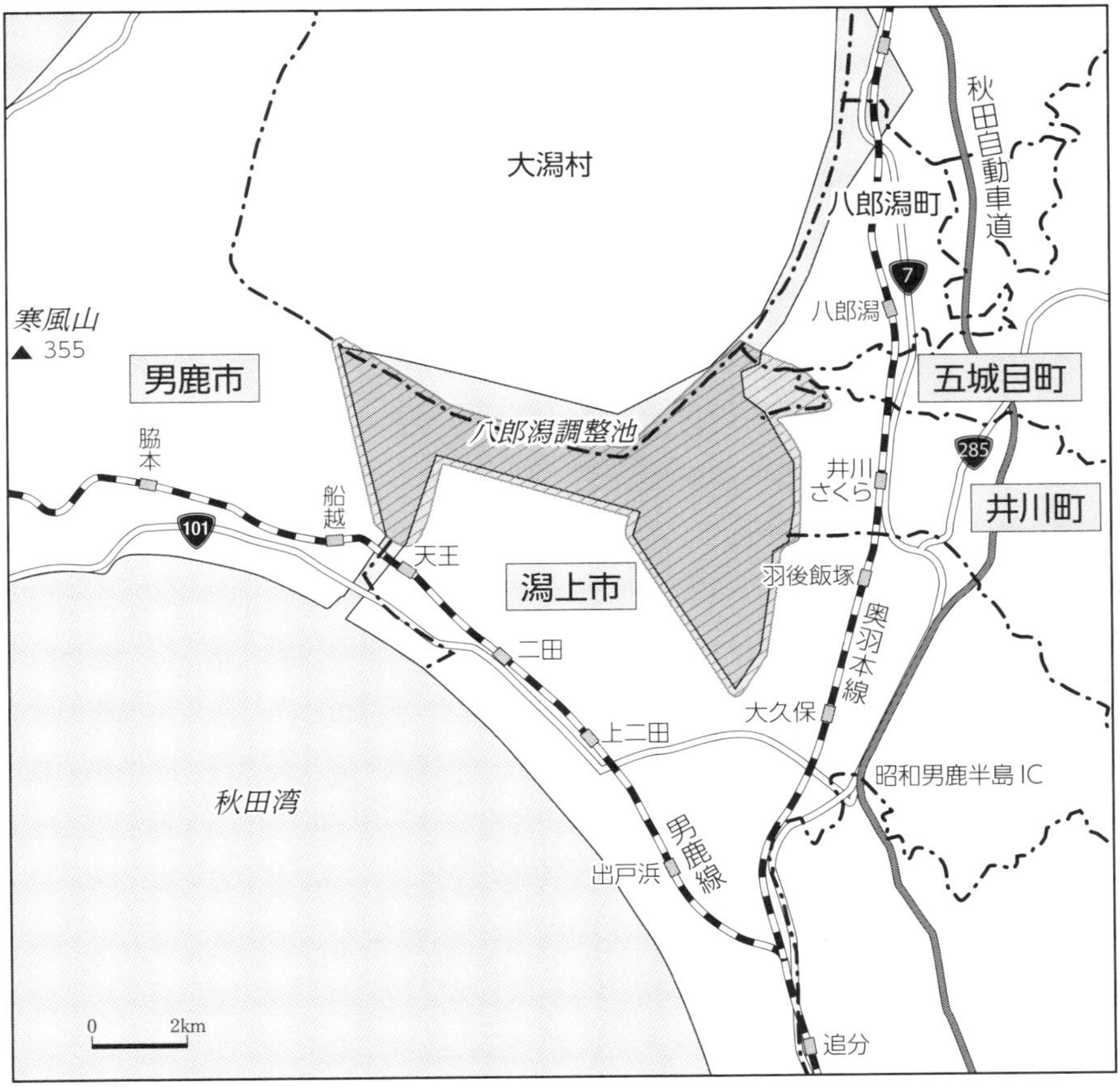
大潟村
八郎潟町
秋田自動車道
7
八郎潟
寒風山
▲ 355
男鹿市
五城目町
八郎潟調整池
脇本
285
井川さくら
井川町
船越
101
天王
潟上市
羽後飯塚
奥羽本線
二田
大久保
上二田
昭和男鹿半島 IC
秋田湾
男鹿線
出戸浜
0
2km
追分

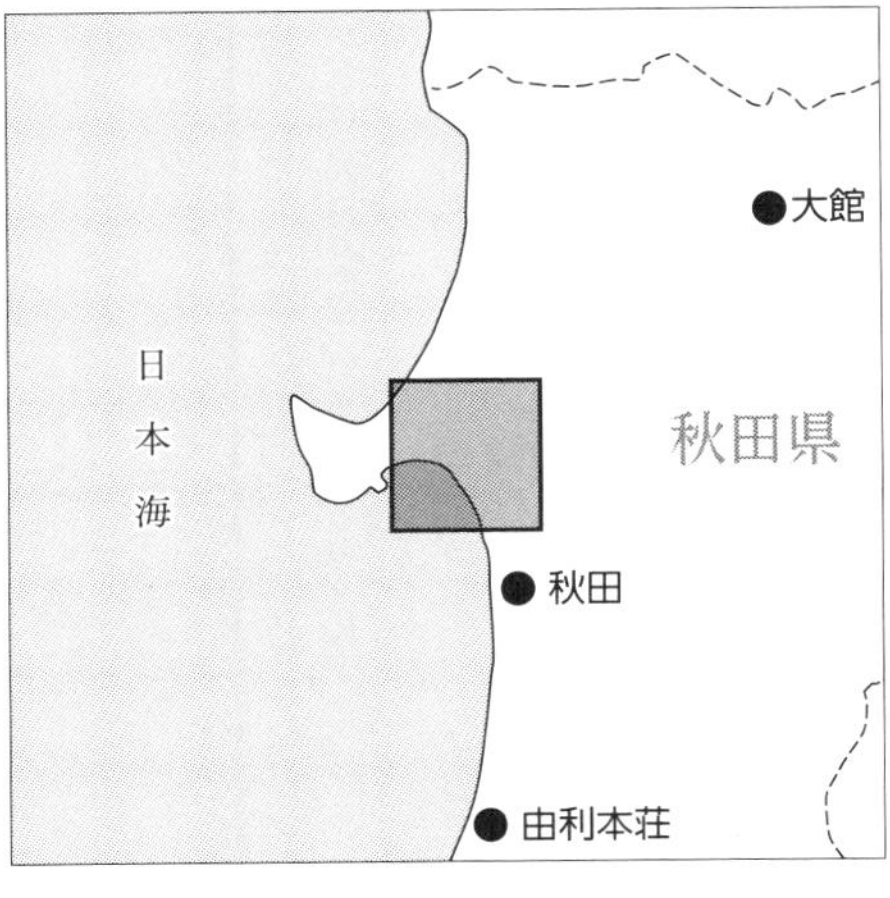
大館
日本海
秋田県
秋田
由利本荘

■秋田県　八郎潟町×五城目町、八郎潟町×井川町

八郎潟の東岸にも境界未定地がある

八郎潟《はちろうがた》調整池の境界未定地とは別に、八郎潟調整池に面する五城目《ごじょうめ》町と八郎潟調整池東部承水路に面する八郎潟町、および八郎潟町と井川《いかわ》町との間にも境界未定地が存在している。3町で最も面積が広い五城目町は馬場目《ばばめ》川の流域に開けており、中心部を国道285号が通っている。五城目町は町域の大半が山間部で、西端は飛び地になっている。八郎潟調整池に面しているのは、飛び地部分のごくわずかな距離である。

八郎潟の東岸を奥羽本線と国道7号が南北に走り、八郎潟町と井川町の中心部は、この沿線に発達している。やや内陸側を秋田自動車道が通っており、五城目町と八郎潟町の境界近くに五城目八郎潟ICもある。五城目町と八郎潟町の境界未定地は、森山（標高325メートル）の山頂付近から平野部にいたる直線で約1・5キロの間である。境界未定地の周辺は山林地帯だが、すぐ近くまで住宅地が迫ってきている。現在は境界が未定でも特に支障をきたすようなことはないが、いずれは境界を確定させなければならないだろう。八郎潟町は1956年（昭和31）、一日市《ひといち》町と面潟《おもがた》村が合併して発足したが、2年後の1958年、3つの集落が分村されて、五城目町に編入されている。境界線を明確に定めないまま編入したのだろう。境界未定地はどうもこのときに発生したようだ。

八郎潟町と井川町の境界未定地は、詳細な地図でなければ確認するのが難しいほど短い距離である。八郎潟町と井川町は、五城目町に遮られて隣接していないように見えるが、五城目町の西端は途切れて、八郎潟調整池に面している部分が飛び地になっている。その途切れている部分が、八郎潟町と井川町の境界未定地なのである。境界未定地は馬場目川の南岸にあり、その距離は100メートル足らず。周辺は田園地帯で水路が通っている。そこを八郎潟町と井川町の境界にしてもよさそうなものだが、そういうわけにもいかないのだろう。

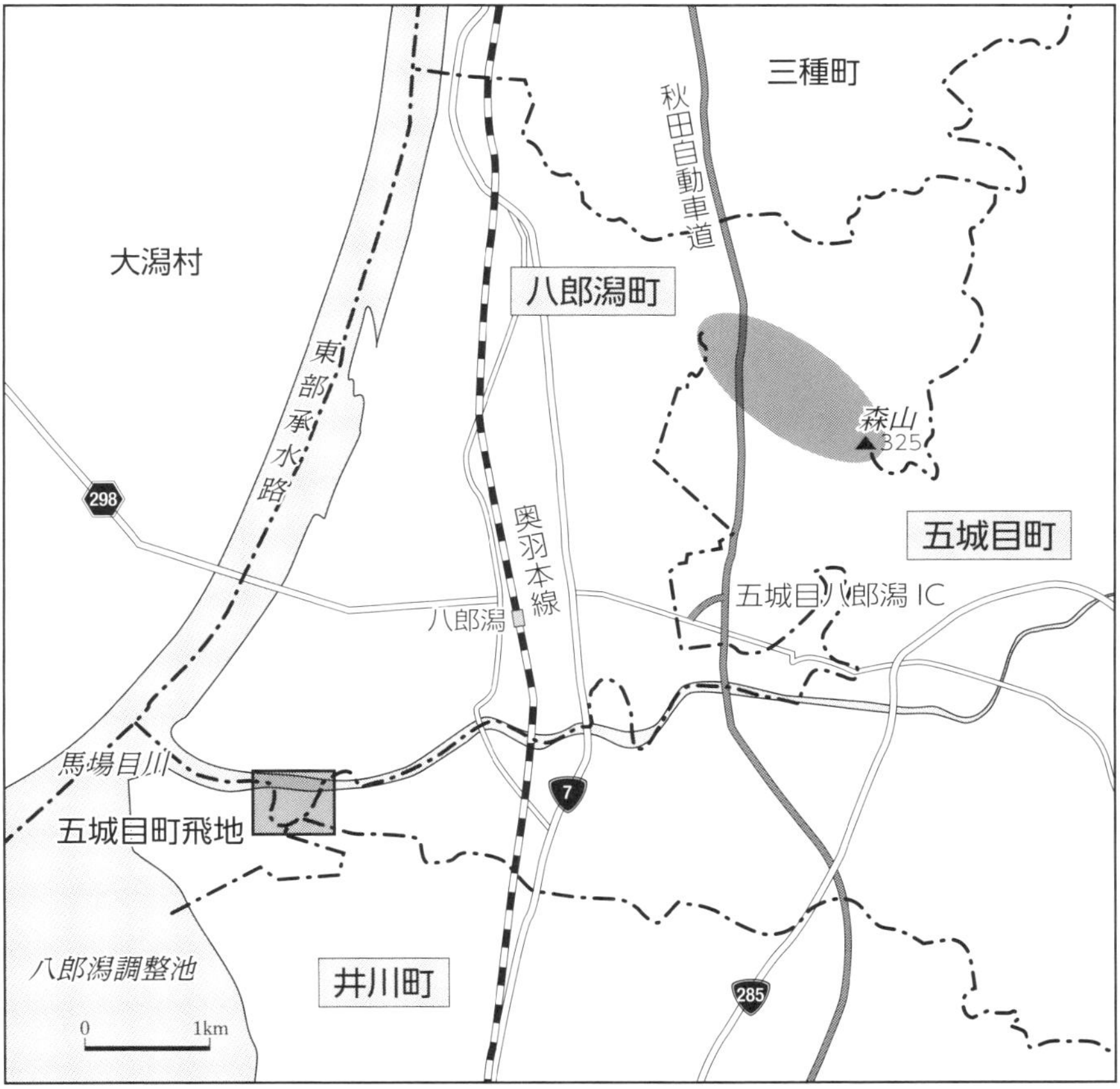

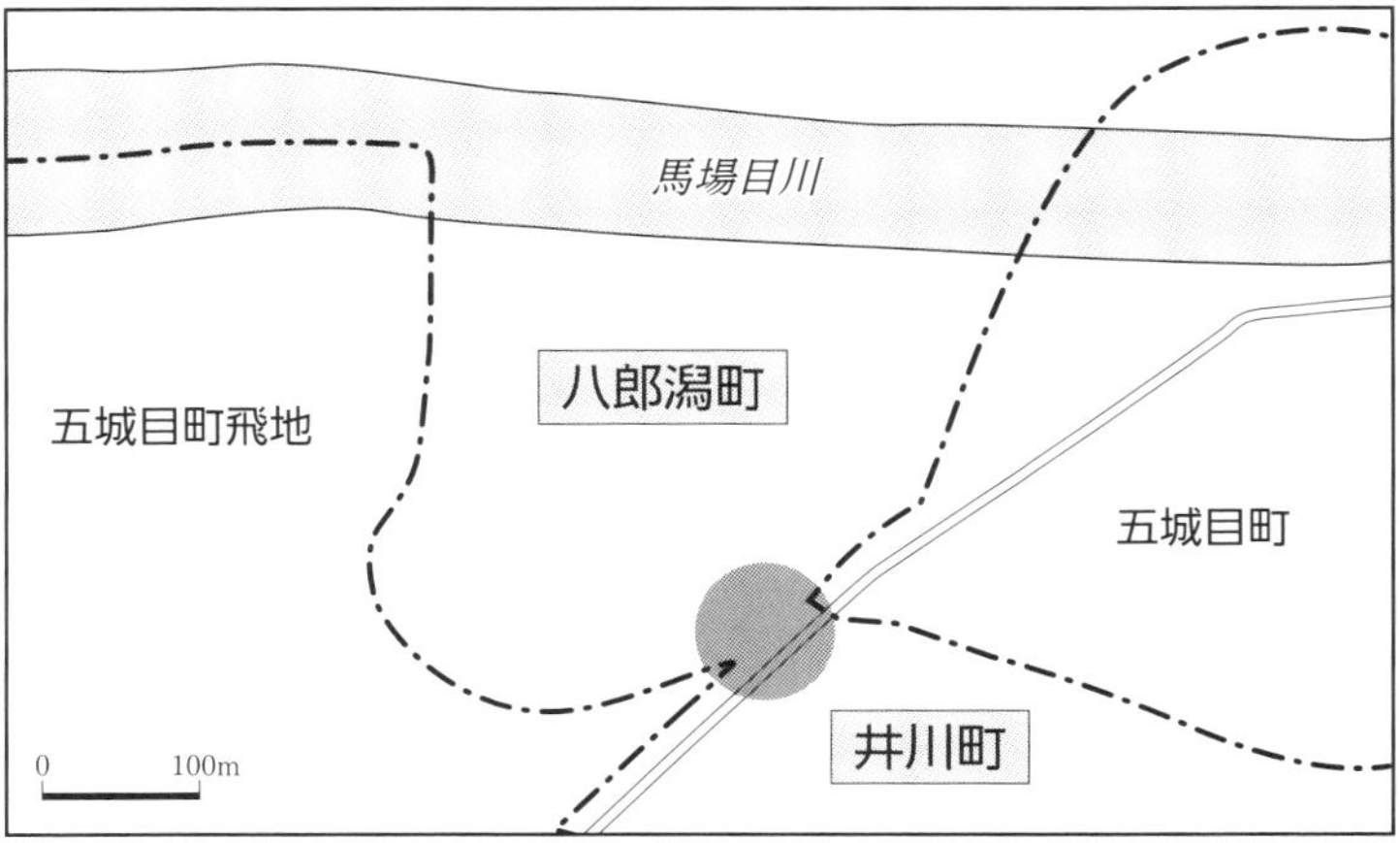

◀上図左下の囲みの拡大図

■宮城県 蔵王町×川崎町×山形県 上山市

蔵王山の火口湖は宮城県、山頂は山形県にある

宮城と山形の県境に、冬の樹氷で名高い蔵王山《ざおう》がそびえている。独立した一つの山ではなく、火山群を総称して蔵王山と呼んでいる。山形県側にある熊野岳が蔵王火山群の最高峰で、標高は1841メートルある。大和国の吉野から蔵王権現を勧請して以来、蔵王山と称するようになったといわれている。山頂には熊野神社が鎮座しており、古くから霊山として信仰を集めてきた。概して信仰の対象になっている山は、その帰属をめぐって争われてきた例が少なくない。蔵王山でも、江戸時代に境界論争が発生したことがある。当時の様子が『蔵王町史』に記述されている。

蔵王山の山頂付近に、「御釜《おかま》」という丸い形をした火口湖がある。蔵王観光の象徴的な存在の景勝地で、直径300メートル余りのエメラルドグリーンの水を湛えた美しい湖である。この御釜の付近、直線で約2・5キロの間が境界未定地になっている。宮城県であることは間違いないが、蔵王町《ざおう》なのか川崎町《かわさき》なのかはっきりしない。1698年(元禄11)、宮村(現・蔵王町)と前川村(現・川崎町)の間で境界をめぐる紛争が発生している。この調停に代官も立ち会い、両村の組頭が印を押している。調停書によると、御釜は宮村(現・蔵王町)のものとして決着している。それが、なぜ現在では未定地になっているのか明らかでない。

境界未定地は山形県上山市《かみのやま》との間にも存在している。熊野岳の山頂東側の、「馬の背」と呼ばれる登山道にもなっている300メートル余りの区間が境界未定地なのだ。どうしてこの区間が県境の未定地なのか、当時の資料が残っていないため不明だが、御釜にも近いことから、宮村と前川村の境界紛争と同じ時期に、同様な争いがあったと考えられる。地形図に記されていなければならないはずの境界線が途切れているので、宮城県の蔵王町と川崎町、山形県の上山市の3市町は、境界線を越えなくても行き来ができることになる。

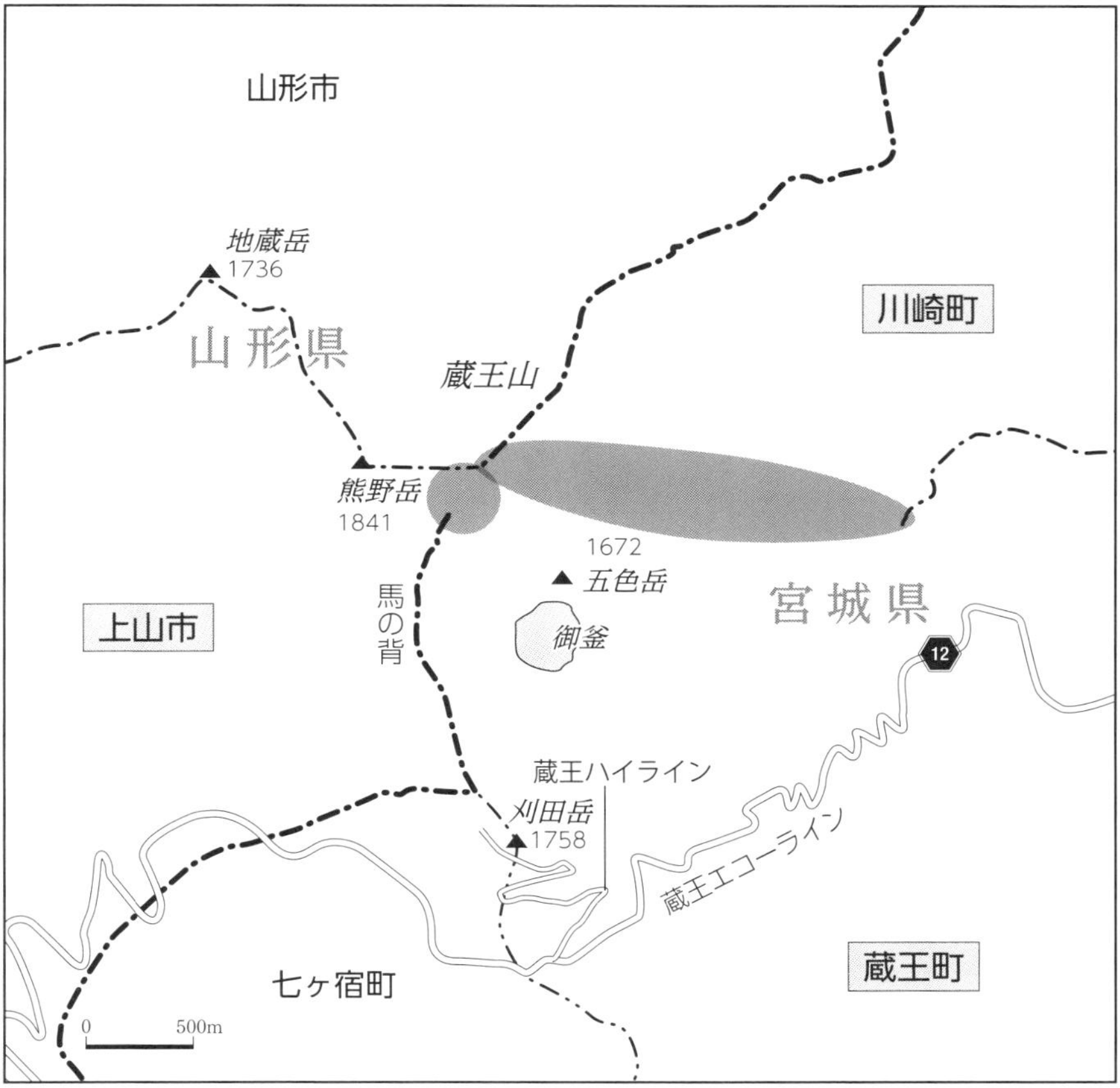
山形市
地蔵岳
1736
山形県
川崎町
蔵王山
熊野岳
1841
1672
五色岳
宮城県
馬の背
上山市
御釜
12
蔵王ハイライン
刈田岳
1758
蔵王エコーライン
蔵王町
七ヶ宿町
0
500m

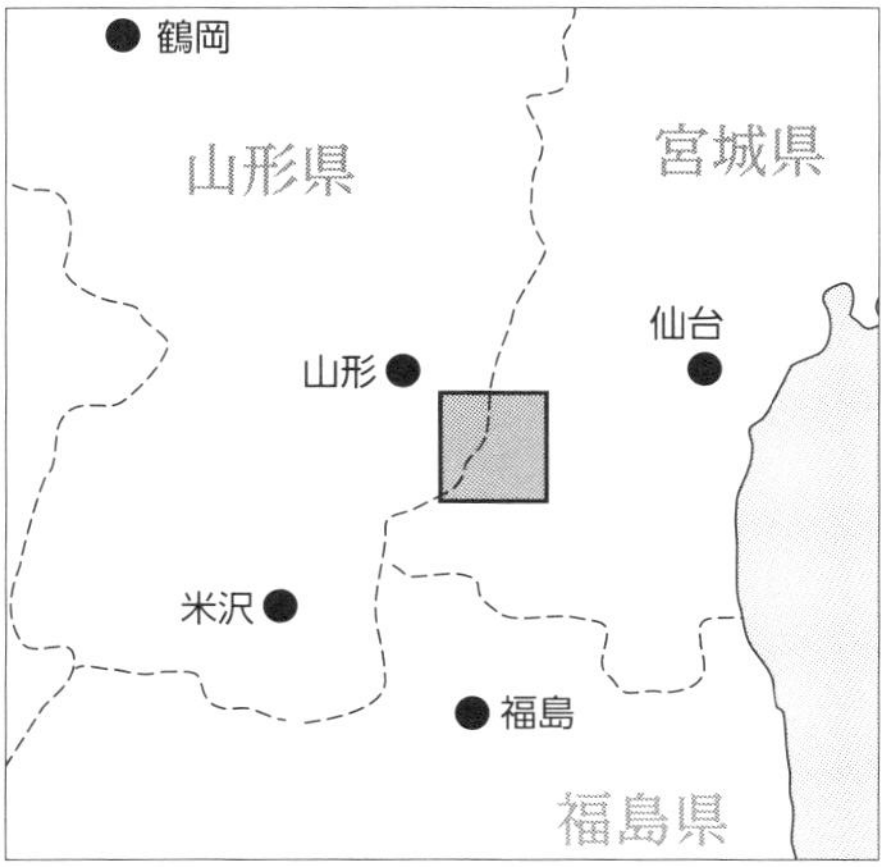
鶴岡
山形県
宮城県
仙台
山形
米沢
福島
福島県

■山形県　戸沢村×大蔵村

最上川左岸の山中に境界未定地がある

日本三大急流の一つとして知られる最上《もがみ》川は、山形と福島の県境にそびえる吾妻《あづま》山を発して山形県内を貫流し、酒田《さかた》市から日本海に注いでいる。全長229キロで全国第7位。水源から河口まで、一つの県内を流れている川としては日本一長い河川である。最上川の流域面積が、県の総面積のおよそ75パーセントを占めているということからもわかるように、山形県にとってはかけがえのない河川なのである。だが、最上川は急流であるため、しばしば氾濫し、流域は大きな被害に見舞われてきた。反面、山形盆地や新庄盆地を蛇行しながら流れる最上川の各所に河港が発達し、舟運の交通路として重要な役割を果たしてきた。鉄道や道路の発達で水運は衰退し、現在は最上川の舟下りがこの地域の大きな観光資源になっている。

最上川の中流に戸沢《とざわ》村と、大蔵《おおくら》村という小さな村がある。両村とも村の大部分が山林原野で占められているが、最上川の流域には田園地帯が広がり、川の流れに寄り添うように集落が点在している。戸沢村と大蔵村の境界未定地は、最上川左岸の山中にある。戸沢村側にそびえる日山（264メートル）と、大蔵村側にそびえる二ッ森（239メートル）のほぼ中間を、標高300メートル前後の尾根が南北に連なっているが、その稜線上に直線で約2・8キロの境界未定地がある。未定地の周辺は山林原野だが、稜線の麓を細々とした道が南北に通じ、大蔵村側に藤田沢《とうださわ》という小さな集落がある。

この境界未定地がいつから存在しているのか、どのような理由で発生したかなどは定かでない。これまで、未定地の解消に向けて両村の間で幾度も協議が行われてきたが、いまだに解決の見通しは立っていないようだ。特に利害関係が発生しているわけではなく、行政上の支障もないので、調査や測量などに多額の費用と労力を費やしてまで、早期に解決しなければならない問題として取り上げられてはいない。

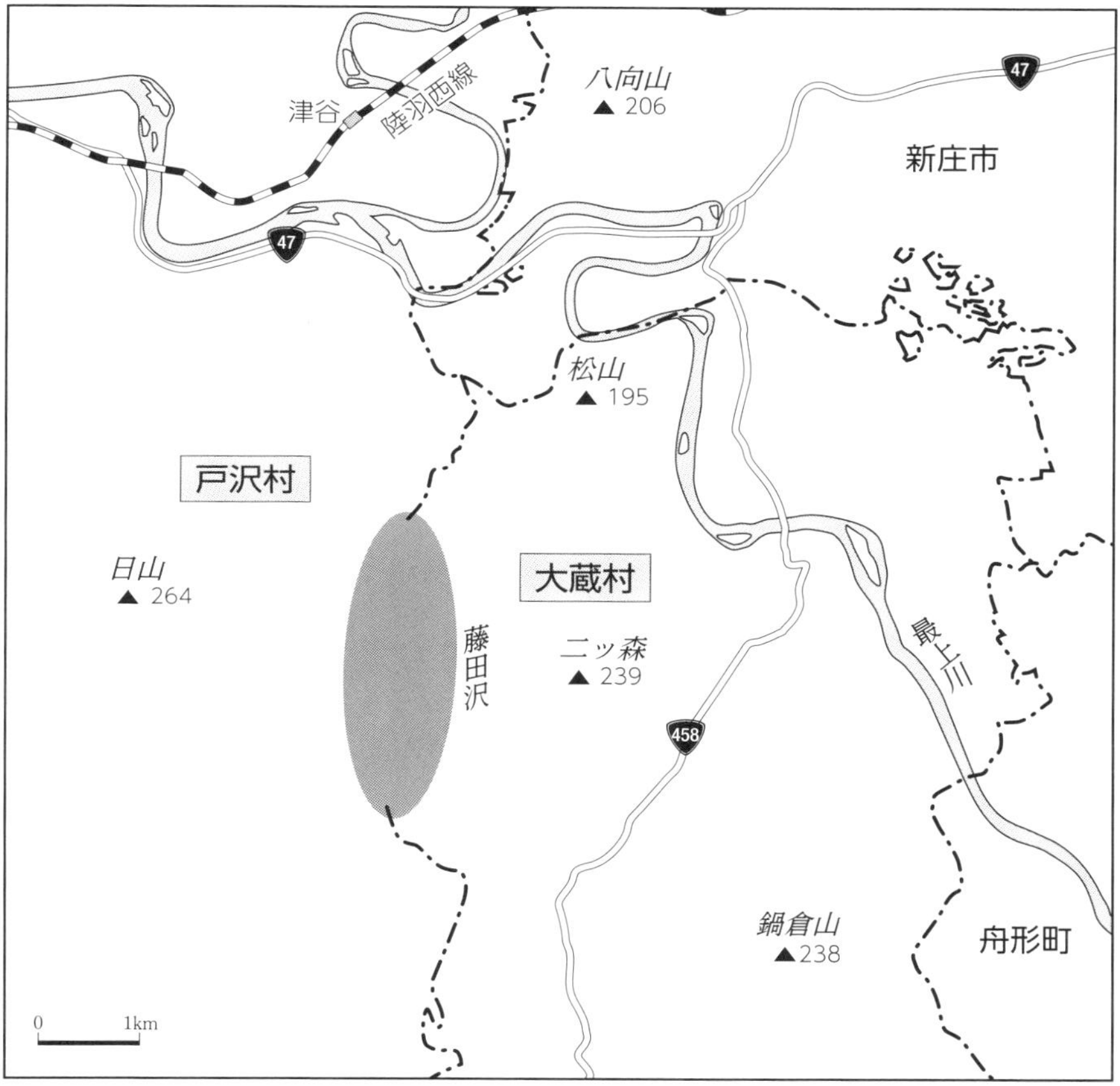
津谷
陸羽西線
八向山
206
47
新庄市
松山
195
戸沢村
日山
264
大蔵村
藤田沢
二ッ森
239
最上川
458
鍋倉山
238
舟形町
0
1km

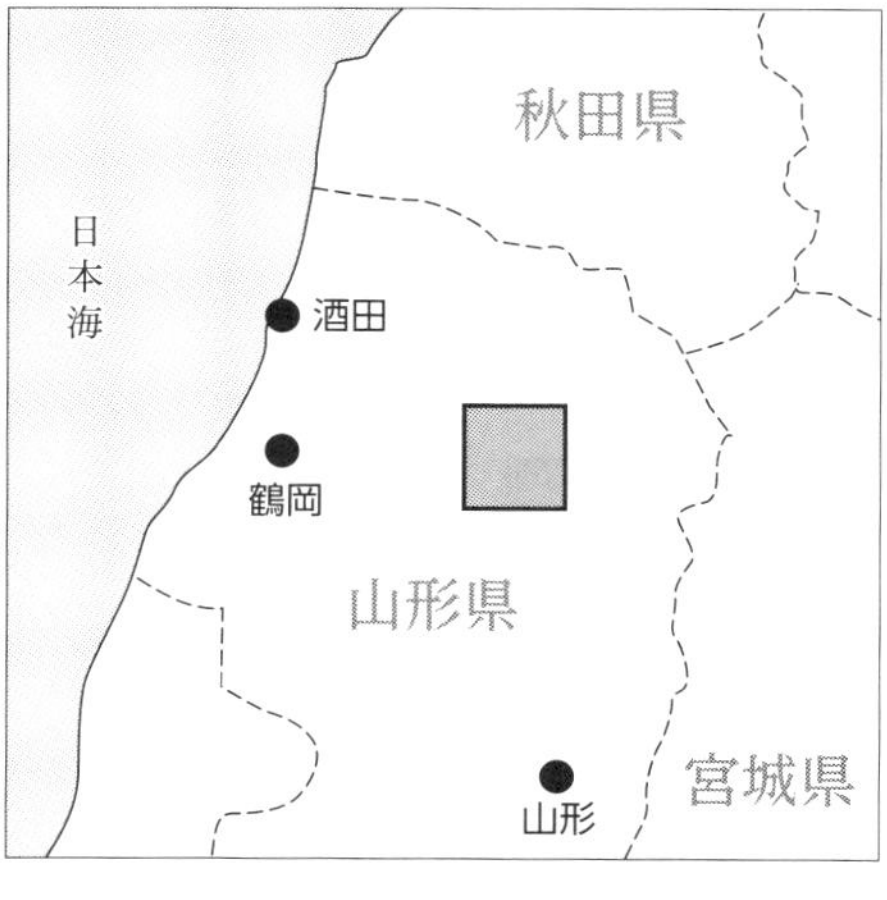
秋田県
日本海
酒田
鶴岡
山形県
宮城県
山形

■山形県　山形市×上山市

山形市と上山市に分村されて発生した境界未定地

山形県の東部に位置する県庁所在地の山形市《やまがた》は、市域の東側に連なっている奥羽《おうう》山脈で宮城県と隣接している。山形盆地の南部に開けた内陸都市のため寒暖の差が激しく、長い間日本の最高気温記録を保持していた。市の中心部に山形新幹線（奥羽本線）の山形駅があり、奥羽本線から仙山線と左沢《あてらざわ》線が分岐している。また、市の北西部で東北自動車道と山形自動車道が接続する交通の要衝でもある。市の北側は将棋の駒で有名な天童《てんどう》市、南側は蔵王観光の基地の上山《かみのやま》市だ。

境界未定地は山形市と上山市との間にある。境界未定地は、県北部の新庄市と上山市を結んでいる国道４５８号の西、１キロほどのところにそびえている鷹取山（４５９メートル）の山頂から、北東の斜面を６００メートルほど下ったところまでで、境界未定地の東側を南北に通っている国道４５８号沿いに集落が形成されている。

境界未定地は、昭和30年ごろまでは存在していなかった。というのは、境界未定地の一帯は本沢《もとさわ》村という一つの自治体だったからである。その本沢村が１９５６年（昭和31）9月に分村し、久保手地区だけが上山市に編入された。さらに、11月には長谷堂地区の一部も上山市に編入された。国道４５８号の長谷堂トンネルのあたりである。翌12月には本沢村の残りの区域が山形市に編入され、本沢村は完全に消滅することになったが、境界未定地はこの際に発生したものとみられる。本沢村が解体され、境界が曖昧のまま上山市と山形市にそれぞれ編入されたのだろう。

境界未定地の周辺は民有地だが、山林と農地なので行政上の支障はない。そのため、境界を確定するための協議は行われておらず、したがって、境界未定地が解消する見通しも立っていない。境界を確定すべき事由が発生したとき、協議が開始されるのだろう。

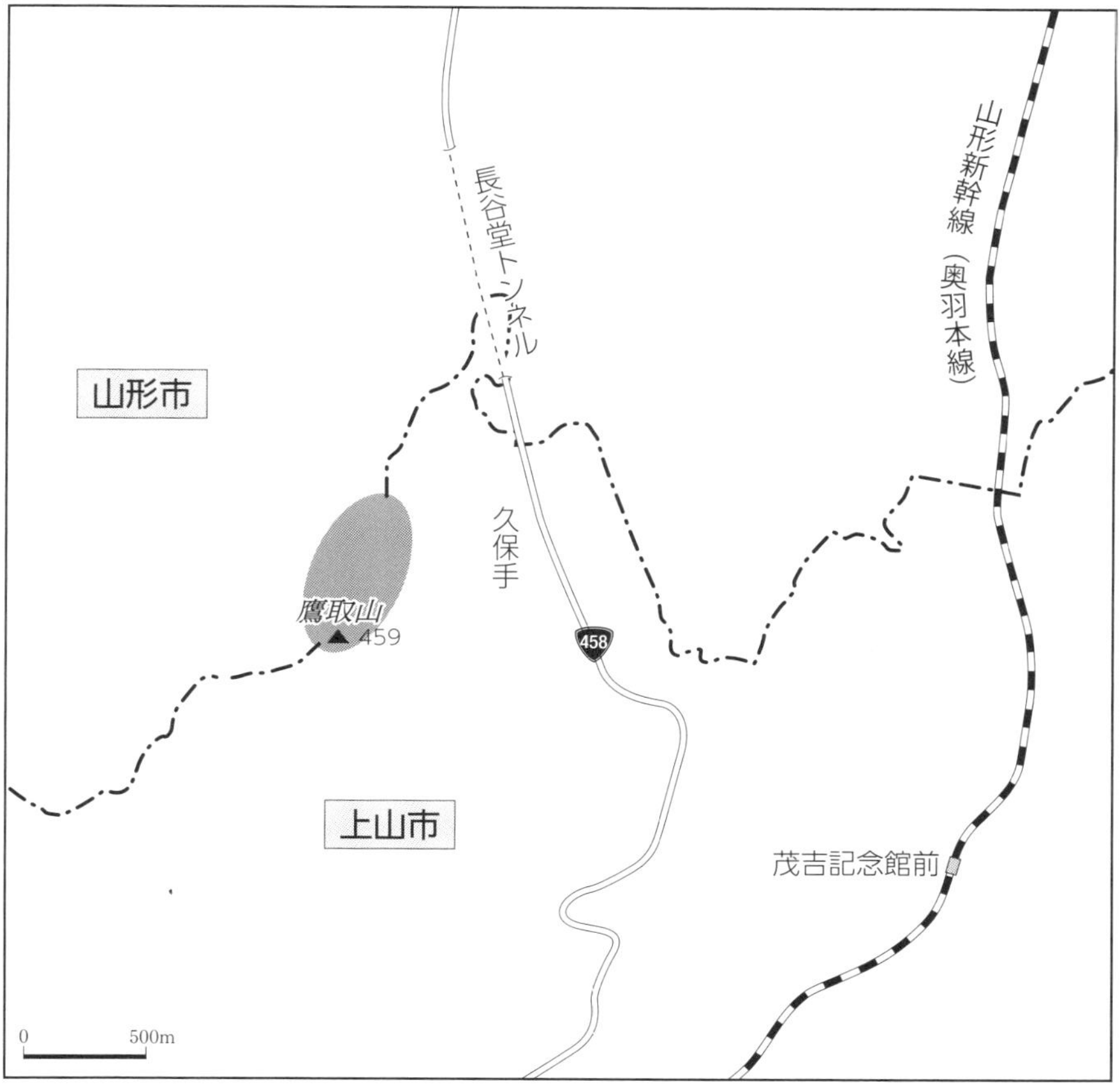
長谷堂トンネル
山形新幹線（奥羽本線）
山形市
久保手
鷹取山
459
458
上山市
茂吉記念館前
0
500m

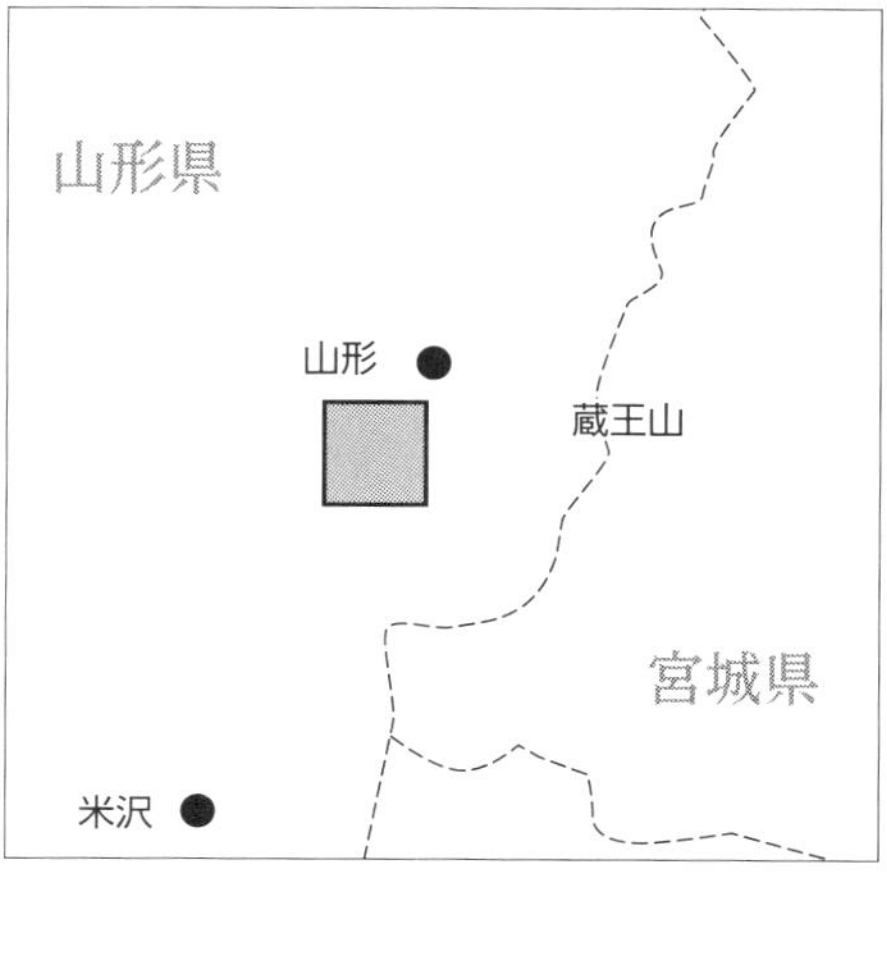
山形県
山形
蔵王山
宮城県
米沢

■山形県　鶴岡市×新潟県　村上市

山形と新潟の県境未定地は国有林

山形県は東北地方、新潟県は中部地方に属しているが、江戸時代までの行政区分でいうと、山形県は出羽国、新潟県は越後国である。現在の県境はかつての国境であった。日本海沿岸の山形と新潟の県境に、奥州三関の一つに数えられる鼠ヶ関《ねずみがせき》という古代の関所跡があるが、そこから東へ5キロほどいった山形と新潟の県境に、「日本国《にほんこく》」という不思議な名前の山がそびえている。標高は555メートルとさほど高い山ではないが、日本国という意味ありげな山名に魅かれて多くの登山者が訪れている。

日本国という山には、様々な伝説が隠されている。その一つに、蘇我氏に暗殺された崇峻《すしゅん》天皇の第三皇子、蜂子《はちこの》皇子《おうじ》にまつわる伝説がある。6世紀末、蜂子皇子は聖徳太子に助けられて出羽国に落ち延びたが、そこで出羽三山を開いた後、小高い山に登って都のある南西方向にある都を指さし、「これより彼方は日本国」と叫んだという逸話が残されている。日本国という山がそびえる山形と新潟の県境は、出羽国と越後国の国境であるばかりではなく、大和と蝦夷を分ける重要な境だったのである。

その境に、山形と新潟の県境未定地が2ヵ所存在している。日本国という山からは20キロほど離れたところだが、1ヵ所は大鳥屋岳《おおどや》（989メートル）を挟んで直線で約500メートルの尾根の部分、もう1ヵ所は重蔵山（1036メートル）から1キロほど北の尾根、約300メートルの間が県境未定地なのだ。

境界未定地周辺はすべて国有林である。そのため山形県鶴岡《つるおか》市も新潟県村上《むらかみ》市も、ここが県境の未定地になっているという認識はなかった。いつから境界未定地になっているのかは定かではないが、どうも国土地理院が地図を作成する際に、境界線を記し漏らしたのではないかと推測されている。国有林のため行政上の支障はなく、解決に向けての協議も行われていない。

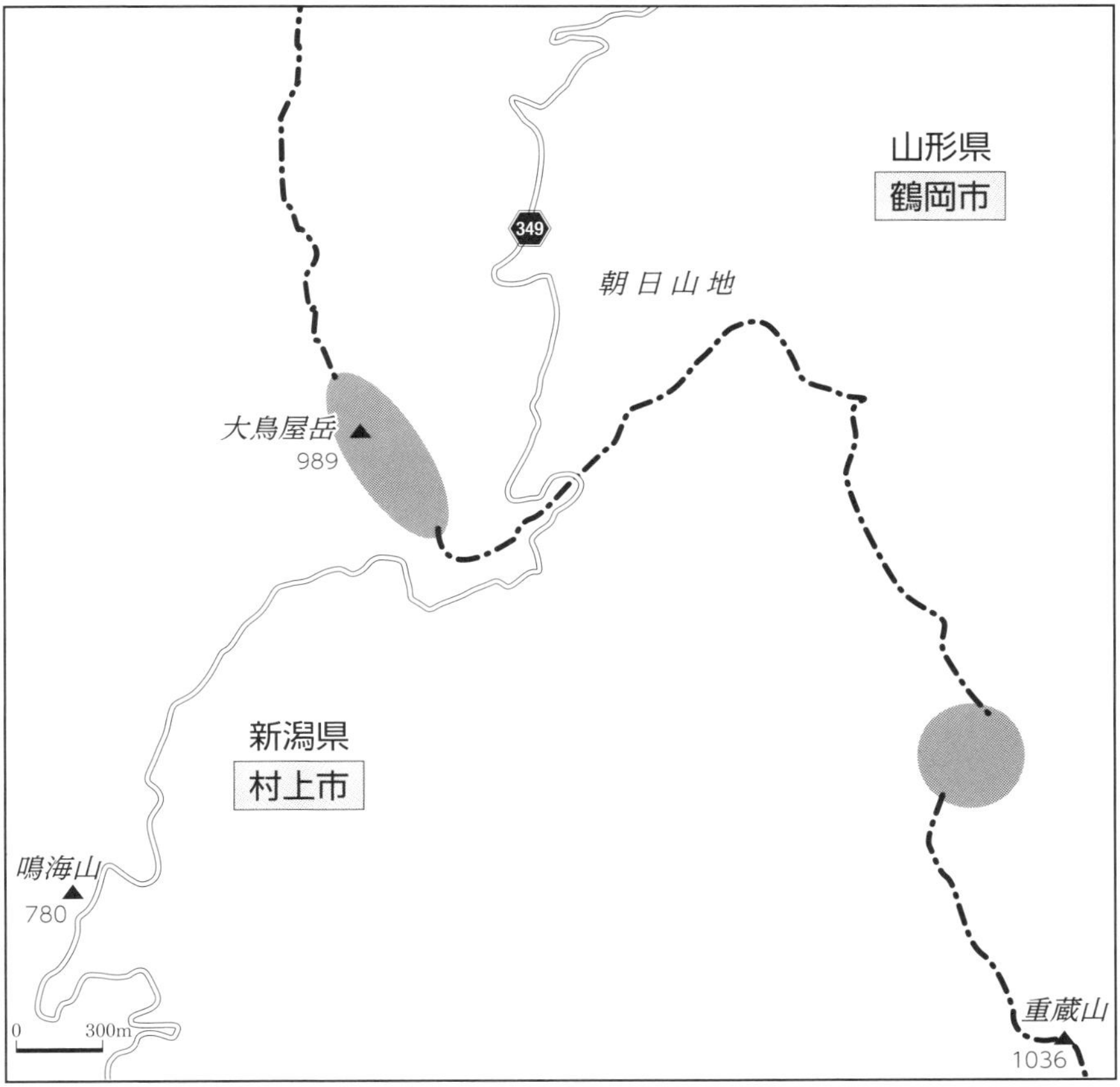
山形県
鶴岡市
349
朝日山地
大鳥屋岳
989
新潟県
村上市
鳴海山
780
0
300m
重蔵山
1036

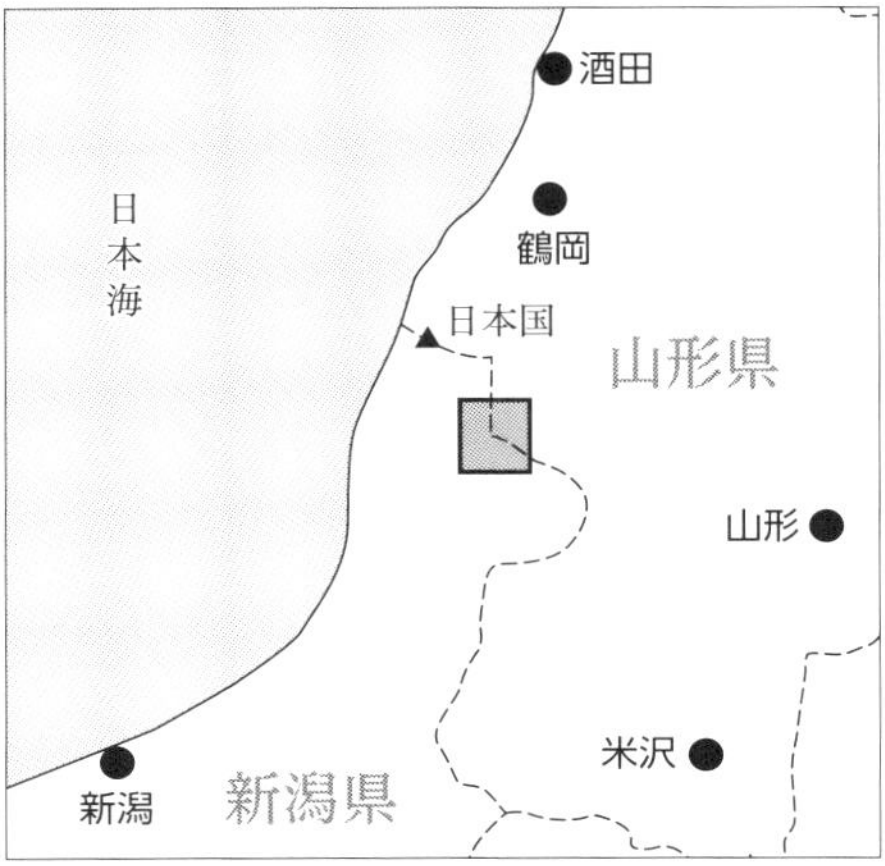
酒田
日本海
鶴岡
日本国
山形県
山形
米沢
新潟
新潟県

■山形県　小国町×新潟県　関川村

県境未定地にかつて鉱山が設置されていた

荒川という名前の河川は全国に30ほどあるが、一級河川は東京湾に注いでいる荒川と、山形と新潟の両県にまたがって流れている荒川の2河川だけだ。山形県と新潟県を流れている荒川は、両県の県境に横たわる朝日連峰の大朝日《おおあさひ》岳を発して南流し、小国《おぐに》盆地からは米坂線に寄り添うように西へと流れていき、新潟県の村上市と胎内《たいない》市の境界付近から日本海に注いでいる。

荒川が山形と新潟の県境を越える地点から、3キロほど北へ行ったところに県境の未定地がある。未定地は直線で約2キロの間だが、このあたりに昭和の初めごろ、陶磁器原料の長石を掘る観世音鉱山（金丸鉱山）が設立され、1936年（昭和11）から採掘が行われていた。今も、観世音鉱山と越後金丸駅を結んでいた鉱石搬送のリフトの痕跡が見られる。観世音鉱山の関係者約40世帯約100人が鉱山近くの社宅に居住していた。鉱山は山形県北小国村の管内に設置されていたが、鉱山に従事する居住者は新潟県関谷村の住民として同村から各種のサービスを受けていたという。北小国村は1954年（昭和29）、小国町および南小国村と合併して山形県小国町として発足し、関谷村も1954年、女川《おんながわ》村と合併し新潟県関川《せきかわ》村になっている。

鉱山は小国町に置かれていたので、東北電力米沢営業所管内にあるとして電気ガス税のみを小国町に納めていた。新潟県の居住者が山形県に税金を納めるというのはどう考えてもおかしい。この矛盾を解消する必要性から、両町村の間で境界確定に関する協議が何度も行われたが、利害がともなう問題なので双方の主張がかみ合わず、合意には至らなかったようだ。現在は鉱山も閉山され、居住者もいないので境界未定地であることによる障害はない。そのため、境界未定地の解消に向けた協議は特に行われていないという。

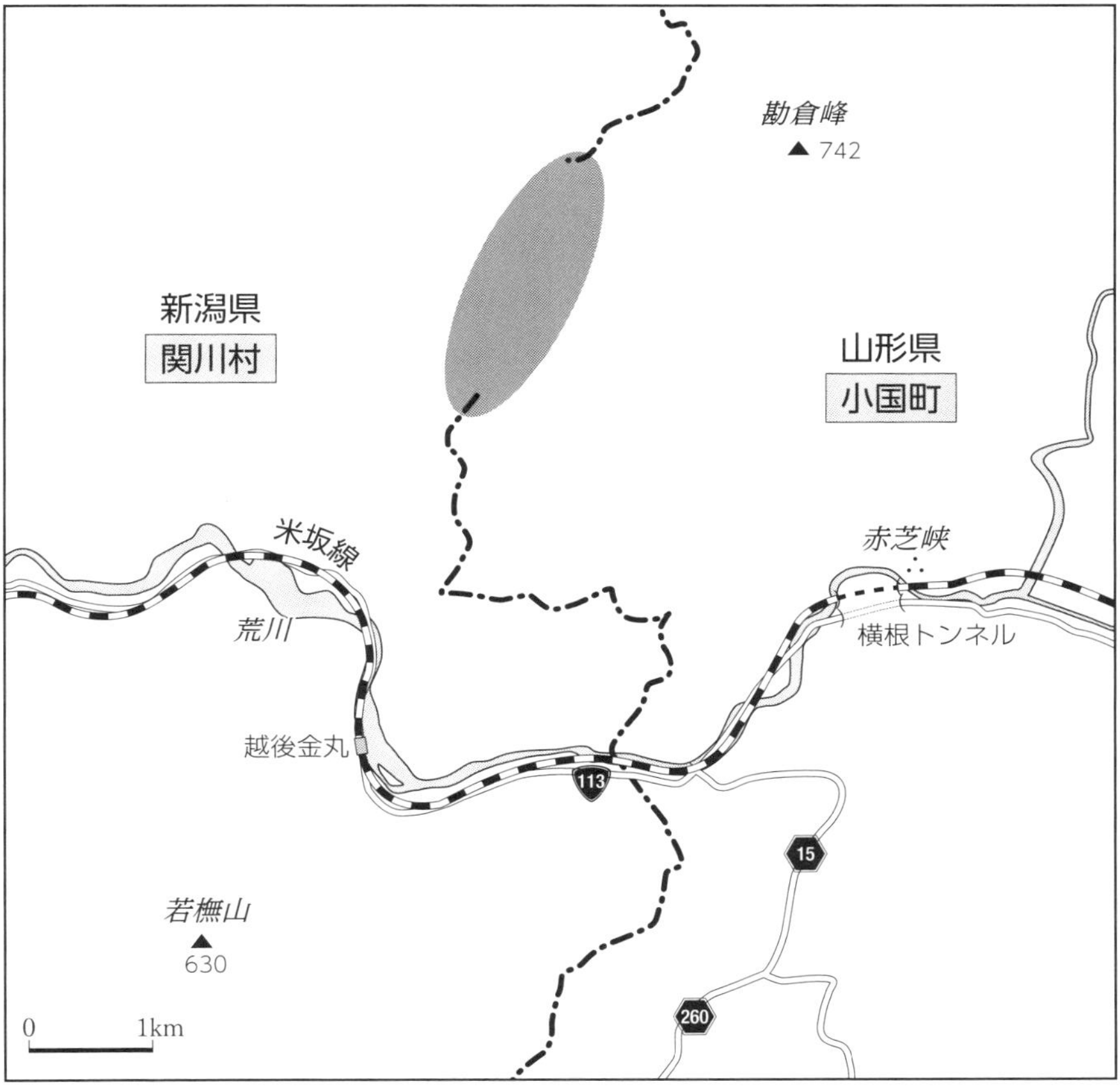
勘倉峰
742
新潟県
関川村
山形県
小国町
米坂線
荒川
赤芝峡
横根トンネル
越後金丸
113
15
若楴山
630
260
0
1km

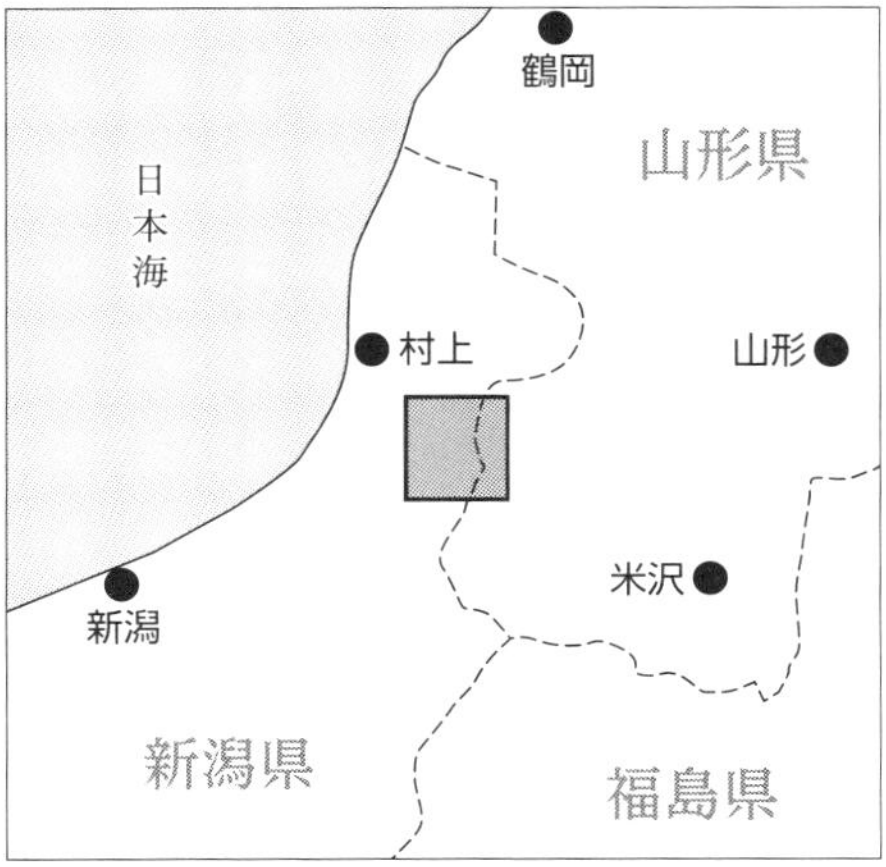
鶴岡
山形県
日本海
村上
山形
米沢
新潟
新潟県
福島県

■福島県　会津若松市×下郷町×会津美里町

会津若松市には4ヵ所の境界未定地がある

福島県の西部に位置する旧城下町の会津若松市《あいづわかまつ》には、4ヵ所もの境界未定地がある。市域の東側は猪苗代湖《いなわしろ》に面し、北部と西部と南部は他の市町村に囲まれている。南側に隣接する下郷町《しもごう》との間に2ヵ所、西側に隣接する会津美里町《あいづみさと》との間に2ヵ所、計4ヵ所の境界未定地がある。

下郷町との境界未定地の一つは、阿賀川《あが》の上流に建設された大川ダムによって出現した若郷湖《わかさと》から、東にそびえる大戸岳（1416メートル）の西側斜面までの約1・2キロの区間。1969年（昭和44）8月、下郷町からの申し出で、国土地理院の地形図に記されている境界線に誤りがあるとの指摘から未定地になったものである。

あと一つは、会津西街道にある氷玉峠から大内峠までの1キロ余りの区間である。1975年（昭和50）3月、下郷町からの申し出で、国土地理院の地形図に誤りがあるとの指摘で境界未定地になった。氷玉峠と大内峠の区間は、旧日光街道を境界とすることで大内地区（下郷町）と芦ノ牧地区（会津若松市）の間でおおむね合意に達しているが、正式な書面を交わしていないので現在も境界未定地の扱いになっている。

会津美里町との境界未定地は、阿賀川沿いにある。1967年（昭和42）、会津若松市、本郷町（現・会津美里町）、国土地理院の三者で現地踏査《とうさ》が実施され、それにより境界未定地が発覚した。阿賀川の西畔に向羽黒山（409メートル）という小高い山がそびえ、山頂に蘆名盛氏《あしなもりうじ》の山城跡があるが、その向羽黒山城跡のあたりから南へ6キロほどの区間で国土地理院の地形図に誤りがあることが確認され、境界未定地になったのである。

その後、2001年（平成13）11月の土地改良事業で、田畑の整備が行われ、それまで未定地であった一部の区間、長さにして約2キロの境界が確定したため、境界が確定した区間を挟んで境界未定地が北と南に分断され、結果として2ヵ所の境界未定地が存在することになった。

向羽黒山城跡
409
向羽黒山
門田
日光街道
あまや
阿賀川
会津美里町
大高森山
642
大沢山
737
芦ノ牧温泉
会津若松市
会津鉄道
氷玉峠
芦ノ牧温泉
大内峠
大川ダム
大川ダム公園
大内ダム
大戸岳
若郷湖
芦ノ牧温泉南
1416
下郷町
小野岳
118
1383
0　1km

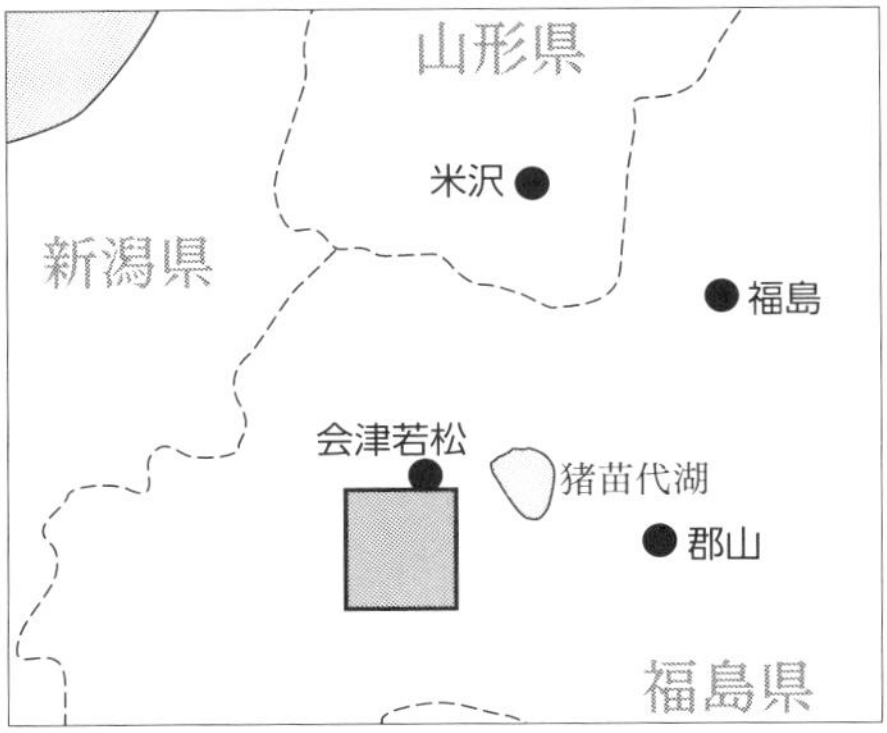

山形県
米沢
新潟県
福島
会津若松
猪苗代湖
郡山
福島県

■福島県　猪苗代町×磐梯町

磐梯山の山頂付近にある境界未定地

福島県の中北部に猪苗代《いなわしろ》町という町がある。町の南側は猪苗代湖に面し、北側には福島県のシンボルである磐梯《ばんだい》山（1816メートル）がそびえている。観光と農業を主産業としている町で、野口英世の生誕地としても知られている。町名は言うまでもなく、猪苗代湖の湖名にちなんでいる。

猪苗代町の西に隣接している磐梯《ばんだい》町も、町名は「会津磐梯山」「会津富士」の別称がある磐梯山の山名に由来している。

磐梯山は猪苗代町と磐梯町との境界線上にそびえている。磐梯山の南側（表磐梯）に横たわる猪苗代湖の湖畔から眺める磐梯山は、富士山のように整った山容を見せているが、磐梯山の北側（裏磐梯）からの山容は、会津富士という名称とはほど遠い荒々しい形をしている。それというのも、磐梯山は1888年（明治21）の火山爆発で山体が崩壊したからである。噴火は十数回にも及び、最後の噴火で山体が崩壊した。爆風で吹き飛ばされた大量の岩石や土砂などは渓流をせき止め、五色《ごしき》沼や檜原《ひばら》三湖（檜原湖、小野川湖、秋元湖）など大小100余りの湖沼を創り出した。磐梯山や安達《あだ》太良《たら》山、吾妻《あづま》山などの山に囲まれた標高約800メートルの磐梯高原は、磐梯山の火山爆発によって形成されたもので、今では美しい自然に恵まれた東北屈指の観光地になっている。

地図を見ると、磐梯山の山頂付近から南西に向かって直線でおよそ2・2キロの間の境界線が途切れている。ここが猪苗代町と磐梯町の境界未定地である。未定地の周辺は針葉樹や広葉樹が茂る山林地帯であるため、行政上支障になるようなこともなく、地元でもここが境界未定地であることをほとんどの人が知らない。なぜ境界未定地なのか、境界未定地がいつ発生したかなどは不明で、これまで紛争らしきものが発生した記録もない。したがって境界未定地を解消しようという目立った動きもない。

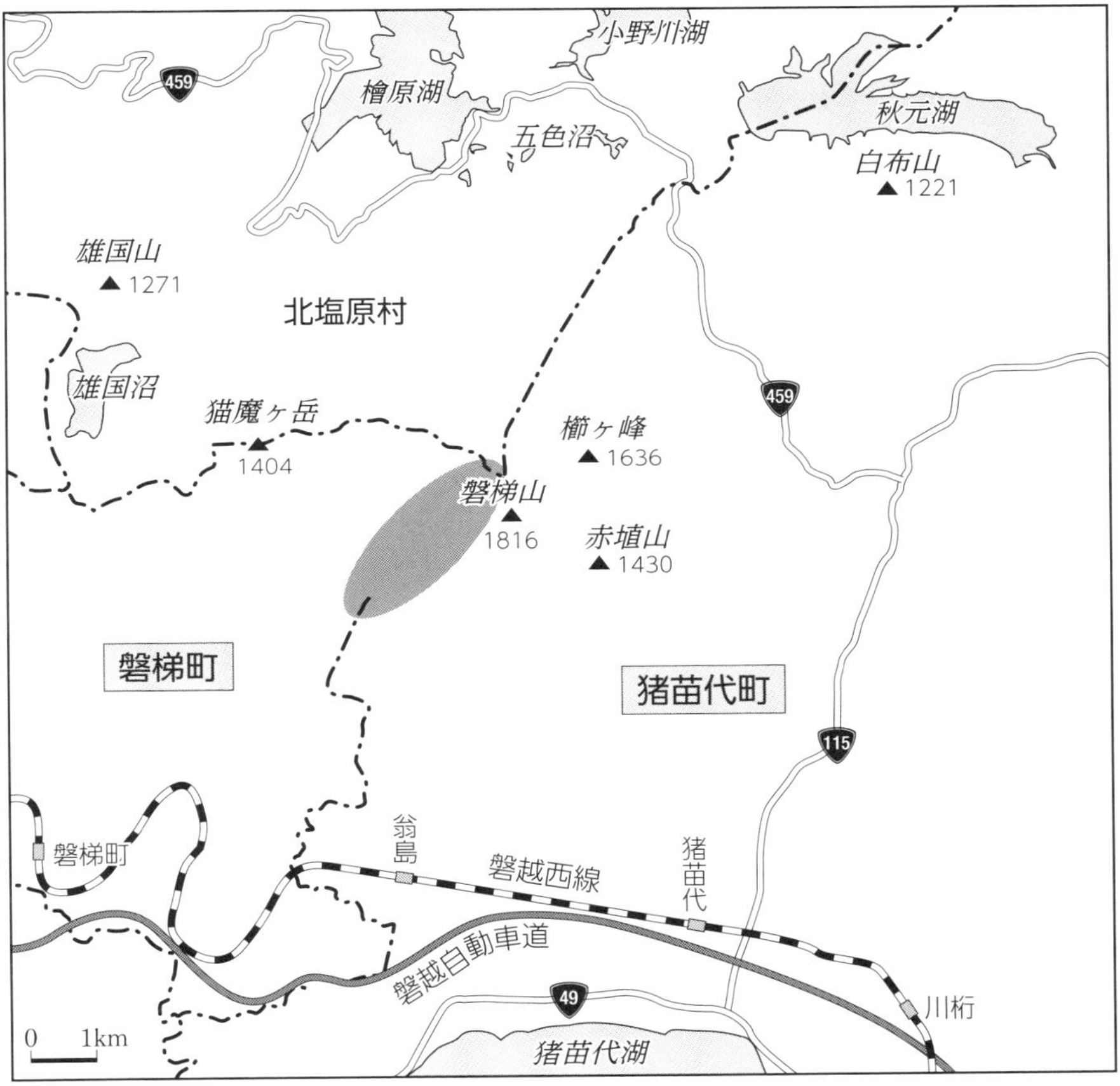
小野川湖
459
檜原湖
五色沼
秋元湖
白布山
▲1221
雄国山
▲1271
北塩原村
雄国沼
猫魔ヶ岳
1404
459
櫛ヶ峰
▲1636
磐梯山
1816
赤埴山
▲1430
磐梯町
猪苗代町
115
磐梯町
翁島
磐越西線
猪苗代
磐越自動車道
49
川桁
0 1km
猪苗代湖

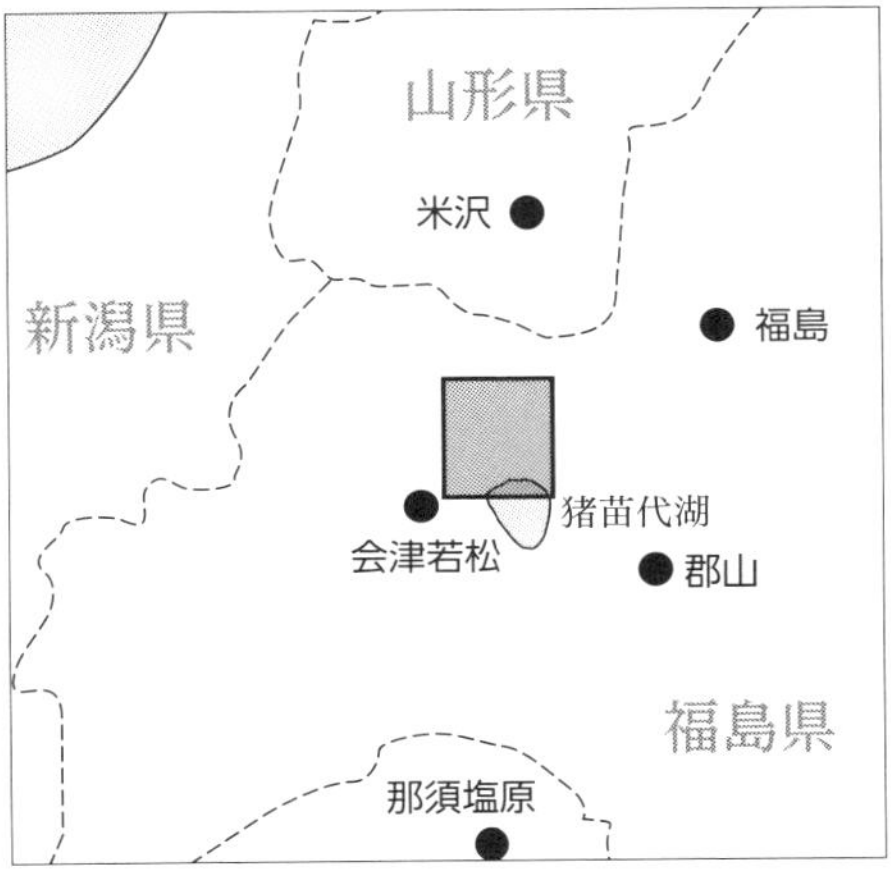
山形県
米沢
福島
新潟県
猪苗代湖
会津若松
郡山
福島県
那須塩原

第3章

関東地方の境界未定地

■茨城県　水戸市×茨城町

水戸市と茨城町との境界未定地は農業用の溜め池

茨城県の県庁所在地である水戸《みと》市は、県のほぼ中央に位置し、周囲を笠間《かさま》市、城里《しろさと》町、那珂《なか》市、ひたちなか市、大《おお》洗《あらい》町、茨城《いばらき》町の6市町村に囲まれているが、南に隣接する茨城町との間に境界未定地がある。その境界未定地は沼なのだ。決して大きな沼ではない。茨城町の東端にある涸《ひ》沼《ぬま》は面積が9・3平方キロメートルもある大きな沼で、大洗町と鉾《ほこ》田《た》市にまたがっている。境界も確定している。湖岸の距離に応じて、茨城町、大洗町、鉾田市の3市町に分割され、湖上には境界線も引かれている。

ところが茨城町にある湛沼《たたえぬま》は、涸沼の100分の1にも満たない農業用の溜め池である。その湛沼は水戸市との境界線上に横たわっており、しかも境界が未定のままなのだ。湛沼は一辺が400メートルほどの三角の形をしており、左側がえぐれたような形になっている。そのえぐれたところへ、笠間市（旧・友部《ともべ》町）の境界線が食い込んでいる。笠間市との境界は確定しているが、三角形の上の部分が未定地になっている。距離にすれば150メートルほどの長さなのだが、境界未定地であることに変わりはない。

湛沼の周辺は農業用の溜め池が数多く点在している農村地帯だが、湛沼のすぐ南側を北関東自動車道が通り、工業団地の近くには茨城町西ICがある。また、湛沼から西へ2キロほど行ったところには、常磐自動車道と北関東自動車道が交差する友部JCTもある。

1981年（昭和56）4月、水戸土木事務所と茨城町、および内原町（現・水戸市）の職員が立会いの下で、境界を確定させたことがある。これで境界未定地は解消されたはずだった。だがその後、境界変更の手続きが行われていなかったことが明らかになり、今日まで境界未定地のままになっている。境界に関して両市町間での争いはなく、今後協議を進めて早期に境界を確定させたい意向である。

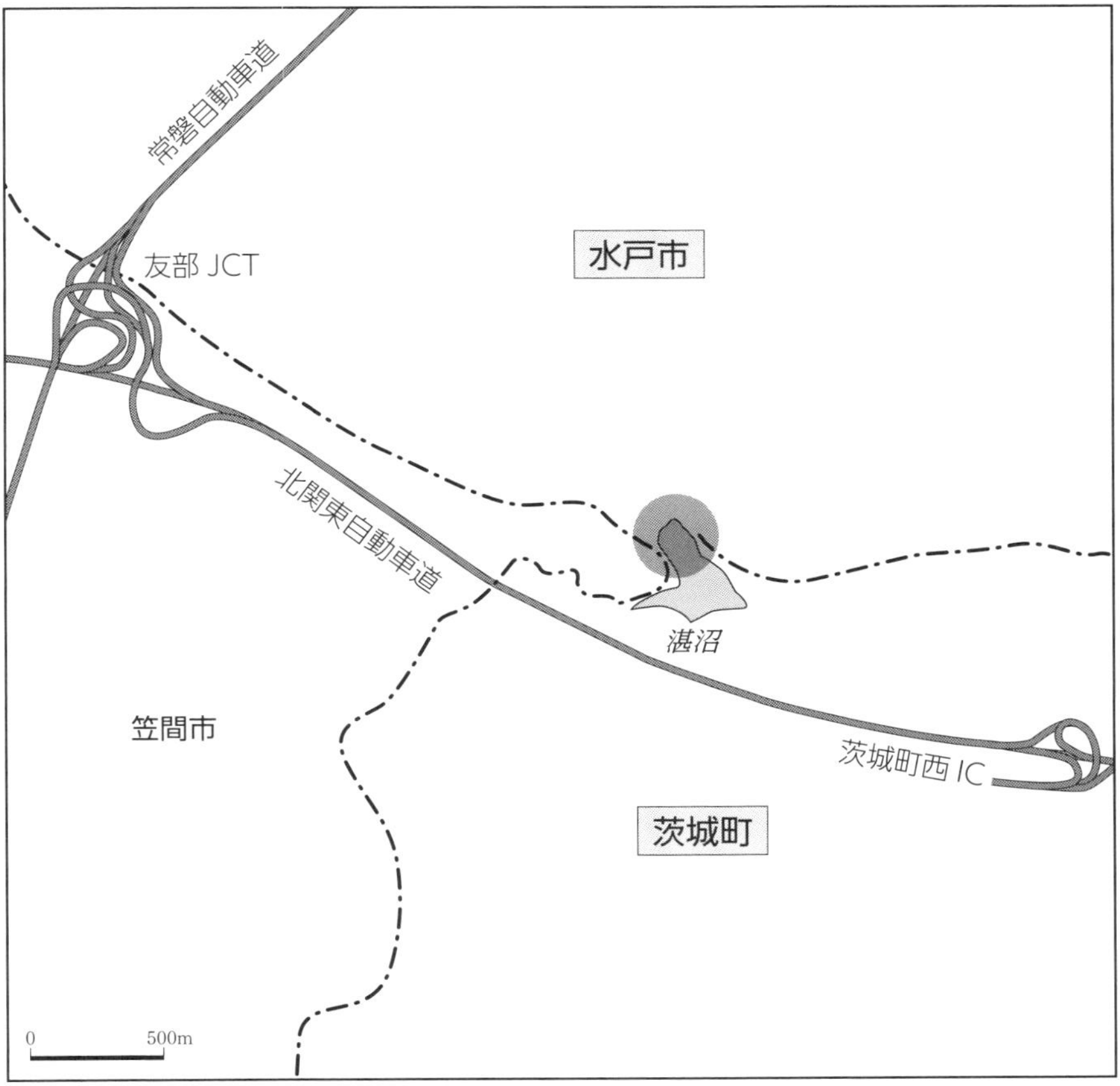
常磐自動車道
友部 JCT
水戸市
北関東自動車道
湛沼
笠間市
茨城町西 IC
茨城町
0
500m

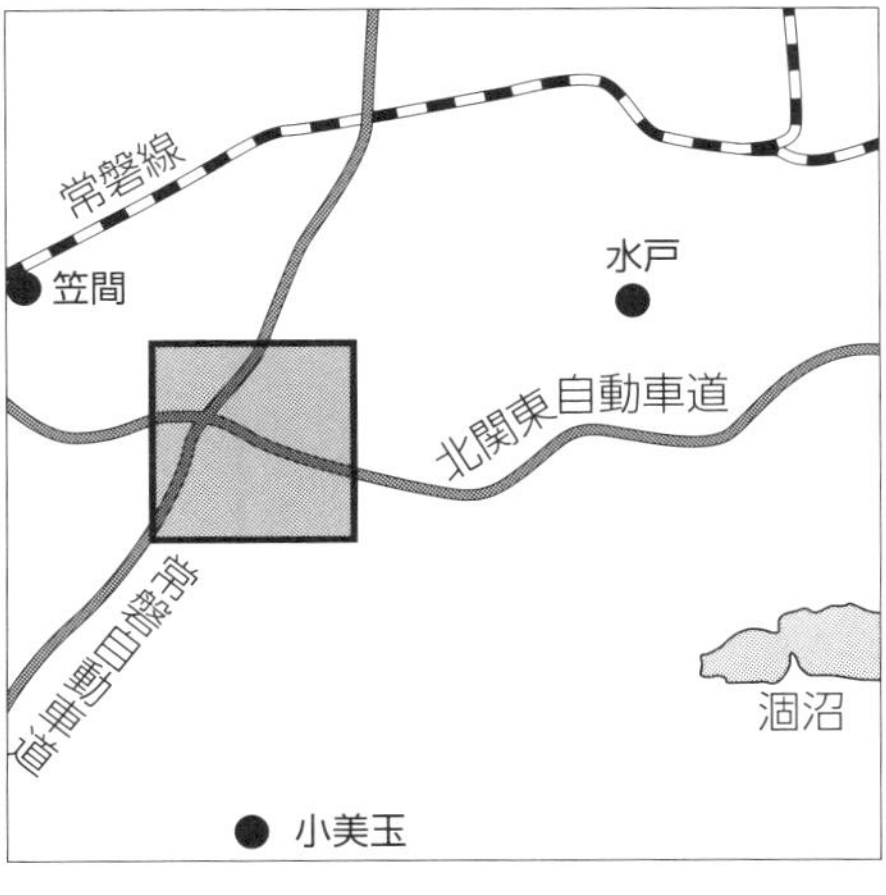
常磐線
笠間
水戸
北関東自動車道
常磐自動車道
涸沼
小美玉

■群馬県　高崎市×榛東村

上毛三山の榛名山の東側にある境界未定地

赤城山《あかぎ》、妙義山《みょうぎ》とともに上毛三山の一つに数えられている榛名山《はるな》は、群馬県中部にある二重式火山である。掃部ヶ岳《かもん》（1449メートル）を最高峰に、外輪山が楕円形に連なっており、中央火口丘に溶岩ドームの榛名富士（1391メートル）がそびえ、その西側に火口原湖の榛名湖（面積1・2平方キロメートル）がある。古くは「伊香保の沼」と称され、雨ごい信仰が盛んな湖だったが、現在は湖畔のキャンプ、冬のスケートやワカサギ釣りなど、群馬県を代表する観光地として賑わっている。その榛名湖の東側に境界未定地がある。

榛名湖の北側から西側にかけての湖岸には、確定した東吾妻町の境界線が通っているが、高崎市《たかさき》と榛東村《しんとう》の境界には未定になっている区間がある。高崎市（旧箕郷町《みさと》）と榛東村の境界線は、上越新幹線の榛名トンネルのあたりから北西に向かって延びているが、鷹ノ巣山（956メートル）付近から先の境界線が途切れている。そこからまっすぐ榛名湖に向かって境界線が延びていけば、榛名湖は榛東村の領域になってしまうが、高崎市では登記図面通り、鷹ノ巣山のあたりから相馬山《そうま》を結ぶ線が境界線だと認識している。境界線が途切れている地点から相馬山の山頂までは、直線で約1・4キロある。だが、榛東村が境界は確定していないと主張しているため、国土地理院の地形図でも境界未定地になっており、鷹ノ巣山から先の境界線は引かれていない。

境界を確定させるには調査や測量が必要になってくる。労力と費用もばかにならない。さいわい境界未定地の周辺は県が所有する保安林のため、利害がともなうような差し迫った事由が発生する要因はない。したがって、今のところ早急に境界未定地を解消させようとする動きもない。だが、いずれ境界未定地は確定させなければならない問題なので、両市村の間で協議が行われていくだろう。

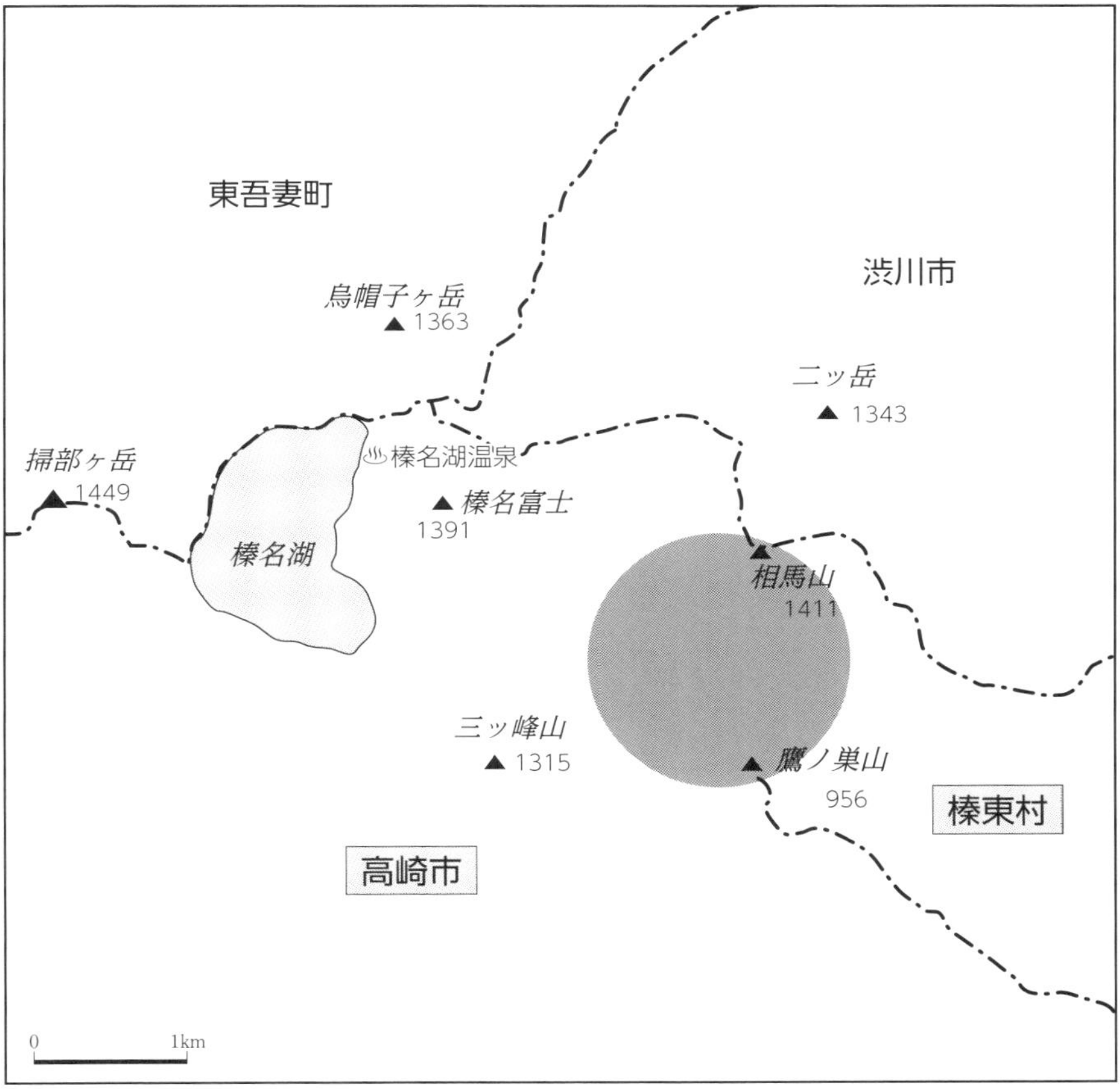
東吾妻町
渋川市
烏帽子ヶ岳
1363
二ッ岳
1343
掃部ヶ岳
1449
榛名湖温泉
榛名富士
1391
榛名湖
相馬山
1411
三ッ峰山
1315
鷹ノ巣山
956
榛東村
高崎市
0
1km

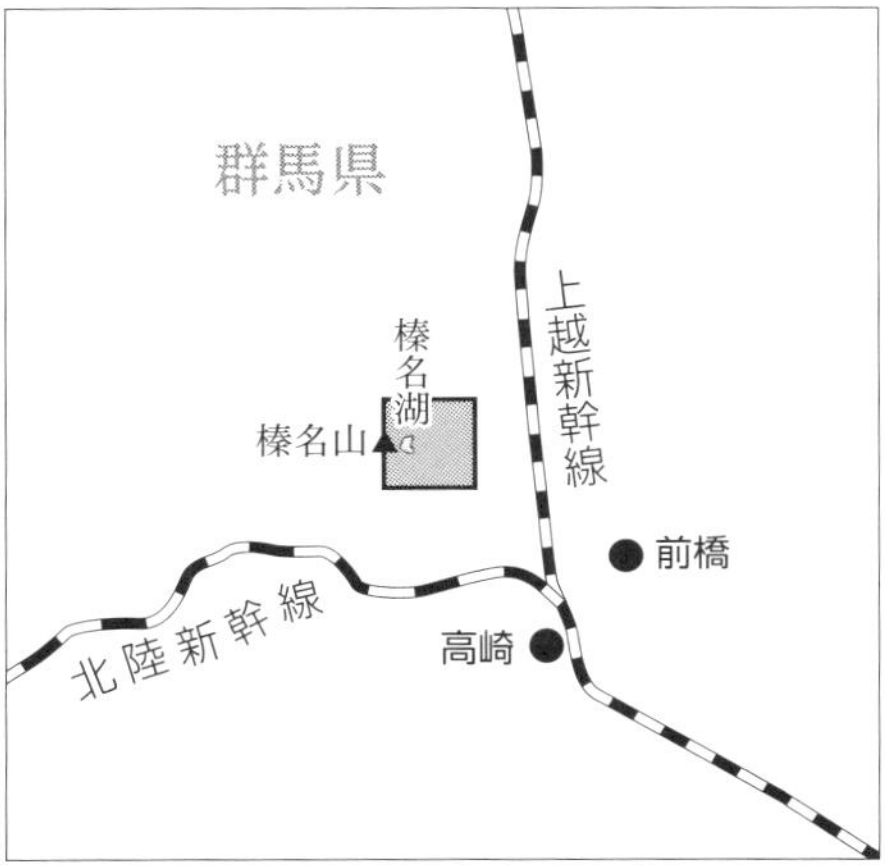
群馬県
榛名湖
榛名山
上越新幹線
前橋
北陸新幹線
高崎

■群馬県　草津町×嬬恋村

境界未定地は上信越高原国立公園の中にある

長野と群馬の県境にそびえる三重式火山として名高い浅間山の北麓に開けている嬬恋村《つまごい》は、高冷地野菜の生産地として知られ、特にキャベツの生産量は日本一を誇っている。村の中心部は、利根川支流の吾妻川の上流域に形成されている。嬬恋村に隣接しているのが、日本三名湯の一つとして名高い草津温泉がある草津町《くさつ》だ。標高1200メートル前後の高地に、源泉の湯畑《ゆばたけ》を中心に温泉街が形成されている。両町村とも上信越高原国立公園に属しており、夏は避暑地として、冬はスキー場として多くの人々で賑わう群馬県を代表する観光地である。

その草津町と嬬恋村との間に、境界未定地が存在している。草津国際スキー場の近くにそびえる本白根山《もとしらね》の山頂（2171メートル）から南西へ600メートルほど離れた標高2165メートルの地点と、草津町と中之条町の境界にある国道292号の山田峠（2049メートル）付近を結んだライン、直線で約3・6キロの区間が境界未定地だとみられている。国道292号は草津温泉や渋峠（2172メートル）、志賀高原などを通っている観光道路で、境界未定地の全域が上信越高原国立公園の中にある。

なぜここに境界未定地があるのか、なぜ未定地が発生したのかは不明だが、一帯は国有林のため、境界が確定していないことによる障害は特にない。また、争いになるような要因もない。ただ、境界未定地で事件が発生した場合、例えば山火事が発生したときや、飛行機が墜落したときなど、どちらの町村が事件や事故の処理に当たるかなど、懸念材料がまったくないわけではないが、境界を確定させなければならないような差し迫った問題はないので、現段階では、境界未定地を解消させようとする動きはない。利害をともなう問題が発生して、初めて協議を始めることになるのだろう。

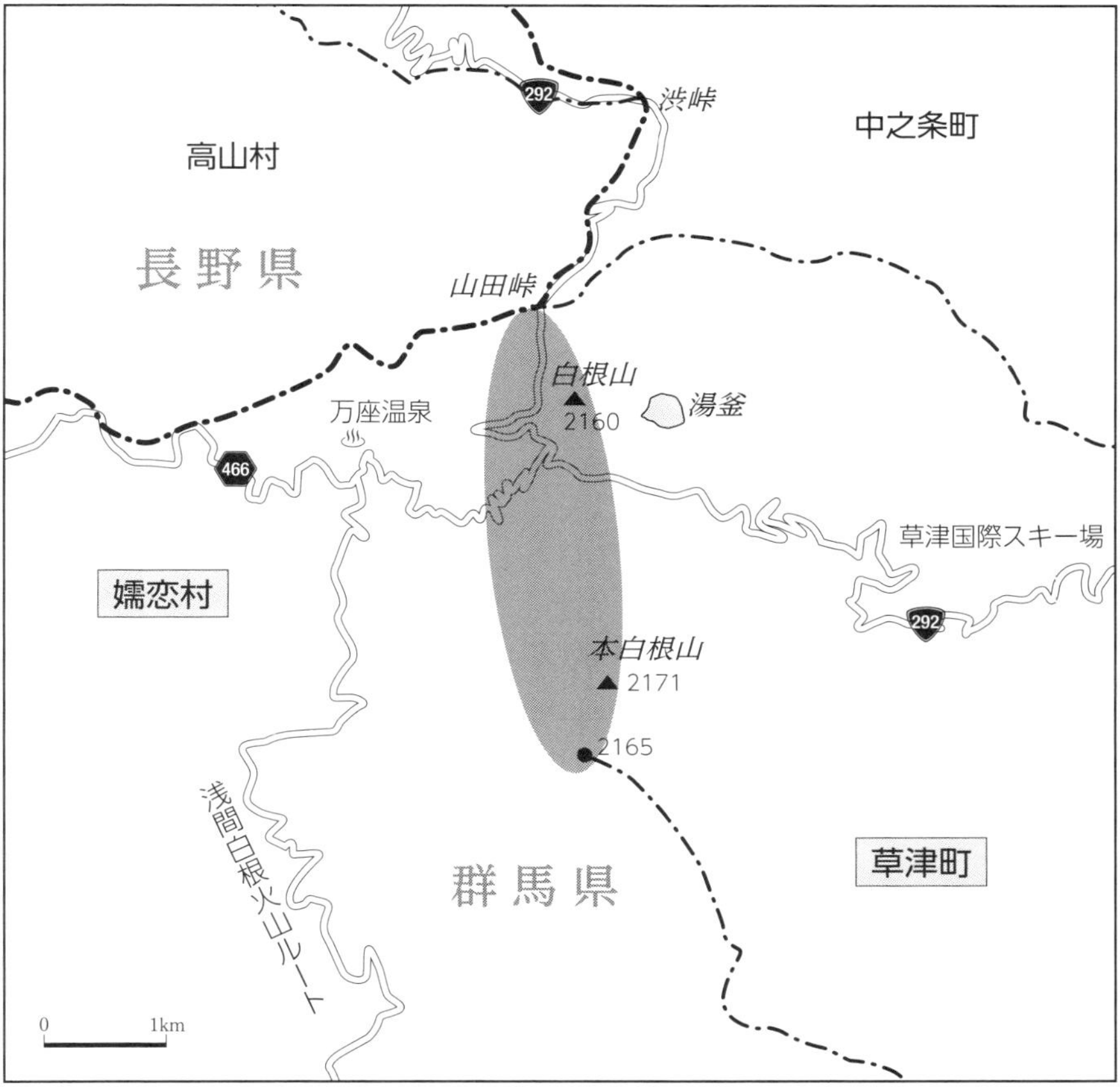
渋峠
中之条町
高山村
長野県
山田峠
白根山
2160
湯釜
万座温泉
嬬恋村
草津国際スキー場
本白根山
2171
2165
浅間白根火山ルート
群馬県
草津町
0
1km
292
466

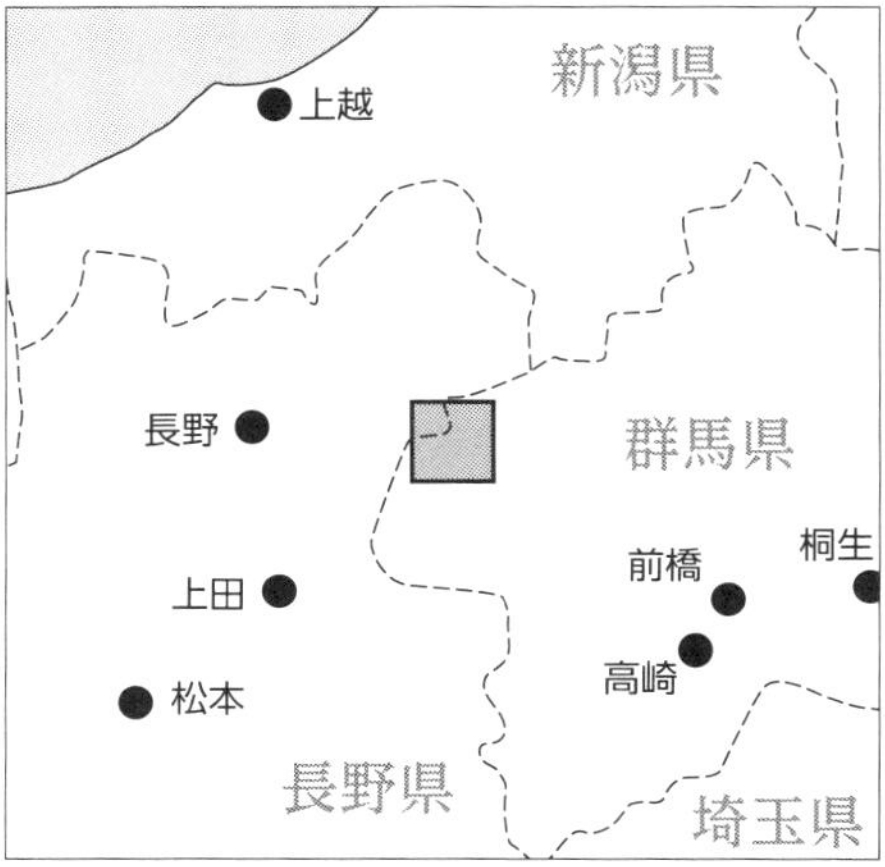
上越
新潟県
長野
群馬県
上田
前橋
桐生
高崎
松本
長野県
埼玉県

境界未定地にある石灰岩の採掘場

■埼玉県　秩父市×横瀬町

埼玉県の西部に位置する秩父《ちちぶ》市は、市域のほとんどが秩父多摩甲斐国立公園や県立武甲《ぶこう》自然公園など、自然公園が市域の多くを占める自然豊かな都市だ。毎年12月に開催される秩父神社例祭の秩父夜祭は、「日本三大曳山祭」の一つとして知られ、ユネスコ無形文化遺産に登録されている。また、秩父地方には秩父三十四ヵ所の札所があり、古くから霊場巡りで賑わった歴史の古い都市である。近年は、市の南東にそびえる武甲山（1304メートル）の山麓から良質の石灰岩を産出し、セメント工業が盛んな都市として発展してきた。

秩父市は平成の大合併で、隣接する吉田町、大滝村、荒川村の3町村と合併したことにより、面積が一気に4倍以上に膨れ上がり、県内で面積が最大の自治体になった。市域が広がったことにより、それまでは東京都としか接していなかったが、現在は東京都をはじめ山梨、長野、群馬の4都県と隣接するようになった。市町村で四つの都道府県と接するのは、日本一面積の広い岐阜県高山市と、京都府の南丹《なんたん》市、そして秩父市の3市だけである。

境界の未定地はこれら都県との間にあるわけではなく、東に隣接する横瀬《よこぜ》町との間に存在している。秩父市と横瀬町の境界にそびえる武甲山の北の斜面、1キロ余りの区間が境界未定地になっている。武甲山の山頂から600メートルほどの間は境界が確定しているが、その先1キロほどが未定地なのだ。境界未定地の周辺には石灰岩の採掘場がいくつも点在している。国の天然記念物に指定された武甲山石灰岩地特殊植物群落もある。セメントの原料の石灰岩が、境界未定地に大いに関係があったといえそうだ。武甲山が普通の山であれば特に問題も発生しないのだろうが、石灰岩を産する山だけに、過去には境界をめぐってトラブルが幾度も発生したことがある。だが、境界未定地が解消するまでには至らず、行政上の支障もないので早期に解決しようとする目立った動きはない。

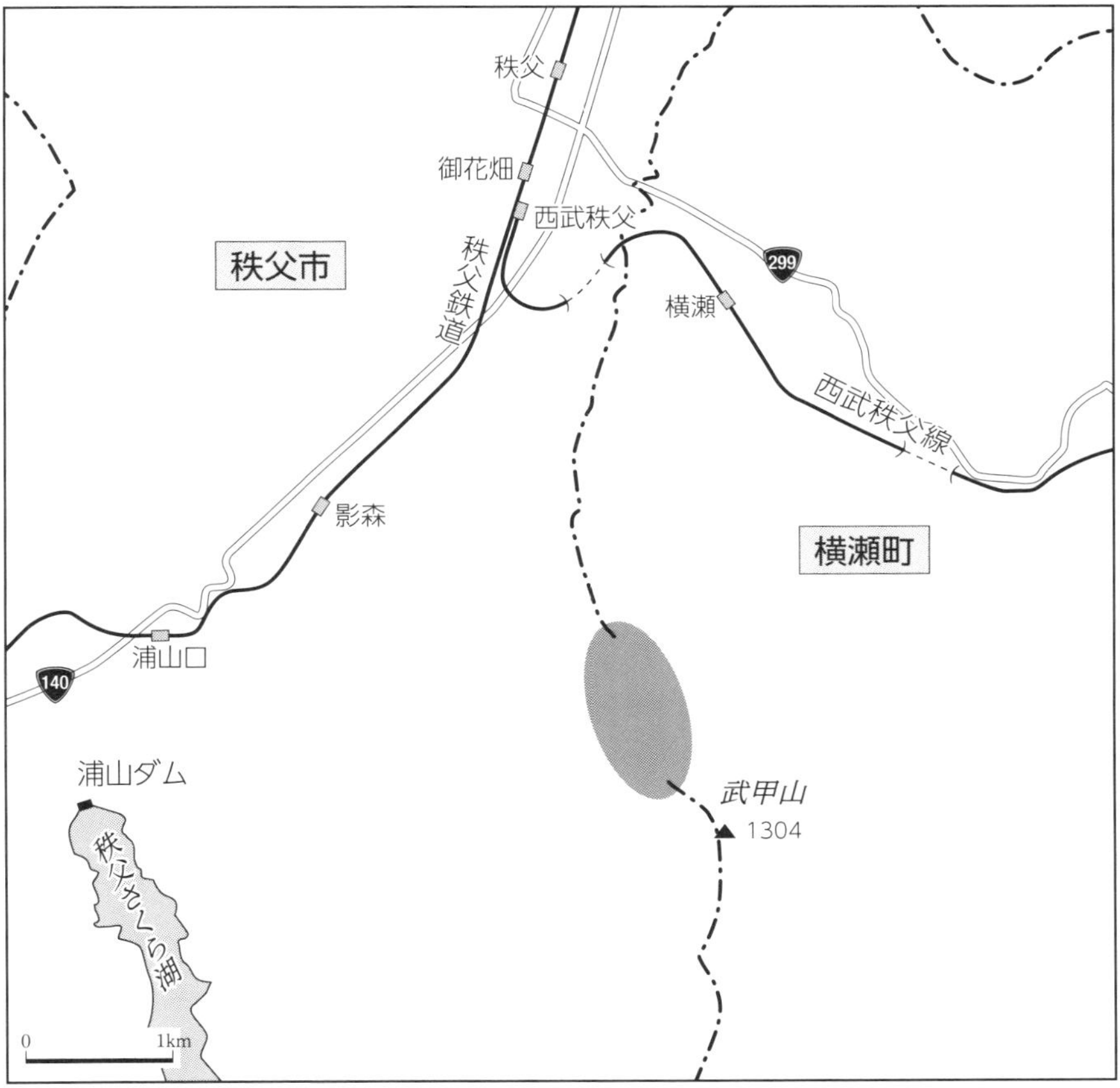
秩父
御花畑
西武秩父
秩父市
秩父鉄道
299
横瀬
西武秩父線
影森
横瀬町
浦山口
140
浦山ダム
武甲山
1304
秩父さくら湖
0
1km

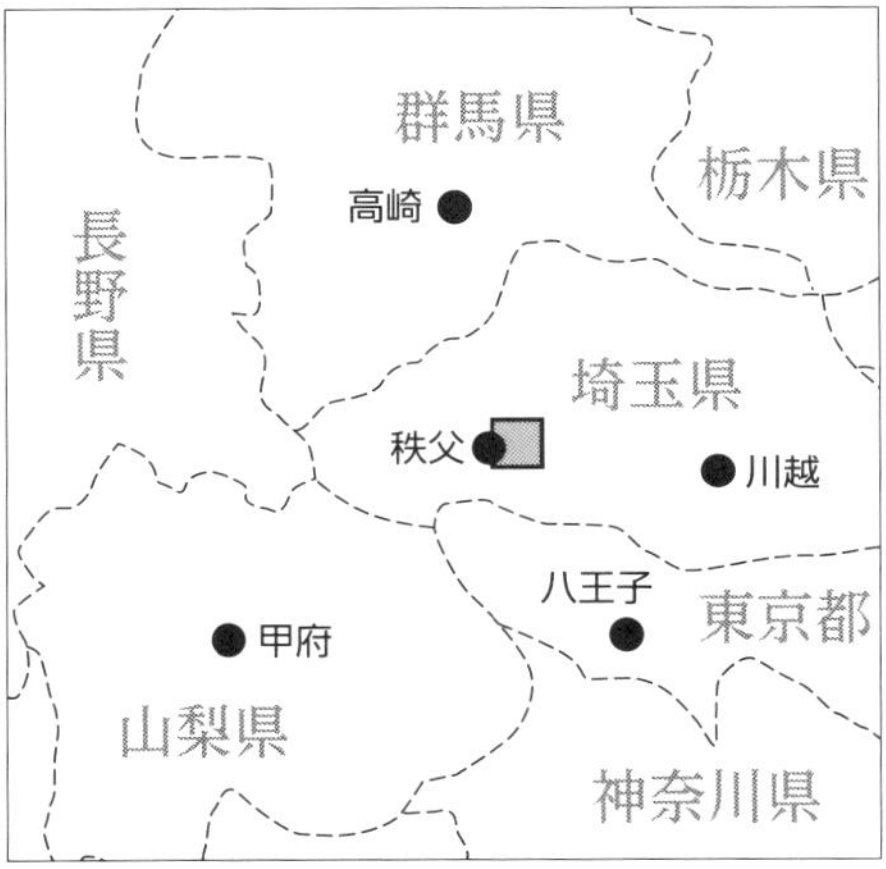
群馬県
栃木県
高崎
長野県
埼玉県
秩父
川越
八王子
東京都
甲府
山梨県
神奈川県

■千葉県 市川市×船橋市

境界未定地の砂浜は両市で共同管理

狭義の東京湾は房総半島の富津《ふっつ》岬と、対岸の三浦半島の観音崎を結んだ内側の海域をいうが、そこに自然海岸はまったく残っていない。すべてが人工海岸で、特に湾奥には広大な埋め立て地が広がっている。東京のベッドタウンとして都市化が著しい市川市と船橋市も、沿岸部はすべて近年になってから造成された埋め立て地である。それを物語っているように、沿岸部の境界線はほとんどが直線状に引かれている。

総武本線に並行して東西に走っている京葉道路から南側はすべて埋め立て地だといってもよく、市川市と船橋市の境界線は、ほぼまっすぐ南に延びている。ところが、一番南に造成された人工島に引かれている直線の境界線が、先端で途切れている。ここが市川市と船橋市の境界未定地なのだ。境界線が途切れているところから海岸線までは、直線でわずか100メートルほどしかない。船橋三番瀬海浜公園の一角にある横幅が約1・6キロの砂浜、すなわち人工干潟の部分が境界未定地なのである。

境界未定地は人工島が造成されるまでは存在しなかった。1969年（昭和44）から1977年（昭和52）にかけて、京葉港第1期埋立事業として東浜1丁目地先の護岸が整備された。1979年（昭和54）から81年（昭和56）にかけて、第2期埋め立て計画が実施されるまでの暫定的な活用として、千葉県企業庁が人工干潟を造成し、翌年にはこの人工干潟も含めて船橋三番瀬海浜公園がオープンした。第2期埋め立て計画はその後、環境問題などのため白紙に戻された。埋め立て計画は白紙に戻されたまま再開される見込みもないことから、市川市と船橋市は境界をあえて確定させる必要はないと判断している。境界未定地の人工干潟は、船橋三番瀬海浜公園の砂浜として利用されているので、両市が共同で管理している。もし、埋め立て計画が復活するようなことになれば、その時に協議が行われ、境界が確定することになるだろう。

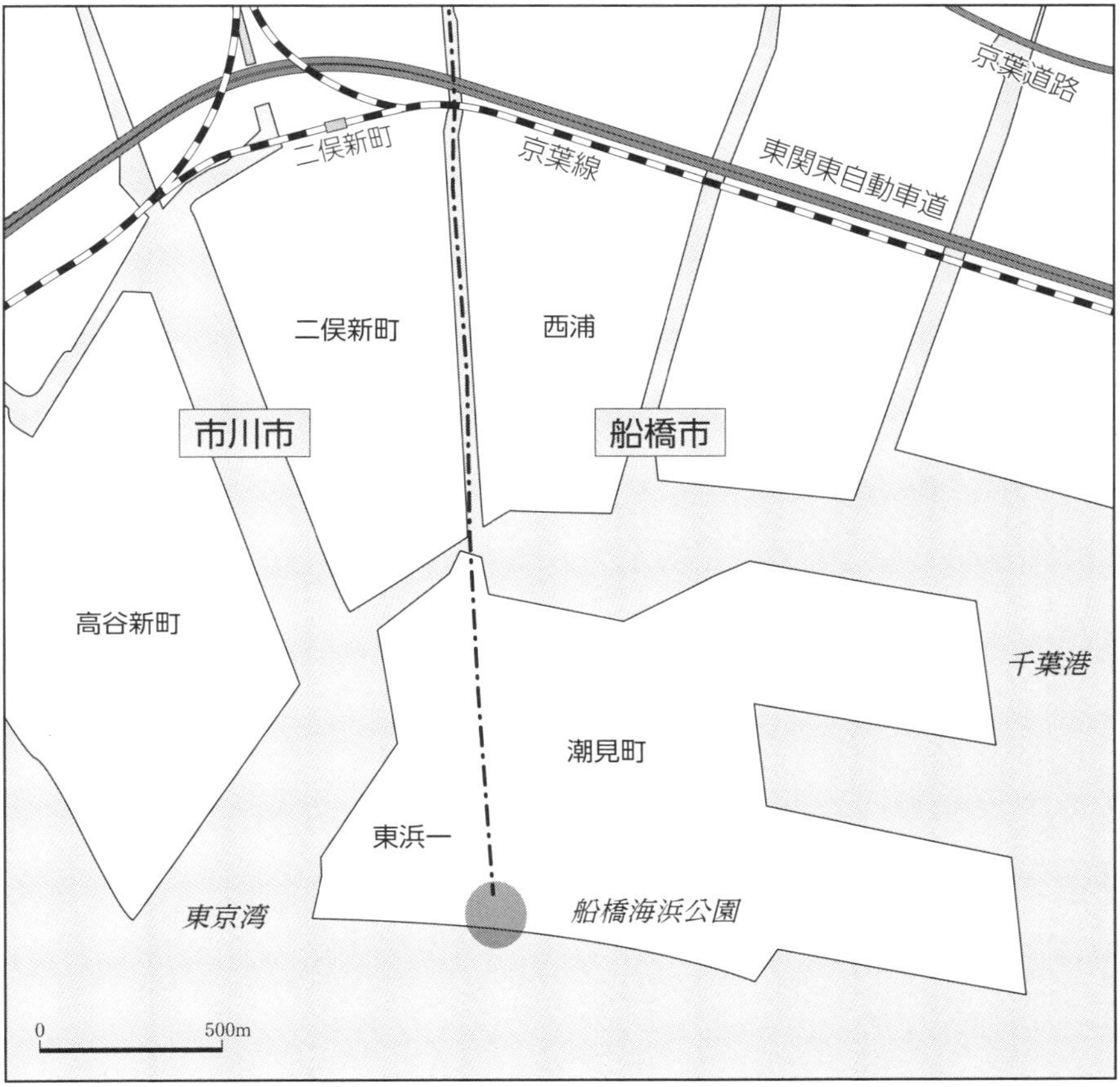
京葉道路
二俣新町
京葉線
東関東自動車道
二俣新町
西浦
市川市
船橋市
高谷新町
千葉港
潮見町
東浜一
東京湾
船橋海浜公園
0
500m

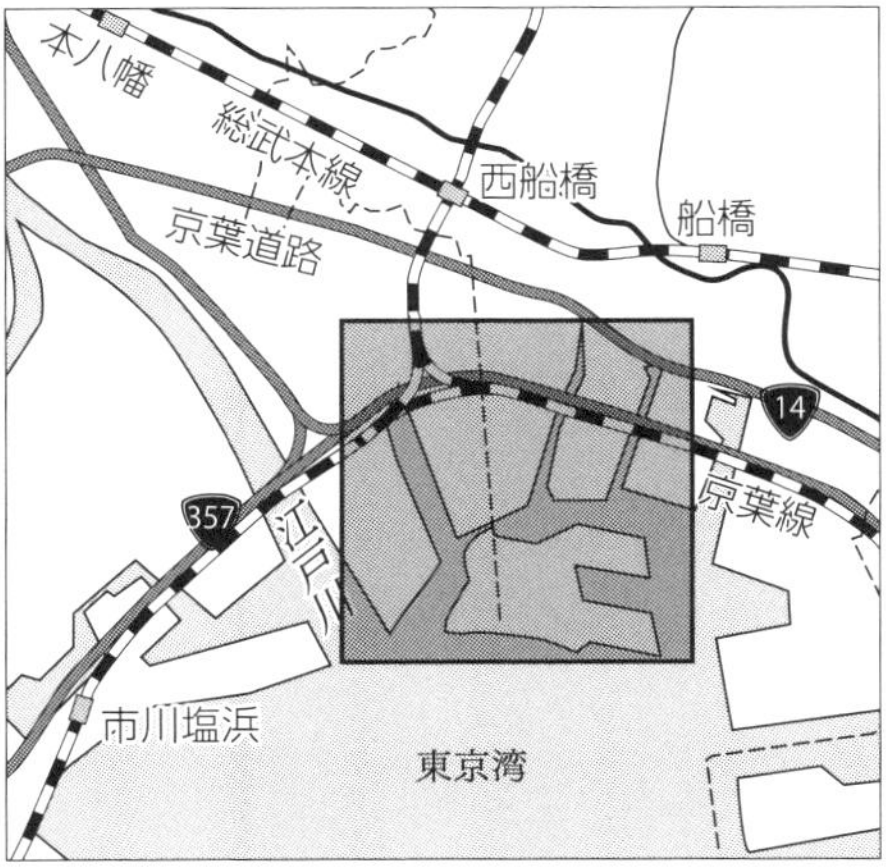
本八幡
総武本線
西船橋
船橋
京葉道路
14
357
江戸川
京葉線
市川塩浜
東京湾

■千葉県　御宿町×勝浦市

御宿と勝浦の境界未定地は漁場をめぐる争いの痕跡か

房総半島南西部の富津岬《ふっつ》から、房総半島の南西端に突き出した洲崎《すのさき》までの海岸を内房《うちぼう》というのに対し、洲崎から房総半島の南端を回り込み、太東崎《たいとうさき》あたりまでの太平洋岸を外房《そとぼう》と呼んでいる。外房の北の方に位置している御宿町《おんじゅく》は、童謡「月の沙漠」の発祥地として知られ、御宿海岸の砂浜にはラクダにまたがる王子と姫の、「月の沙漠」をイメージした像が立っている。遠浅の砂浜は海水浴場に適し、シーズンには多くの人で賑わう。海岸ではサザエやアワビなどを採取する海女《あま》の姿も見られる。御宿の海女は、日本三大海女地帯の一つに数えられている。御宿町の南に隣接する勝浦《かつうら》市も海岸線に景勝地が多く、外房有数の観光地を形成している。

御宿町も勝浦市も漁業が盛んな町で、その両自治体の間に境界未定地がある。外房線のトンネルの上のあたりから太平洋岸まで、直線で500メートルほどの間が境界未定地になっている。御宿町も勝浦市も漁業を主産業としている町だけに、過去には漁場をめぐる争いが発生したことが何度もある。未定地が存在するのも、漁業権をめぐる争いに起因しているものとみられている。漁民と漁民の主張が対立し、互いに譲らなかったのだろう。境界未定地はその痕跡なのかもしれない。

昭和40年代には御宿町と勝浦市、漁業関係者などで、境界を確定させるための協議が行われたこともある。だが、決め手になるものがなかったため、解決には至らなかった。さいわい、境界未定地の周辺は海岸近くまで山林地帯である。境界未定地の沿岸を国道128号（外房黒潮ライン）が通り抜けているとはいえ、建造物などは何も建っていない。したがって、行政で障害になるようなことは特に発生していない。最近は境界未定地を解消するための動きはないが、いずれ解決しなければならない問題だろう。

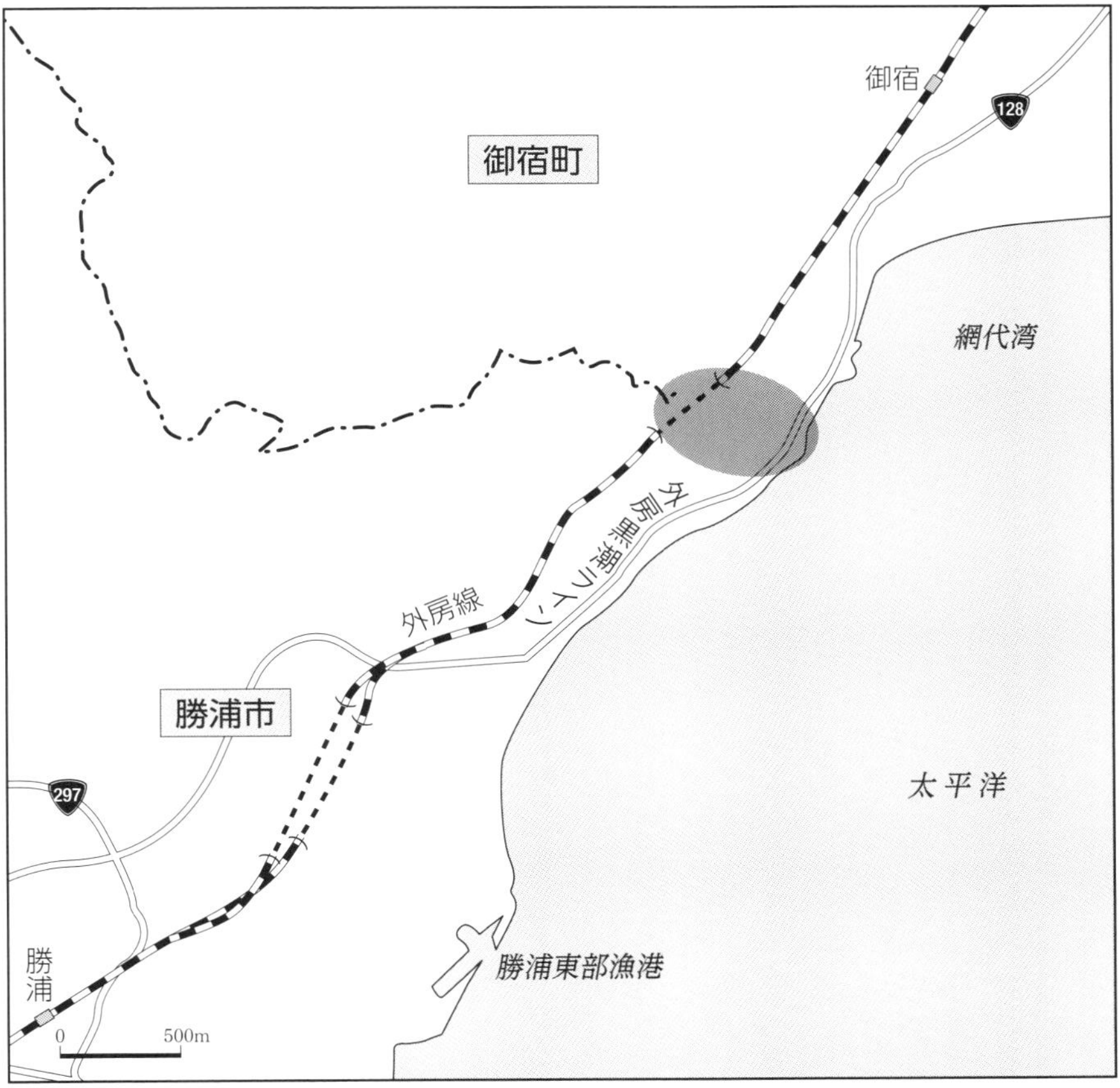
御宿
128
御宿町
網代湾
外房黒潮ライン
外房線
勝浦市
297
太平洋
勝浦
勝浦東部漁港
0
500m

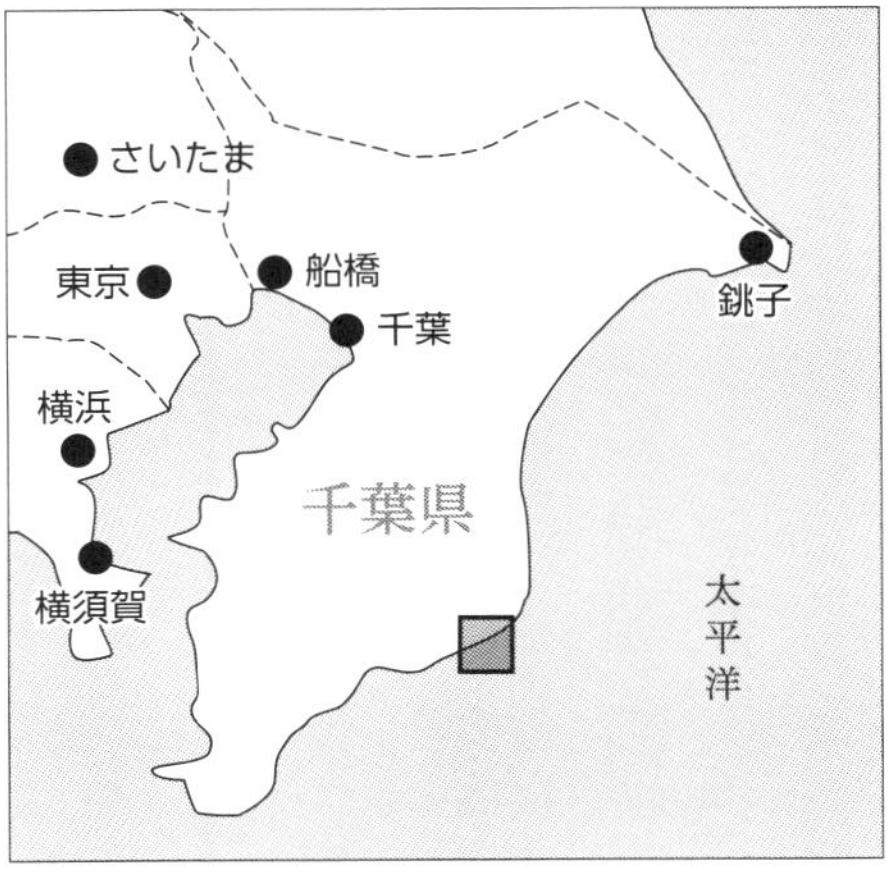
さいたま
東京
船橋
千葉
銚子
横浜
千葉県
横須賀
太平洋

都県境の未定地は小合溜

葛飾《かつしか》区と埼玉県三郷《みさと》市の境界に横たわっている小合溜《こあいだめ》は、1729年（享保14）、8代将軍徳川吉宗が江戸の町を洪水の被害から守るための治水事業で、灌漑用水と遊水池を兼ねた溜め池として造成されたものである。この小合溜が都県境の未定地になっている。

小合溜の周辺には、水元公園という都内でも有数の規模を誇る都市公園が広がっている。明治百年事業の一環として整備されたもので、水元公園が水郷情緒あふれる美しい公園であるのも、満面に水を湛えた小合溜の存在が大きい。

小合溜の対岸の三郷市側にも、みさと公園という都市公園が整備されている。水元公園は東京都、みさと公園は埼玉県というように、管轄がそれぞれ違うので公園の名前も異なっている。小合溜を挟んで一体化した一つの公園として整備すれば魅力度はさらにアップするだろうが、そこが都県境の未定地であることが大きな障害になっている。小合溜に橋は一つも架かっていないので、目と鼻の先にある二つの大きな公園を自由に行き来することができないのである。

都県境をめぐる表立った対立は見られないが、水面下では激しい綱引きが演じられている。都県境問題が表面化してきたのは、小合溜の資産価値が高まってきた1960年代になってからのことだ。葛飾区側は小合溜の全域の領有を主張している。これまで小合溜を管理してきたのは葛飾区だという自負心があるからだ。それに対し、三郷市側は小合溜の中心線が境界であると主張している。河川は流れの中心線を境界とするのが通例になっているので、小合溜もその通例に従うべきだというのが言い分である。

葛飾区と三郷市は、都県境の未定地を解消するため、これまで何度も協議を重ねてきたが、両者の主張は平行線をたどり、解決のめどは立っていない。

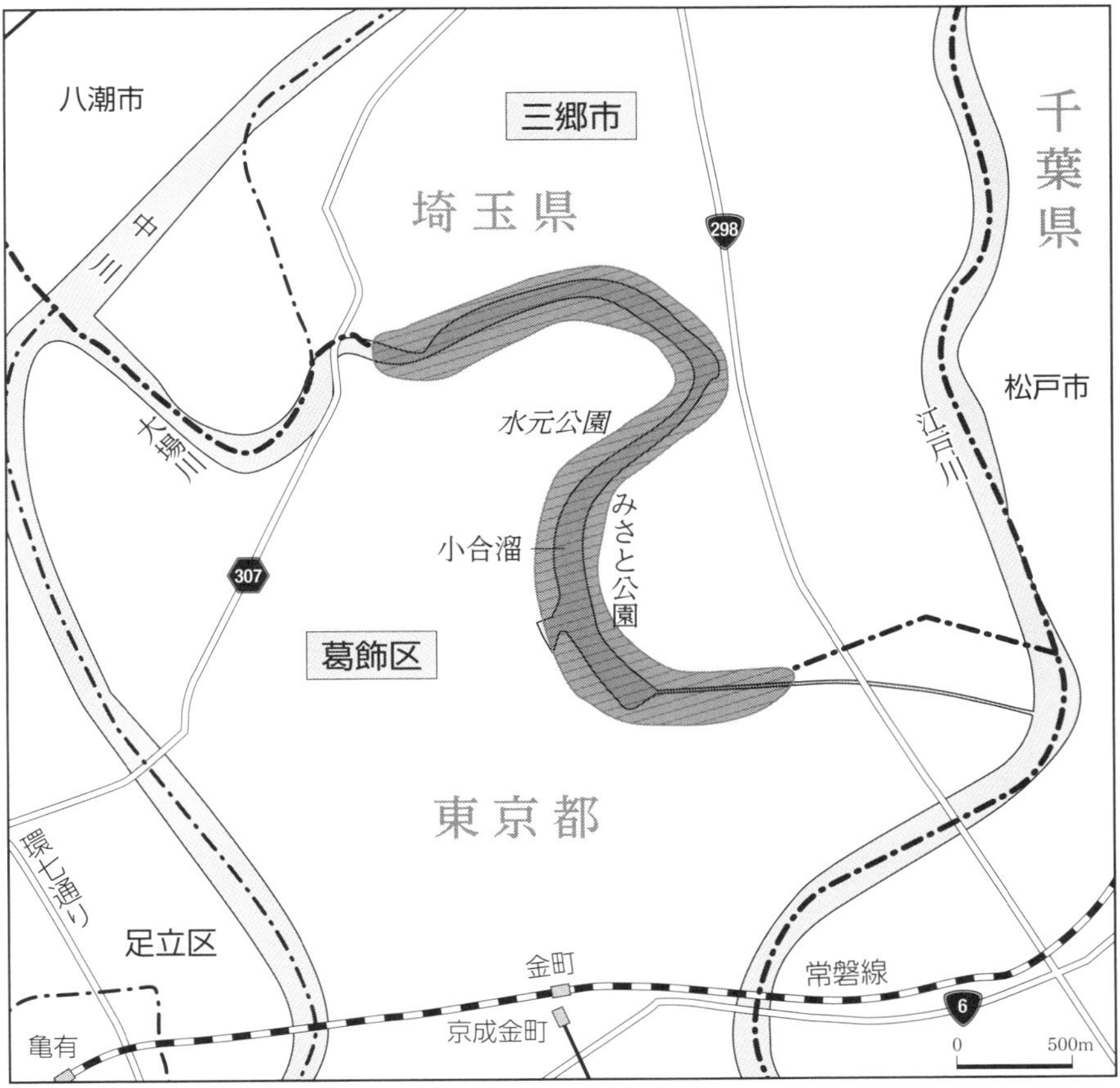
八潮市
三郷市
埼玉県
千葉県
中川
大場川
298
水元公園
小合溜
みさと公園
松戸市
江戸川
307
葛飾区
東京都
環七通り
足立区
金町
常磐線
京成金町
亀有
6
0
500m

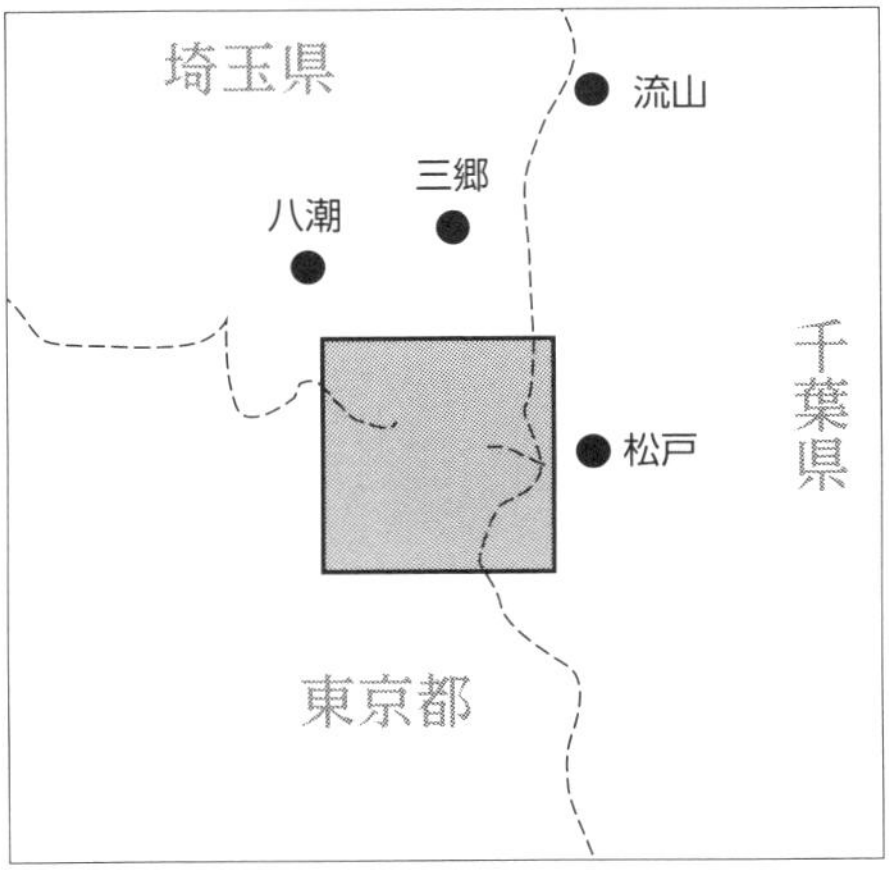
埼玉県
流山
三郷
八潮
千葉県
松戸
東京都

■東京都　江戸川区×千葉県　市川市

江戸川放水路の完成が都県境の未定地を生む

利根川水系の江戸川が東京都と千葉県の境界になっているが、その江戸川に都県境の未定地がある。江戸川は野田市の関宿《せきやど》あたりで利根川本流から分かれ、東京湾に注いでいる全長約60キロの一級河川で、これまでしばしば氾濫に見舞われてきた。そこで1919年（大正8）、洪水の被害を防ぐため江戸川の直線化工事が行われた。河川の改修工事によって生まれた新しい流路が江戸川放水路である。

1960年（昭和35）には河川法が改正され、江戸川放水路が正式な江戸川に認定され、それまでの江戸川本流は旧江戸川と呼ばれるようになった。旧江戸川が東京都と千葉県の境界になっている。江戸川放水路が完成したことで水害は激減したが、厄介な問題が発生することになった。かつての江戸川の本流である旧江戸川の流路が変わってしまったのだ。河岸が侵食されて陸地が川の流れに呑み込まれたところもあれば、それまでの水域が陸化したところもある。中洲も形成された。そのため、東京都（江戸川区）と千葉県（市川市）の境界が曖昧になってしまったのである。

江戸川区は従来の境界線をそのまま踏襲すべきことを主張したのに対し、市川市はあくまでも川の流れの中央が境界線であると主張。両者の意見は真っ向から対立し、境界線をめぐる紛争へと発展していくことになった。そのため、中洲と陸化して市川市と地続きになった土地が境界未定地になった。境界未定地は「河原番外地」と呼ばれ、そこには国土交通省江戸川河川事務所河口出張所や運動公園などがある。

都県境が未定地のままだと、火災発生時やゴミ処理などの問題で、責任の所在が曖昧になって混乱する恐れがある。だが、境界未定地の河原番外地は現在、両地域の交流の場として活用されており、江戸川区と市川市の関係はいたって良好である。正式な境界を早期に確定させようという動きもない。

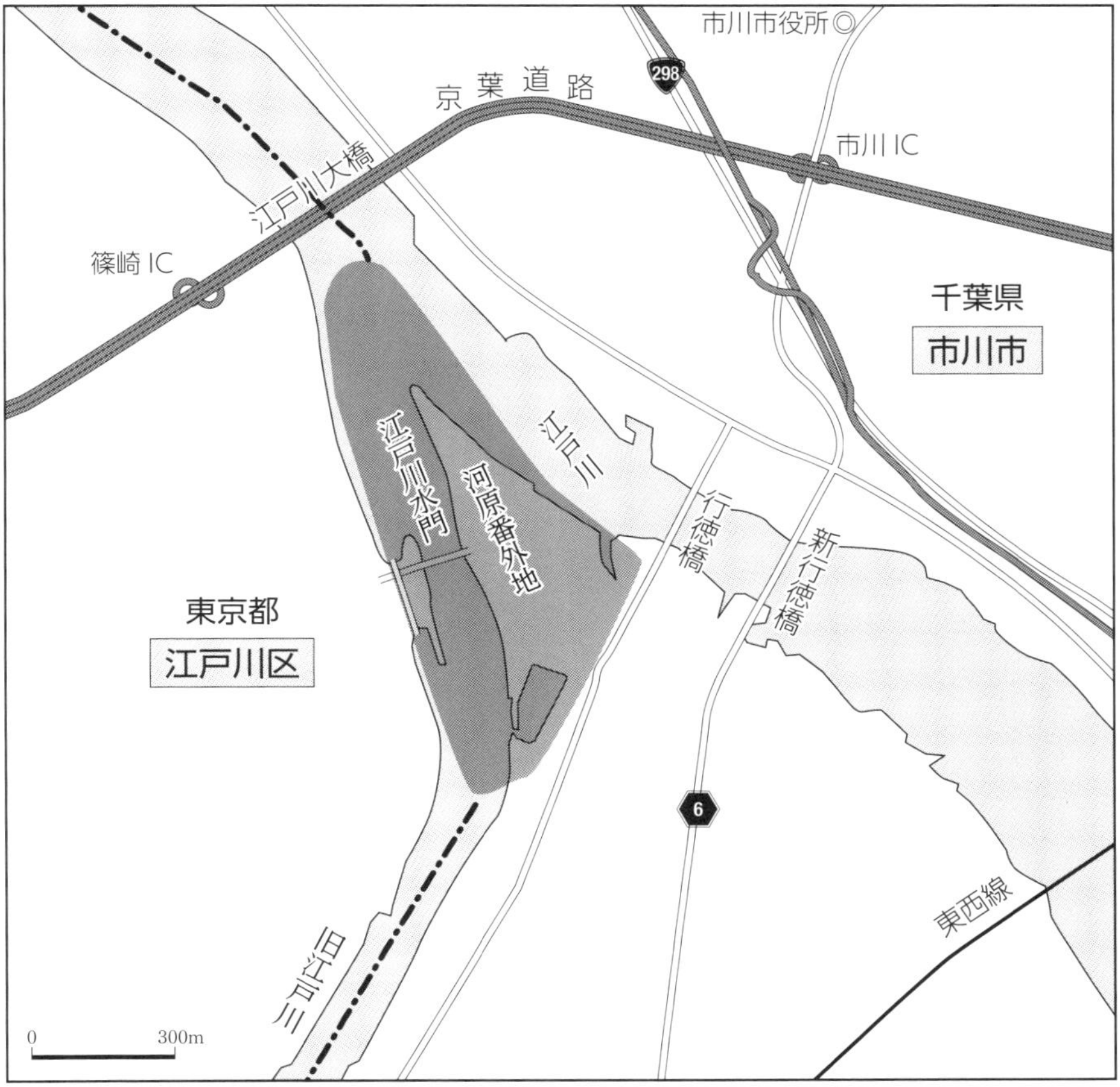
市川市役所◎
298
京葉道路
市川 IC
江戸川大橋
篠崎 IC
千葉県
市川市
江戸川
江戸川水門
河原番外地
行徳橋
新行徳橋
東京都
江戸川区
6
東西線
旧江戸川
0
300m

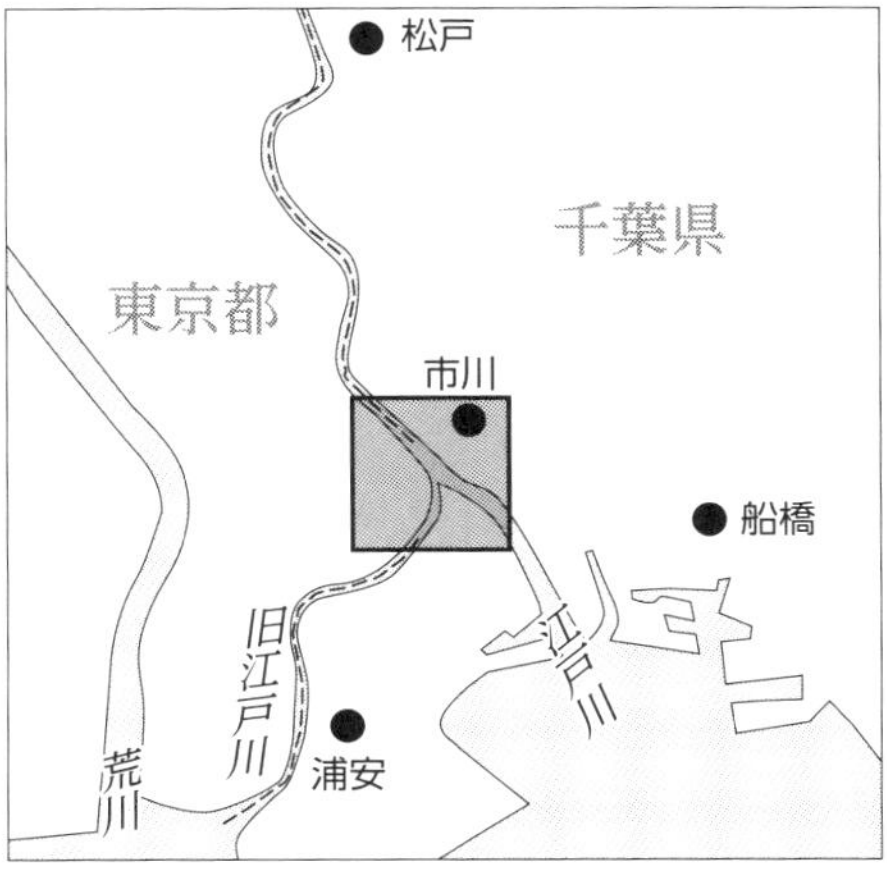
松戸
千葉県
東京都
市川
船橋
旧江戸川
江戸川
荒川
浦安

■東京都　江戸川区×千葉県　浦安市

旧江戸川河口にある都県境の未定地

江戸川にある都県境の未定地は、江戸川区《えどがわく》と市川市との間にあるものだけではなかった。かつての江戸川の本流、つまり現在の旧江戸川の河口にも都県境の未定地が存在している。その未定地は近年になって生まれた極めて新しいものである。旧江戸川と江戸川が分岐する付近に生じた境界未定地は、陸地を掘削して江戸川放水路を建設したことによって発生したものだが、旧江戸川の河口にある境界未定地は、陸地を掘削したのとは正反対に、河口付近の海が埋め立てられたことによって生じたものである。

旧江戸川の東側は千葉県浦安市にある東京ディズニーランド、西側は江戸川区にある葛西臨海公園である。東京ディズニーランドは1981年（昭和56）4月に建設が着手され、1983年（昭和58）4月に開園した日本で最も人気があるテーマパークである。2001年（平成13）9月に開園した東京ディズニーシーと合わせて東京ディズニーリゾートを形成している。総面積は約100ヘクタールもあり、このすべての敷地が埋め立て地である。

旧江戸川の対岸に立地している葛西臨海公園は、1989年（平成元）6月に開園した都内で最大級の規模を誇る都立公園で、園内には葛西臨海水族園という人気の施設もある。葛西臨海公園も、81ヘクタールある公園の敷地すべてが埋め立て地だ。これらの出現によって海岸線が変わってしまったため、江戸川区と浦安市《うらやすし》との間を流れている旧江戸川の河口付近に、都県境の未定地が発生することになってしまったのである。葛西臨海公園と東京ディズニーリゾートの北側を通り抜けている首都高速湾岸線の舞浜大橋付近から、東京湾までの約1・6キロの旧江戸川の水面が境界未定地になっている。今後、埋め立て地が沖合に向かって拡大していくようなことがあれば、境界未定地がさらに広がっていく恐れもある。

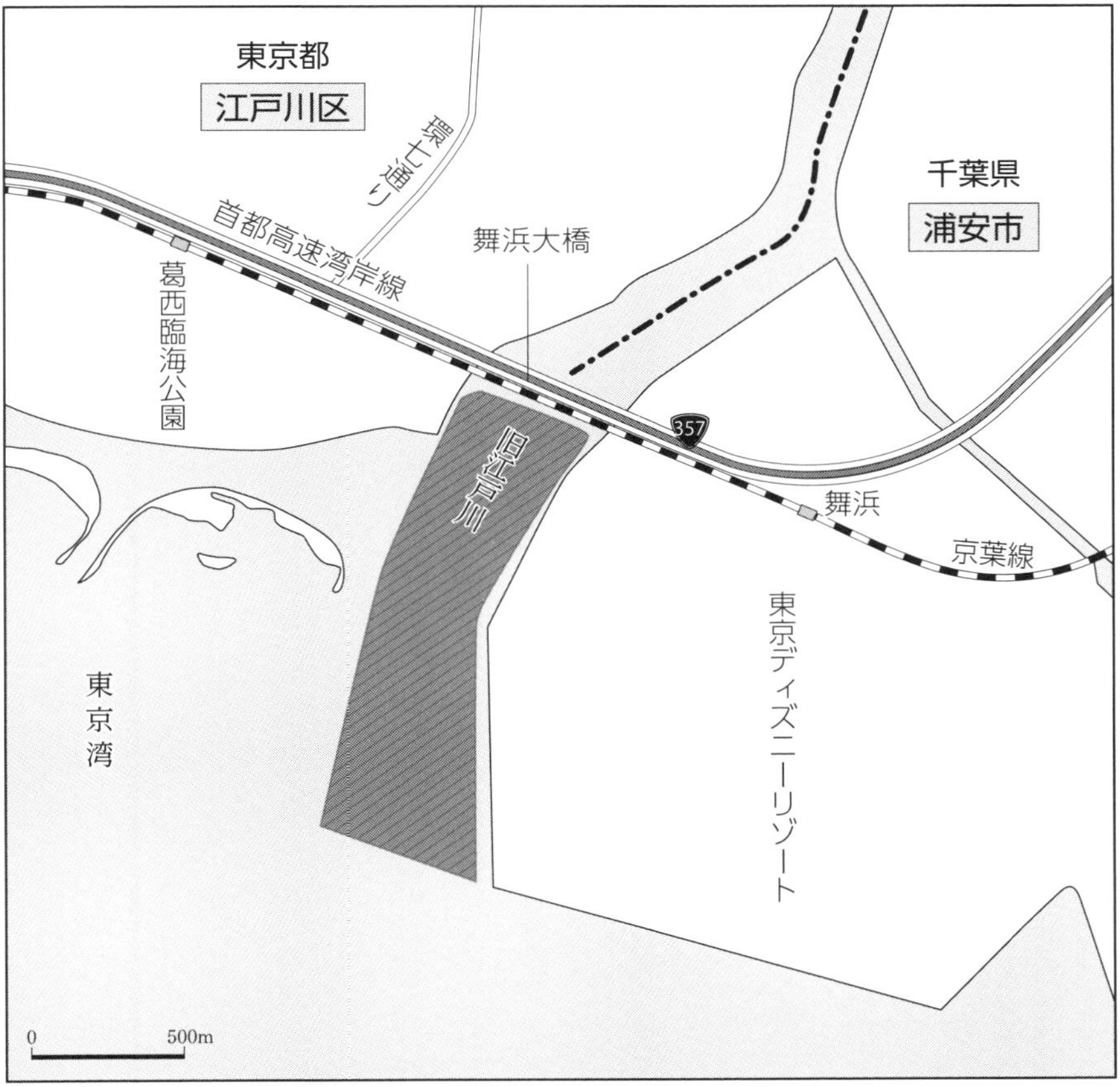
東京都
江戸川区
環七通り
首都高速湾岸線
千葉県
浦安市
舞浜大橋
葛西臨海公園
357
旧江戸川
舞浜
京葉線
東京ディズニーリゾート
東京湾
0
500m

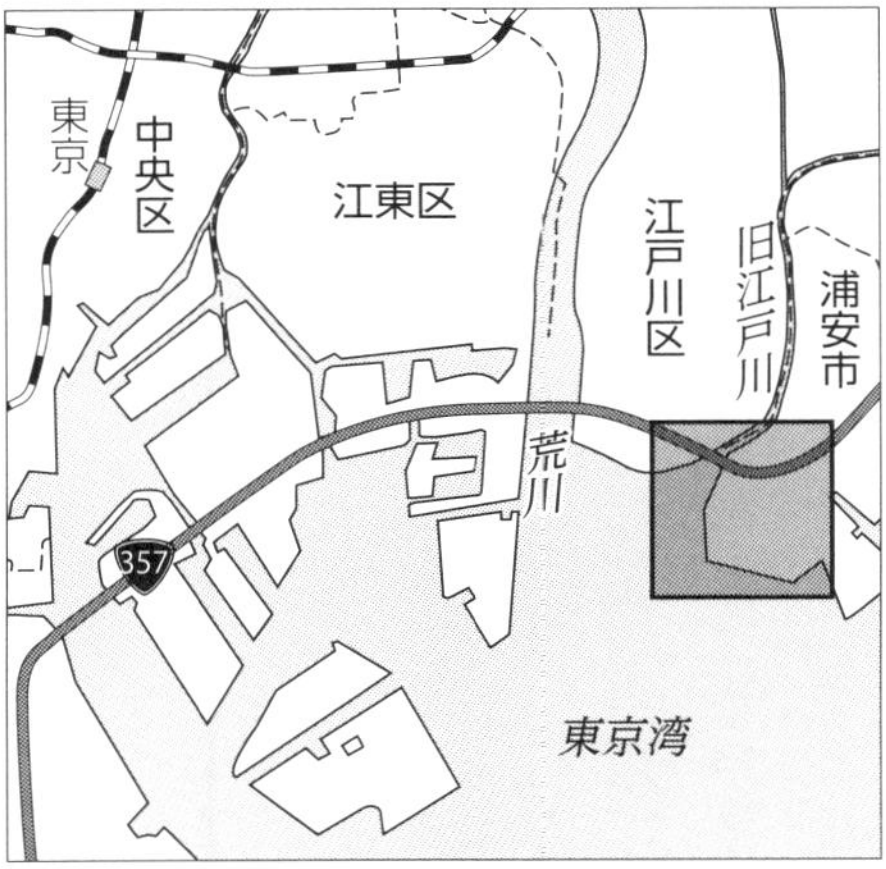
東京
中央区
江東区
江戸川区
旧江戸川
浦安市
荒川
357
東京湾

■東京都　江戸川区×江東区

荒川の河口でも、埋め立て事業で境界未定地が発生

江戸川《えどがわ》区の境界未定地は江戸川だけでなく、荒川の河口にも存在している。荒川と江戸川に挟まれた低平な沖積地で形成されている江戸川区の南部は、ゼロメートル地帯が多くを占めている。荒川河口の東岸に位置している清新町と臨海町は、1972年（昭和47）から開始された葛西沖開発事業によって、荒川河口の右岸が埋め立てられて生まれた新しい町である。西葛西および南葛西との町境になっている曲がりくねった道路は、遠浅であったかつての海岸線の痕跡である。

葛西沖開発事業の埋め立てによって荒川河口の河岸線が変わってしまい、河口付近に境界未定地が発生することになった。東京メトロ東西線の南側あたりで荒川と中川が合流している。

荒川は山梨、埼玉、長野の3県境にそびえる甲武信ヶ岳を発して埼玉県を流れ、東京湾に注いでいる。一方の中川も埼玉県の北部で利根川から分流し、南に向かって流れ下り東京湾に注いでいる。

荒川と中川を隔てるように中土手が7キロ余り続いているが、その中土手の上を首都高速中央環状線が走っている。

中土手の南端あたりから、東京湾までの2キロ余りの荒川水面が、江戸川区と江東《こうとう》区の境界未定地である。

東京湾岸が埋め立てられたことにより、その分だけ荒川が長くなり、江戸川区と江東区の境界が曖昧になってしまったのである。そのため、首都高速湾岸線も京葉線も境界未定地を走っていることになる。未定地があることによって行政に支障が出てきているわけではないので、江戸川区と江東区との間で、早期に境界線を確定させようという動きはない。

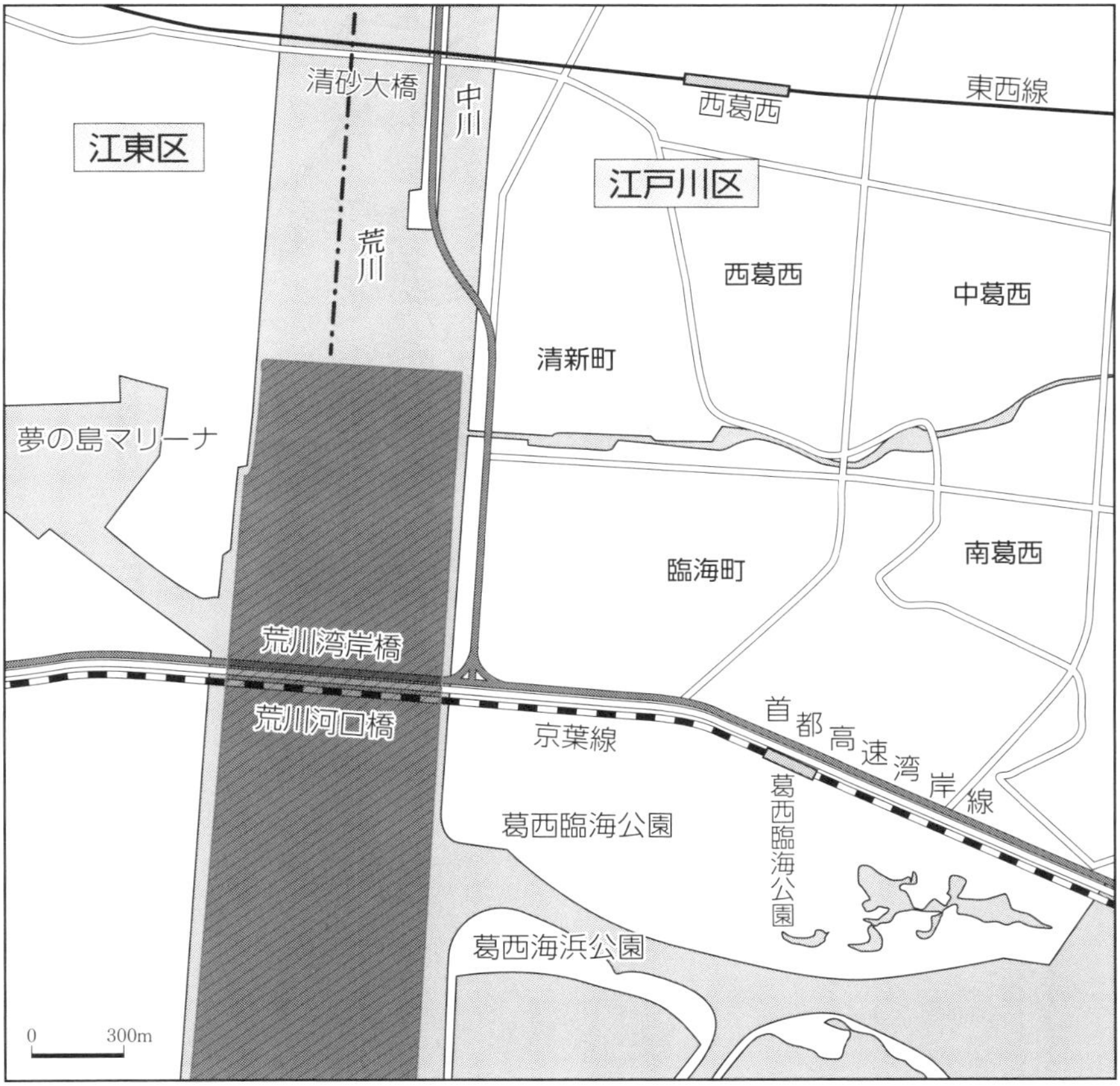
清砂大橋
中川
東西線
西葛西
江東区
江戸川区
荒川
西葛西
中葛西
清新町
夢の島マリーナ
臨海町
南葛西
荒川湾岸橋
荒川河口橋
京葉線
首都高速湾岸線
葛西臨海公園
葛西臨海公園
葛西海浜公園
0
300m

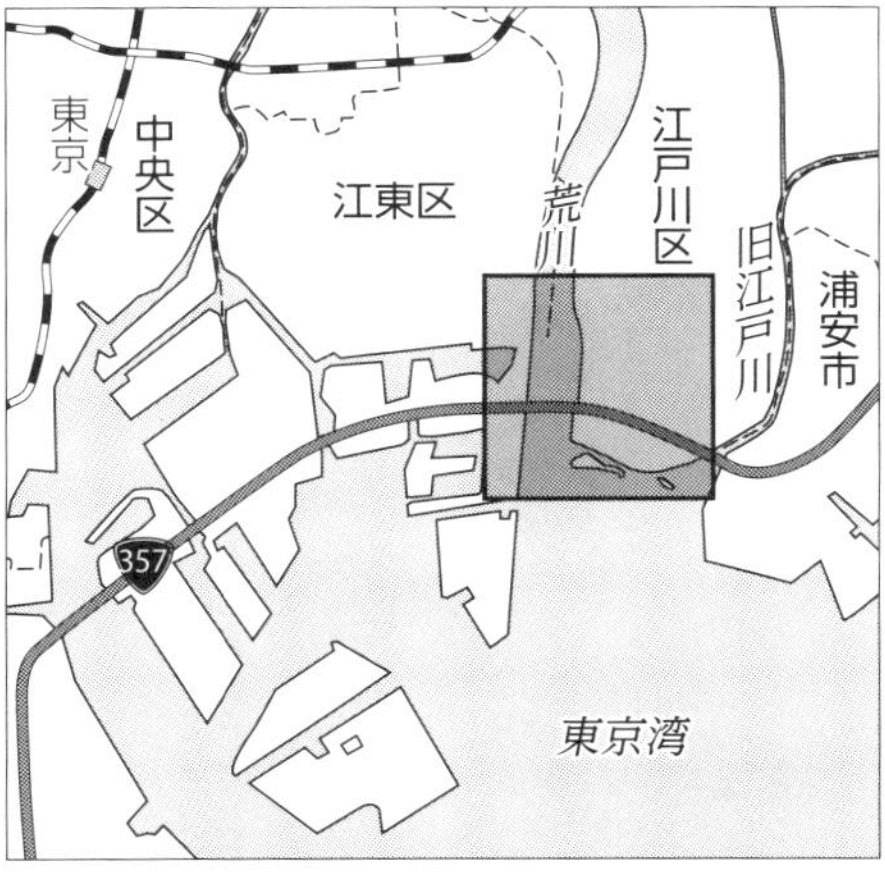
東京
中央区
江東区
荒川
江戸川区
旧江戸川
浦安市
357
東京湾

■東京都　中央区×千代田区×港区

東京の都心、銀座にも境界未定地が

繁華街の代名詞にもなっている東京の銀座に、境界の未定地が存在している。最も先進的な東京のど真ん中に、いまだに境界が確定していない地区があるとは驚きだが、戦前までの銀座は周囲を濠や水路で囲まれた島のような場所だったのである。そのため、銀座からどこへ行くにも橋を渡らなければならなかった。現在は高速道路の高架に囲まれているが、かつては銀座の北側には京橋川が、南側には汐留川が流れていた。そして東側には三十間堀川が、西側は江戸城の外濠だった。西側の外濠が中央《ちゅうおう》区（銀座）と千代田《ちよだ》区の境界、南側を流れる汐留川が中央区と港《みなと》区の境界になっている。

河川などの水域は境界が曖昧になっていることが多いが、利害が伴わなければ特に問題が発生することはない。しかし、そこが埋め立てられて陸地になると、そういうわけにはいかなくなる。第二次世界大戦で東京は壊滅的な被害に見舞われたが、特に都心は廃墟と化した。東京は首都だけに復興は急を要したが、国の財政は逼迫しており、瓦礫や残土などを遠くへ運搬することも容易なことではなかった。そのため手っ取り早く、近くの水路や濠などに投げ捨てられた。銀座の周囲を取り囲んでいた水路や濠が埋め立てられて陸地になったことで、境界問題がにわかに表面化することになったのである。それでも、何も構築物がないときは、さほど大きな問題にはならなかった。

だが、昭和30年代に入ると日本は高度経済成長期に入った。大都市では高層ビルが次々と建設されるようになり、東京では都心に高速道路が建設され始めた。中央区と千代田区、および中央区と港区の境界には東京高速道路が建設された。実はそこが境界未定地なのだ。区境が未定なのは首都高速都心環状線の呉服橋出入口付近から八重洲、数寄屋橋、土橋を通り、浜離宮の南側あたりまで、およそ3・5キロにも及ぶ。高速道路の高架が通っているだけなら、特に区境問題がクローズアップされることはなかっただろ

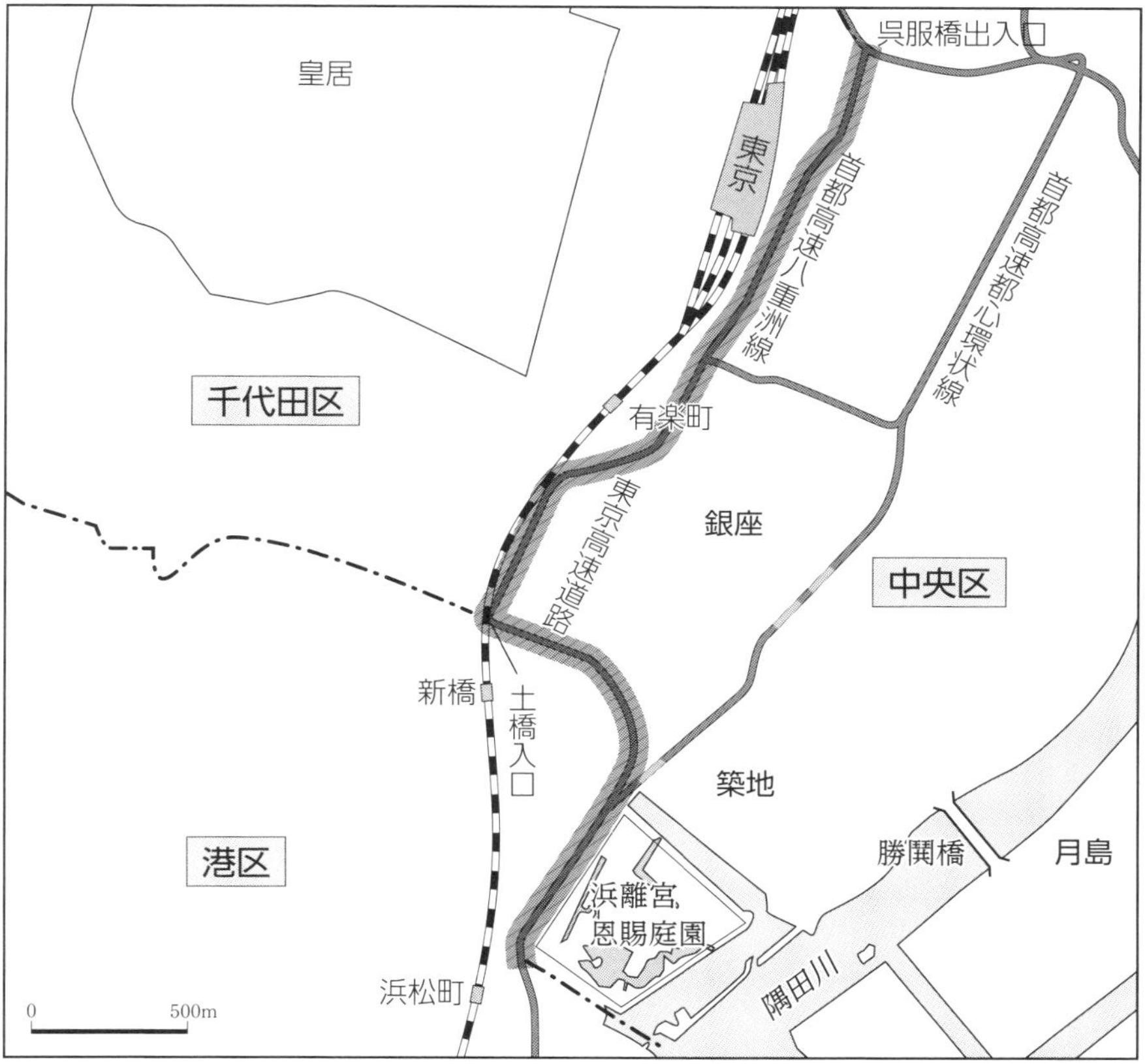

う。東京高速道路の高架下に商店街が形成されるようになったのである。銀座1～3丁目の高架下には「銀座インズ」が、銀座4丁目の高架下には「西銀座デパート」が、銀座8丁目の高架下には「銀座ナイン」という商店街が生まれた。

　これまでのように、境界が曖昧のままでは済まされなくなった。どこを区境とするかで、各区が得られる税収に大きな違いが出てくるからである。極端な話、自動販売機を店のどこに設置するかでも各区に入ってくる税収が左右される。そういったことを考慮して、各区で話し合いが行われ、トラブルが発生しないように配分しているという。区境問題はこれまで中央、千代田、港の3区の間で幾度となく協議されてきたが、各区の主張はかみ合わず、いまだに境界は未定のままである。

■東京都　江東区×大田区

東京湾上に浮かぶ所属未定の埋め立て地

東京湾は江戸時代から埋め立てが行われてきたが、日本が高度経済成長期に入ってから、そのスピードは一段と加速し、埋め立て地は沖へ沖へと拡大していった。その結果、遠く離れていた江東区《こうとう》と大田区《おおた》が埋め立て地で繋がった。

お台場の先に「中央防波堤」という広大な埋め立て地がある。中央防波堤は内側埋立地、外側埋立地、新海面処分場からなり、総面積は約5平方キロメートルと広大である（2017年現在）。そもそも中央防波堤埋立地は、夢の島のゴミの埋め立てが限界にきたために造成されたもので、内側埋立地が1973年（昭和48）から、外側埋立地が1977年（昭和52）から始まった。1998年（平成10）からは、新海面処分場の埋め立てが開始された。埋め立て地はさらに広がりつつあるが、実はこれらの埋め立て地が何区の管轄になるのか、その帰属が決まっていないのである。

形式上、これらの住所は「江東区青海3丁目地先」になっているが、正式な帰属は決まっていない。

1980年（昭和55）に第二航路海底トンネルで江東区青海と内側埋立地が繋がり、2002年（平成14）には臨海トンネルで外側埋立地と大田区城南島が繋がったことで、江東区と大田区の間で帰属が争われることになった。江東区と大田区は2020年の東京五輪・パラリンピックまでに、何とかこの問題を決着させたいとして、両区長は地方自治法に基づいて、2017年（平成29）7月に東京都に調停を申請した。

しかし、都の自治紛争処理委員会が提示した調停案は、帰属の割合を「江東区86・2パーセント、大田区13・8パーセント」とする大田区に不利な条件であったため、大田区長は都の調停案を拒否した。都はこの調停案を受諾するよう両区に勧告したが、調停の成立には両区議会の同意が必要である。成立の可能性は低く、両区が訴訟で争う可能性が高まってきた。

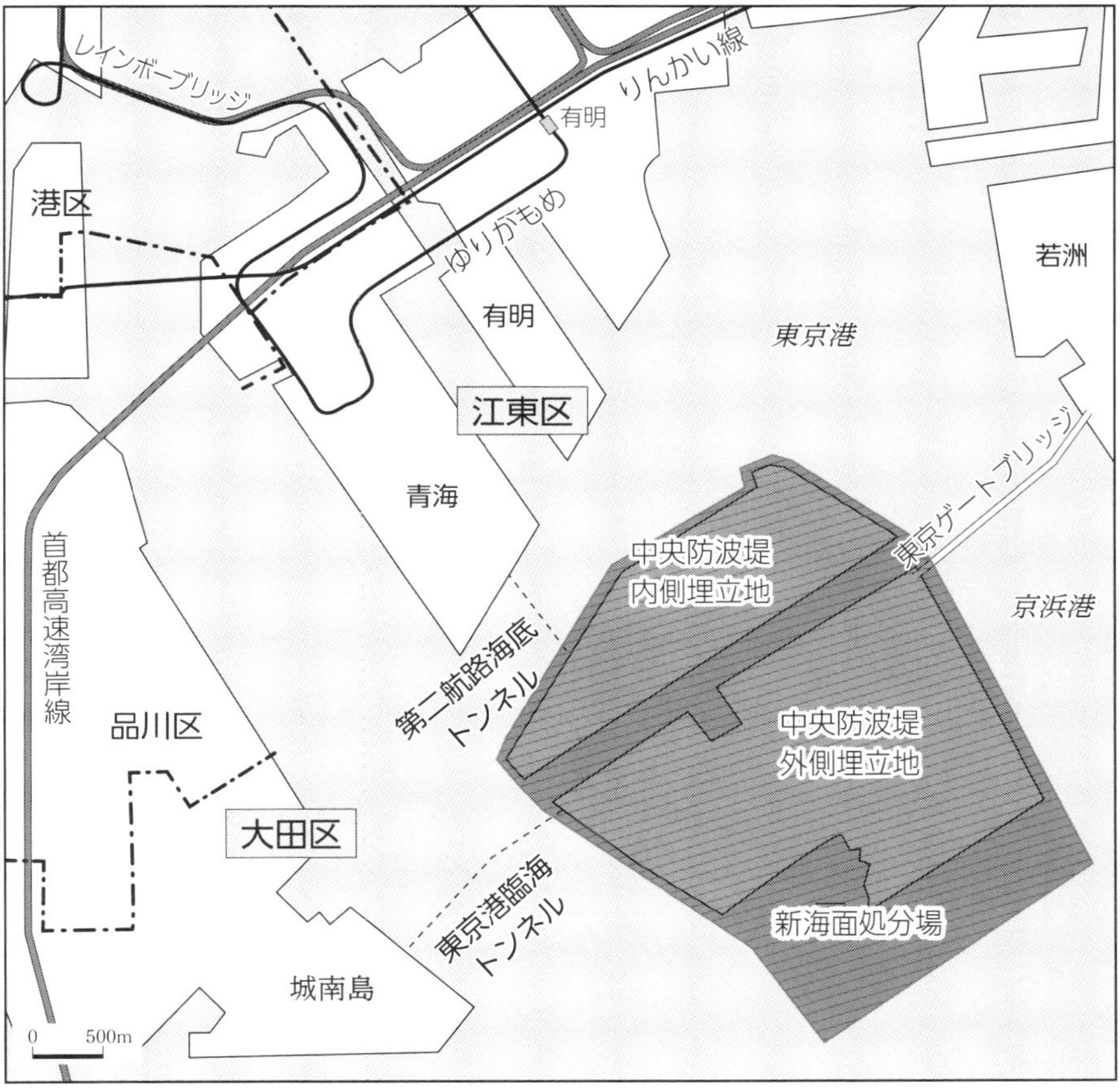

レインボーブリッジ
りんかい線
有明
港区
ゆりかもめ
若洲
有明
東京港
江東区
青海
東京ゲートブリッジ
首都高速湾岸線
中央防波堤
内側埋立地
京浜港
第二航路海底
トンネル
品川区
中央防波堤
外側埋立地
大田区
東京港臨海
トンネル
新海面処分場
城南島
0
500m

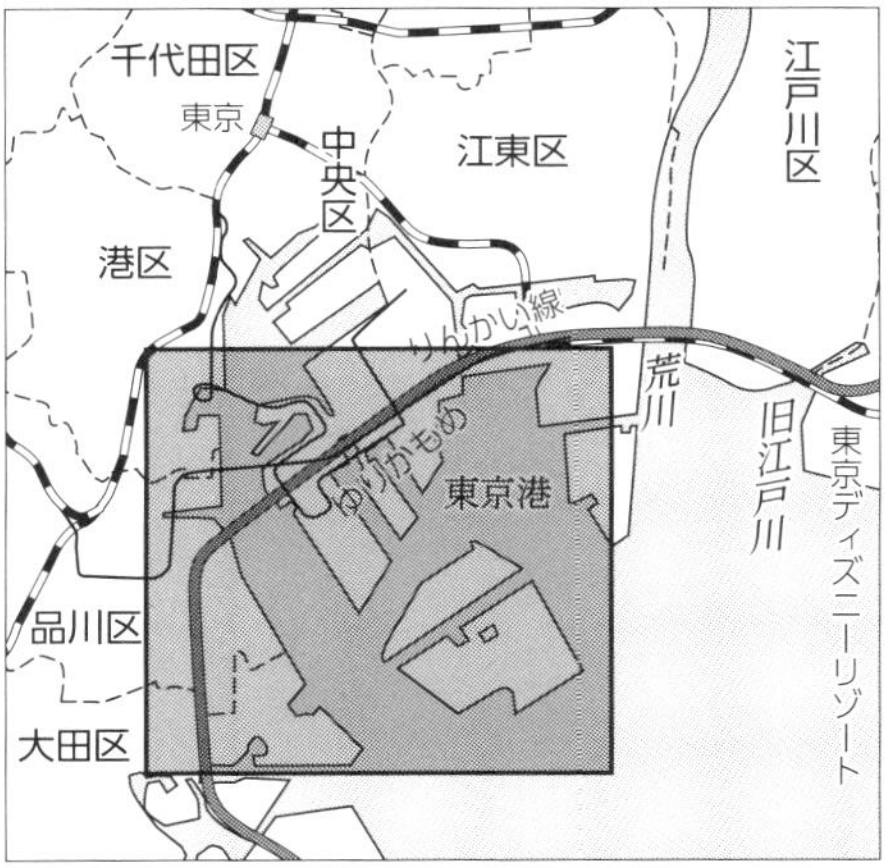

千代田区
東京
中央区
江東区
江戸川区
港区
りんかい線
荒川
ゆりかもめ
旧江戸川
東京港
東京ディズニーリゾート
品川区
大田区

■東京都　八丈町×青ヶ島村

伊豆七島の南方に所属未定の島がある

東京都には所属未定地が中央防波堤のほかに、もう1ヵ所ある。伊豆諸島にある小さな島だ。青ヶ島と小笠原諸島との間にベヨネース列岩、須美寿《すみす》島、鳥《とり》島、孀婦岩《そうふがん》という四つの無人島が浮かんでいる。鳥島を別にすれば、岩礁といった方がよいほどの小島だが、これら四つの島が、実はいまだに所属が未定なのである。

1908年（明治41）に施行された「島嶼町村制」により、伊豆諸島は次々に町村制を施行していくなか、これら4島はどこの町村の管轄下にも置かれなかった。4島が無人島であったことと、これらの島には民有地がなかったというのが大きな理由だが、当時は何の価値もない島だと考えられていたのだろう。だが、過去には人が住んでいたこともある。1888年（明治21）、4島の中で最大の鳥島（4・8平方キロメートル）に、八丈島から多くの島民が移住したという歴史があるのだ。アホウドリを捕獲して、羽毛を採取することが目的であった。しかし、1902年（明治35）の大噴火で島民125名全員が犠牲になり、無人島になった。昭和になると、サンゴ漁のため再び鳥島に移住する者もいたが、結局は火山噴火で全員が島から脱出し、それ以降は今日まで無人島のままである。

無人島なので、たとえ所属が決まっていなくても行政上、特に支障はなかったが、1981年（昭和56）、八丈町が4島の編入要望書を都に提出し、青ヶ島村がこれに反発した。4島そのものには価値があるわけではないが、その周辺が好漁場なのである。八丈町が先に鳥島に移住したのは八丈島の住民であることを主張すれば、4島に最も近いのは青ヶ島であると青ヶ島村も負けてはいない。両者の意見は真っ向から対立し、自治省（現・総務省）の裁定を仰いだが、それでも決着には至っていない。現在、4島は東京が直轄し、都総務局の出先機関である八丈支庁が管理しているが、所属未定地であることには変わりはない。

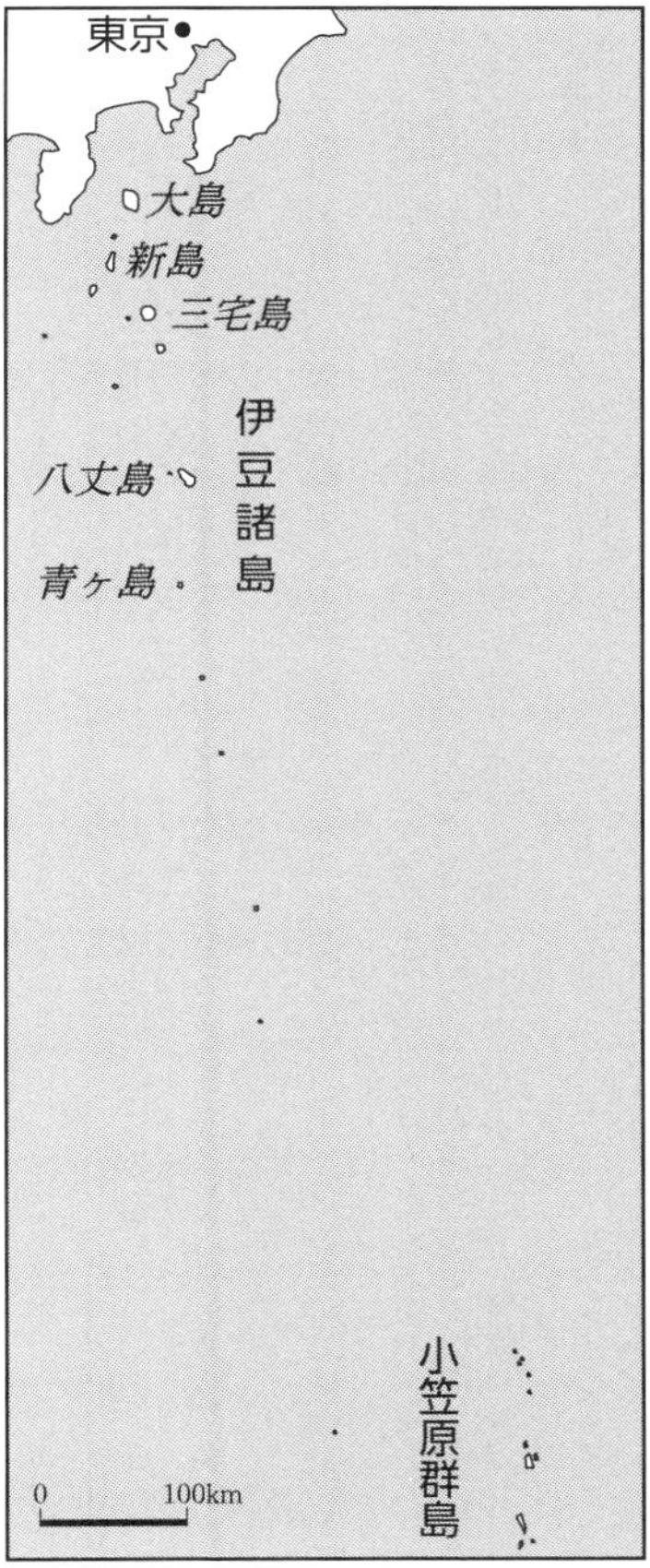
東京
大島
新島
三宅島
伊豆諸島
八丈島
青ヶ島
小笠原群島
0
100km

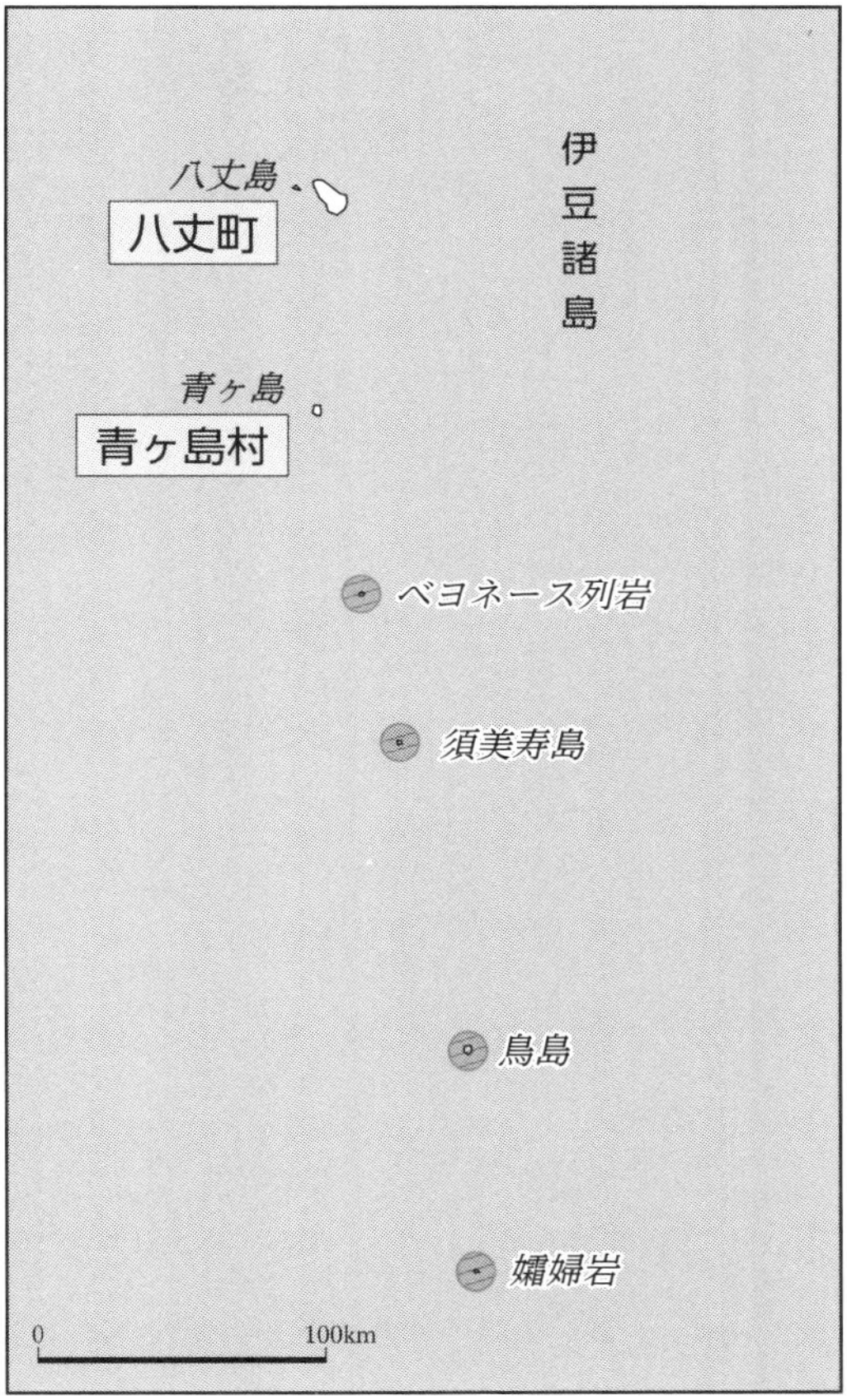
伊豆諸島
八丈島
八丈町
青ヶ島
青ヶ島村
ベヨネース列岩
須美寿島
鳥島
孀婦岩
0
100km

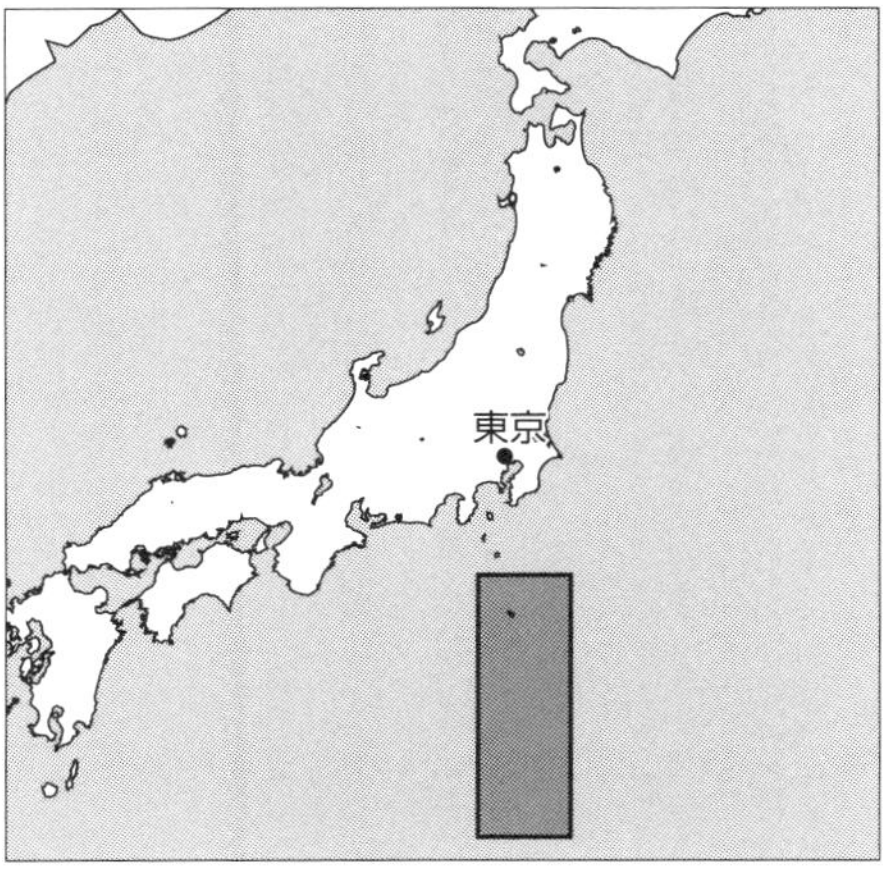
東京

■神奈川県　平塚市×茅ヶ崎市、平塚市×大磯町

相模川の河口と湘南平が境界未定地

神奈川県南部の相模湾岸には、鎌倉《かまくら》、藤沢《ふじさわ》、茅ヶ崎《ちがさき》、平《ひら》塚《つか》、小田原《おだわら》などの都市が連なっている。平塚市は相模湾岸のほぼ中央に位置する商工業都市で、毎年7月に催される「湘南ひらつか七夕まつり」は、日本三大七夕祭りの一つとして知られている。

平塚市の東縁を相模川が南流し、相模湾に注いでいる。相模川がおおむね茅ヶ崎市との境界になっているが、相模川の対岸の茅ヶ崎市側にも平塚市の一部が飛び地になっている。境界未定地は茅ヶ崎市側の柳島キャンプ場の西側、相模川の河口東岸200メートルほどの間が境界未定地になっている。沿岸を埋め立てた際に発生したものと思われる。国土地理院が1988年（昭和63）10月1日現在の全国都道府県市町村別面積調べを官報で公告し、公表したことにより境界未定地であることが明らかになった。

平塚市には茅ヶ崎市との間にある境界未定地のほか、大《おお》磯《いそ》町との間にも境界未定地がある。平塚市と大磯町にまたがって湘南平と呼ばれる丘陵地帯があり、高麗山と泡垂《あわたら》山の山頂一帯が公園として整備されている。かつては千畳敷と呼ばれていたように、都市の近郊とは思えない広々とした丘陵である。標高160～180メートルと決して高くはないが、富士山や箱根山、丹沢山などの山々、相模湾越しには伊豆大島も望むことができる絶好の展望地だ。平塚市と大磯町の境界に広がっている公園なので、「平塚大磯都市計画風致公園」という名前が付けられている。

この湘南平の一角に境界未定地がある。距離にして400メートルほどの間だが、そこには道路も通っていれば建造物もあるので、これから開発が進んでいけば支障が出てくる可能性もある。協議して未定地を解消しなければならないが、境界を確定させるには時間と労力と費用を要するので、今のところ解決に向けての具体的な協議は行われていない。

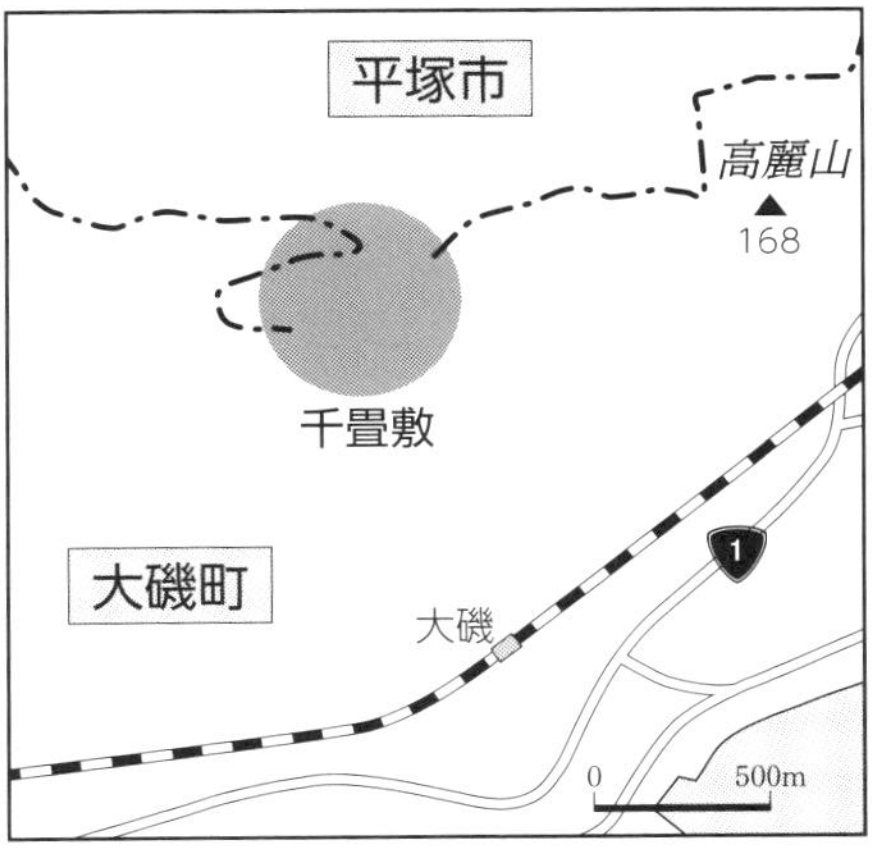
平塚市
高麗山
168
千畳敷
大磯町
大磯
1
0
500m

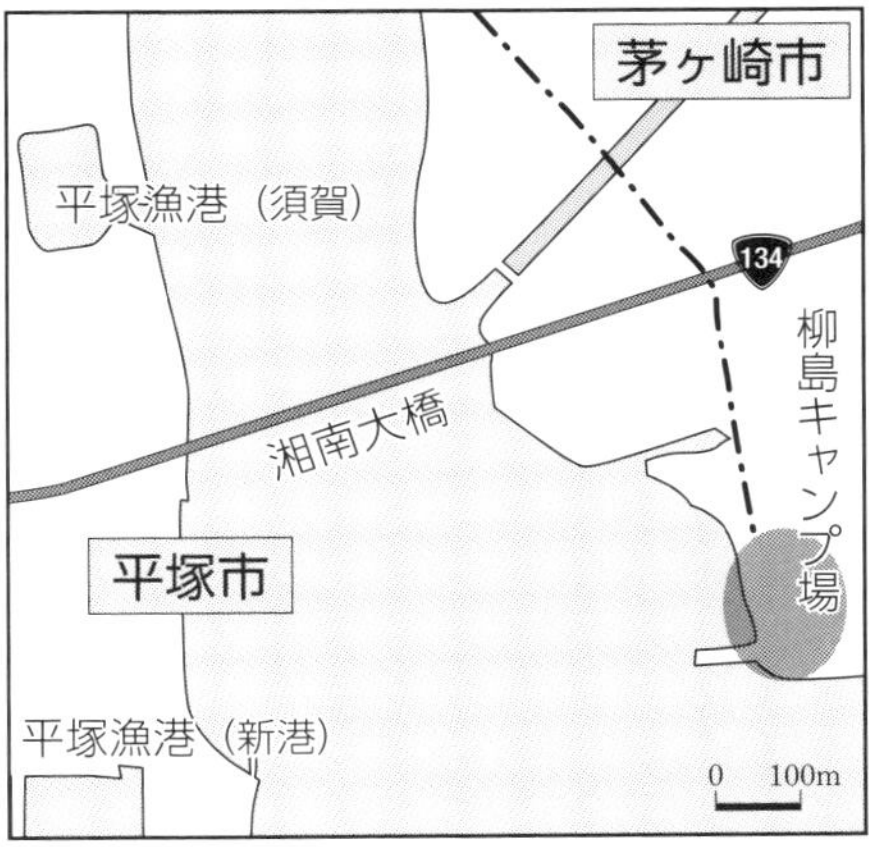
茅ヶ崎市
平塚漁港（須賀）
134
柳島キャンプ場
湘南大橋
平塚市
平塚漁港（新港）
0
100m

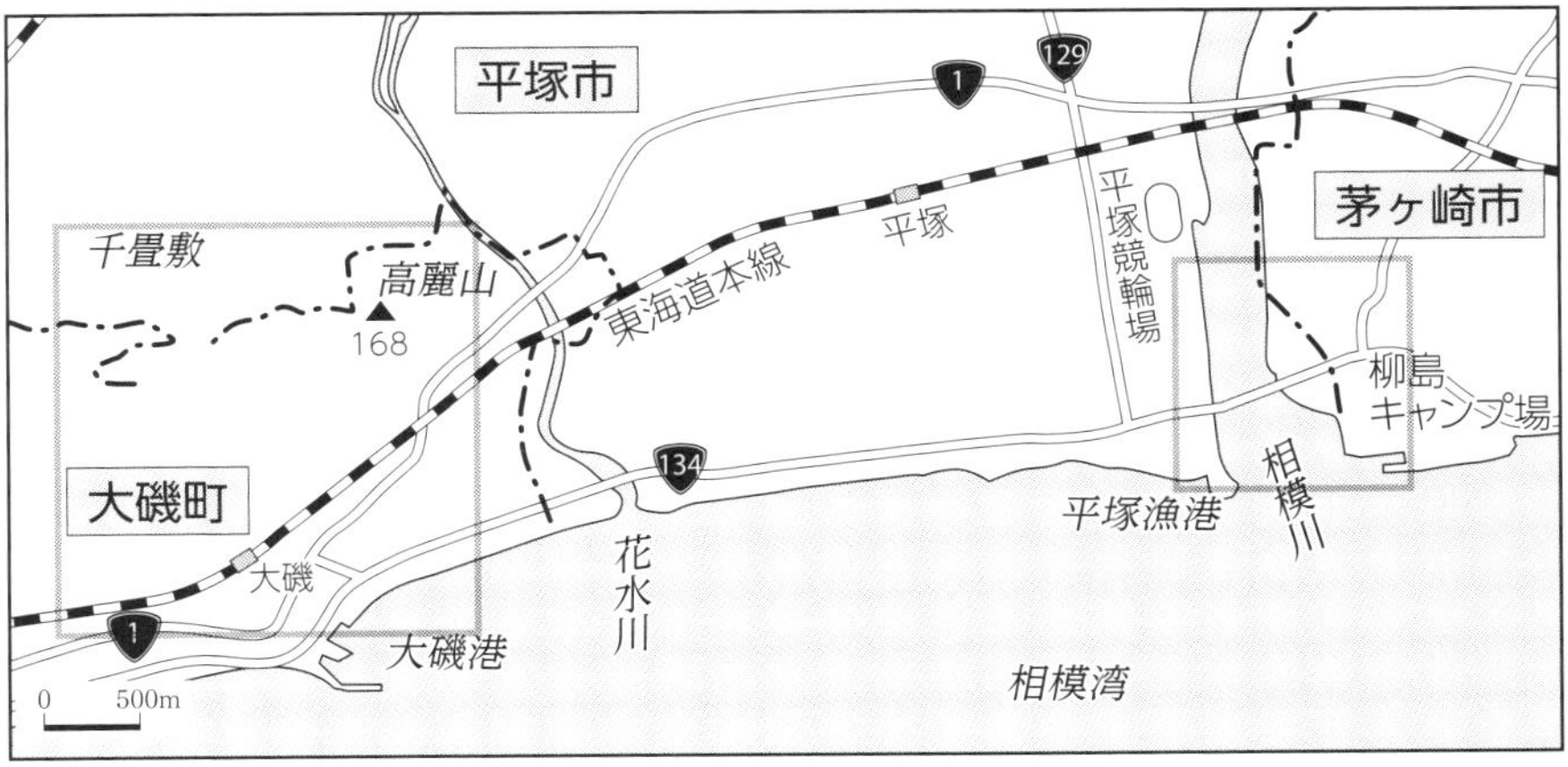
平塚市
1
129
茅ヶ崎市
平塚
平塚競輪場
千畳敷
高麗山
168
東海道本線
柳島キャンプ場
134
大磯町
平塚漁港
相模川
花水川
大磯
1
大磯港
相模湾
0
500m

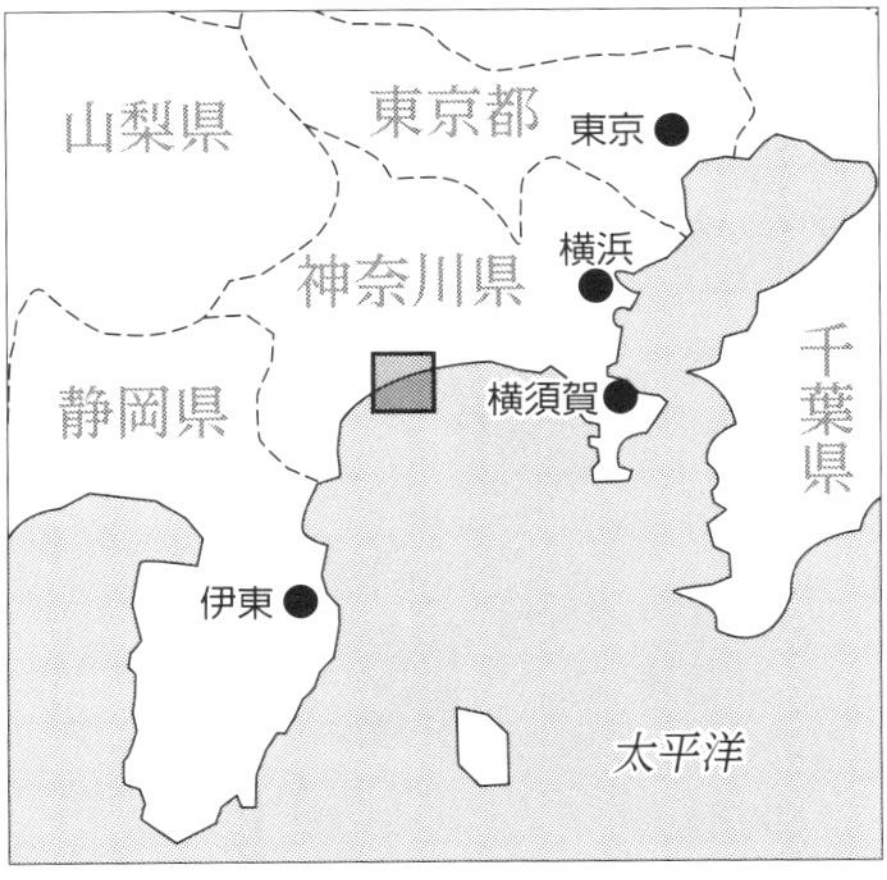
山梨県
東京都
東京
横浜
神奈川県
静岡県
横須賀
千葉県
伊東
太平洋

第4章
中部地方の境界未定地

■新潟県　阿賀野市×五泉市

阿賀野川流域の境界未定地は河川の氾濫が原因か

新潟県の北部を、阿賀野《あがの》川という一級河川が流れている。福島と栃木の県境にそびえている荒海《あらかい》山を発する荒海川を源流としており、福島県内では阿賀《あが》川と呼ばれている。会津地方を北流し、西に向きを変えて新潟県に入ると阿賀野川と名を変える。越後平野の北部から日本海に注ぐ全長２１０キロで全国第10位、流域面積は全国で第8位の大河川である。

阿賀野川の下流域に、阿賀野市と五泉《ごせん》市という都市がある。阿賀野川の北側が阿賀野市（旧・安田町）、南側が五泉市である。両市の間に境界未定地が2ヵ所あるが、2ヵ所とも阿賀野川の流域である。下流側の境界未定地は、新潟市秋葉区の東端が東に突き出しているところから、上流に向かって磐越自動車道の五泉ＰＡあたりまで、直線で約３キロの間である。境界未定地には中洲がいくつも浮かんでおり、五泉ＰＡ近くにある中洲には、阿賀野市と五泉市の境界線が通っている。そこから3・5キロほど上流まで両市の境界線は確定しているが、再びそこから直線で約１・４キロ境界未定地が続く。この未定地にも小さな中洲が二つある。

本来、境界線は河川の流れの中心線とするのが普通だが、阿賀野川の流域を見てみると、阿賀野市と五泉市の境界線が複雑に入り組んでいることがわかる。恐らく阿賀野川の氾濫でめまぐるしく流路が変わったのだろう。そのため、境界未定地が発生したものと思われる。いつごろ発生したのかは定かではないが、１９７８年（昭和53）、境界を確定すべく協議が五泉市と安田町（現・阿賀野市）との間で行われた。だが、漁業権の問題も絡んでくるだけに、調査や測量などに多額の費用と労力を必要とし、安易に境界線を決めることもできない。行政上、特に支障をきたしているわけではないので、早急に境界未定地を解消しようとする動きはみられない。

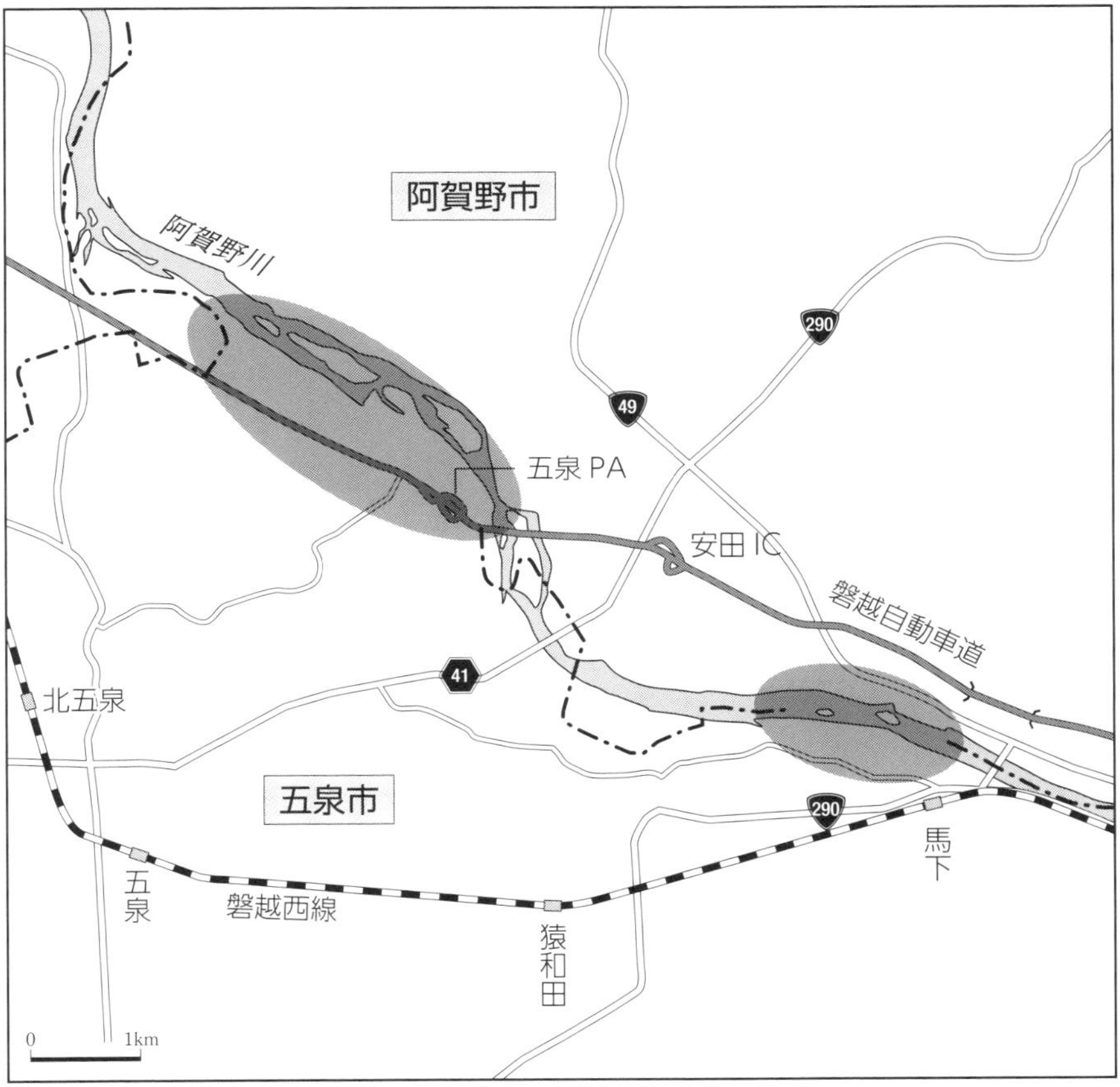
阿賀野市
阿賀野川
290
49
五泉 PA
安田 IC
磐越自動車道
41
北五泉
五泉市
290
馬下
五泉
磐越西線
猿和田
0
1km

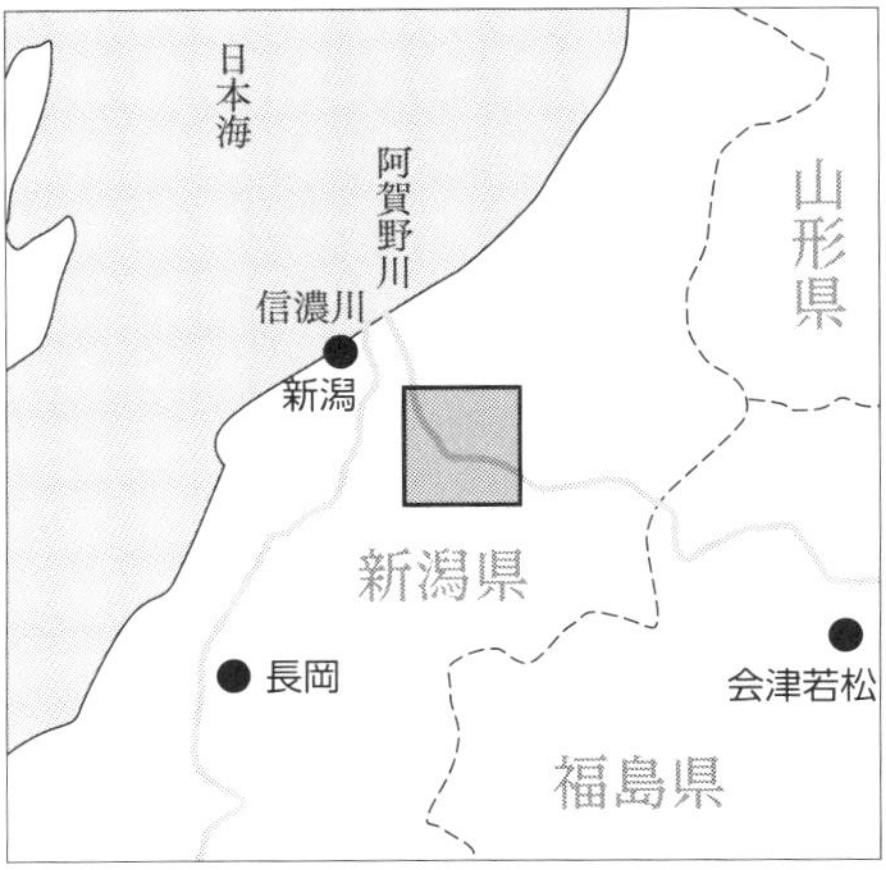
日本海
阿賀野川
信濃川
新潟
山形県
新潟県
長岡
会津若松
福島県

■新潟県　燕市×長岡市

大河津分水路の完成で発生した境界未定地

信濃川は山梨、埼玉、長野の3県境にそびえる甲武信ヶ《こぶし》岳を発して長野県と新潟県を流れ、新潟市から日本海に注ぐ全長367キロの日本最長の河川である。上流では千曲《ちくま》川といい、新潟県に入って信濃《しなの》川と名を変える。その信濃川の流域にも境界未定地がある。

信濃川の下流部では、越後平野の低湿地を流れているため毎年のように氾濫し、田畑や民家が水没するなど、大きな被害に悩まされてきた。その洪水対策として1870年（明治3）、江戸時代から計画されていた大河津《おおこうづ》分水工事が、明治新政府の手によって着手された。だが、想像を絶する難工事であったため中止されてしまった。しかし、1896年（明治29）の「横田切れ」と呼ばれる大水害では、信濃川の下流域が甚大な被害に見舞われた。これを契機に、中断していた分水工事は1909年（明治42）に再開され、14年の歳月を費やして1923年（大正12）に完成したのである。

大河津分水路の完成によって河川の氾濫は激減し、5万ヘクタールにも及ぶ湿地帯の乾田化が進んで、豊かな穀倉地帯に生まれかわった。分水町《ぶんすい》（現・燕《つばめ》市）と中之島町（現・長岡《ながおか》市）の境界未定地は、大河津分水路が築造されたことで信濃川本流の川幅が狭まり、それまで水面だったところが、陸地になったことにより発生したものである。境界未定地は信濃川本流と大河津分水路の分岐点から、本流を1キロほど下った地点にある。本川橋から下流に向かって約750メートルの右岸が境界未定地になっている。

境界が未定であっても、分水町と中之島町の両町の面積実測を双方が協議の上按分し、面積を確定させているので行政上の支障は特にないようだ。現在、境界未定地周辺の農地で基盤整備事業が進められているので、事業計画が実現した際に、未定地の解消についての協議が行われるものと思われる。

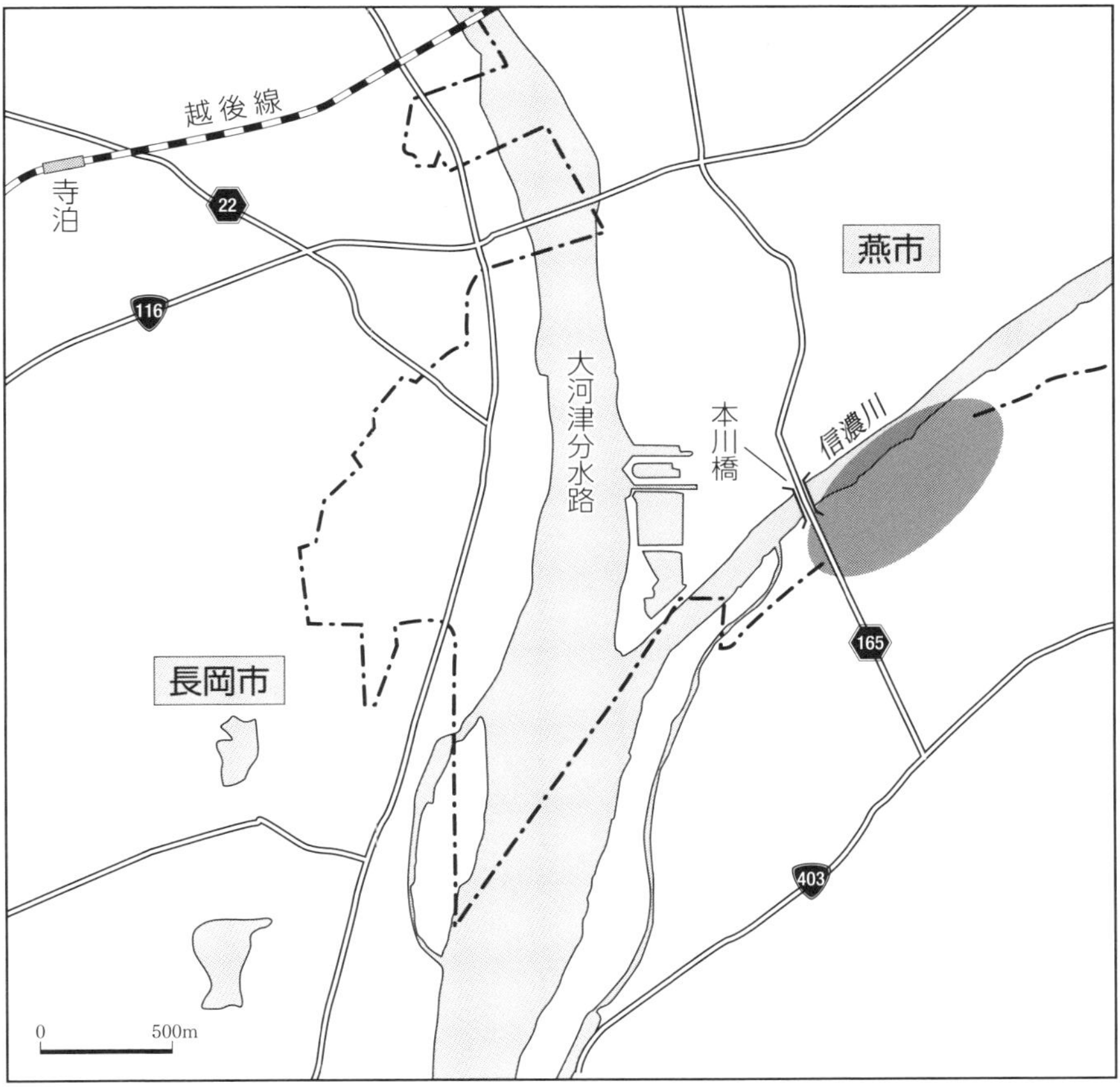
越後線
寺泊
22
116
燕市
大河津分水路
本川橋
信濃川
165
長岡市
403
0　500m

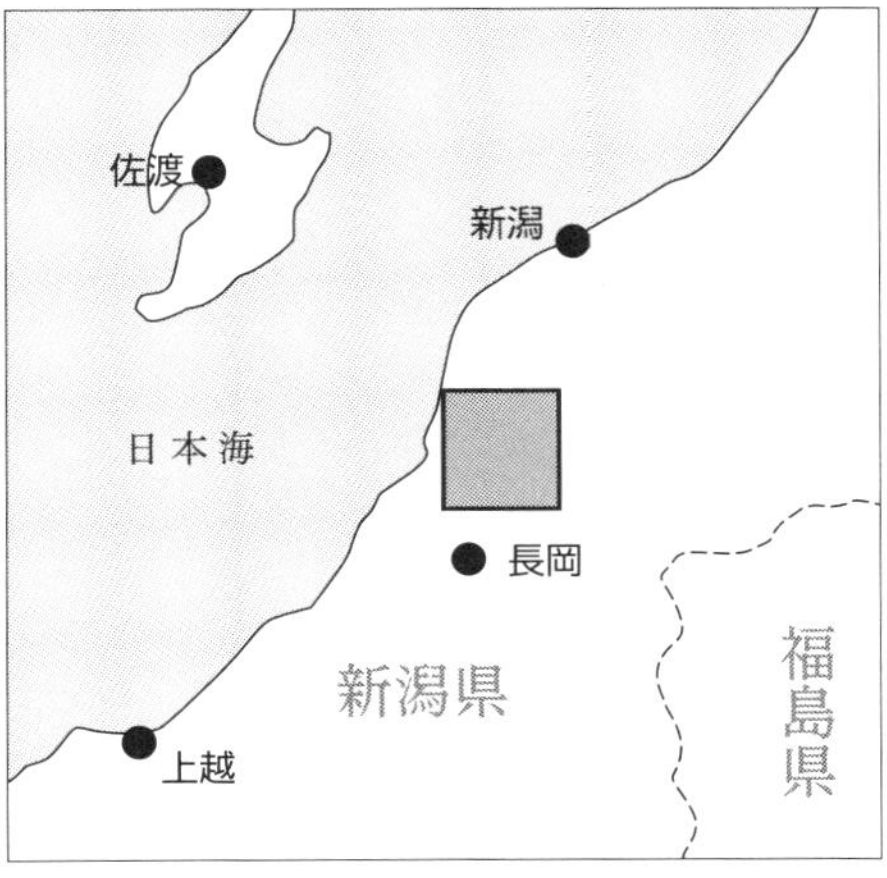
佐渡
新潟
日本海
長岡
新潟県
福島県
上越

■新潟県 糸魚川市×長野県 小谷村

県境未定地は信越国境紛争の名残か

長野県の北端と新潟県の南端のラインが県境になっているが、江戸時代まではこの境界が信濃と越後の国境だった。ここに、直線で700メートル足らずの県境未定地がある。未定地は飛驒山脈と妙高山のほぼ中間に位置し、すぐ西側に戸倉山《とぐら》(976メートル)という小高い山が、東側には雨飾山《あまかざり》(1963メートル)がそびえている。また、県境未定地の近くには、蛙池や白池などという美しい溜め池もある。なぜここに1キロにも満たない境界未定地があるのかは謎だが、江戸時代にこのあたりで、信濃と越後の国境をめぐる争いのあったことが古文書に残されている。

越後の山口村(現・新潟県糸魚川市《いといがわ》)の住民たちは、現在の県境未定地から南へ2キロほどの山中を、東から西に向かって流れて姫川に注いでいる横川が、越後と信濃の国境だと認識していた。ところが、信濃の小谷村《おたり》の住民たちは、それより北の、戸倉山と雨飾山を結ぶラインが国境だと信じていた。そのため、小谷村の住民は横川を越えて山の木を伐採したり、肥料にするための木の葉を採取したりしていた。それが紛争の始まりである。

山口村の住民たちは江戸幕府に訴えを起こし、それを受けて幕府は仲裁に乗り出した。1701年(元禄14)、幕府は山口村と小谷村の住民に対し、証拠となる書類を持参して幕府評定所への出頭を命じた。ここで決着をつけようとしたが、書類だけでは判断ができなかったため、幕府は検視役など五十数名を現地に派遣して実地検分を行うことになった。その結果、信濃側の主張がほぼ全面的に認められたのである。

このときに国境は正式に決定した。越後と信濃の国境がそのまま新潟と長野の県境に受け継がれているはずだから、なぜここに県境の未定地が存在しているのか不可解である。信越国境紛争が尾を引いているのだろうが、県境が確定する気配はない。

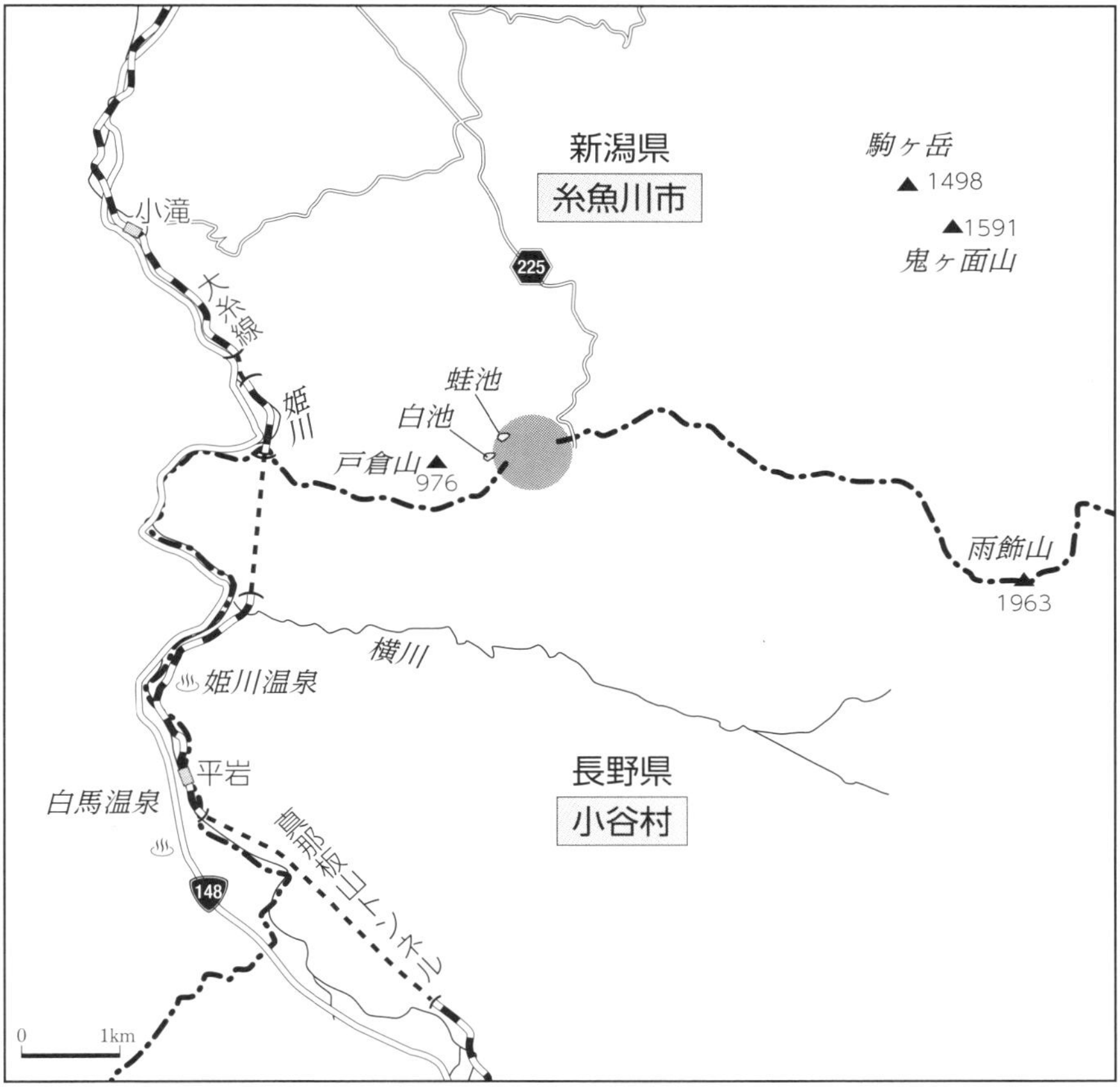
新潟県
糸魚川市
駒ヶ岳
1498
1591
鬼ヶ面山
小滝
225
大糸線
姫川
蛙池
白池
戸倉山
976
雨飾山
1963
横川
姫川温泉
長野県
小谷村
平岩
白馬温泉
148
国界橋
0
1km

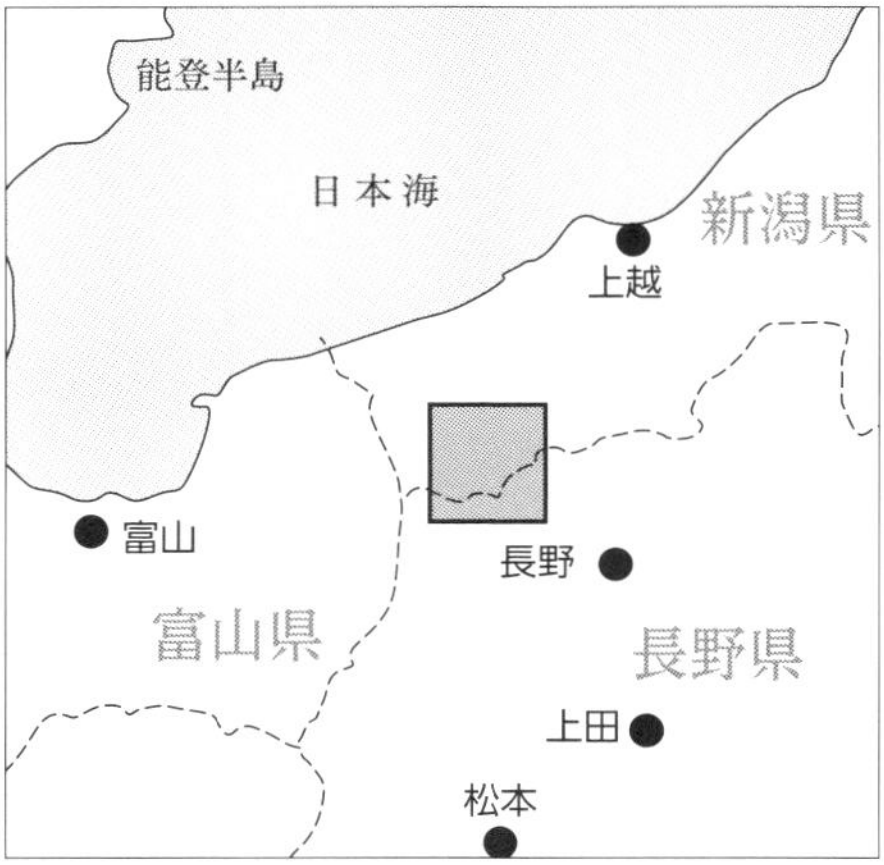
能登半島
日本海
新潟県
上越
富山
長野
富山県
長野県
上田
松本

■新潟県 十日町市×湯沢町

確定していたはずの境界線が消えていた

新潟県の南端に位置する湯沢《ゆざわ》町は、町域の中南部が群馬県と長野県に隣接している。昭和初期に上越線の清水トンネルが完成してから交通が便利になり、観光の町として脚光を浴びるようになった。ウインタースポーツのメッカとして人気があり、町内には苗場スキー場や湯沢高原スキー場など、十数にも上るスキー場がある。上越新幹線には、ガーラ湯沢駅という季節営業のスキー場専用駅まである。また、町の中心部を流れる魚野川左岸にある越後湯沢温泉は、川端康成の小説『雪国』の舞台になったことでも知られている。

湯沢町の西に接している十日町《とおかまち》市との間に境界未定地がある。上越新幹線の越後湯沢駅から西へ4キロほどのところにそびえる高津倉山（1181メートル）の山頂から、南西に向かって約5キロ、高石山（1520メートル）の山頂から約700メートル北の標高1510メートルの地点までの間が境界未定地になっている。境界未定地の中央を信濃川支流の清津川が流れており、鹿飛橋という清津川に架かる橋から少し下流に行ったところに、日本三大峡谷の一つに数えられている清津峡がある。境界未定地の東側にはスキー場がいくつもあるが、さいわい境界未定地にまたがっているスキー場はなさそうだ。

戦前まで、ここに境界未定地が存在していたという認識はなかった。というのも、1946年（昭和21）に発行された地形図には、れっきとした境界線が入っていたからである。ところが、1953年（昭和28）に発行の地形図では、あったはずの境界線が消えていた。というのは、昭和21年と昭和28年の地形図との間で、境界線に誤差が確認されたため、地図上に境界線を落とすことができなかった。それが境界未定地の発生した原因である。1957年（昭和32）には、湯沢町と中里村（現・十日町市）、建設省（現・国土交通省）の職員が現地調査を行ったが結論は出ず、いまだに境界は確定していない。

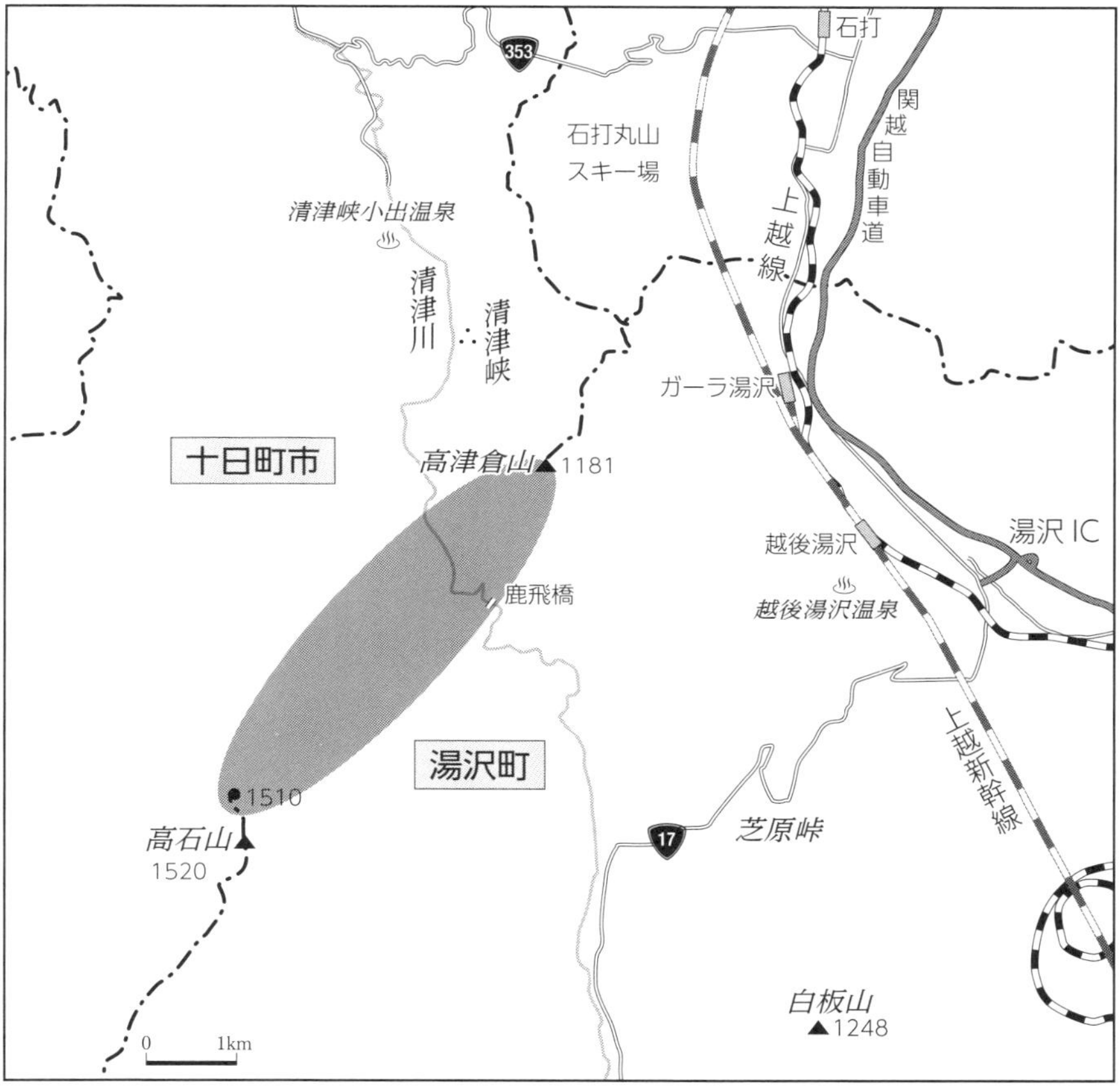
石打
353
関越自動車道
石打丸山
スキー場
清津峡小出温泉
上越線
清津川
清津峡
ガーラ湯沢
十日町市
高津倉山
1181
湯沢 IC
越後湯沢
鹿飛橋
越後湯沢温泉
上越新幹線
湯沢町
1510
高石山
1520
17
芝原峠
白板山
1248
0
1km

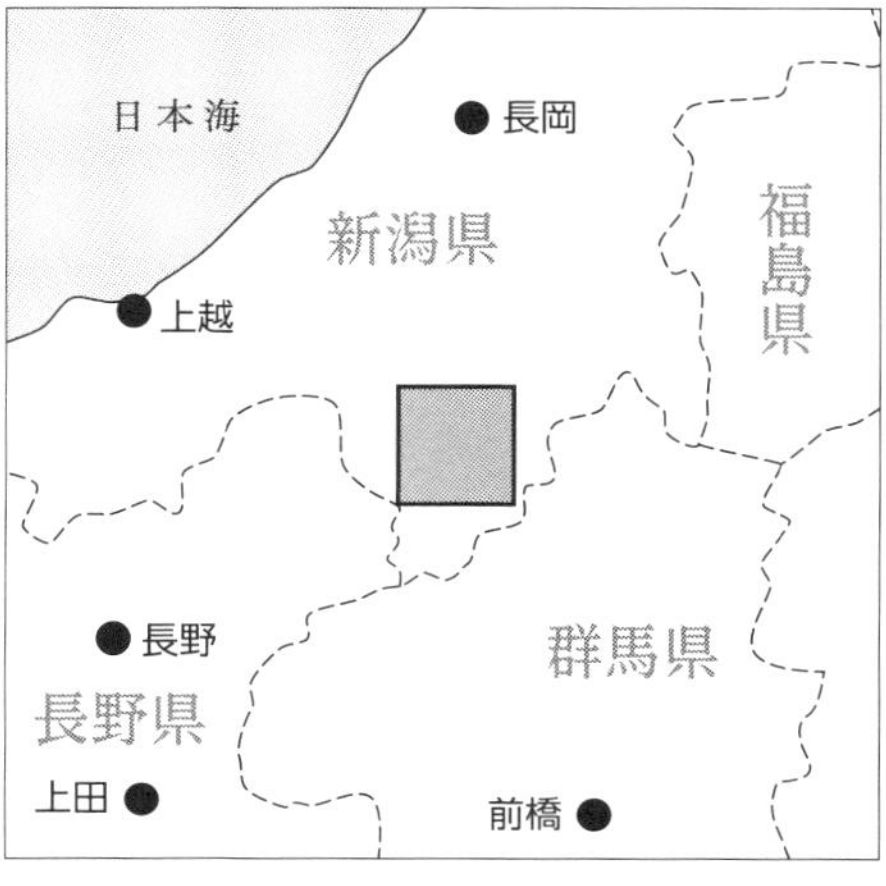
日本海
長岡
新潟県
福島県
上越
長野
群馬県
長野県
上田
前橋

■富山県　朝日町×長野県　白馬村

北アルプスの白馬岳の南に県境未定地が

本州の中央部は、日本列島でも標高が最も高い地域であることから、「日本の屋根」と呼ばれている。標高が3000メートル以上の高峰はすべて中部地方にある。新潟、富山、長野、岐阜の4県境に横たわっている飛騨山脈（北アルプス）と、長野県の中南部を南北に連なっている木曽山脈（中央アルプス）、長野、静岡、山梨の3県にまたがっている赤石山脈（南アルプス）は特に険しく、この三つの山脈を総称して「日本アルプス」と呼んでいる。なかでも、3000メートル級の高峰が連なる北アルプスは最も山岳美にすぐれており、山脈の全域が中部山岳国立公園に指定されている。

飛騨山脈北部の後立山連峰に、大雪渓で有名な白馬岳がそびえている。白馬三山（白馬岳、杓子岳、鑓ヶ岳）の主峰で標高は2932メートル。白馬岳は長野、富山、新潟の3県の境界線が交わっている地点から、1キロほど南に位置している。この白馬岳の近くに、長野県と富山県の県境未定地がある。白馬岳の南麓から、白馬岳の西にそびえている旭岳（2867メートル）の北麓まで、直線で1・3キロほどの間が境界未定地になっている。日本最大の山小屋の白馬山荘や、白馬岳頂上宿舎は長野県の白馬村《はくば》側にある。杓子岳の方から延びてくる長野県と富山県の県境は、頂上宿舎を越えたあたりから急に北西に向きを変え、旭岳の北側の斜面で途切れている。

境界未定地の周辺は、中部山岳国立公園内にある国有林のため、境界が未定であっても行政上の支障はないが、なぜここに境界未定地があるのか、いつ発生したのかなどは不明である。数十年前に関係者による現地調査が実施されたことがあるが、険しい山岳地帯であったため調査も困難を極めたのだろうか。境界を確定させるまでには至らなかったようだ。現在は県境を確定させるための協議も行われておらず、解決する見通しも立っていない。

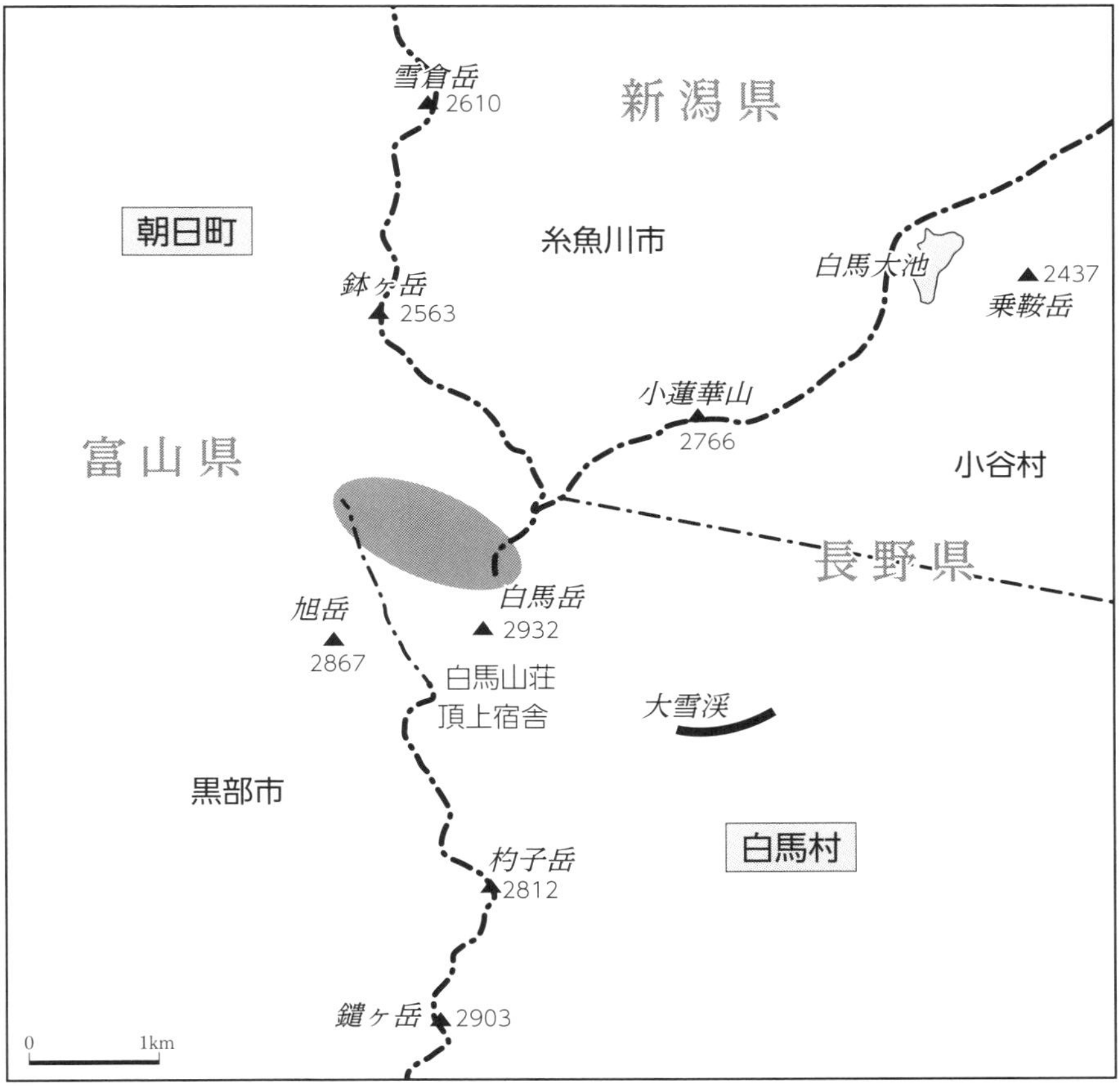

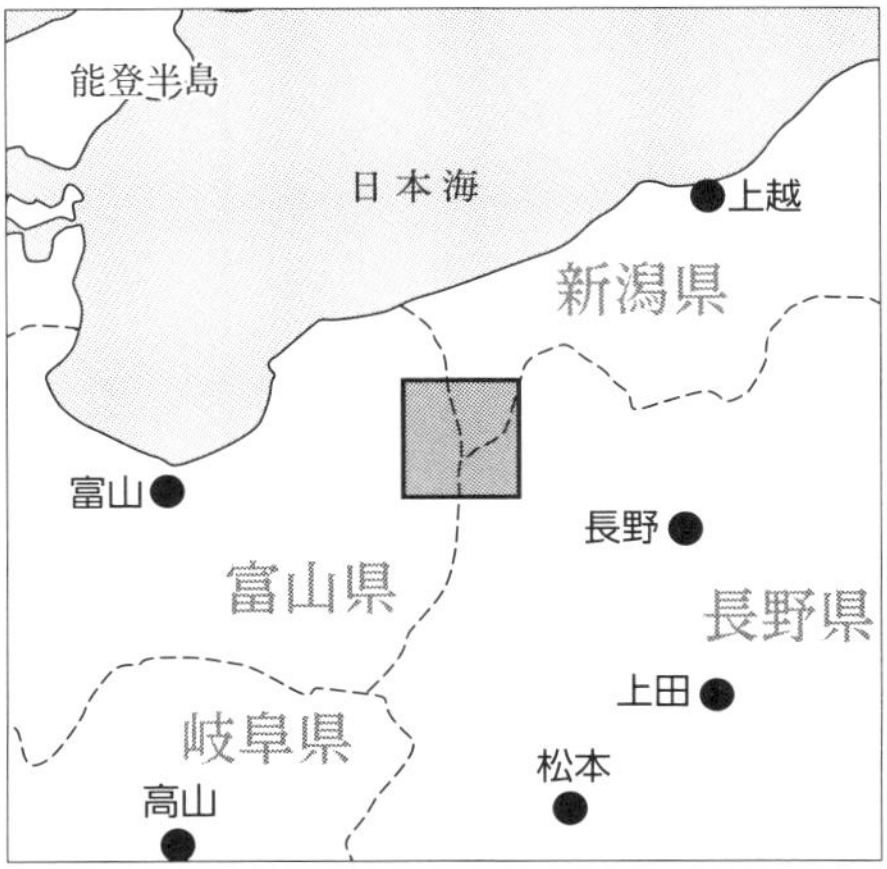

富山県の朝日町と黒部市との間も境界未定地になっている（次項参照）。

■富山県　黒部市×朝日町、黒部市×立山町

飛騨山脈と黒部峡谷にある境界未定地

富山県の北東部に位置している黒部市は、2006年（平成18）に県下で最大の温泉地として知られる宇奈月町《うなづき》と合併したことで、市の北西部は富山湾に面しているのに、市の南東部は長野県と隣接するようになった。富山湾に注ぐ黒部川下流の平地に市街地があり、内陸部はほとんどが険しい山岳地帯である。その山岳地帯に境界未定地がある。

富山県（朝日町《あさひ》）と長野県（白馬村《はくば》）の境界線が、白馬岳のすぐ西側にそびえている旭岳の北側斜面で途切れていることは前項で述べた通りだが、境界線が途切れている先は、朝日町と黒部市《くろべ》（旧・宇奈月町）の境界未定地になっている。旭岳の北側斜面から北西に向かって直線で約12キロ、標高1374メートルの地点までが境界未定地である。広大な北海道の境界未定地ならともかく、本州でこれだけ長い境界未定地があるのは非常に珍しいのである。なぜ境界未定地になっているのか、いつから境界未定地なのかなどは不明だが、地形が険しく、おそらく調査や測量も困難を極めたのだろう。境界未定地の付近には六兵衛谷やゼンマイ谷、柳又谷など、いくつもの谷が山を刻んでおり、白馬連山高山植物帯もあるなど、大自然の真っただ中といった趣である。

黒部市（旧・宇奈月町）にはもう1カ所、立山町《たてやま》との間にも境界未定地が存在している。境界未定地は黒部川の上流に発達した黒部峡谷にある。黒部ダムを境にして上流側の谷を「上廊下《かみのろうか》」、下流側を「下廊下《しものろうか》」と呼んでいるが、下廊下の一番下流にある仙人ダムの近くにS字峡という絶景の地があるが、そこから東へ800メートルほどの間が境界未定地になっている。未定地の付近には、黒四地下発電所もある。とにかく山深い地域なので、境界未定地であることによる障害は何もない。したがって、特に境界を確定させようとする動きもなく、解決の見通しも立っていない。

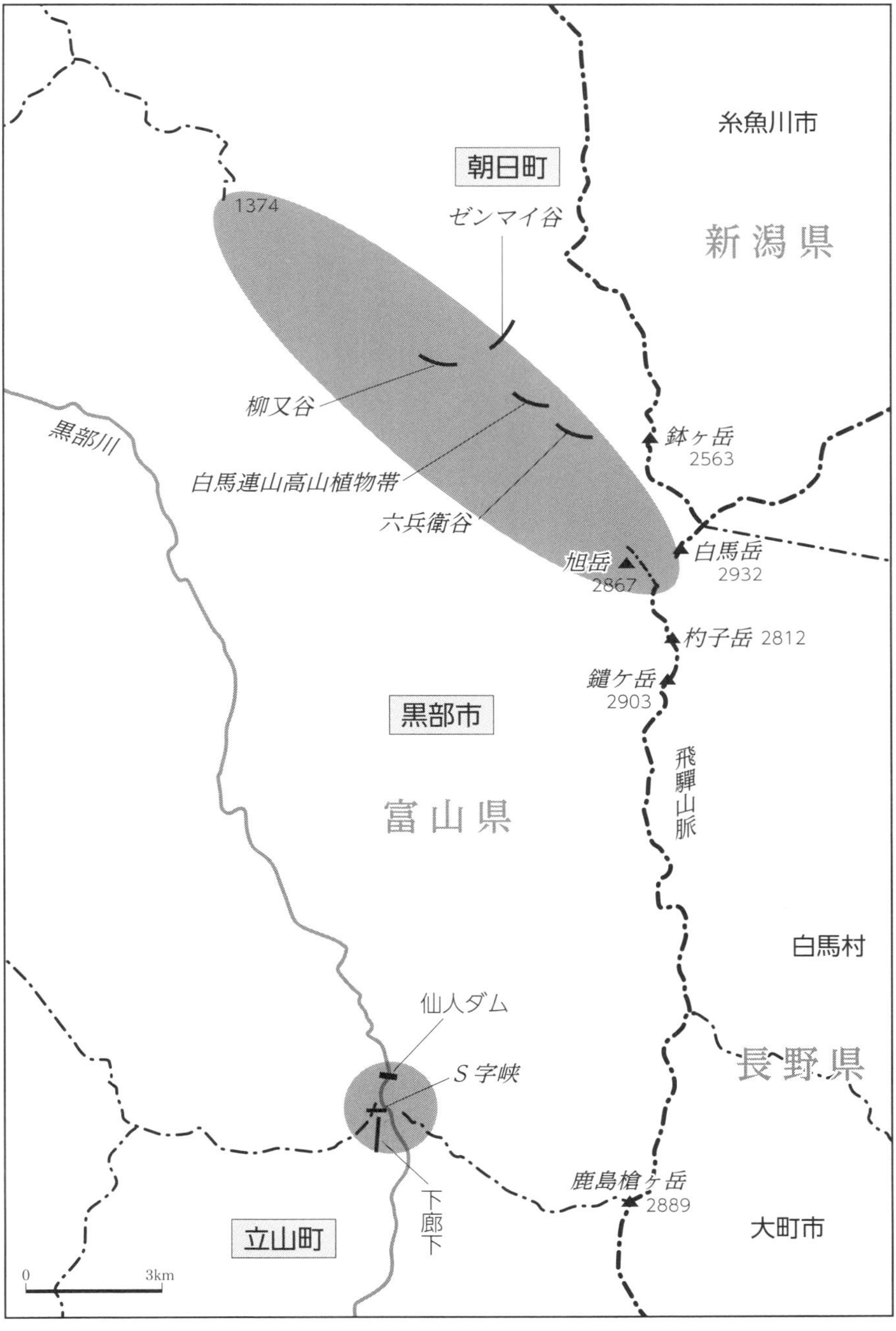
糸魚川市
朝日町
1374
ゼンマイ谷
新潟県
柳又谷
黒部川
鉢ヶ岳
2563
白馬連山高山植物帯
六兵衛谷
白馬岳
2932
旭岳
2867
杓子岳 2812
鑓ケ岳
2903
黒部市
飛驒山脈
富山県
白馬村
仙人ダム
S 字峡
長野県
下廊下
鹿島槍ヶ岳
2889
大町市
立山町
0
3km

黒部湖（黒部ダム）も境界未定地

富山県の県庁所在地である富山市《とやま》は、２００５年（平成17）に周辺の6町村と合併したことにより、富山県の総面積の約30パーセントを占める広大な地域になった。都道府県庁所在地では、静岡市に次いで全国で2番目に広い都市である。旧富山市の北側は富山湾に面し、南側は岐阜県に隣接している。市域の東側は、長野県との県境に横たわる険しい飛驒山脈（北アルプス）である。そのため、富山県の東部から西部へ移動するには、必ず富山市内を通らなければならない。

富山県東部の山岳地帯は、全国でも特に境界未定地が多い地域だといえる。県庁所在地の富山市も市域の3分の2が山岳地帯で、北に隣接する立山町《たてやま》との間の山岳地帯に境界未定地が2ヵ所ある。富山湾に注いでいる常願寺川の上流域には、日本三名山の立山（３００３メートル）がそびえ、全国で最もスケールの大きい山岳観光道路の立山黒部アルペンルートが、立山ケーブルカーの立山駅と長野県大町市の扇沢駅とを結んでいる。境界未定地は立山黒部アルペンルートの立山有料道路西側の入口から、南へ2キロほど行ったところにある。常願寺川上流の湯川谷から直線で約2キロの間が境界未定地になっており、未定地の付近を国土交通省の立山砂防工事専用軌道が通っている。

この境界未定地から東へ4キロほどの間は境界が確定しているが、標高２３４８メートルのザラ峠からまた境界が未定になり、境界未定地は刈安峠、平ノ小屋へと続いている。そして、「くろよん」の名で知られている黒部ダム、その貯水池である黒部湖の対岸までが未定地になっている。つまり、面積が約3・5平方キロメートルもある黒部湖は境界が確定していないのである。ザラ峠から黒部湖の対岸までは直線で5キロほどの距離だ。黒部湖の水面が境界未定地であるのは分からないでもないが、ザラ峠から黒部湖までの間が、なぜ境界未定地なのかは不明である。

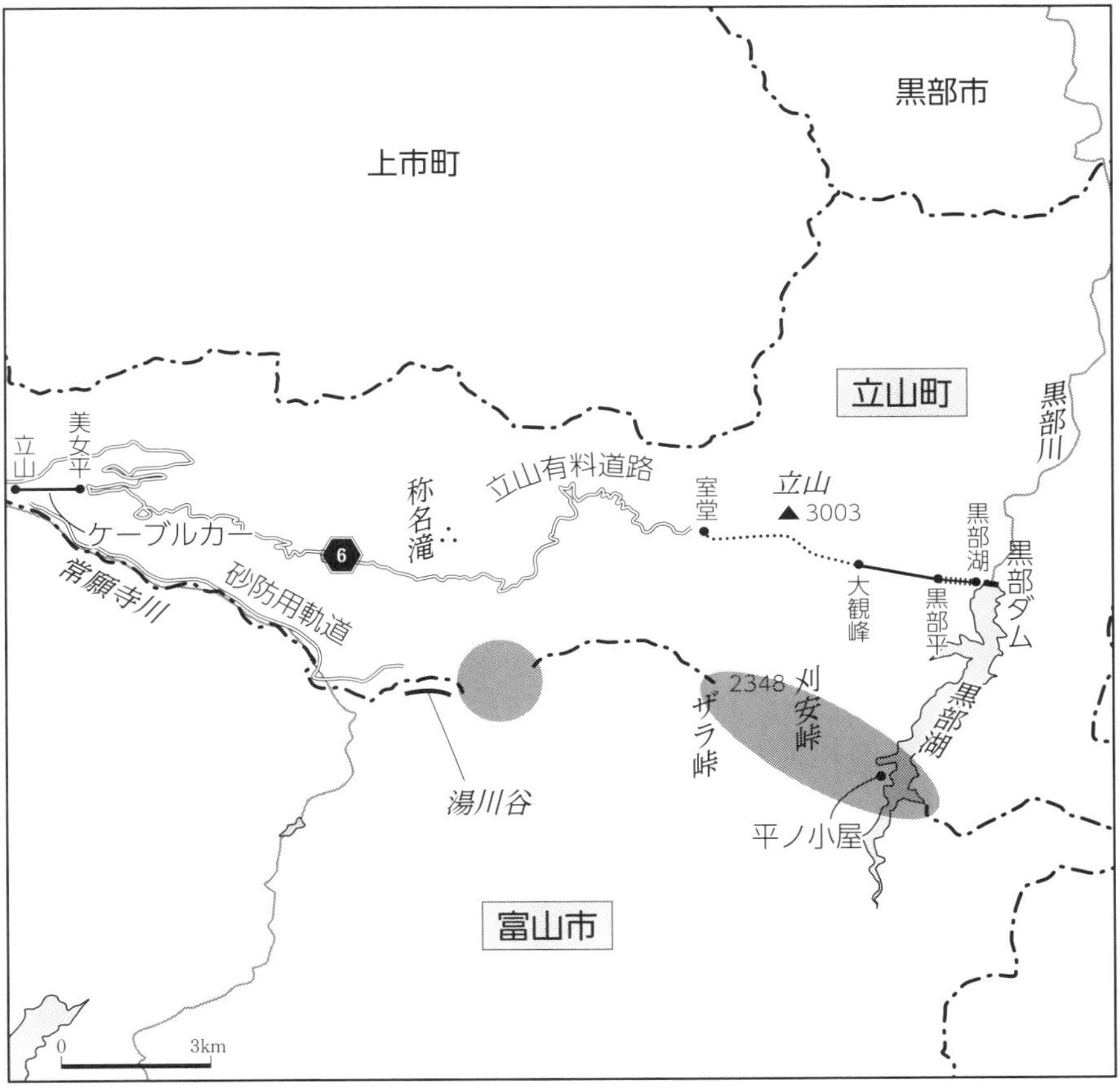
黒部市
上市町
立山町
黒部川
立山
美女平
立山有料道路
称名滝
室堂
立山
3003
ケーブルカー
6
常願寺川
砂防用軌道
大観峰
黒部湖
黒部平
黒部ダム
2348
刈安峠
ザラ峠
黒部湖
湯川谷
平ノ小屋
富山市
立山
0
3km

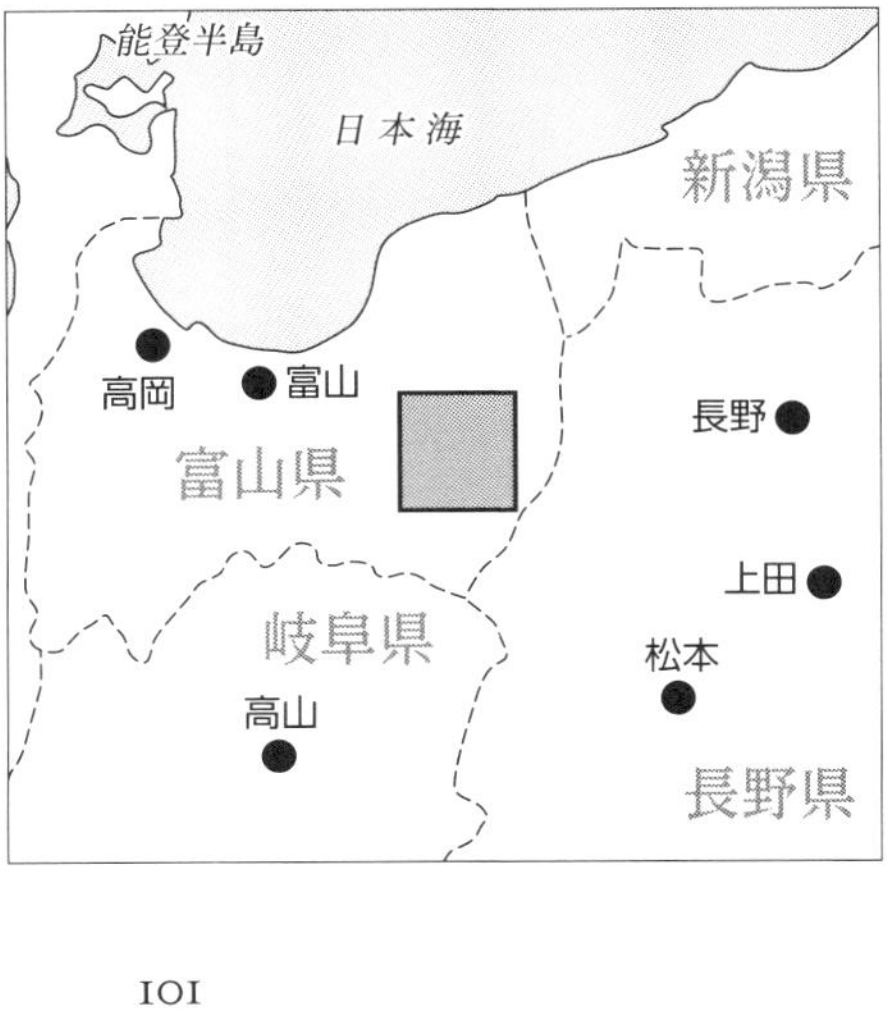
能登半島
日本海
新潟県
高岡
富山
長野
富山県
上田
岐阜県
松本
高山
長野県

■石川県　輪島市×穴水町

能登半島に境界未定地が3ヵ所ある

本州の中央部から北へ突き出している能登半島は、日本海側では最も大きな半島である。地形はなだらかな丘陵からなり、標高が500メートルを超える山はほとんどない。だが、海岸線は変化に富み、いたるところに点在している名所や景勝地が能登観光の魅力になっている。日本海に面する能登半島の北岸から西岸にかけての地域を「外浦《そとうら》」と呼ぶのに対し、富山湾側の東岸を「内浦《うちうら》」と呼んでいる。

漆器の輪島塗と朝市で知られている輪島《わじま》市は外浦に面しているが、南に隣接する穴水《あなみず》町は内浦のほぼ中央にある七尾湾に面している。その輪島市と穴水町との間に、境界未定地が3ヵ所も存在している。境界未定地は能登半島の内陸部、標高200～300メートルの丘陵地帯にある。国土地理院の地形図を見ると、3ヵ所で境界線が途切れている。

3ヵ所のうち、最も北の境界未定地は、外浦に注ぐ八ヶ《はっか》川の中流に建設された八ヶ川ダムの西側にそびえる大丸山（319メートル）付近にあり、直線で約800メートルの区間が境界未定になっている。境界未定地の周辺は山林と原野だが、山間に田んぼも広がっている。大丸山から4・5キロほど南にそびえる桑塚山（409メートル）の近くにも、境界未定地が2ヵ所ある。1ヵ所は直線で350メートルほど、もう1ヵ所は600メートルほどと、どちらも短い区間である。ここの境界未定地も山林原野に覆われているが、石川県道50号穴水剣《つるぎ》地《じ》線が境界未定地の中を通り抜けている。

なぜここに境界未定地が存在するのか、いつごろから境界が未定になっているのかなどは不明で、最近までここに境界未定地があることを関係自治体も認識していなかったようだ。支障は何もないので、輪島市と穴水町との間で、境界確定に向けての協議は特に行われておらず、そのため境界未定地が解消する見通しも立っていない。

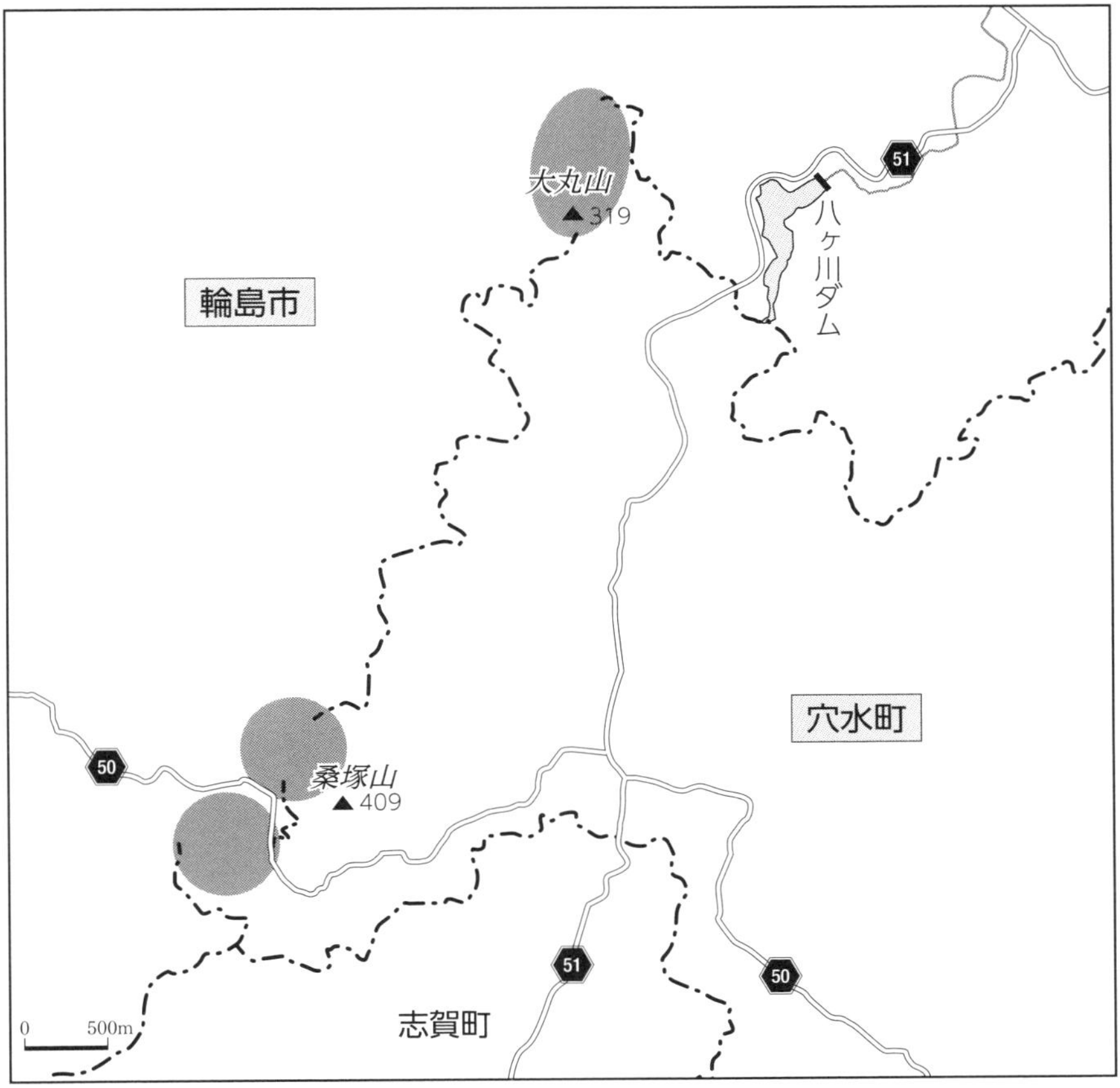

輪島市
大丸山
319
八ケ川ダム
51
穴水町
50
桑塚山
409
51
50
志賀町
0
500m

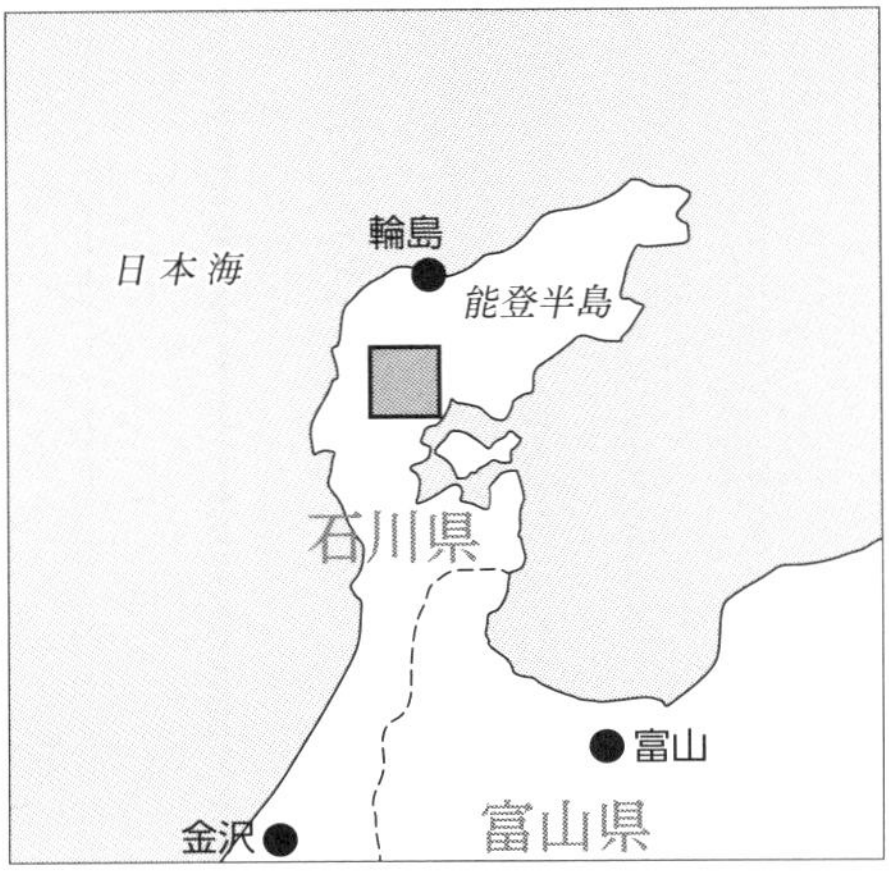

日本海
輪島
能登半島
石川県
富山
金沢
富山県

■長野県　飯山市×栄村

長野県の最北端は、飯山市と栄村の境界未定地

本州のほぼ中央に位置する長野県は面積が広大である。北は新潟県に、南は愛知県に隣接し、周囲を新潟、群馬、埼玉、山梨、静岡、愛知、岐阜、富山の8県に囲まれた、日本一隣接している県が多い内陸県である。長野県の最北端に位置する飯山《いいやま》市と栄《さかえ》村の間に、境界未定地が存在している。新潟県の上越市と十日町市の境界線が、長野県の県境と交わっている標高1135メートルの地点から、南側にある野々海《ののみ》池を通り、野々海川の流域を南西方向に4キロほど行ったところまでが、飯山市と栄村の境界未定地になっている。

野々海池は1965年（昭和40）、農業用の溜め池として整備されたものだが、周辺の風景は美しく、新しい観光地に生まれ変わりつつある。標高1020メートルにある野々海池の周辺はブナの原生林に覆われ、湿地帯が多いためミズバショウの群落も見られる。面積23ヘクタールの、溜め池とは思えない美しい湖面を湛えた自然豊かな池で、キャンプ場や遊歩道も整備されている。

古くから飯山市西大滝地区と栄村白鳥地区の住民との間で、野々海池周辺の境界をめぐって争われてきた形跡がある。長い間、飯山市と栄村との間に、境界未定地が存在することは認識されていなかったが、農業用の溜め池として野々海池が整備されるのにともない、1966年（昭和41）8月に実施された市村境界調査により、旧陸軍参謀本部が作成した図面に境界線の誤記入があったことが判明し、境界未定地として認定されることになった。飯山市側は野々海池の全体に飯山市の地籍があると主張していたのに対し、栄村側は野々海池の大半は栄村の地籍だとして真っ向から対立してきたようだ。現在は、野々海池の一部に飯山市の地籍は存在するものの、ほとんどが栄村に属しているとみられている。水利権も栄村にあるということで両市村は承知しており、特に境界線をめぐる争いにはなっていない。

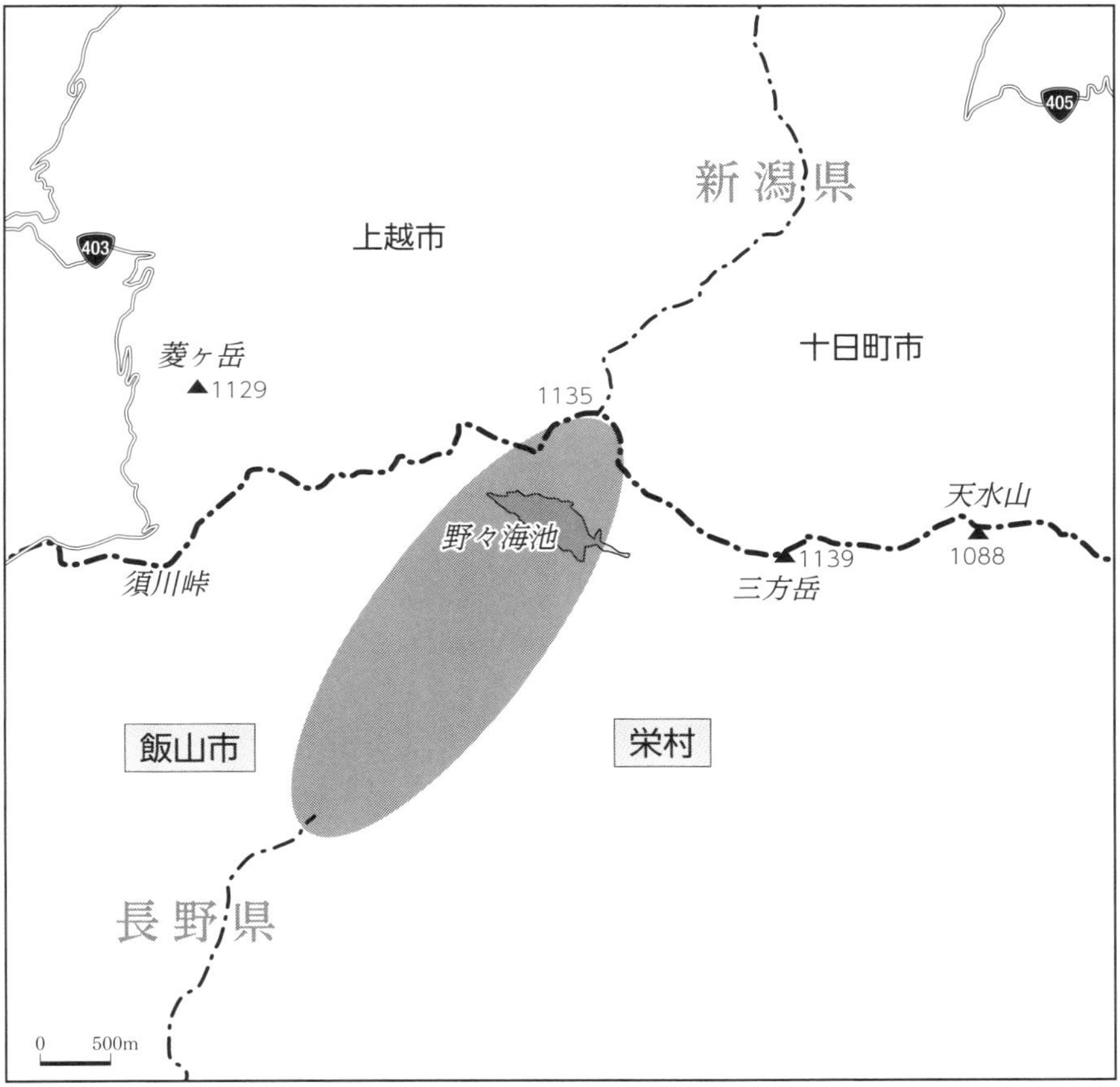
405
新潟県
上越市
403
十日町市
菱ヶ岳
1129
1135
天水山
野々海池
1139
1088
須川峠
三方岳
飯山市
栄村
長野県
0　500m

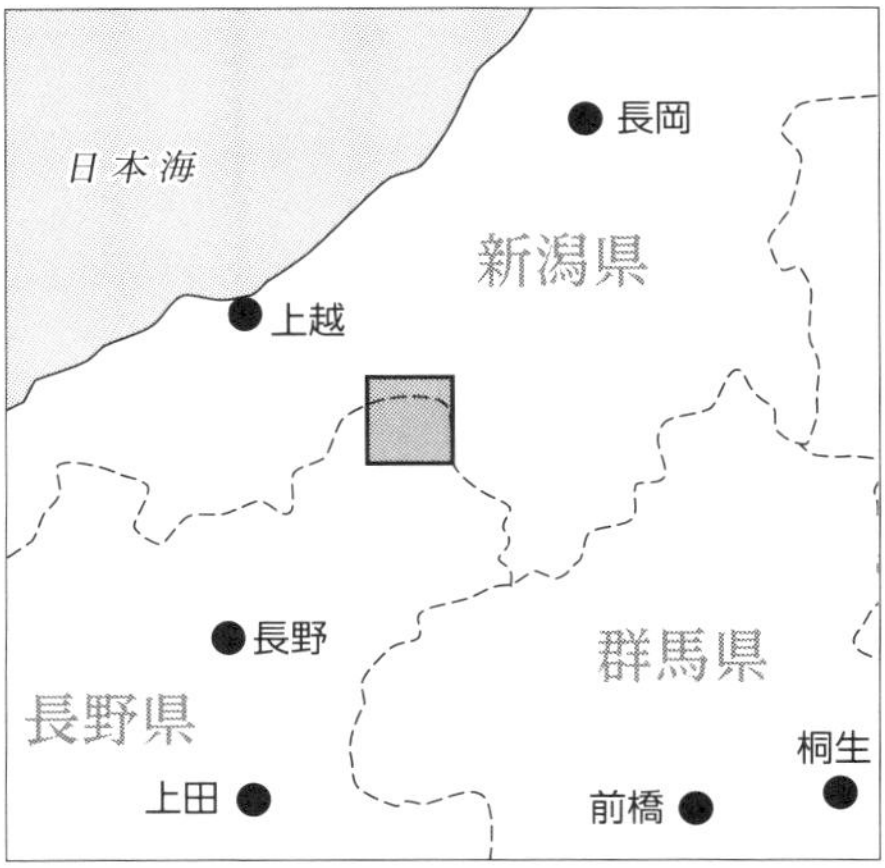
長岡
日本海
新潟県
上越
長野
群馬県
長野県
桐生
上田
前橋

■長野県　諏訪市×辰野町

境界未定地の原因は入会山にある

長野県のほぼ中央に横たわる諏訪湖の南東岸に開けた諏《す》訪《わ》市と、西に隣接する伊那盆地の辰野《たつの》町との境界は、古くは諏訪郡と上伊那郡の境界線になっていた。境界線の付近は標高1000メートルを超える山間部だが、比較的水利に恵まれていたため、早くから集落が形成されていた。しかし、郡の管轄が異なれば風俗や習慣、文化などにも違いが出てくるので、縄張り意識というか、利害関係が生じやすい環境にあった地域だといえる。そこに3キロ近くにわたって、境界未定地が南北に延びている。境界未定地の東側が諏訪市で、西側が辰野町である。

なぜこんな山中に境界未定地が存在するのか。未定地には概して紛争の痕跡が隠されているものだ。諏訪市と辰野町の境界も例外ではなかった。居住者が少なかったころは、生活の糧となる薪や肥料にする落ち葉などを村内で賄うことができたが、居住者が増えてくると村内では賄いきれず、燃料や肥料となる資源を求めて遠くまで出かけなければならなくなった。それはどの村にもいえることだった。村人たちがその資源となる薪や落ち葉などを奪い合い、他の村人との間で衝突する恐れもでてきた。それを未然に防ぐため、幕府は入会地を設けた。入会地とは、地域の住民が山林や原野などを共同で利用できる土地をいい、この土地は入会権を与えられた住民しか利用できない。住民たちがルールを守って入会地を利用していれば、争いが発生することもないのだが、約束ごとを守らない輩《やから》も出てくる。諏訪市と辰野町の境界未定地は入会地だったのである。

1690年（元禄3）、検地が実施されて諏訪郡と上伊那郡の境界が決められた。明治になると入会地は各村に分割され、民有地化されていったが、いまも境界未定地があるのは、この当時の境界線の決め方が曖昧だったからではないかとみられている。

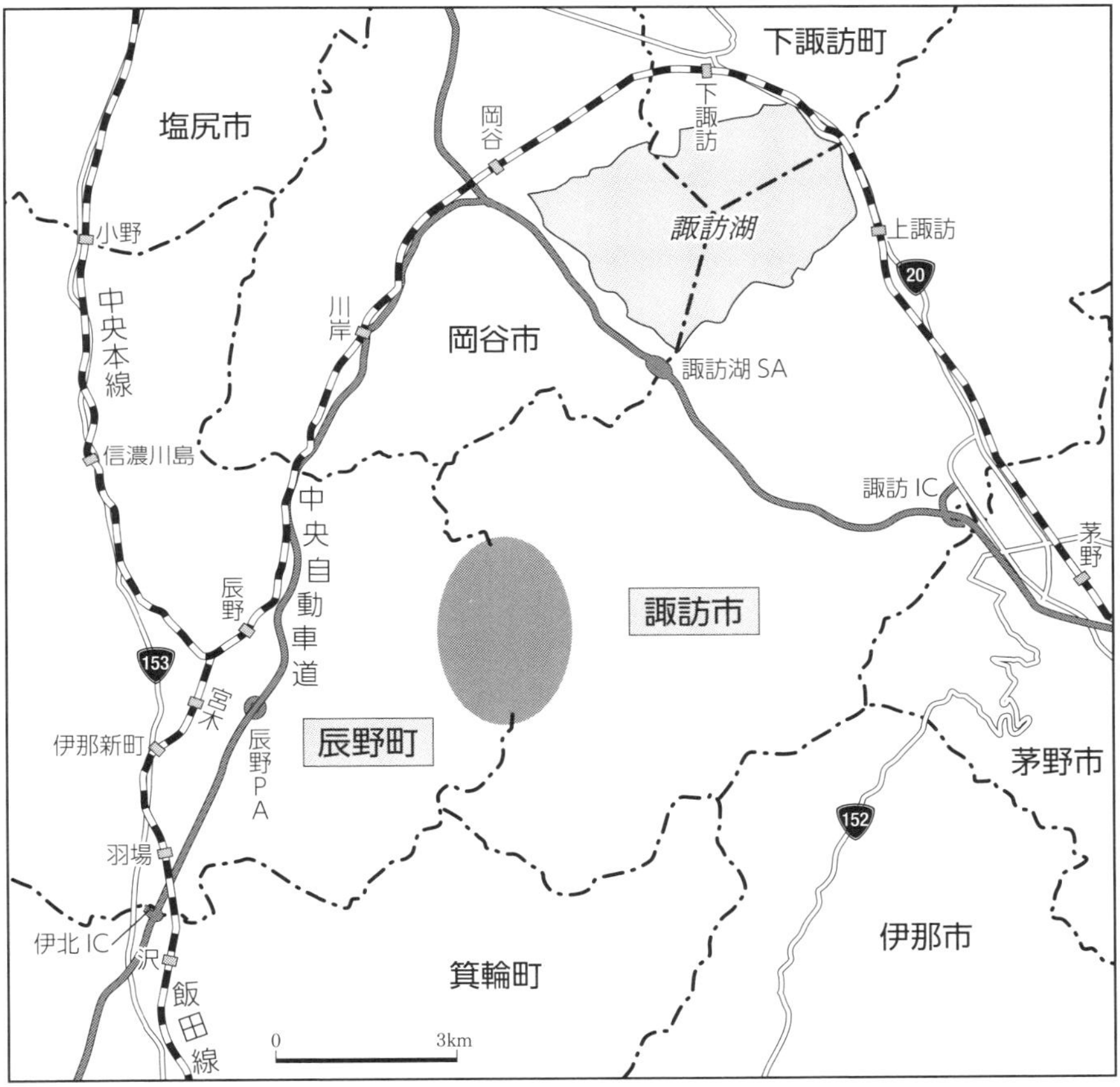
下諏訪町
塩尻市
岡谷
下諏訪
諏訪湖
小野
上諏訪
20
中央本線
川岸
岡谷市
諏訪湖 SA
信濃川島
諏訪 IC
中央自動車道
茅野
辰野
諏訪市
153
宮木
辰野PA
辰野町
伊那新町
茅野市
152
羽場
伊北 IC
伊那市
沢
箕輪町
飯田線
0
3km

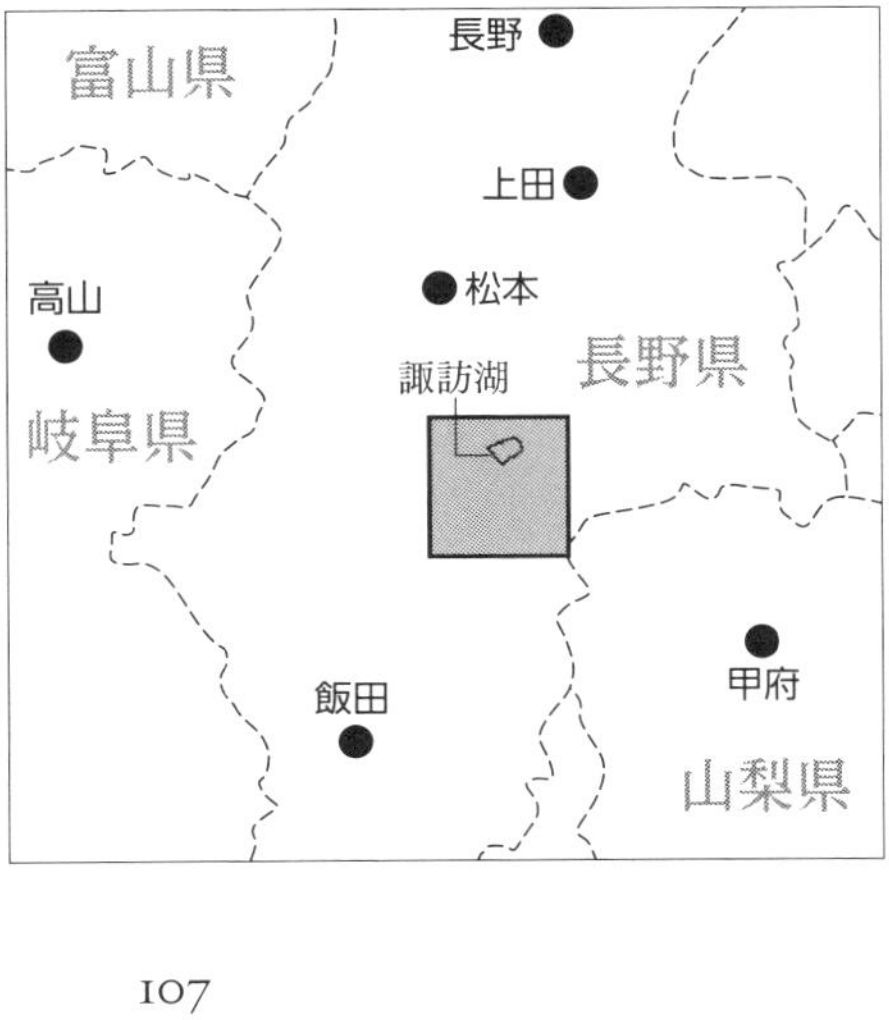
長野
富山県
上田
松本
高山
長野県
諏訪湖
岐阜県
甲府
飯田
山梨県

■長野県　塩尻市×岡谷市

境界未定地にそびえる高ボッチ山

諏訪盆地の真ん中に水を湛えている諏訪湖の北側に、高《たか》ボッチ山という非常に珍しい名前の山がある。標高は1665メートルとさほど高い山ではないが、北アルプスや南アルプス、八ヶ岳などの山岳風景がすばらしい絶好の撮影スポットとして人気がある。天気の良い日は、諏訪湖の湖面越しに富士山を望むこともできる。

高ボッチ山は山岳信仰の山としても知られており、さまざまな伝説が残されている。その一つがダイダラボッチという巨人にまつわる伝説である。巨人伝説は全国各地に残されている。ダイダラボッチはダイダボウシ（大太法師）ともいい、国造りの神様として崇められてきた。ダイダラボッチは富士山を一夜にして造ったという。八ヶ岳や浜名湖などを造ったという伝説もある。そのダイダラボッチが腰を下ろして一休みしたのが、高ボッチ山だったといい、山名はこの巨人伝説に由来している。

高ボッチ山の西側の斜面がなだらかな高原状になっているが、そこに塩尻《しおじり》市と岡谷《おかや》市の境界未定地がある。長さにして1・5キロほどの区間だが、境界未定地には草競馬場やハイマツなどが茂る自然保護センターなどが広がっており、市道も通っている。だが、ここが境界未定地として認定されたのは最近になってからのことである。

1975年（昭和50）、国土地理院が地形図を作成するにあたり、塩尻市と岡谷市に境界を確認したところ、両市が認識していた境界線と国土地理院の地形図に不整合な箇所が見つかった。そのため、国土地理院が修正を求めたところ、両市の主張する境界線が一致していないことが判明した。それ以後、両市の間で解決に向けての協議が行われた。だが、両市とも資料は出尽くした状況にあり、これといった決め手になるものがない。土地の所有権など、特に問題が発生していないため、現在も境界未定地の状態が続いている。

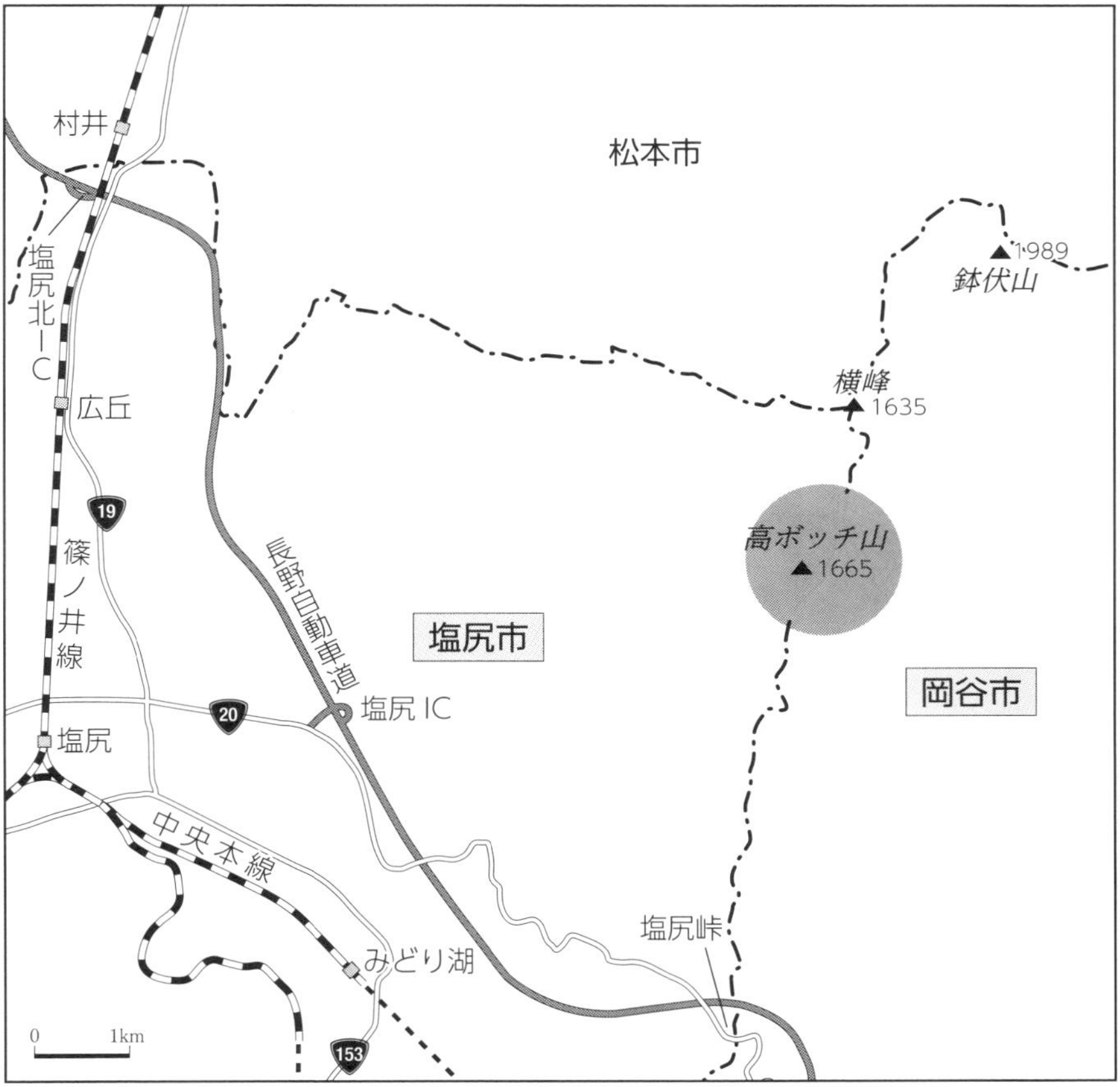
村井
松本市
塩尻北IC
1989
鉢伏山
横峰
1635
広丘
19
篠ノ井線
長野自動車道
高ボッチ山
1665
塩尻市
岡谷市
20
塩尻IC
塩尻
中央本線
塩尻峠
みどり湖
0
1km
153

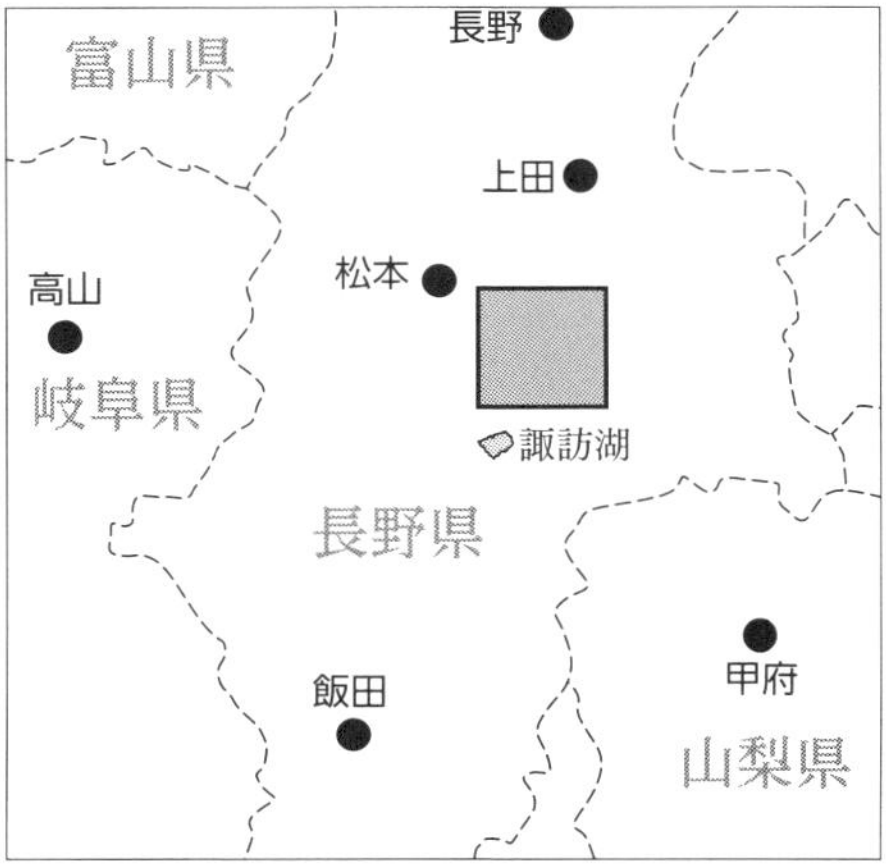
長野
富山県
上田
松本
高山
岐阜県
諏訪湖
長野県
甲府
飯田
山梨県

■長野県　駒ヶ根市×宮田村

合併して解消した境界未定地が分村で復活

市町村境の境界未定地も合併すれば解消するが、その市町村が分立すれば再び境界未定地が復活する可能性がある。中央アルプスの東麓に位置する駒ヶ根《こまがね》市と、その北に隣接する宮田《みやだ》村の間にある境界未定地が、まさにこのケースだといえる。駒ヶ根市と宮田村は、かつては同じ自治体だった。とはいっても、わずか2年余りという短い期間だったのだが。

1954年（昭和29）、赤穂《あかほ》町、宮田町、中沢村、伊那村の4町村が合併して駒ヶ根市が誕生し、このときに赤穂町と宮田町との間に存在していた境界未定地は消滅した。だが、宮田町の大多数の住民がこの合併に反対だったこともあり、2年後の1956年（昭和31）に宮田町だけが駒ヶ根市から分立することになった。そのため、再び境界未定地が復活したのである。町から村になったのは、分立したことで町になる要件を満たさなくなったからだ。

木曽駒ヶ岳を発して天竜《てんりゅう》川に注ぐ太田切《おおたぎり》川が、駒ヶ根市と宮田村の境界になっているが、太田切発電所から中央自動車道に架かる太田切橋あたりまでの約3・3キロの区間が境界未定地になっている。赤穂町（現・駒ヶ根市）も宮田村も、江戸時代は三州街道の宿場町だった。赤穂町は幕府の直轄地、宮田村は高遠《たかとお》藩の管轄下にあった。しかも太田切川を境に、北側の宮田村は東日本文化圏、南側の赤穂町は西日本文化圏に属すといわれている。そのため、両地域では慣習や人情などが異なり、ことあるごとに対立してきたという歴史がある。太田切川の水利をめぐる争いも絶えることがなかった。太田切川にある境界未定地も、そういった地理的な位置、歴史的背景から発生したものと思われる。

1957年（昭和32）には、建設省地理調査所（現・国土交通省国土地理院）が新しく地図を作成するにあたり、駒ヶ根市と宮田村に境界線を確認したが、両者の主張が異なるため、いまだに境界は未定のままになっている。

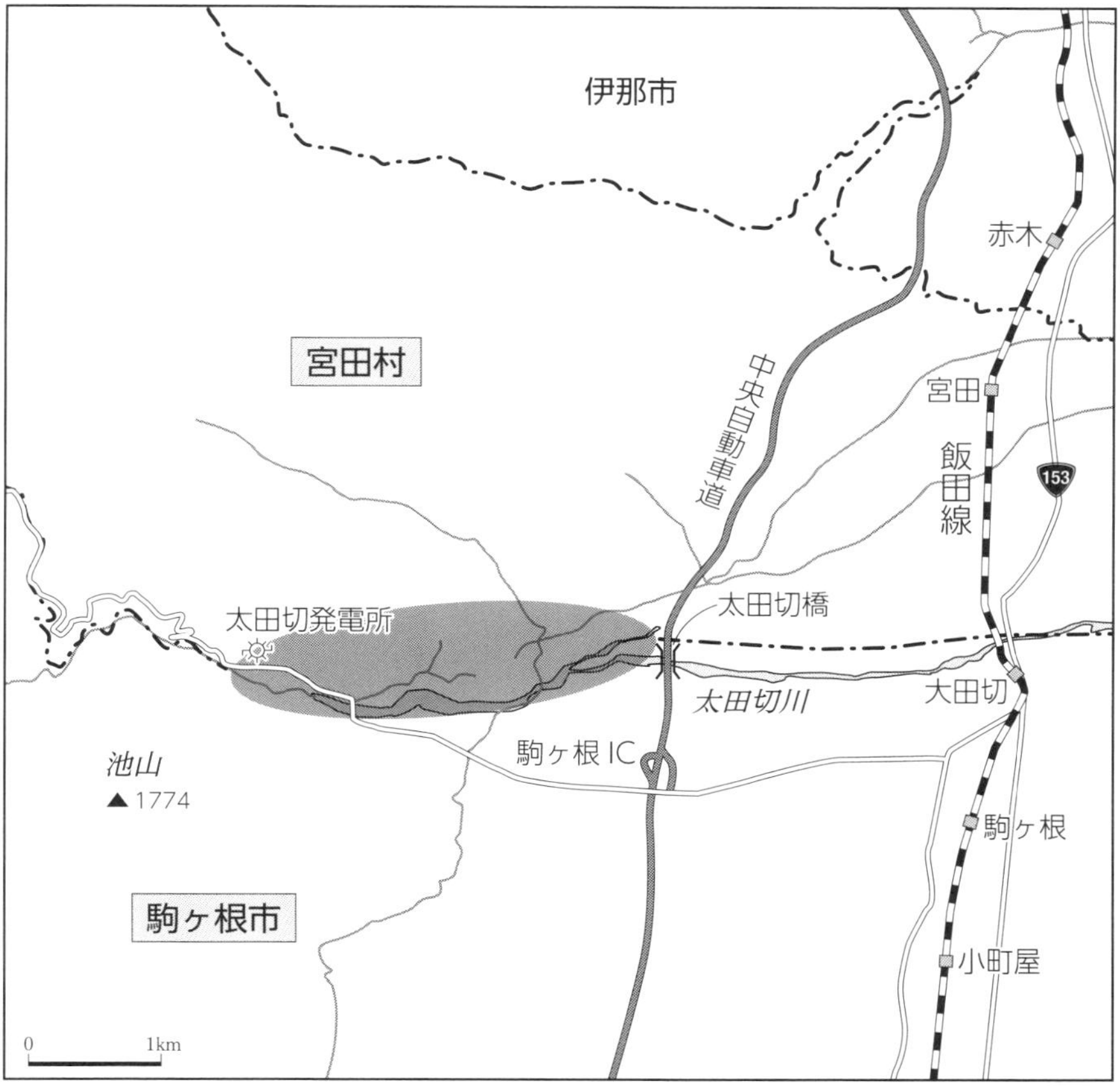
伊那市
宮田村
中央自動車道
赤木
宮田
飯田線
153
太田切発電所
太田切橋
太田切川
大田切
駒ヶ根 IC
池山
▲1774
駒ヶ根
小町屋
駒ヶ根市
0
1km

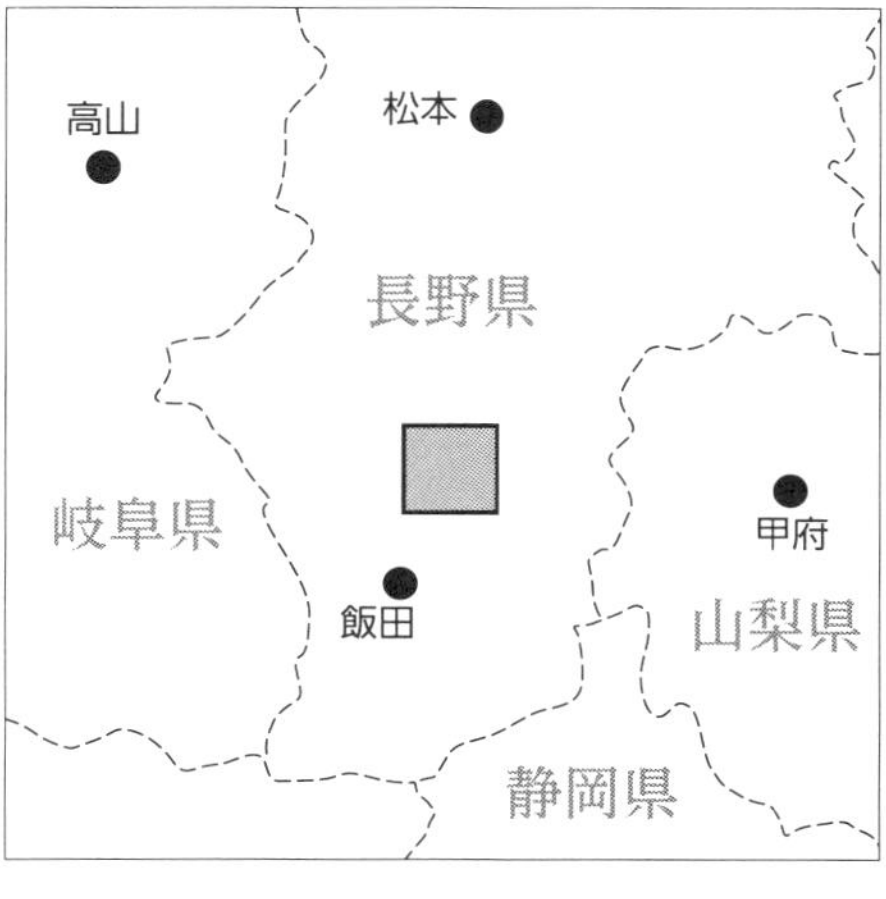
高山
松本
長野県
岐阜県
甲府
飯田
山梨県
静岡県

■長野県　茅野市×原村×富士見町

八ヶ岳の西麓に3町村の境界未定地がある

長野県と山梨県の県境に、八ヶ岳《やつがたけ》という火山群がある。標高2899メートルの赤岳《あかだけ》を主峰とし、天狗岳、横岳、権現岳、編笠山などの高峰が20キロ余りにわたって南北に連なる大火山群である。その八ヶ岳の西麓に茅野《ちの》市、原《はら》村、富士見《ふじみ》町という3つの市町村がある。茅野市と富士見町に挟まれた原村は、面積が43平方キロメートル余りの、茅野市の6分の1足らずしかない東西に細長い村である。標高900〜1400メートルの高原地帯に広がっているので、ペンション村としても名高く、夏には避暑を求めて多くの人が訪れる。原村は観光の村であるとともに、高原野菜の産地としても知られている。

原村には北に隣接する茅野市と、南に隣接する富士見町との間に境界未定地が存在している。茅野市との境界未定地は、八ヶ岳の最高峰である赤岳の山頂から、赤岳の西に連なる阿弥陀岳（2805メートル）の山頂までの1キロほどの区間である。また、赤岳の西南方向に位置する西岳の北西斜面から山梨県との県境までの間が、原村と富士見町との境界未定地になっている。

3町村で発行している地図には、独自の見解に基づいて境界線が記入されているが、3市町村が主張する境界線と整合性のとれないところが境界未定地になっている。3市町村が主張している領域の面積をそれぞれ加えると、3市町村全体の面積より広くなるのは、主張している領域が重複しているからである。八ヶ岳の山麓一帯は、古くは入会地だったという。その入会地が民有地化され、各地区で取り分を決めて分割されたが、この際の分け方が曖昧であったため整合性が取れなくなり、境界未定地になったのではないかと考えられる。

だが、境界未定地がいつ発生したものかは不明で、行政上の障害もないため、未定地を解消するための協議は特に行われていない。

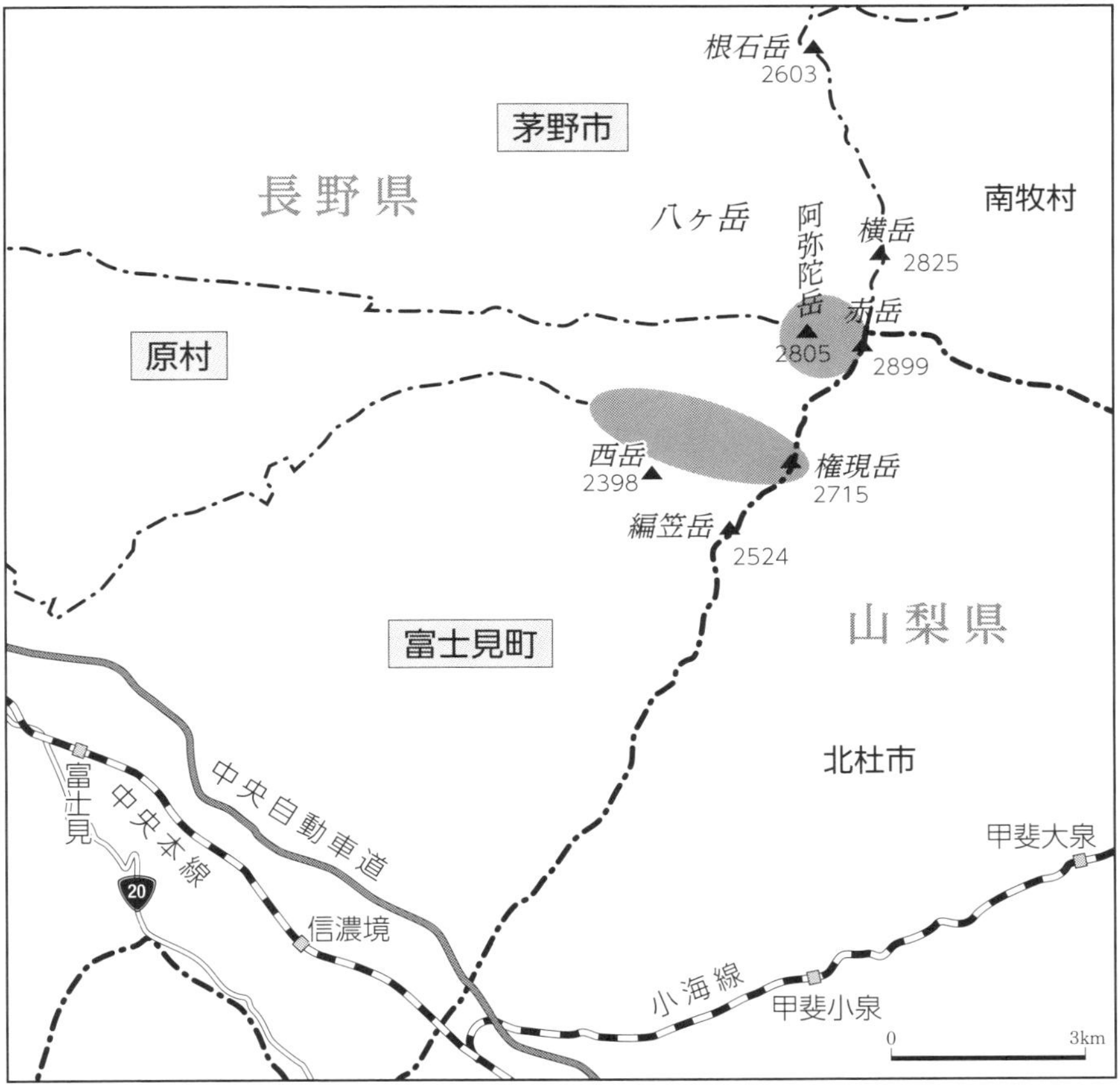
根石岳
2603
茅野市
長野県
八ヶ岳
阿弥陀岳
横岳
2825
南牧村
赤岳
2805
2899
原村
西岳
2398
権現岳
2715
編笠岳
2524
山梨県
富士見町
北杜市
中央自動車道
富士見
中央本線
20
信濃境
甲斐大泉
小海線
甲斐小泉
0
3km

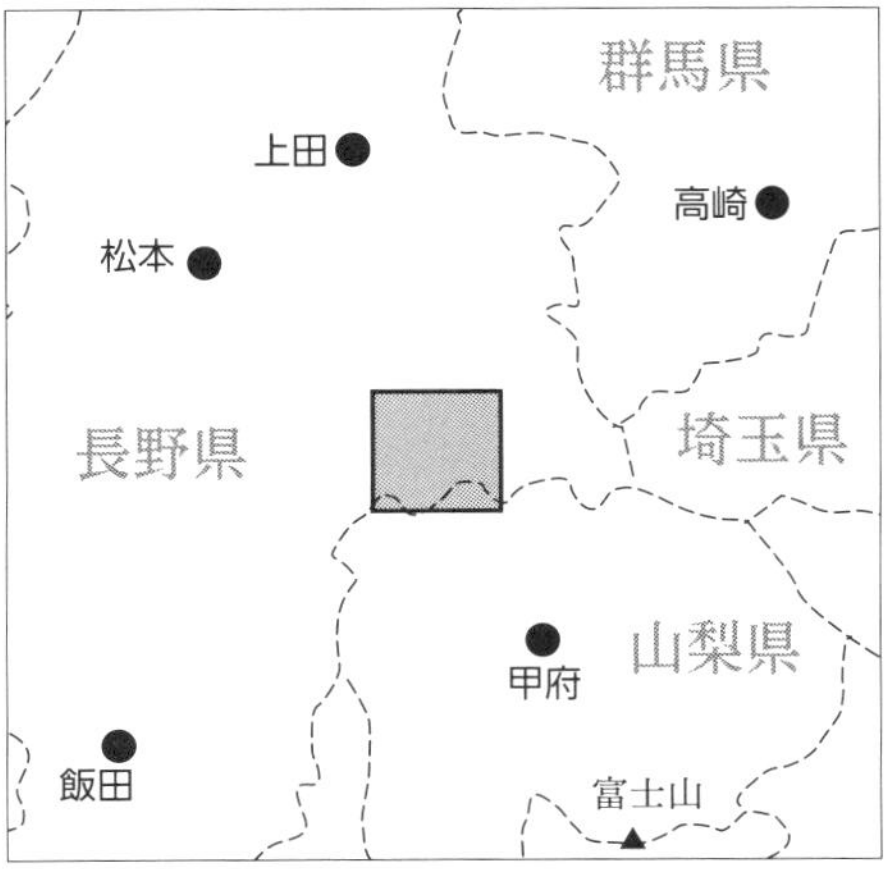
群馬県
上田
高崎
松本
長野県
埼玉県
山梨県
甲府
飯田
富士山

■長野県　佐久穂町×小海町

麦草峠近くの白駒池も境界未定地

中央本線の小淵沢《こぶちざわ》駅（山梨県北杜市）と、しなの鉄道の小諸《こもろ》駅（長野県小諸市）を結ぶ小海《こうみ》線は、日本一の高地を走る鉄道路線として知られ、八ヶ岳《やつがたけ》の東麓を流れる千曲《ちくま》川に沿って線路が延びている。八ヶ岳の東麓に広がる野辺山高原には、日本の鉄道の最高地点（１３７５メートル）がある。標高の高い駅、上位10駅のうち９駅までが小海線で占めているることが物語っているように、小海線には「八ヶ岳高原線」の愛称もある。

境界未定地は、小海線の沿線に開けた佐久穂《さくほ》町と小海町の間に存在している。北八ヶ岳を横断している国道２９９号の麦草峠（２１２０メートル）は、国道にある峠としては、国道２９２号の渋峠に次いで全国で２番目に高い峠である。その麦草峠の近くに白駒池（面積０・11平方キロメートル）という原生林に囲まれた神秘的な湖がある。標高２０００メートル以上にある湖としては、日本で最も大きな天然湖だという。この白駒池のあたりから小海町および佐久穂町と、茅野市との境界線までの１・２キロほどの区間が境界未定地になっている。白駒池も境界未定地である。白駒池は冬になると全面結氷し、本州で最も早く湖面のスケートが楽しめる場所として知られている。

境界未定地は、どうも町村合併の際に発生したものとみられている。現在の小海町は１９５６年（昭和31）に北牧村と小海村が合併して発足したのだが、北牧村は１８８９年（明治22）に町村制が施行された際、千代里村など３村が合併して成立している。その千代里村の一部が１９５８年（昭和33）、小海町から分離されて八千穂村（現・佐久穂町）に編入された。編入する区域の境界が曖昧のまま編入されてしまったのが、境界未定地が発生した原因らしい。境界が未定になっている一帯は国有林なので、行政に何ら支障はない。そのため、現在でも境界未定地のままで、確定させるための協議も特に行われていないようだ。

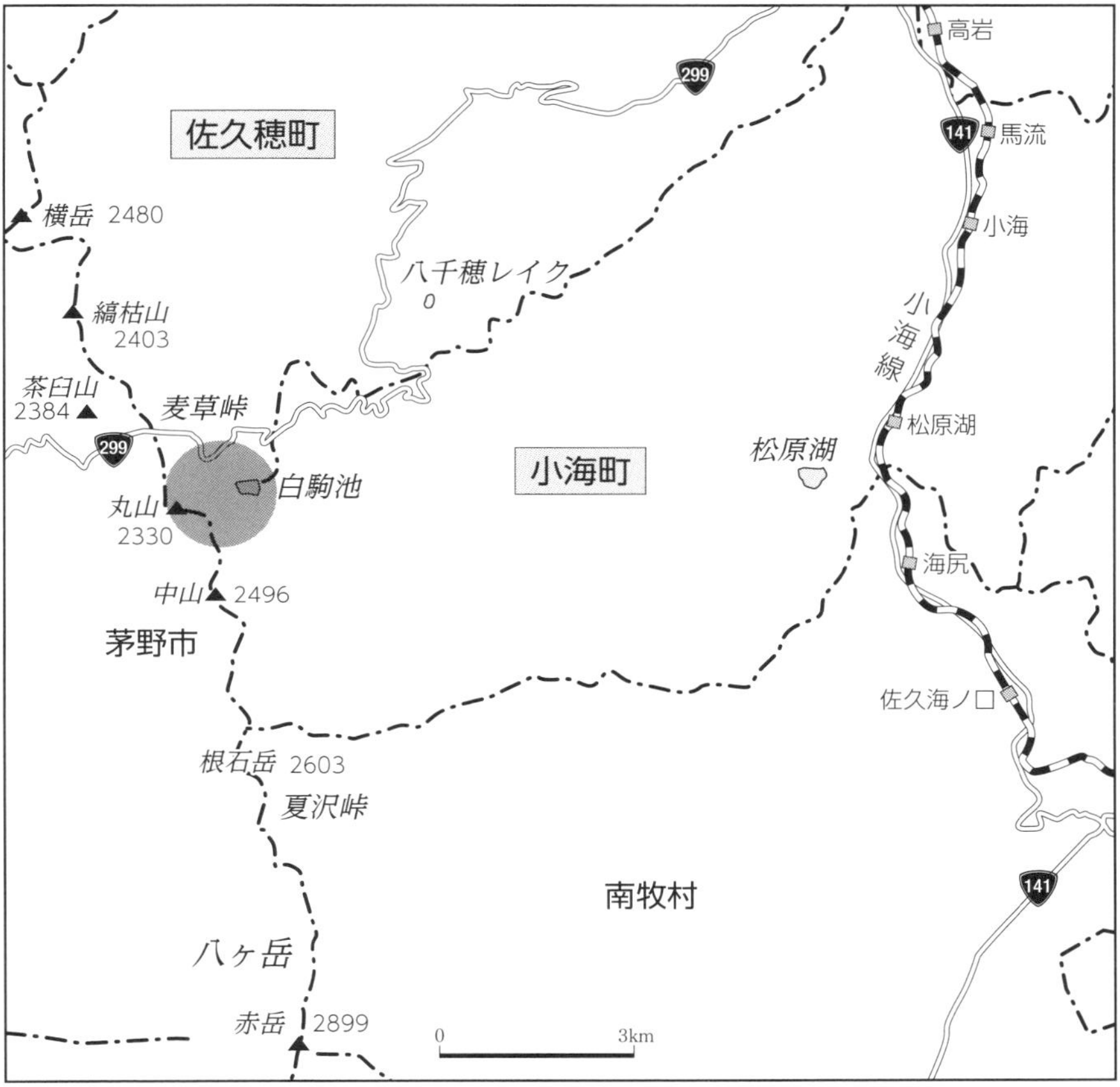
高岩
299
佐久穂町
141
馬流
横岳 2480
小海
八千穂レイク
縞枯山
2403
小
海
線
茶臼山
2384
麦草峠
松原湖
299
松原湖
小海町
白駒池
丸山
2330
海尻
中山 2496
茅野市
佐久海ノ口
根石岳 2603
夏沢峠
141
南牧村
八ヶ岳
赤岳 2899
0
3km

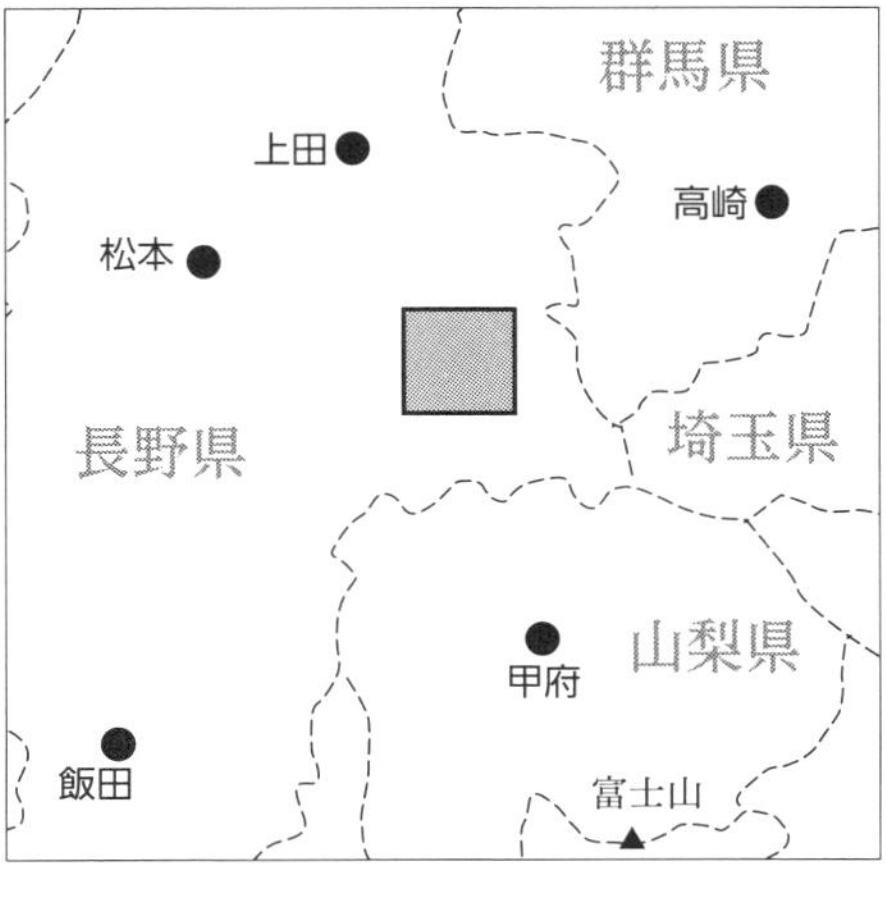
群馬県
上田
高崎
松本
長野県
埼玉県
甲府
山梨県
飯田
富士山

■山梨県　富士河口湖町×身延町

富士河口湖町と身延町の境界に横たわる本栖湖

富士山の北麓に点在する富士五湖は、富士山の火山噴火によって生まれた堰止湖で、富士山には欠かせない存在である。富士箱根伊豆国立公園に属し、富士観光の中心地として多くの行楽客で賑わう。２０１３年（平成25）６月には、「富士山―信仰の対象と芸術の源泉」の構成資産として、五湖とも世界遺産に登録された。富士五湖のうち、山中湖を除く四つの湖（河口湖、西《さい》湖、精進湖、本栖《もとす》湖）は富《ふ》士河口湖《じかわぐちこ》町にある。とはいっても、五湖で最も西に位置する本栖湖の半分は身延《みのぶ》町にある。つまり、本栖湖は富士河口湖町と身延町との境界線上に横たわっているのである。

本栖湖の面積は４・７平方キロメートルで、富士五湖では山中湖（６・８平方キロメートル）、河口湖（５・７平方キロメートル）に次いで３番目だが、水深は１２１・６メートルと山中湖や河口湖の10倍近くもあり、富士五湖では最も深い。したがって、貯水量は富士五湖で最大である。五千円および千円紙幣に描かれている逆さ富士は、本栖湖の湖面に映し出されたもので、身延町の中ノ倉峠から眺めたものだといわれている。

本栖湖の湖面に境界線は引かれていない。湖面がそっくり境界未定地なのである。したがって、本栖湖の面積４・７平方キロメートルは富士河口湖の面積にも、身延町の面積にも含まれていない。２００２年（平成14）ごろ、オウム真理教事件で一躍有名になった上九一色《かみくいしき》村（現・富士河口湖町）と、信玄の隠し湯として知られる下部温泉がある下部町（現・身延町）との間で、本栖湖の境界を決めるための協議が行われたことがある。だが、下部町が本栖湖の北岸と南岸のほぼ中央を結ぶラインを境界線とすべきだと主張したのに対し、上九一色村は本栖湖の湖面すべてを主張したため物別れとなり、確定するには至らなかった。周囲11・8キロ、北岸から南岸まで直線で２・２キロの本栖湖は、現在も境界未定地のままである。

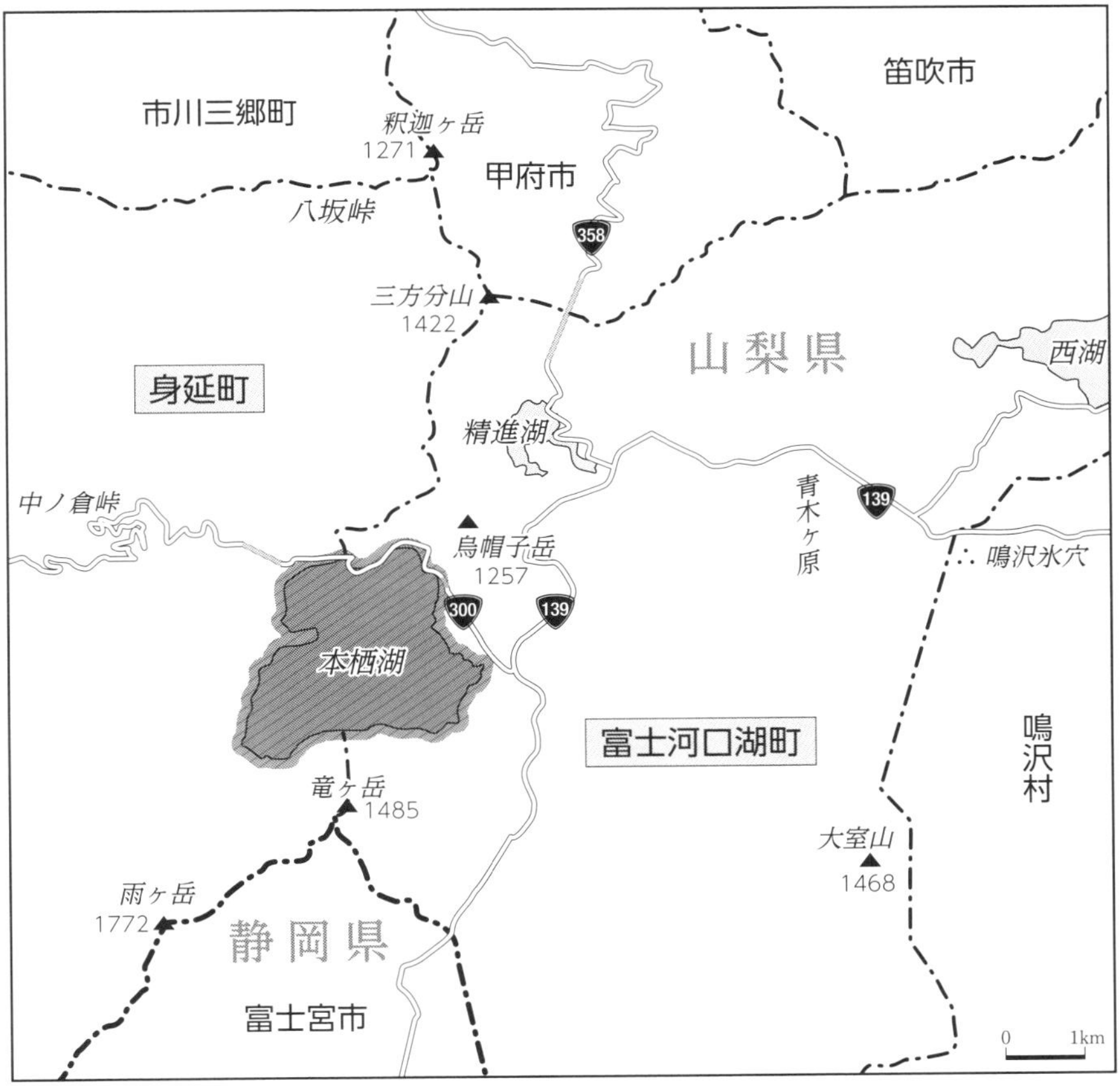
笛吹市
市川三郷町
釈迦ヶ岳
1271
甲府市
八坂峠
358
三方分山
1422
山梨県
西湖
身延町
精進湖
中ノ倉峠
青木ヶ原
139
鳴沢氷穴
烏帽子岳
1257
300
139
本栖湖
富士河口湖町
鳴沢村
竜ヶ岳
1485
大室山
1468
雨ヶ岳
1772
静岡県
富士宮市
0
1km

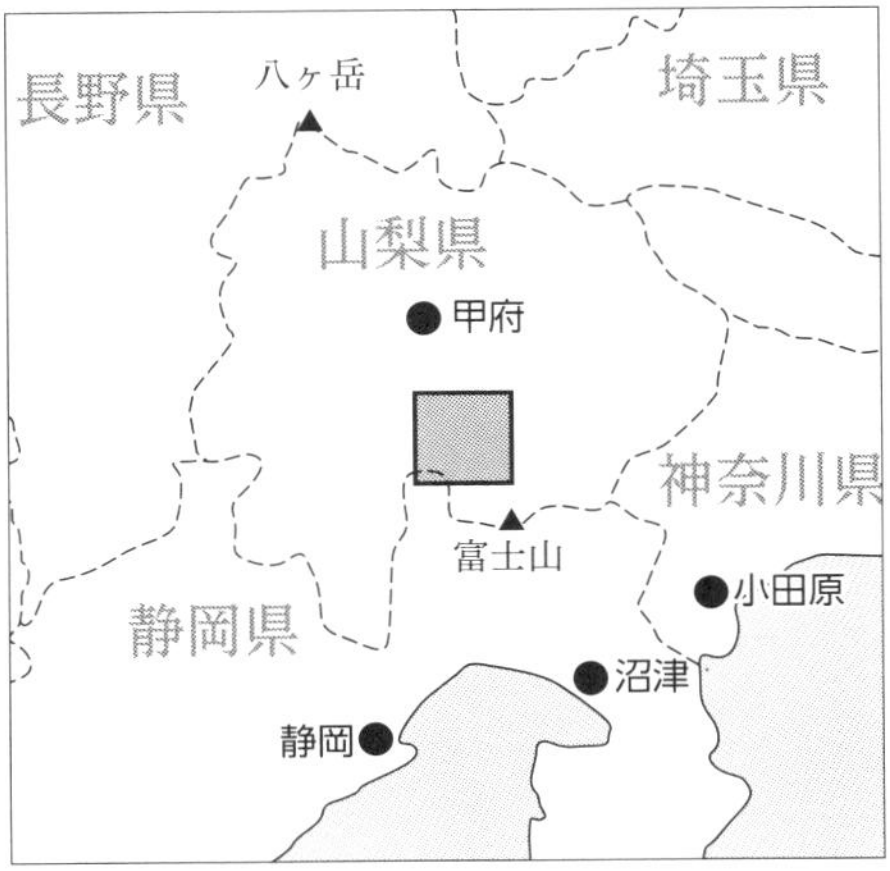
長野県
八ヶ岳
埼玉県
山梨県
甲府
神奈川県
富士山
小田原
静岡県
沼津
静岡

■山梨県　富士吉田市×静岡県　小山町、山梨県　鳴沢村×静岡県　富士宮市

富士山頂付近の県境はなぜ未定地なのか

富士山は静岡と山梨の県境にそびえる成層火山で、標高3776メートルの日本一高い山であることは日本人なら誰でも知っている。美しい山容は、日本人の心のよりどころとして愛され、親しまれている。2013年（平成25）には、「富士山―信仰の対象と芸術の源泉」として世界遺産にも登録された。古代から霊峰として崇められてきた山だけに、富士山頂はわが町のものだといわんばかりに、7市町村の境界線が富士山頂を目指して延びている。静岡県の富士宮《ふじのみや》市、富士《ふじ》市、裾野《すその》市、御殿場《ごてんば》市、小山《おやま》町、山梨県の富士吉田《ふじよしだ》市、鳴沢《なるさわ》村の7市町村である。

しかし、7市町村の境界線は山頂のすぐ近くにまで延びてきているのだが、山頂に到達している境界線は一つもないのだ。富士山の山頂付近が境界未定地だからである。確定している境界線は静岡県の御殿場市、裾野市、富士市の3市だけで、山梨県富士吉田市と静岡県小山町、および静岡県富士宮市と山梨県鳴沢村の境界線、つまり山梨と静岡の県境が未定なのだ。国土地理院の地形図を見ればわかるように、富士山頂から東側の斜面を直線で5キロほど下った、標高約1800メートルの地点までの境界線が途切れている。なぜこの区間だけが未定なのか、理由は定かではない。

2014年（平成26）1月、静岡と山梨の両県知事は県境をあえて確定させないことを明言している。富士山は静岡県と山梨県の共有の財産だという考えからなのだろうか。富士山の8合目以上の土地の所有権をめぐり、富士山本宮浅間大社と東海財務局との間で争われた裁判で大社側が勝訴したが、山頂付近の県境が未定であったため長い間登記することができなかった。だが、それ以外のことでは特に行政に支障があるわけではないので、住民感情を無視してまで、県境を確定させる必要もないと考えているのだろう。

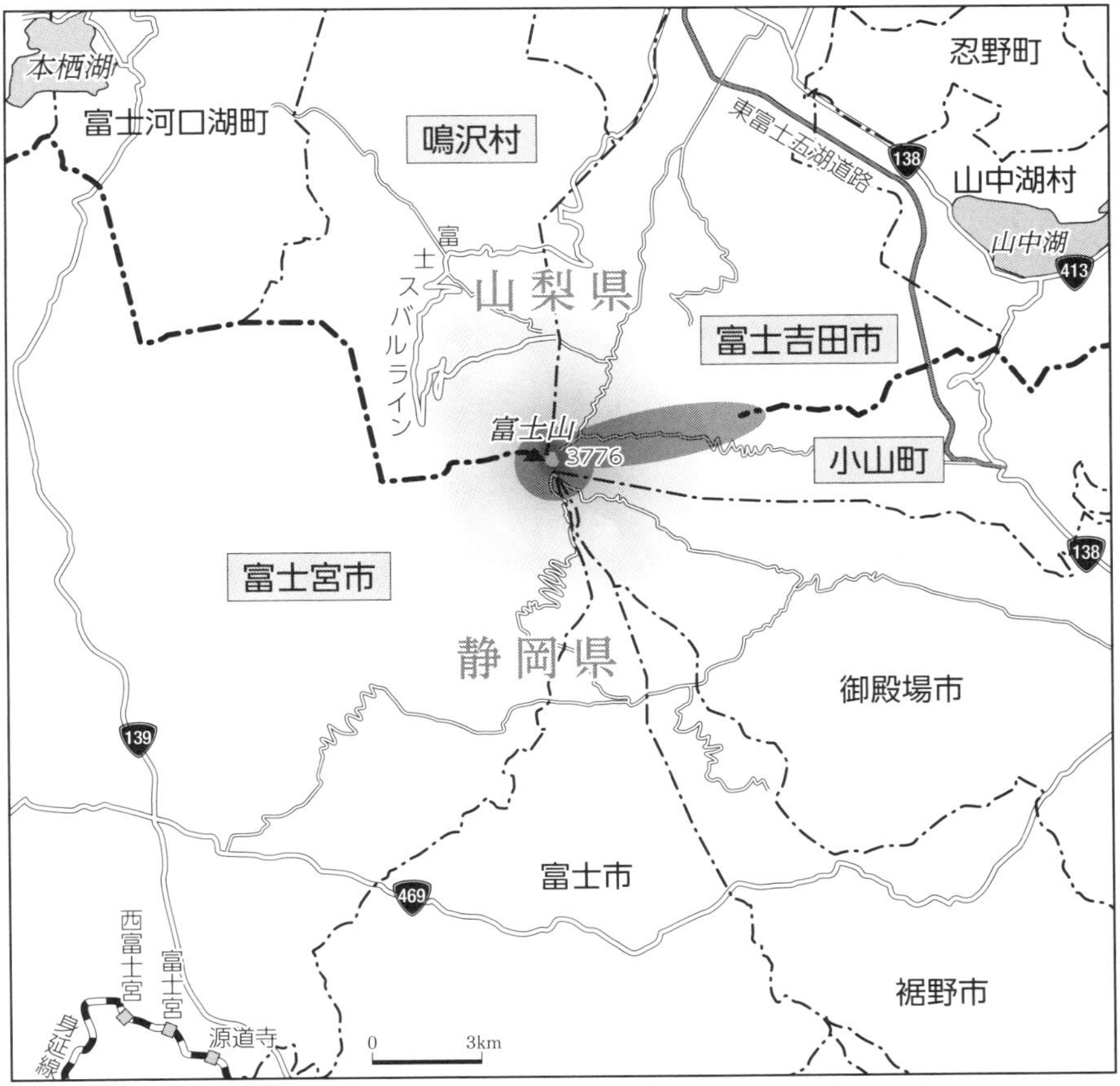
本栖湖
富士河口湖町
鳴沢村
忍野町
東富士五湖道路
138
山中湖村
山中湖
413
富士スバルライン
山梨県
富士吉田市
富士山
3776
小山町
138
富士宮市
静岡県
御殿場市
139
富士市
469
西富士宮
富士宮
源道寺
身延線
裾野市
0
3km

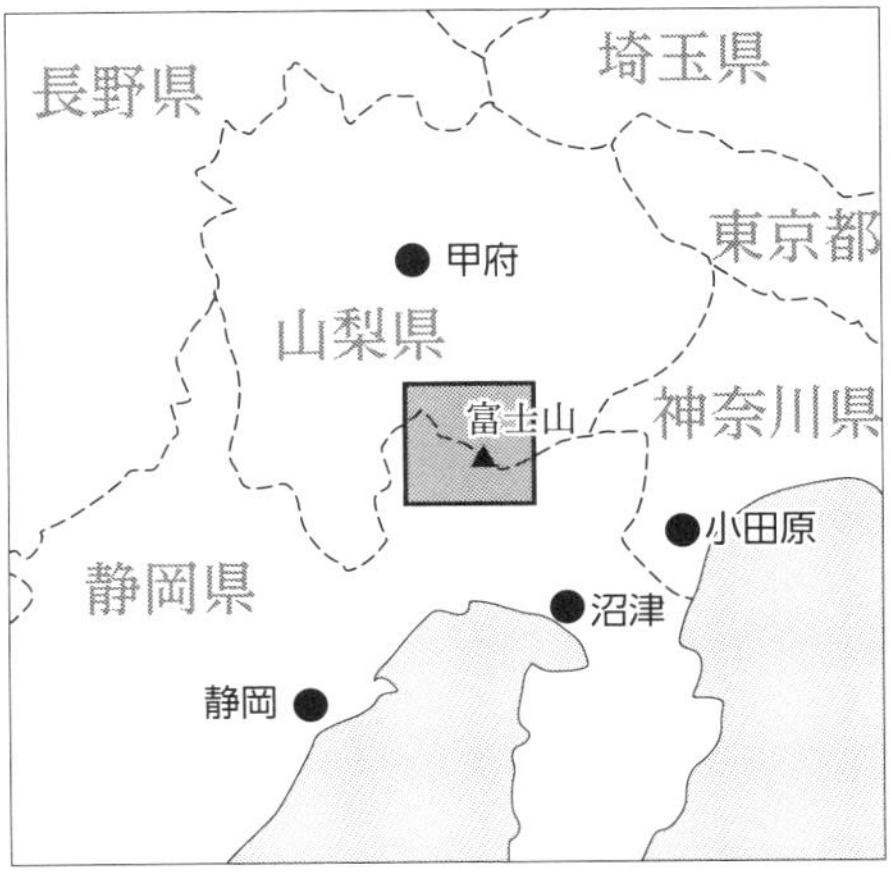
長野県
埼玉県
東京都
甲府
山梨県
富士山
神奈川県
小田原
静岡県
沼津
静岡

■静岡県　静岡市葵区×川根本町

大無間山にある境界未定地は測量困難が原因か

長野、静岡、山梨の3県にまたがって南北に横たわっている赤石山脈（南アルプス）は、3千メートル級の山々が連なる山岳地帯である。その最南部に、大無間山《だいむげん》という標高2330メートルの山がそびえている。東麓には大井川をせき止めて生まれた井川湖が、深い谷間に清らかな水を湛えている。

大無間山の山頂北側から、大井川支流の関の沢川最上流部の標高1487メートルの地点まで、直線で約1・5キロの間が静岡県葵《あおい》区と川根本《かわねほん》町の境界未定地になっている。北側が静岡市葵区、南側が川根本町である。静岡県内の南アルプスのほぼ全域が、静岡市の領域である。日本屈指の山岳地帯が、政令指定都市の静岡市内にあるというのも驚きだろう。

江戸初期、幕府が国絵図の作成を各国へ命じたことにより、各地で境界紛争が頻発することになったが、検地が進んでいくにともない次第に境界は確定していった。検地は本来、農作物の生産が見込める田畑を測量するものだが、村人たちが燃料にするための薪や、田畑の肥料にする落ち葉などが調達できる山にも検地が行われた。

『本川根町史』には、1702年（元禄15）、「信州、駿州、遠州3国の国境を見極めようとしたが、難所で現地に行けなかった。それで改めて役人を派遣したが、それでも現地に到達できなかった」という旨を、境界紛争に関係する村々へ通達したとある。これからもわかるように、大無間山の周辺は山深く、入山が困難な場所だったため測量を断念し、それが現在まで尾を引いているのではないかと推測されている。1972年（昭和47）、国土地理院から、地形図を5万分の1から2万5千分の1に改めるため境界未定地を確定させてほしいという依頼が両市町にあったが、解消させることができないまま現在に至っている。境界未定地の周辺は国有林なので特に支障はない。

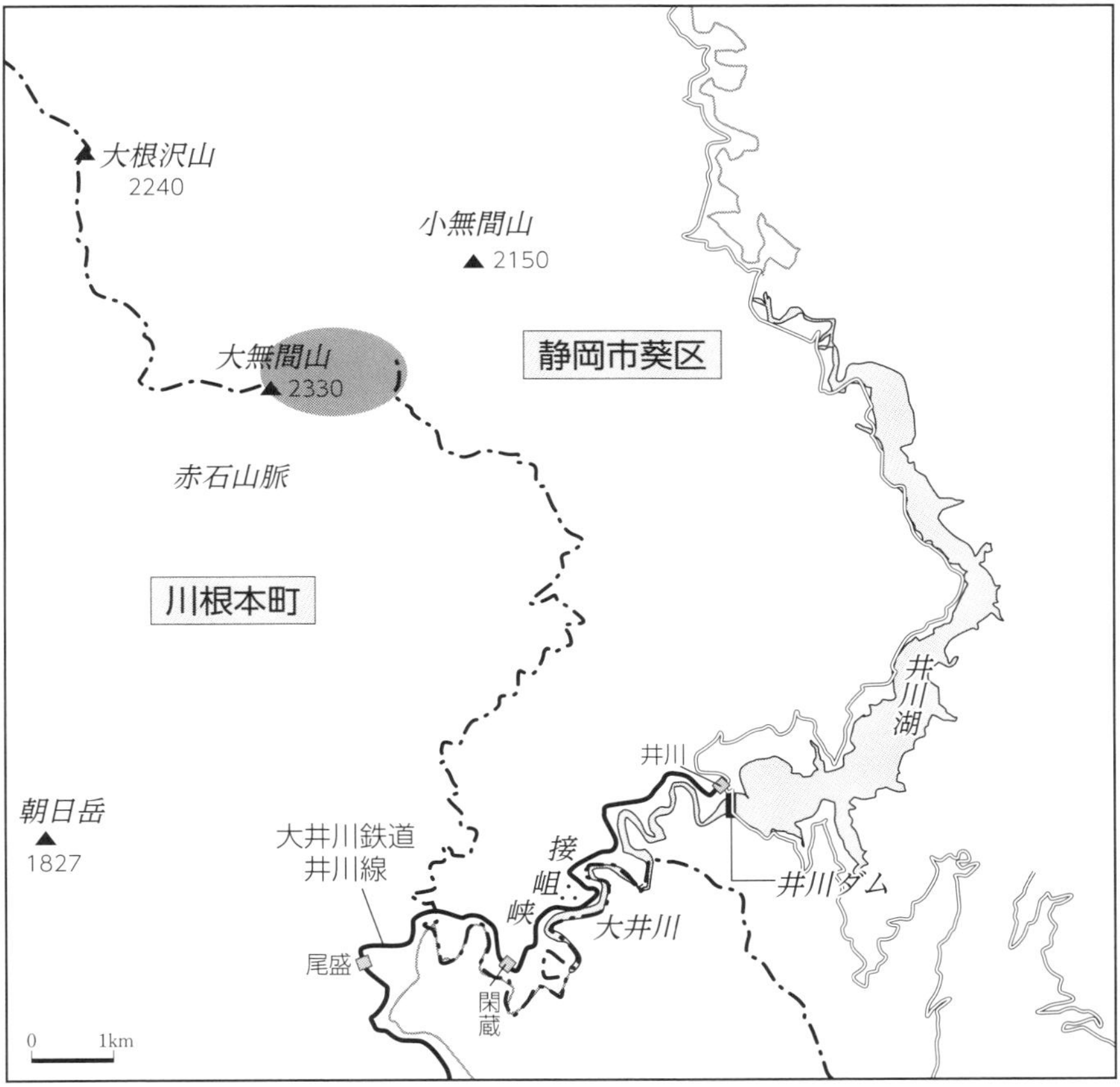
大根沢山
2240
小無間山
2150
大無間山
2330
静岡市葵区
赤石山脈
川根本町
井川湖
井川
朝日岳
1827
大井川鉄道
井川線
接岨峡
井川ダム
大井川
尾盛
閑蔵
0
1km

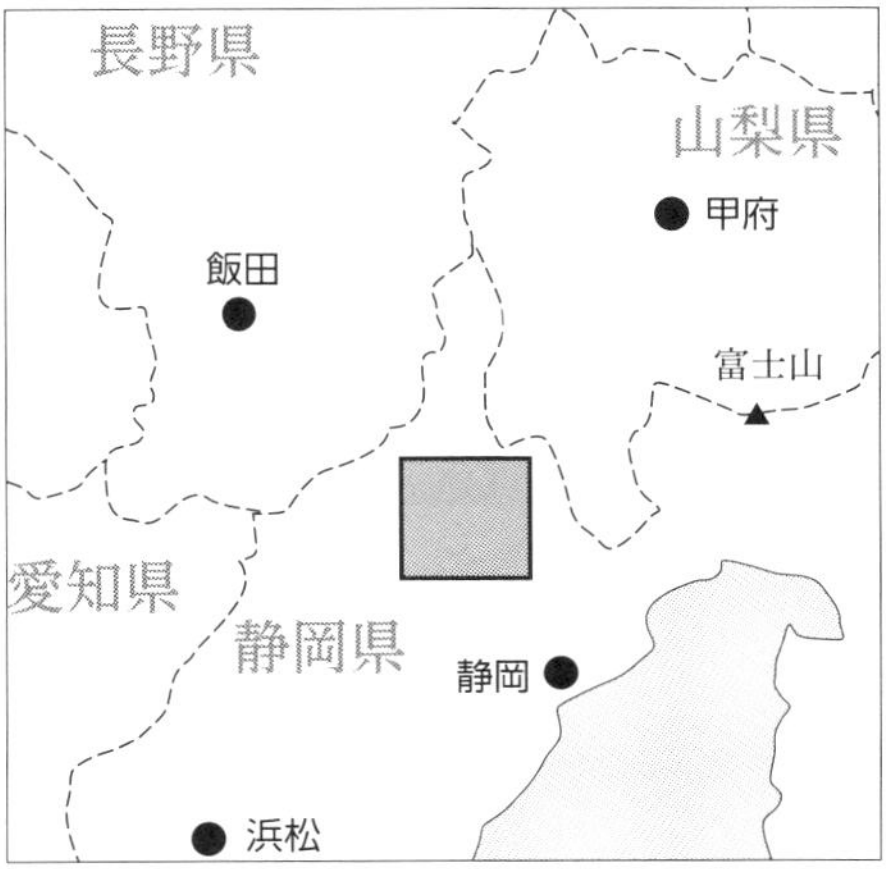
長野県
山梨県
甲府
飯田
富士山
愛知県
静岡県
静岡
浜松

■静岡県　浜松市南区×磐田市

天竜川の河口に発生した境界未定地

静岡県西部の太平洋側は遠州灘である。沿岸には砂丘が発達しており、日本三大砂丘の一つに数えられている中田島砂丘や浜岡砂丘などがある。中田島砂丘のすぐ東側に天《てん》竜《りゅう》川の河口がある。天竜川は長野県のほぼ中央にある諏訪湖を発し、南流しながら浜松《はままつ》市と磐田《いわた》市の境界を通って太平洋に注いでいる。その天竜川の河口に、浜松市と磐田市の境界未定地がある。海岸からわずか数百メートルが境界未定地だが、その未定地の部分に天竜川の河口をふさぐような形で、浜松市側から半島のように砂州が突き出している。

河口に突き出している小半島は、浜松市と地続きになっているので、浜松市の領域だと考えるのが妥当だろうが、浜松市と磐田市の境界線をまっすぐ南へ引けば、先端部分は磐田市の領域になり、しかも天竜川の対岸にある磐田市の飛び地になる。1959年（昭和34）の国土地理院の地形図では海岸線まで境界線が引かれており、境界未定地は存在しなかった。ところが、1973年（昭和48）発行の地形図では、現在とほぼ同様の境界線になり、天竜川の河口付近が境界未定地になった。そのため、浜松市と竜洋《りゅうよう》町（現・磐田市）との間で協議が行われたが、結論は出なかった。

国土地理院は毎年「全国都道府県市区町村別面積調」を公表しているが、1987年（昭和62）に測定方法が変更された際、昭和62年と63年の数値に不整合があることが静岡県から指摘されたため、浜松市と竜洋町で調整が行われ、1993年（平成5）に両市町の間で確認書を取り交わした。国土地理院へは、その確認書を提出するにとどまっており、境界未定地の解消には至っていない。境界未定地に突き出している小半島は、潮流によって土砂が運ばれてきたものか、天竜川から運ばれてきた土砂が堆積して形成されたものかは明らかでない。日本の地形は絶えず変化しているのだ。

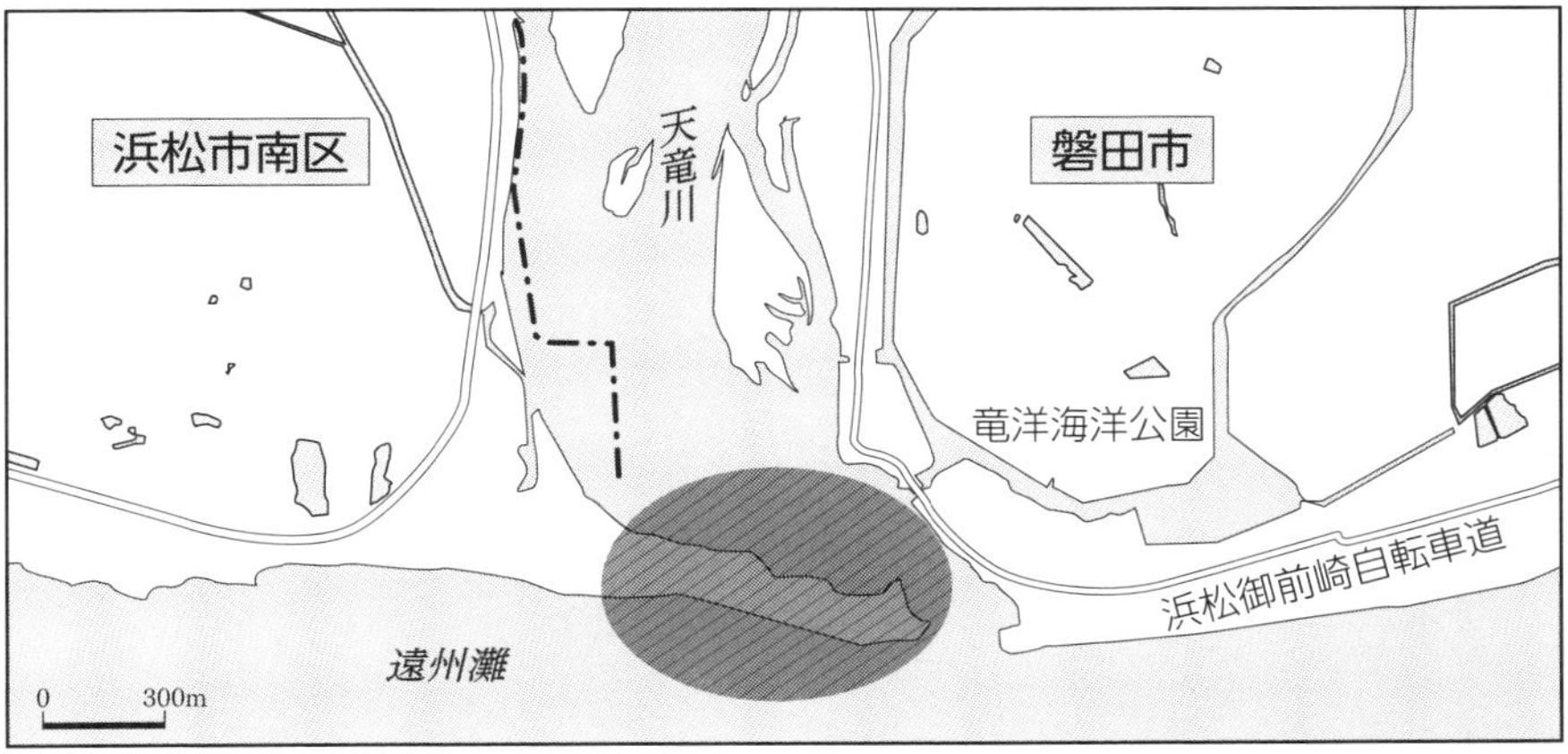
浜松市南区
天竜川
磐田市
竜洋海洋公園
浜松御前崎自転車道
遠州灘
0
300m

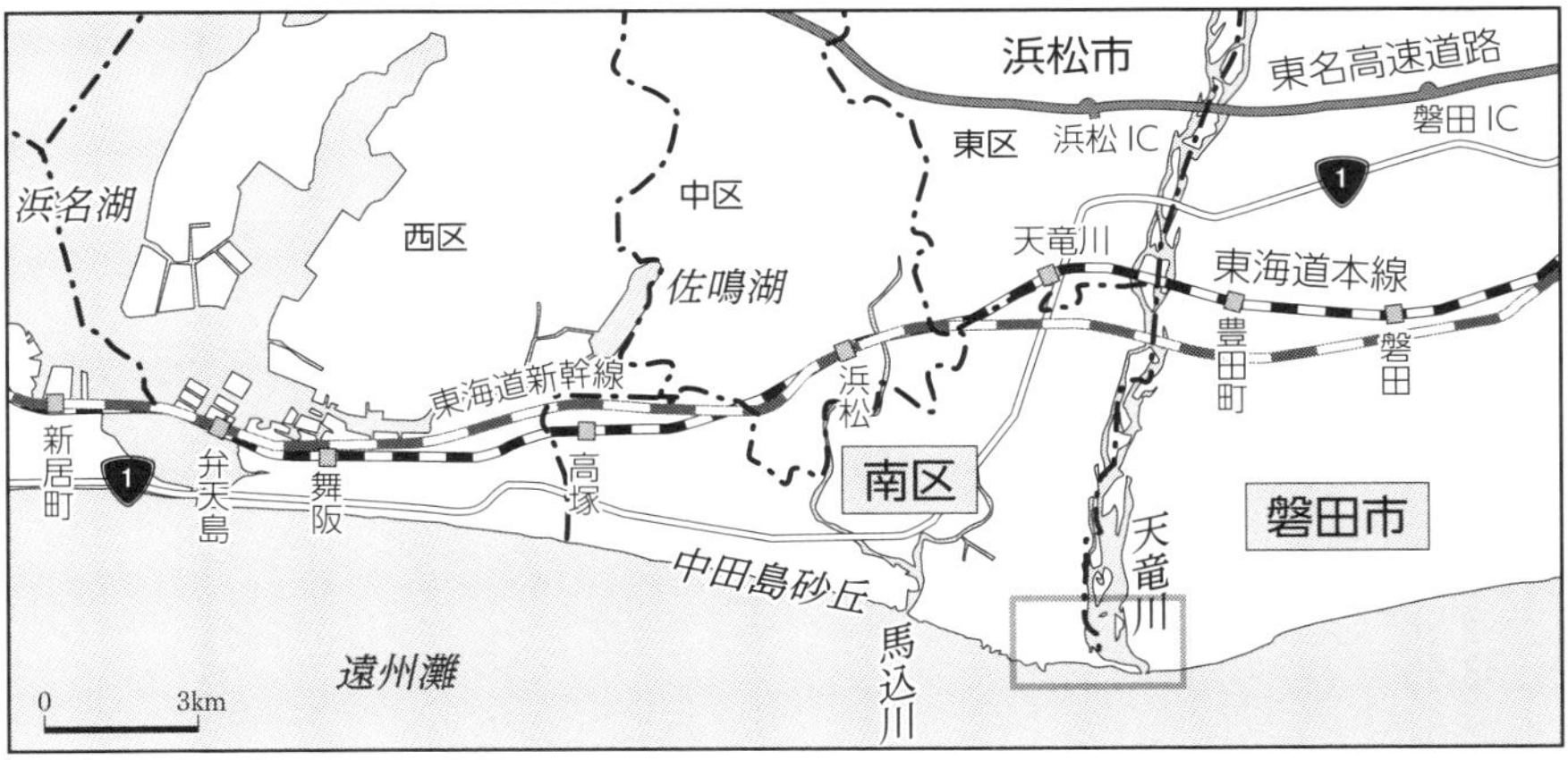
浜松市
東名高速道路
東区
浜松 IC
磐田 IC
浜名湖
中区
西区
天竜川
東海道本線
佐鳴湖
東海道新幹線
浜松
豊田町
磐田
新居町
弁天島
舞阪
高塚
南区
磐田市
天竜川
中田島砂丘
馬込川
遠州灘
0
3km

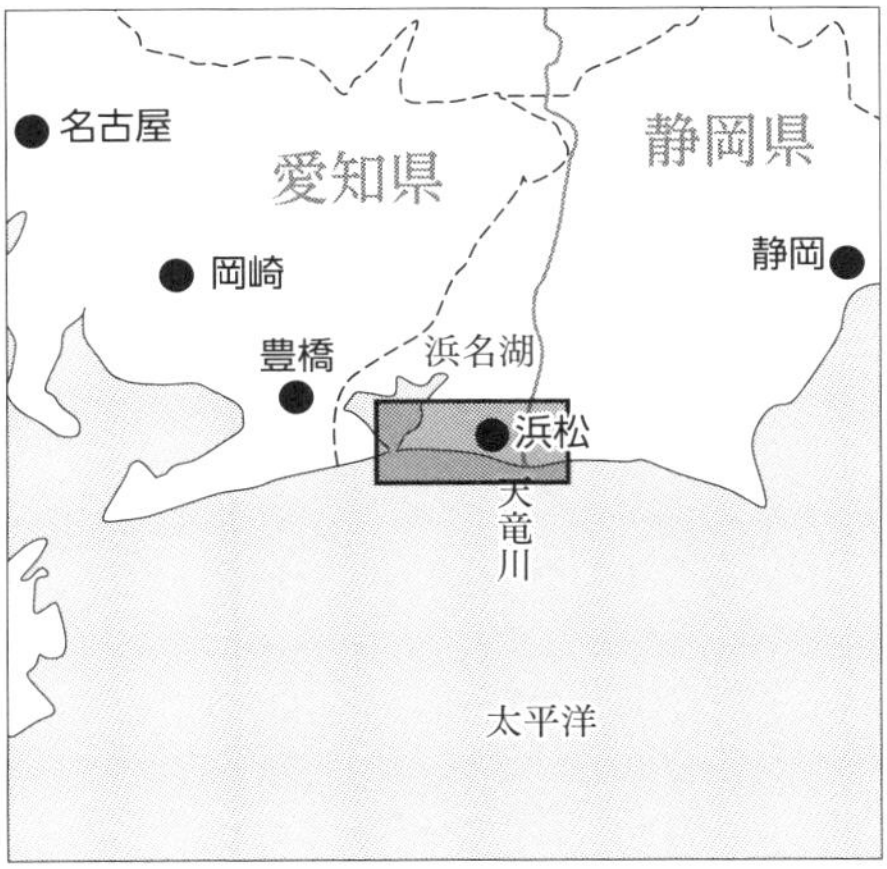
名古屋
愛知県
静岡県
岡崎
静岡
豊橋
浜名湖
浜松
天竜川
太平洋

■岐阜県　中津川市×恵那市

大井ダムと阿木川ダムの近くにある境界未定地

岐阜県の南東部にある中津川《なかつがわ》市と恵那《えな》市は、平成の大合併で周辺の町村と合併したため、広大な面積を有する市になった。中津川市は東側が長野県と接している。平成の大合併では、長野県の山口村と越県合併したため、島崎藤村のふるさととして名高い木曽路の馬籠宿《まごめじゅく》が、長野県から岐阜県に移ったと話題になった。中津川市の南に隣接する恵那市は、南側は愛知県、東側が長野県と隣接している。他県との間に県境の未定地は存在していないが、中津川市と恵那市との間に2ヵ所の境界未定地がある。

1924年（大正13）、中津川と恵那の両市内を流れている木曽川に、日本で最初のダム式発電所の大井ダムが建設された。これにより、恵那市と中津川市にまたがって、景勝地の恵那峡が出現した。大井ダムから東へ2・5キロほど行ったところに、恵那市と中津川市の境界未定地がある。中央本線のすぐ北側に小高い丘があるが、その北麓700メートルほどの間が境界未定地なのだ。もう1ヵ所も、大井ダムとほぼ同時期に、木曽川水系の阿木川に建設された阿木川ダムの東側にそびえる花無山《はななし》（702メートル）の南麓にある。こちらの未定地もわずか700メートルほどの間だが、確定させるには測量などに多額の費用と労力を必要とするため容易なことではない。

いつから境界未定地があるのかは不明だが、1978年（昭和53）ごろ、中津川市と恵那市は土地所有者も交えて、境界未定地の確定に向けて話し合いを行っている。しかし、解決するには至らなかったようだ。また、1990年（平成2）には中津川市長と恵那市長との間で、国土地理院が公表した数値に基づいて両市の面積が確認されている。したがって、地籍調査などが行われて両市の境界が確定するまでの間は、国土地理院が公表した面積が両市の面積とすることで合意している。そのため、行政上支障になるようなことは発生していない。境界未定地の解消に向けた動きも特にない。

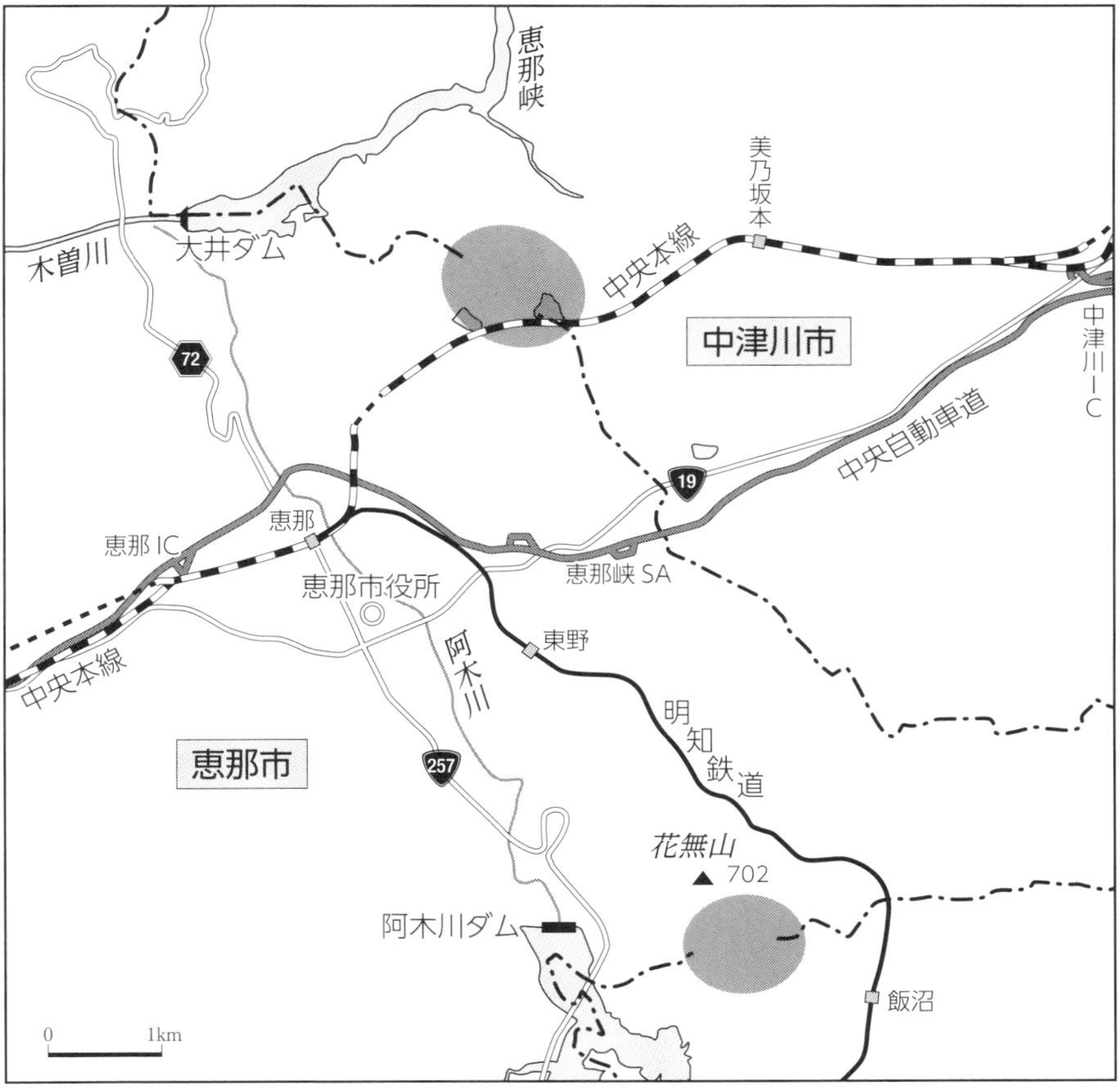
恵那峡
美乃坂本
木曽川
大井ダム
中央本線
中津川市
中津川IC
72
中央自動車道
19
恵那
恵那IC
恵那峡SA
恵那市役所
東野
阿木川
中央本線
明知鉄道
恵那市
257
花無山
702
阿木川ダム
飯沼
0
1km

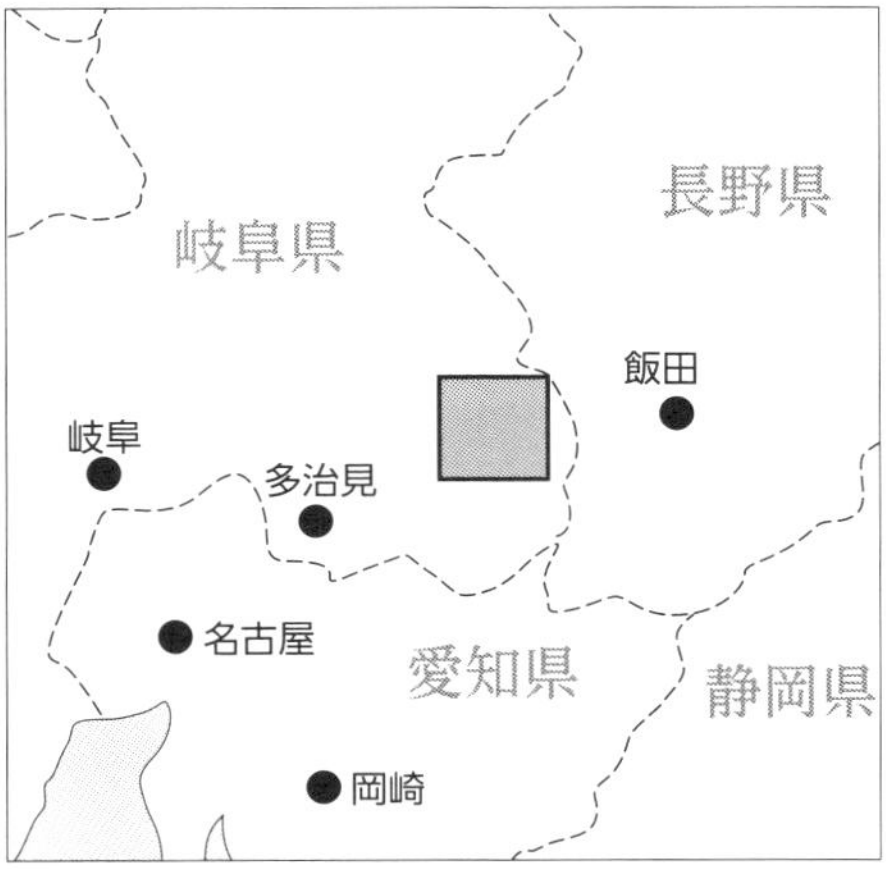
長野県
岐阜県
飯田
岐阜
多治見
名古屋
愛知県
静岡県
岡崎

■岐阜県 多治見市×土岐市

途切れ途切れになっている多治見市と土岐市の境界未定地

岐阜県の南東部に位置する多治見《たじみ》市と土岐《とき》市は、伊勢湾に注いでいる庄内川上流の土岐川流域に発達した窯業都市で、日本一の陶磁器の産地として知られている。また、両市を走っている中央本線や中央自動車道、国道19号などが名古屋方面と直結しており、東海環状自動車道が豊田市方面に通じているというアクセスの良さから、近年は名古屋および豊田のベッドタウンとして発展している。多治見市と土岐市は東西に隣接しており、両市の間に境界未定地が4ヵ所ある。隣接する自治体との間に、4ヵ所もの境界未定地があるというのは極めて珍しい。

多治見市は西側から南にかけての地域が愛知県の犬山、春日井、瀬戸の3市と接しているが、東側は土岐市と隣接している。土岐市の東側は瑞浪《みずなみ》市で、南側は愛知県である。多治見市と土岐市との南北の境界線が、4ヵ所で途切れている。つまり、途切れている部分が境界未定地というわけだ。一番北側にある境界未定地は、東海環状自動車道の五斗蒔《ごとまき》PAの西側にある山林で、およそ500メートルの間が境界未定地になっている。

北から二つ目の境界未定地は、東海環状自動車道の土岐南多治見ICの西南1・5キロほどのところにあり、約200メートルが境界未定地である。未定地には溜め池があり、核融合科学研究所が近くにある。三つ目は、東海環状自動車道西側の住宅と工場が混在している地域に、250メートルほどが未定地になっている。一番南にある境界未定地は、1号池のすぐ東側にあり、未定地を東海環状自動車道の土岐笠原トンネルが通っている。

境界が未定であっても特に支障が出てきているわけではないので、今のところは境界を確定させるための協議は行われていないが、将来的には多治見市も土岐市も地籍調査を順次進めていき、境界未定地をすべて解消させる方向で進んでいる。

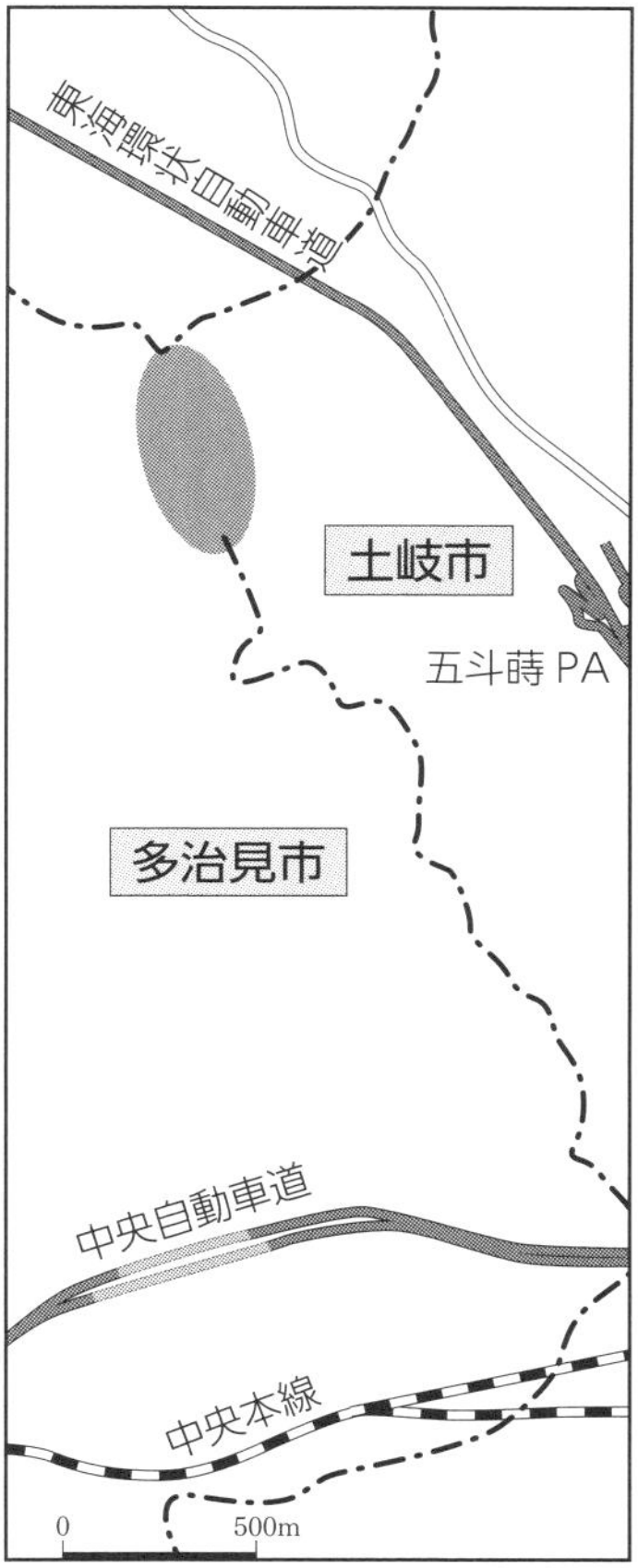
東海環状自動車道
土岐市
五斗蒔 PA
多治見市
中央自動車道
中央本線
0
500m

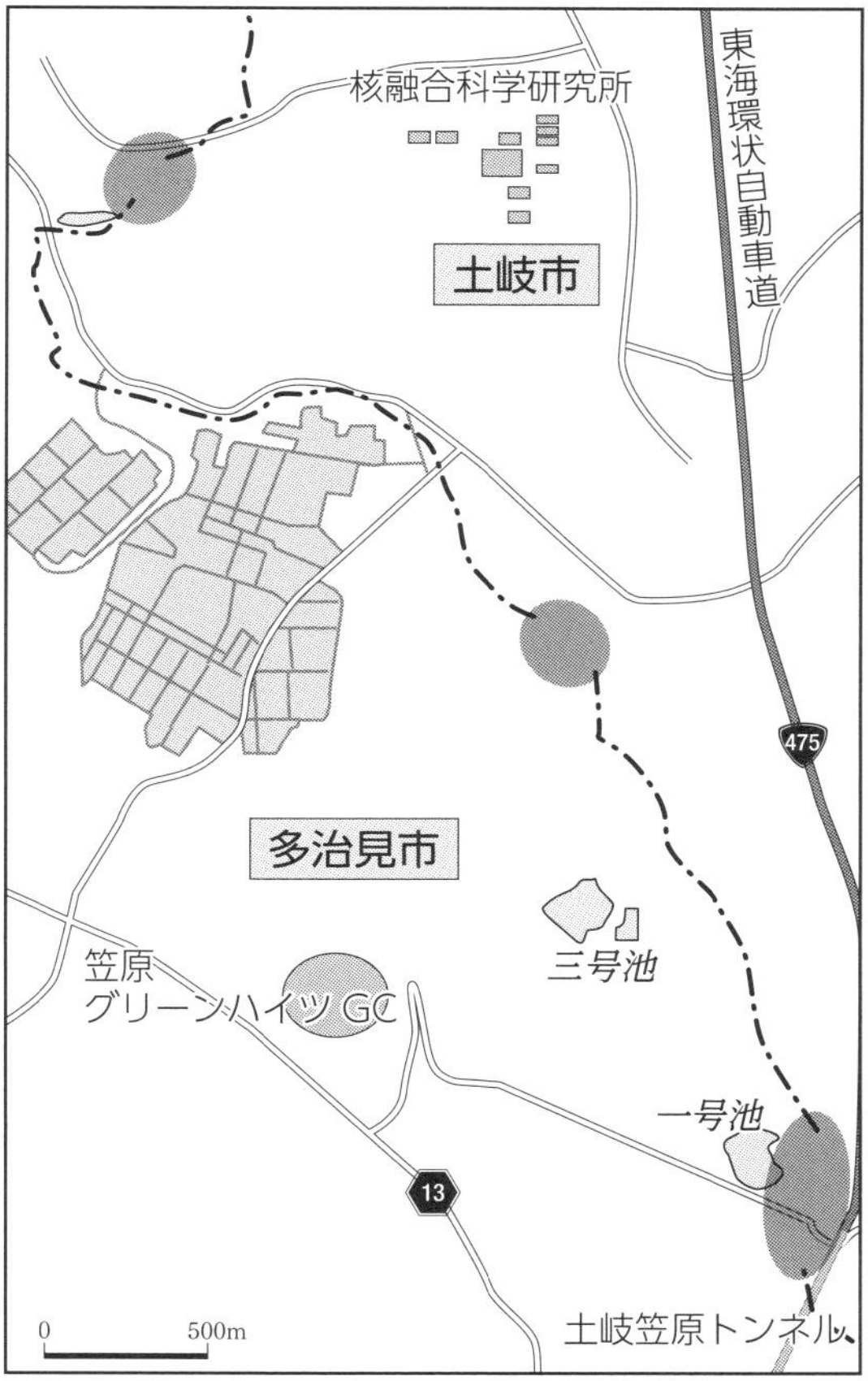
核融合科学研究所
東海環状自動車道
土岐市
475
多治見市
三号池
笠原
グリーンハイツ GC
一号池
13
0
500m
土岐笠原トンネル

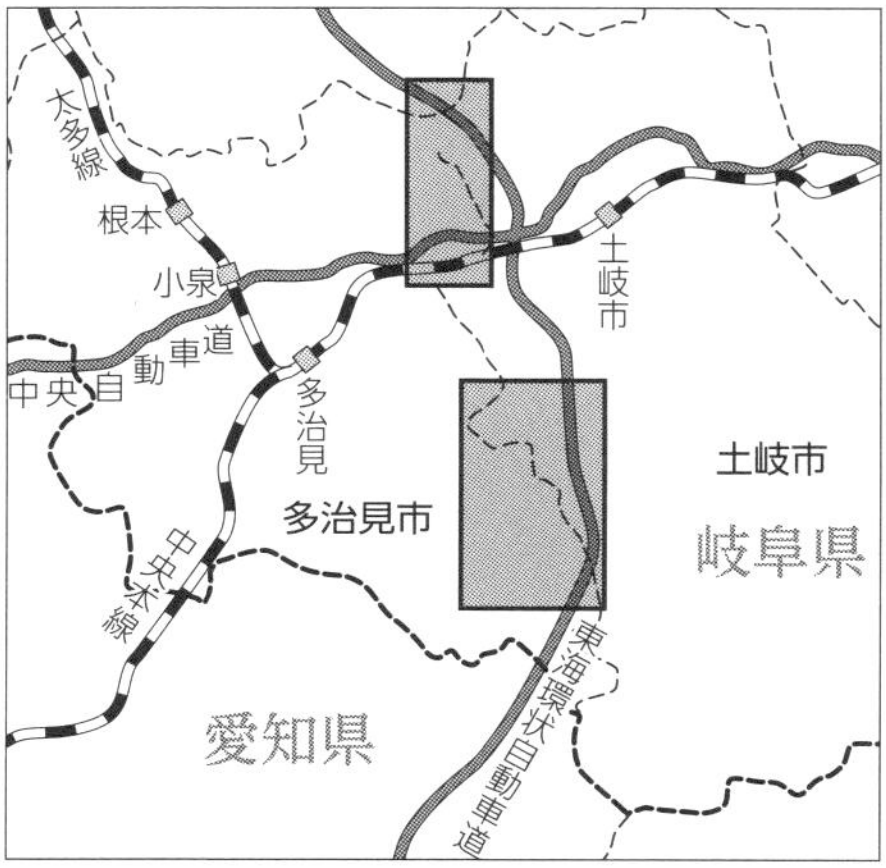
太多線
根本
小泉
中央自動車道
多治見
土岐市
土岐市
多治見市
岐阜県
中央本線
東海環状自動車道
愛知県

■愛知県　名古屋市名東区×長久手市

住宅地の真ん中に境界未定地がある

日本有数の大都市である名古屋市には16の行政区があるが、最も東に位置しているのが名東区《めいとう》である。名東区は名古屋のベッドタウンとして、高度経済成長期以降に急成長した地域で、区内に東名高速道路の名古屋ICがある。名東区の東に隣接しているのが、2012年（平成24）に市に昇格したばかりの長久手市《ながくて》だ。長久手市は町村合併で市に昇格したのではなく、人口が急増して市になる要件を満たしたことにより、単独で市制を施行した都市である。名古屋市近郊の住宅地として発展が著しく、2015年（平成27）の国勢調査では、人口の増加率日本一を記録している。また、住民の平均年齢が全国で一番若い自治体でもある。

人口が密集する住宅地の真ん中に、名東区と長久手市の境界未定地がある。境界が未定だとはいっても、その距離はわずか150メートルほどの短い区間である。境界未定地の周辺地域は近年になって開発された新興住宅地で、境界未定地のすぐ東側には愛知淑徳大学が、その南側には相山女学園大学がある。そこから東へ少し行ったところには名古屋学芸大学や名古屋外国語大学、愛知学院大学のキャンパスもあり、このあたり一帯は学園都市の様相を呈している。

なぜここに境界未定地があるのかまったく不可解だが、この周辺は高度経済成長期以降に、丘陵地を開発して生まれた新興住宅地で、それ以前は山林地帯だったところだ。恐らく、大規模な宅地開発で市街地化されていく過程で、土地の所有者がはっきりしないなど、何らかの理由で境界未定地が発生したのではないかと考えられる。境界未定地は猪高《いだか》緑地の南縁にあり、道路は通っているが住宅などの建造物は建っていない。したがって行政上支障になるようなこともなく、ここが境界未定地であること自体、地元の人でも知らないようだ。境界未定地を確定させるための協議は特に行われていない。

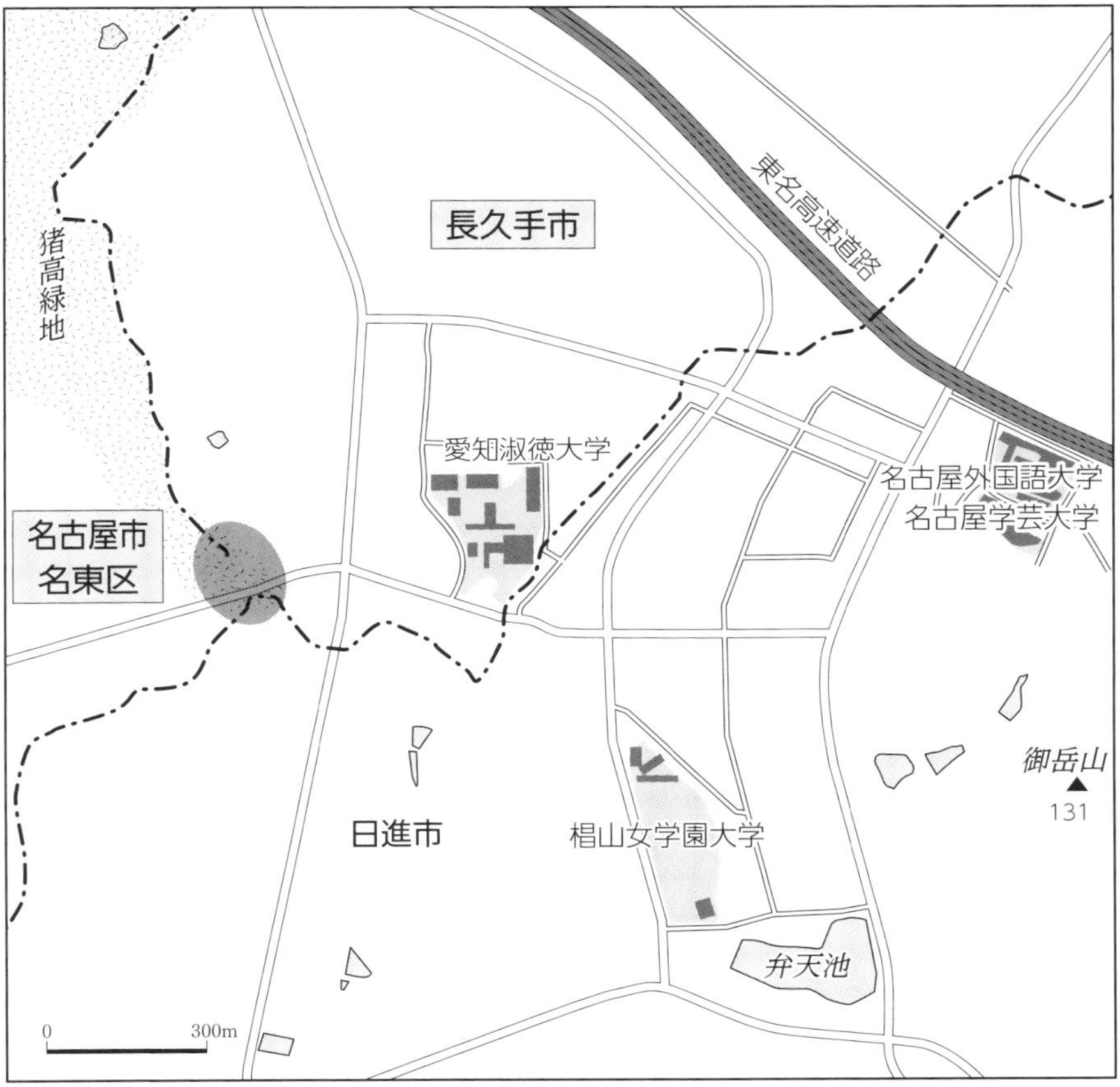
東名高速道路
長久手市
猪高緑地
愛知淑徳大学
名古屋外国語大学
名古屋学芸大学
名古屋市
名東区
御岳山
131
日進市
椙山女学園大学
弁天池
0
300m

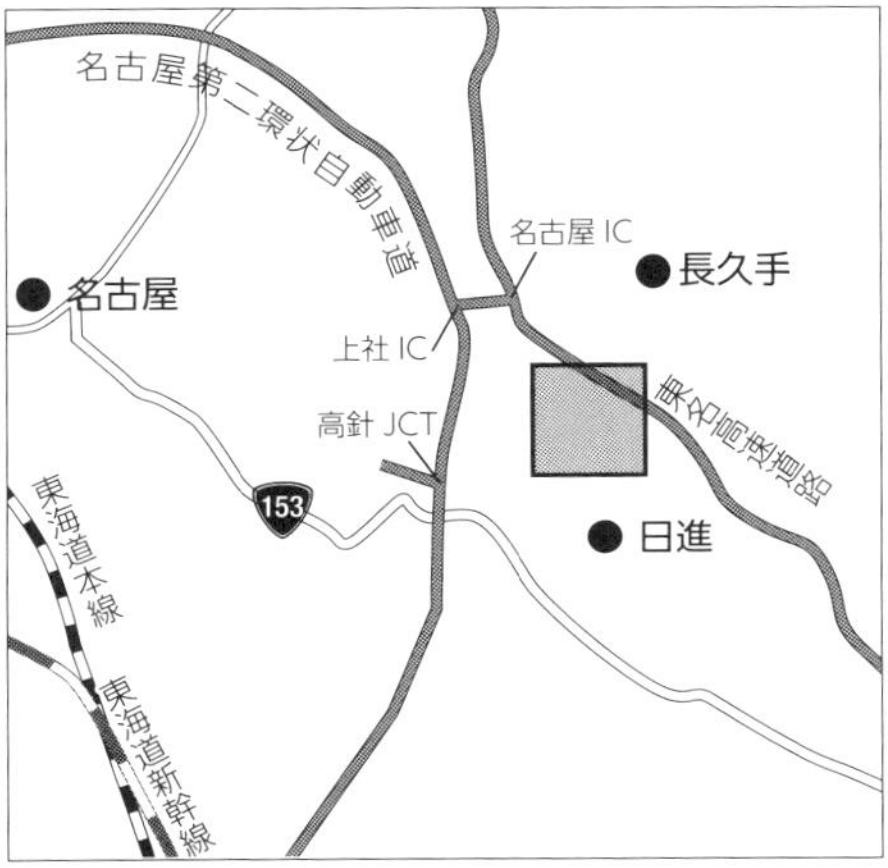
名古屋第二環状自動車道
名古屋 IC
長久手
名古屋
上社 IC
東名高速道路
高針 JCT
153
日進
東海道本線
東海道新幹線

■愛知県　名古屋市緑区×豊明市

勅使池にある名古屋市と豊明市の境界未定地

名古屋市の南東端に位置する緑区と、東に隣接する豊明《とよあけ》市は、ベッドタウンとして急速に都市化が進んだ地域である。特に緑《みどり》区は、名古屋市にある16行政区の中で最も人口が多い区に成長している。旧東海道が緑区と豊明市を通り抜けており、緑区の有松地区にある古い街並みは、国の重要伝統的建造物群保存地区に指定されている。また、緑区と豊明市の境界付近にある桶狭間《おけはざま》古戦場跡は、織田信長が今川義元の大軍を奇襲攻撃して勝利を収めた地として知られている。

その緑区と豊明市との間に境界未定地がある。桶狭間古戦場跡から北東へ4キロほど行ったところである。そこに勅使《ちょくし》池という溜め池がある。池の周辺は住宅地で、勅使池のすぐ西側を愛知用水が通っている。勅使池は1528年（大永8）、後奈良天皇の勅使によって築造されたという歴史の古い農業用の溜め池で、面積は23ヘクタールと、東京ドームの約5倍もある。この溜め池の西岸が緑区と豊明市の境界になっている。つまり、勅使池は豊明市の管轄なのだが、勅使池の西岸の一部が境界未定地になっているのだ。距離にしてわずか300メートルほどの間だが、この部分の境界が確定していない。境界未定地を挟んで緑区側にみどりが丘公園、豊明市側には勅使水辺公園という都市公園が整備されている。勅使池を一周する散策路もあって、市民の憩いの場として親しまれているが、ここに境界未定地があることはおそらく毎日のように散策に訪れている人でも、知らないのではないだろうか。

勅使池の境界未定地がいつから存在するのかは不明だが、緑区が発足した1963年（昭和38）以前から、鳴海《なるみ》町（現・緑区）と豊明村（現・豊明市）の間に境界未定地が存在していた。境界未定地を解消させようとする動きは特にない。境界未定地の付近が開発され、利害が発生する事態になって初めて境界を確定するための協議が行われるのだろう。

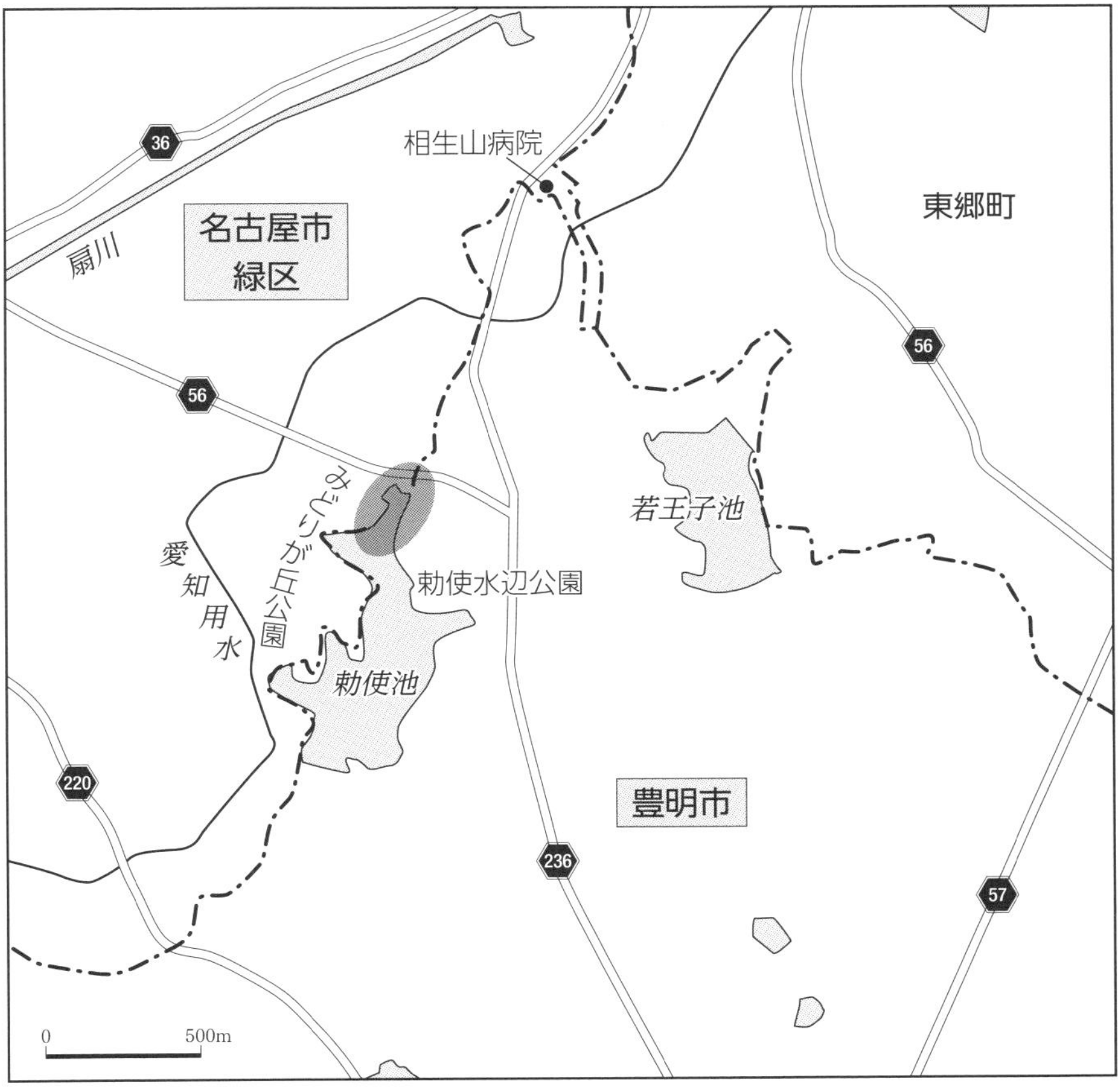
36
名古屋市
緑区
扇川
相生山病院
東郷町
56
56
みどりが丘公園
愛知用水
若王子池
勅使水辺公園
勅使池
220
豊明市
236
57
0
500m

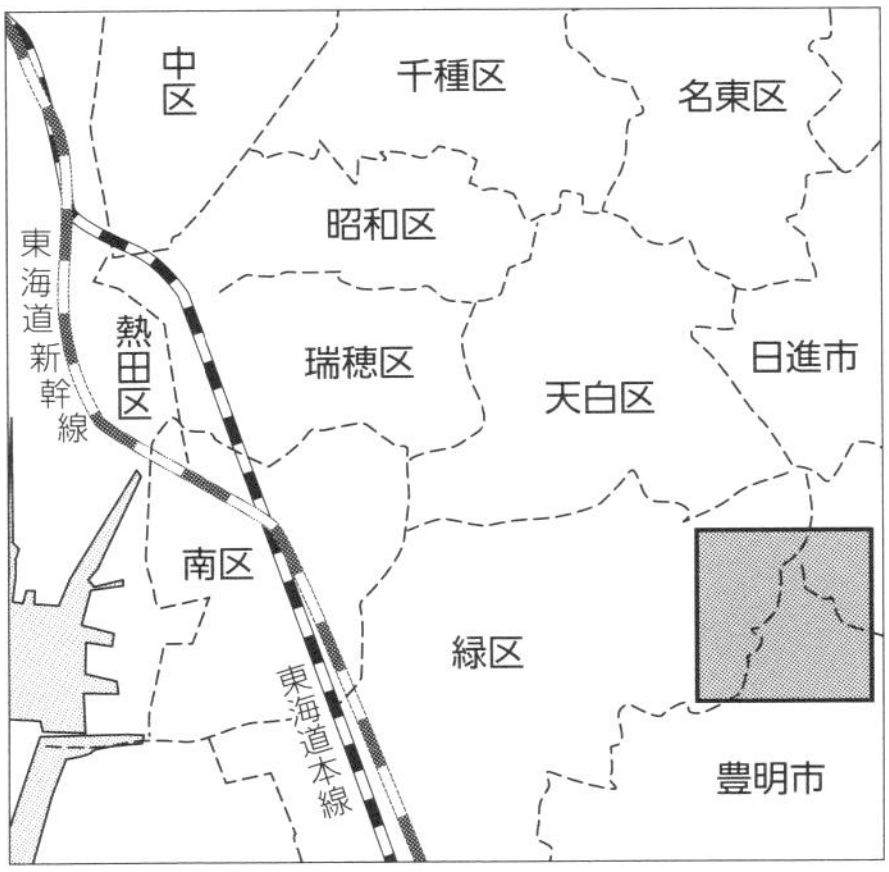
中区
千種区
名東区
昭和区
東海道新幹線
熱田区
瑞穂区
天白区
日進市
南区
緑区
東海道本線
豊明市

■愛知県　弥富市×三重県　木曽岬町

戦後の干拓で発生した県境未定地

伊勢湾の湾奥に木曽《きそ》、長良《ながら》、揖斐《いび》の木曽三川が注いでいるが、最も東側を流れている木曽川下流の東岸に位置する弥富《やとみ》市は、市域のほとんどが海抜ゼロメートル地帯である。市の中心部にある関西本線、および近鉄名古屋線の弥富駅は、海抜がマイナス1メートル前後と、地上駅としては日本一低い駅として知られている。これまでたびたび水害に見舞われ、1959年（昭和34）に東海地方を襲った伊勢湾台風では、甚大な被害を受けた。弥富市の伊勢湾岸は、「鍋田干拓」と呼ばれる広大な埋め立て地である。

木曽川の派川の一つである鍋田川が、愛知県（弥富市）と三重県（木曽岬《きそさき》町）の県境になっている。三重県側には木曽岬干拓地があり、愛知県側の鍋田干拓地との間に県境の未定地が存在している。かつて、木曽岬干拓地の領有をめぐって境界紛争が発生したことがある。木曽岬干拓地は1966年（昭和41）、三重県と木曽岬町の要請を受けて国の事業として着工されたものだが、干拓予定地の中に弥富町（現・弥富市）の地籍があると弥富町が主張したことが発端となって、愛知、三重両県の知事も巻き込んだ県境紛争へと発展した。干拓地の100パーセントを主張する木曽岬町と、50パーセントは権利があると主張する弥富町が真っ向から対立したのである。それから27年後の1994年（平成6）、三重県82パーセント、愛知県18パーセントで決着し、木曽岬干拓地に愛知県と三重県の県境が引かれることになった。

県境の未定地は、県境が確定した木曽岬干拓地の北端から北へおよそ600メートルほどの区間で、県境が未定になっているのは鍋田川の水面である。鍋田干拓地は戦後の食糧難を解消するため農地を拡大したもので、1946年（昭和21）から始まった国の一大事業である。鍋田干拓地はそれまでは海だったので、境界未定地は戦後から始まった干拓により生じたものとみられる。

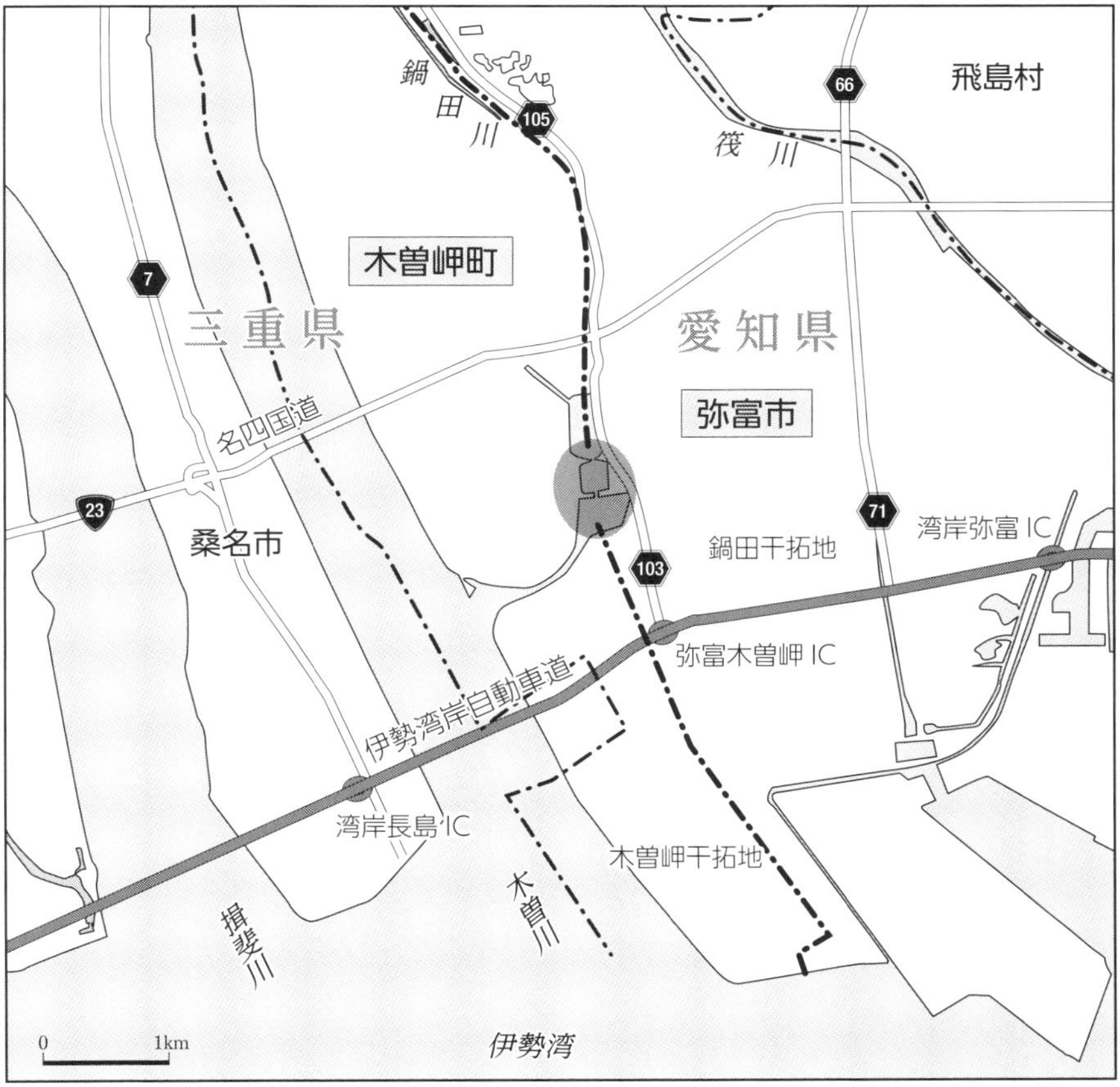
飛島村
66
鍋田川
105
筏川
7
木曽岬町
三重県
愛知県
弥富市
名四国道
23
桑名市
71
湾岸弥富 IC
鍋田干拓地
103
弥富木曽岬 IC
伊勢湾岸自動車道
湾岸長島 IC
木曽岬干拓地
揖斐川
木曽川
0
1km
伊勢湾

岐阜県
岐阜
琵琶湖
彦根
名古屋
滋賀県
愛知県
四日市
豊橋
伊勢湾
津
松阪
三重県

■愛知県　名古屋市港区×弥富市×飛島村×東海市×知多市

「ポートアイランド」という所属未定の埋め立て地

全国各地に境界未定地が存在しているが、その数は次第に減少しつつある。町村合併で未定地が解消されることもあれば、関係市町村が協議を重ねて解決することもある。一方では、新たに境界未定地が発生することもある。境界未定地あるいは所属未定地は、おもに沿岸を造成して生まれた埋め立て地で発生する。名古屋港の入口にも、「ポートアイランド」と呼ばれる野球の本塁ベースのような形をした面積が2・57平方キロメートルの埋め立て地がある。東京湾上に造成された中央防波堤埋立地ほど大きくはないものの、広大な埋め立て地であることには違いない。この埋め立て地の所属がいまだに決まっていないのである。

　ポートアイランドは、名古屋港に出入港する大型船舶の航路を確保するための浚渫工事で、大量に発生する土砂の処分場として造成されたものだ。浚渫工事は1974年(昭和49)から始まっており、すでに処分容量を大幅に超えている。そのため、新たな土砂処分場をどこに設置するかということまで検討されており、ポートアイランドの帰属は早急に解決しなければならない問題になっている。

　将来的には、この埋め立て地に複雑な市町村境が引かれる可能性もある。というのは、ポートアイランドが浮かぶ伊勢湾奥には、名古屋市港区、弥富《やとみ》市、飛島《とびしま》村、東海《とうかい》市、知多《ちた》市の5つの自治体が立地しているからである。資産価値の高い人工島だけに、どの自治体も喉から手が出るほど欲しいはずだ。ポートアイランドは物流拠点、ゴミの処分場、自動車の輸出拠点などさまざまな活用法が検討されている。2017年(平成29)7月には、名古屋商工会議所の主催で「名古屋港ポートアイランド将来利用検討会議」なるものも開催されているが、帰属問題が決着していないため、具体的な土地の利用計画は定まっていない。広大な埋め立て地は荒れ地のまま、名古屋港の入口に放置されているというありさまである。

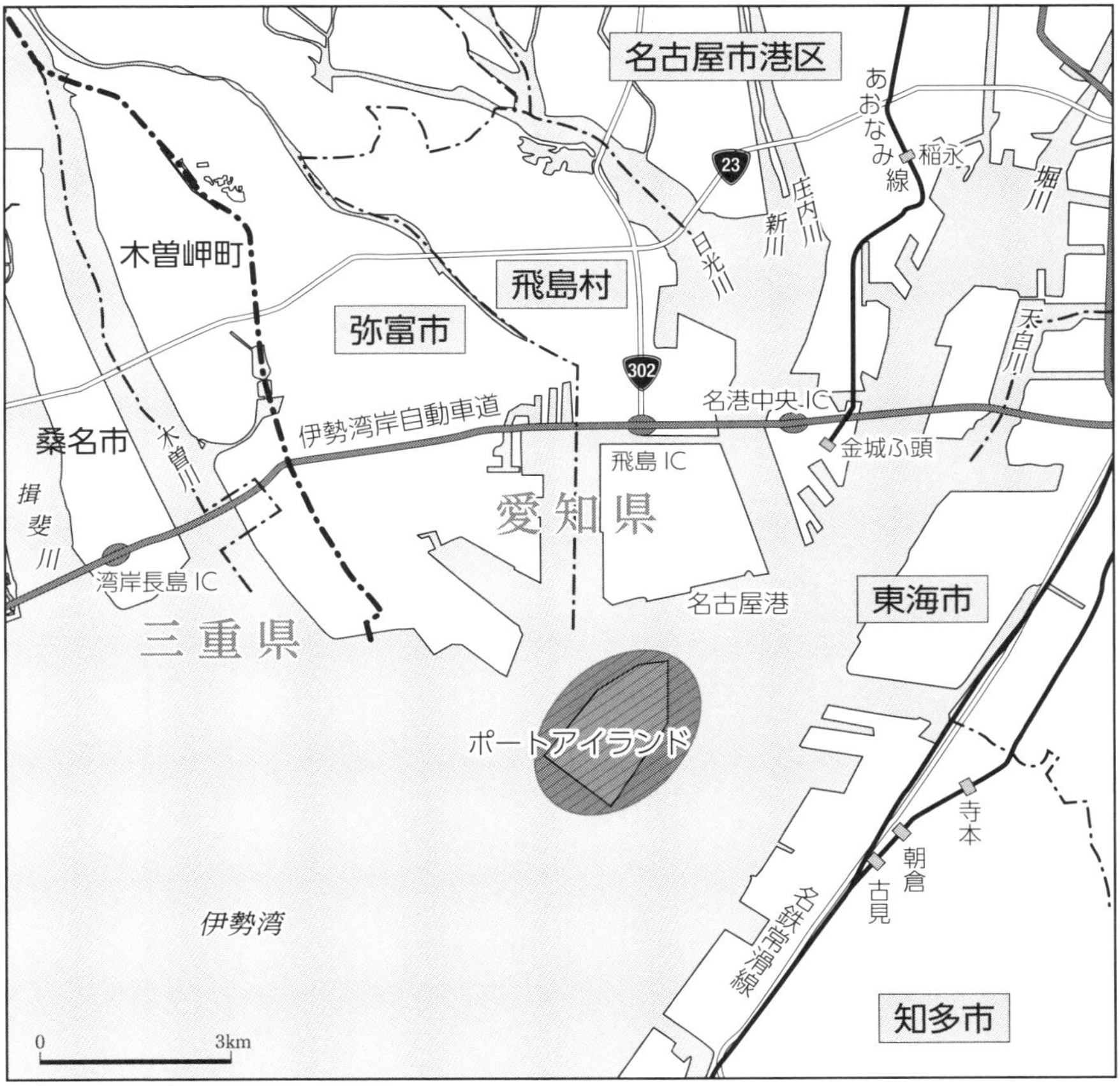
名古屋市港区
あおなみ線
稲永
23
堀川
庄内川
新川
日光川
木曽岬町
飛島村
弥富市
天白川
302
名港中央IC
伊勢湾岸自動車道
桑名市
木曽川
金城ふ頭
飛島IC
揖斐川
愛知県
湾岸長島IC
名古屋港
東海市
三重県
ポートアイランド
寺本
朝倉
古見
名鉄常滑線
伊勢湾
知多市
0
3km

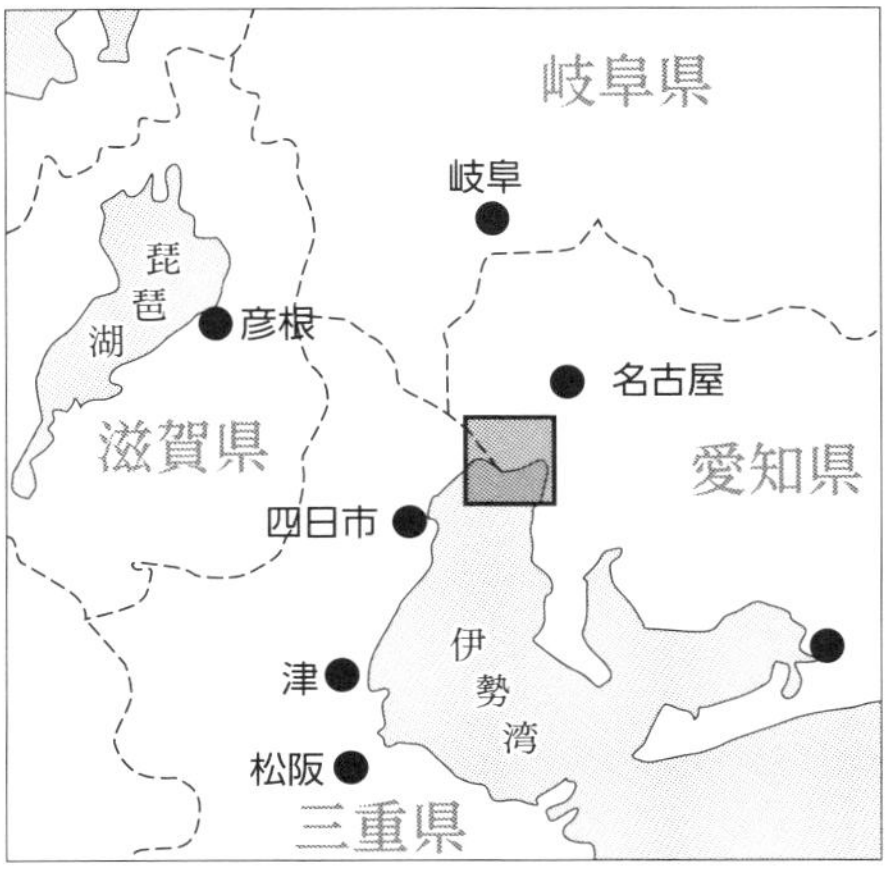
岐阜県
岐阜
琵琶湖
彦根
名古屋
滋賀県
愛知県
四日市
伊勢湾
津
松阪
三重県

伊吹山と「寝物語の里」の近くにある境界未定地

岐阜県の南西端にある関ケ原《せきがはら》は、古くは東山道の要地として古代三関の一つである不破関が置かれていた。近世は中山道と北国街道の分岐点として栄え、1600年（慶長5）には、石田三成の西軍と徳川家康の東軍による天下分け目の合戦が行われた。関ケ原町の中心から、国道21号を西へ10キロほど行ったところに、美濃国と近江国の国境、すなわち現在の岐阜県と滋賀県の県境がある。そこに興味深いスポットがある。

美濃と近江の国境付近に今須宿という中山道の宿場があったが、宿場の中に幅50センチほどの水路が南北に延びていた。その水路こそが美濃と近江の国境だったのである。水路を挟んで美濃国側に両国屋が、近江国側に亀屋という旅籠が隣り合わせに建っていた。そのため、隣国の旅籠に泊まっている旅人と、寝床に入ったまま会話が楽しめたという。そこから「寝物語」という地名が生まれた。現在は「寝物語の里」と刻まれた石碑と、その由来を記した碑文が立っているだけのさびしいところだが、かつては街道を行き来する旅人たちで大いに賑わったことだろう。平地に掘った溝が国境になっていることから、かつては境界をめぐる激しい争いがあったであろうことが想像できる。

寝物語の里から1・5キロほど北に、関ケ原町（岐阜）と米原市《まいばら》（滋賀）の境界未定地がある。わずか300メートルほどの間だが、なぜここに境界未定地があるのかまったくの謎である。ここから、さらに6キロほど北へ行ったところにそびえている伊吹山の山頂付近にも、揖斐川町《いびがわ》（岐阜）と米原市の境界未定地がある。やはり300メートルほどの短い区間である。伊吹山は積雪量世界一の記録を持つ山として知られているが、古くから修験道の霊地として崇められてきた信仰の山なので、境界未定地は宗教上の争いの痕跡なのかもしれない。境界未定地があることによる障害は特にないので、未定地を解消させようという動きはみられない。

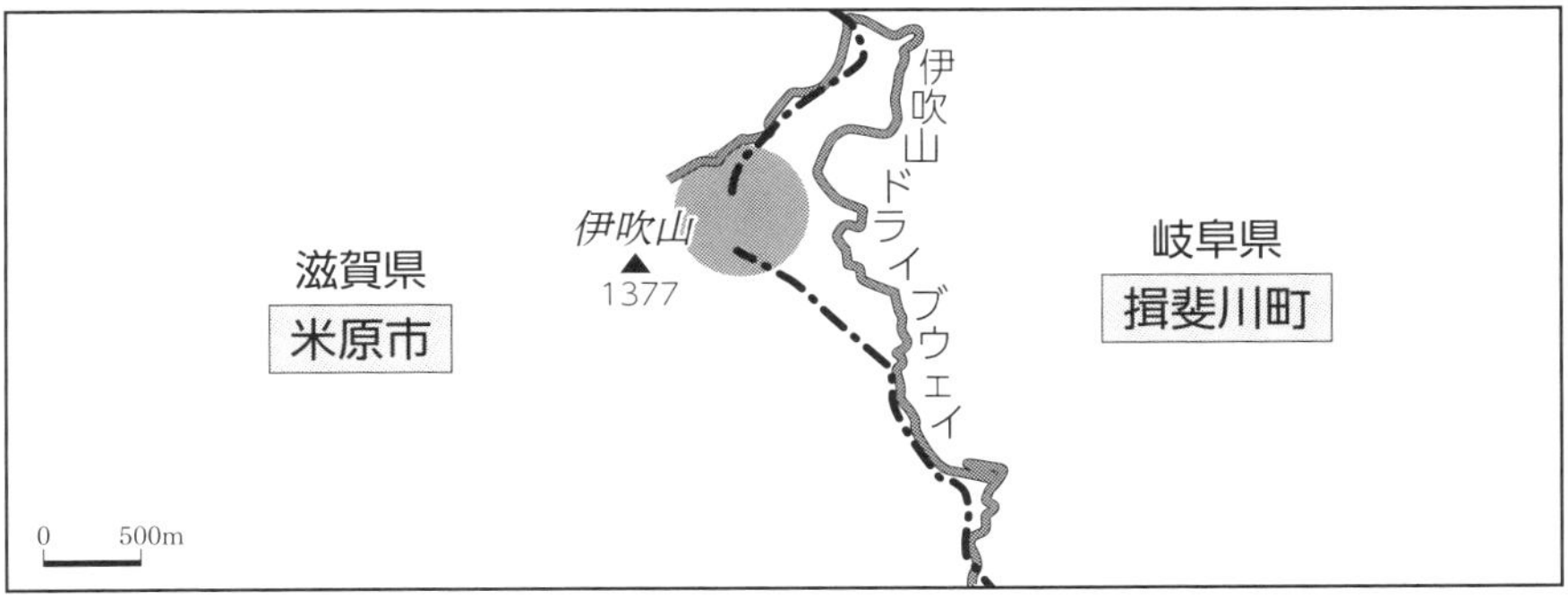
伊吹山ドライブウェイ
伊吹山
1377
滋賀県
米原市
岐阜県
揖斐川町
0 500m

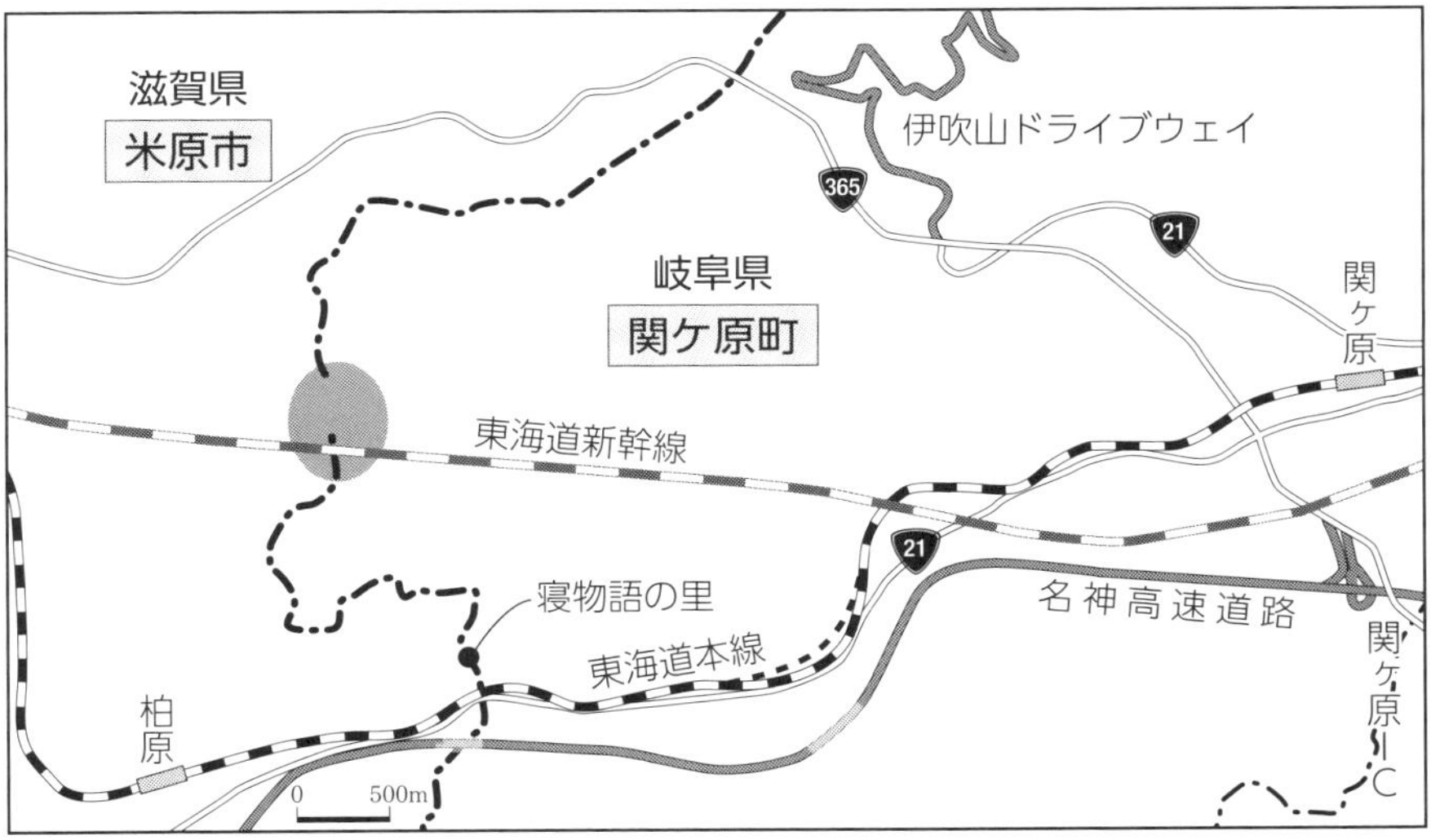
滋賀県
米原市
伊吹山ドライブウェイ
365
21
岐阜県
関ケ原町
関ケ原
東海道新幹線
21
名神高速道路
寝物語の里
東海道本線
柏原
関ケ原IC
0 500m

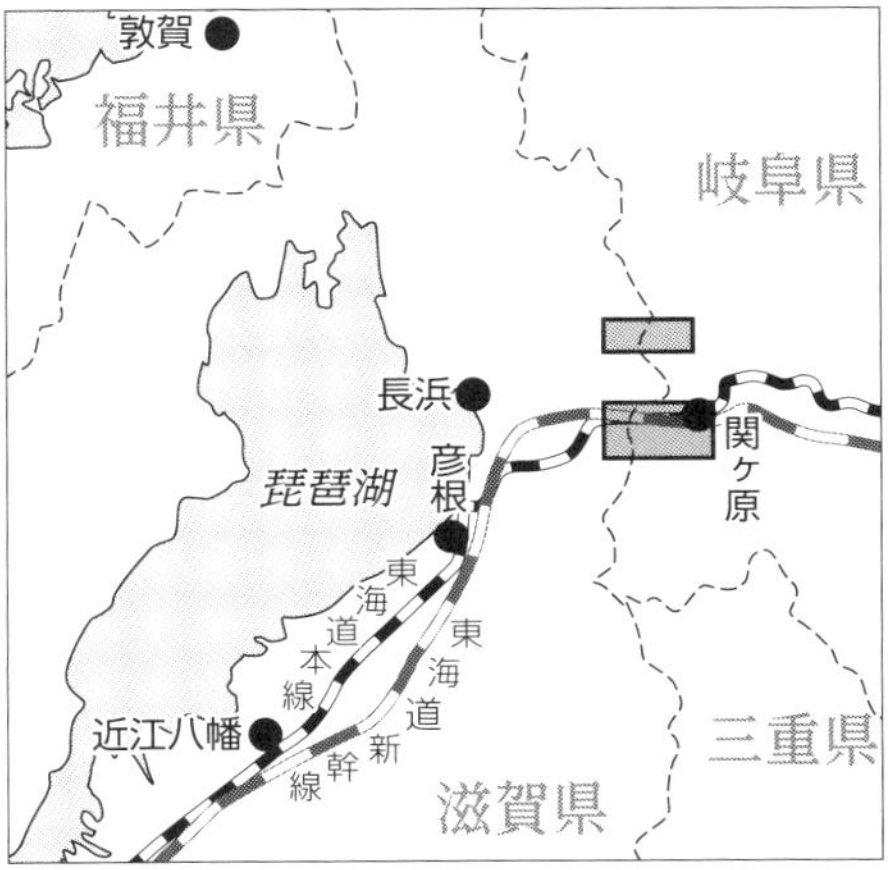
敦賀
福井県
岐阜県
長浜
彦根
琵琶湖
関ケ原
東海道本線
東海道新幹線
近江八幡
三重県
滋賀県

第5章

近畿地方の境界未定地

■三重県　いなべ市×菰野町

鈴鹿山脈の東側斜面にある境界未定地

三重県の北部と滋賀県との県境に横たわっている鈴鹿山脈は、古戦場で有名な関ケ原の南にそびえる霊仙山《りょうぜん》（1083メートル）から、古代三関の一つとして知られる鈴鹿峠まで、千メートル級の山々がおよそ55キロにわたって南北に連なっている。その急峻な地形から「北勢《ほくせい》アルプス」とも呼ばれている。山脈の幅は10キロほどある。県境を境に東の三重県側は急な斜面となっており、西の滋賀県側は緩やかな傾斜となって近江盆地へと続いている。鈴鹿山脈の最高峰は北部の御池岳《おいけ》（1247メートル）だが、そこから20キロほど南にそびえる御在所山《ございしょ》（1209メートル）が鈴鹿山脈の主峰である。御在所山の山頂付近までロープウェイが通じ、三重県で唯一のスキー場もある。また、御在所山の東麓には、東海地方でも代表的な温泉として知られる湯の山温泉が湯の煙を上げている。

境界未定地は、三重県最北端の「いなべ市」と、その南に隣接する菰野町《こもの》との間にある。御在所山から8キロほど北の鈴鹿山脈の東側斜面に、直線で1キロほどの間が境界未定地になっている。境界未定地のすぐ北側を、三重県桑名市と滋賀県近江八幡市《おうみはちまん》を結ぶ国道421号が通っており、鈴鹿山脈の下を石榑《いしぐれ》トンネル（全長4158メートル）が潜り抜けている。

なぜ1キロほどの間だけが境界未定地になっているのかは不明だが、境界未定地には福王山《ふくおう》（598メートル）という小高い山がそびえ、山麓には聖徳太子にゆかりがある福王神社が鎮座している。聖徳太子の命により、国の鎮護と伊勢神宮の守りとするため毘沙門天を安置したと伝わる由緒ある神社なので、境界未定地と無縁ではないのかもしれない。

境界未定地の一帯は山林に覆われ、林道が複雑に入り組んでいる。いなべ市、菰野町の両市町とも、境界未定地があることによる障害がないため、特に境界を確定させようという動きはなく、協議も行われていない。

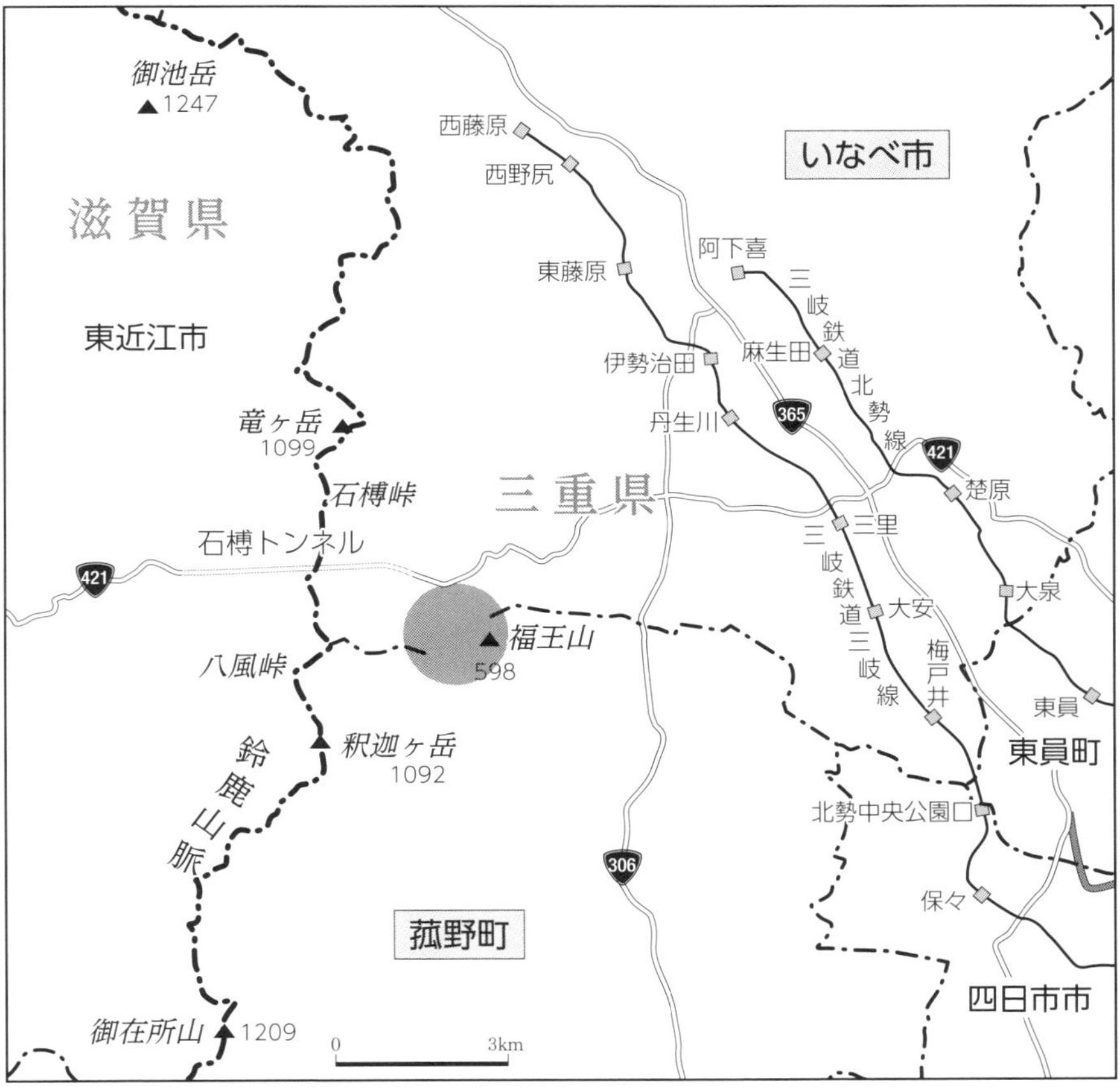
御池岳
1247
滋賀県
東近江市
竜ヶ岳
1099
石榑峠
石榑トンネル
421
八風峠
鈴鹿山脈
釈迦ヶ岳
1092
御在所山
1209
福王山
598
三重県
菰野町
いなべ市
西藤原
西野尻
東藤原
伊勢治田
丹生川
阿下喜
麻生田
三岐鉄道北勢線
365
421
楚原
三里
三岐鉄道三岐線
大安
大泉
梅戸井
東員
東員町
北勢中央公園口
保々
306
四日市市
0
3km

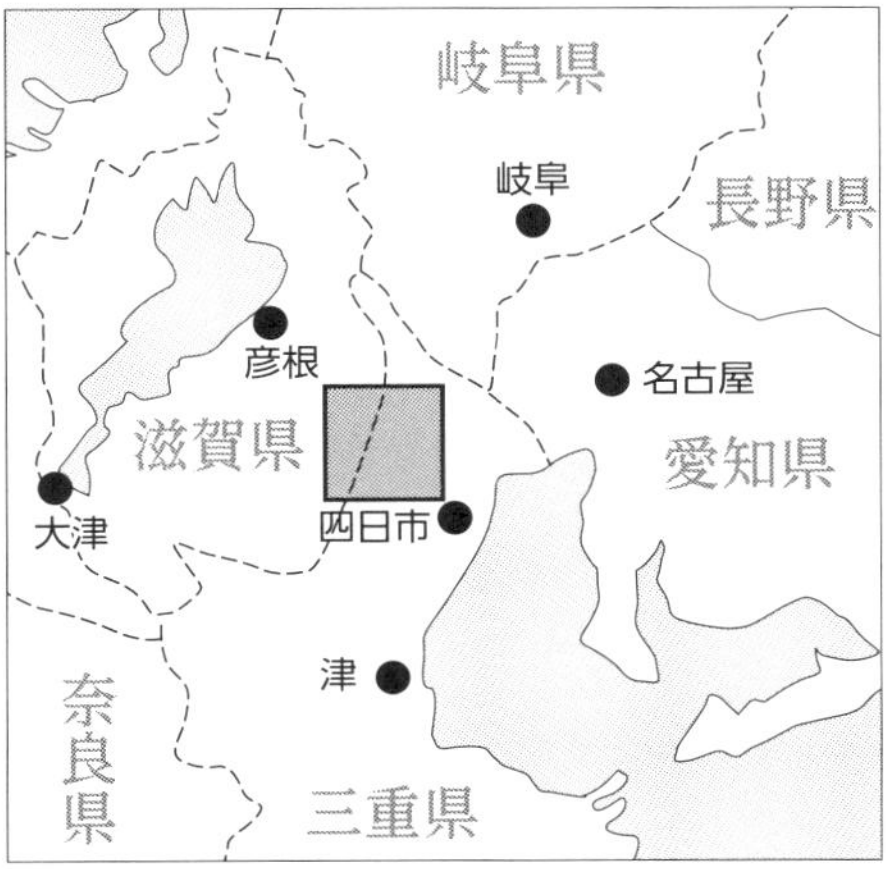
岐阜県
岐阜
長野県
彦根
名古屋
滋賀県
愛知県
大津
四日市
津
奈良県
三重県

■京都府　伊根町×京丹後市、伊根町×宮津市

丹後半島の境界未定地は漁業権が原因か

京都府の南部は大阪府や奈良県に隣接しているが、北部は日本海に面している。日本海に突き出している丹後半島の先端に、伊根《いね》町という漁業と観光を主産業とする小さな町がある。山地が海岸にまで迫り、狭い平地に集落が点在している。伊根町の南端にある伊根漁港は、「舟屋」と呼ばれる独特の形態の住居群があることで知られている。1階が舟揚場や作業場などで、2階が住居になっている。入江に沿って、200軒以上もの舟屋が建ち並んでいる光景は壮観で、これらの家並みは国の重要伝統的建造物群保存地区に指定され、多くの観光客が訪れている。

伊根町の東部から北部にかけての地域は若狭湾（日本海）に面しているが、西側は京丹後《きょうたんご》市、南部は宮津《みやづ》市に接している。伊根町の境界未定地は、京丹後市と宮津市の両市との間に存在している。どちらの境界未定地も、海岸線近くのわずかな距離である。

伊根町と京丹後市（旧・丹後町）との境界未定地は、近畿地方最北端の地である丹後半島先端の経ヶ岬《きょうがみさき》の近くにある。山頂に航空自衛隊経ヶ岬分屯基地のレーダー施設がある岳山（451メートル）の東北斜面から、若狭湾岸まで400メートル余りの区間が境界未定地になっている。境界未定地に建造物は何もないが、沿岸を国道178号が通っている。伊根町と宮津市との境界未定地は、舟屋が建ち並んでいる伊根湾の西のはずれ、標高131メートルの小高い丘の上から海岸までのわずか200メートルほどの間である。

海岸線近くの境界未定地は、漁業権をめぐる争いから発生したケースが多い。境界線が海岸線のどの地点と結ぶかで、漁場に大きな影響を及ぼすからである。伊根町と京丹後市、および宮津市との境界未定地が、漁場をめぐるトラブルから発生したかどうかは不明だが、何も争い事はなく、境界を確定させるための協議も特に行われていない。

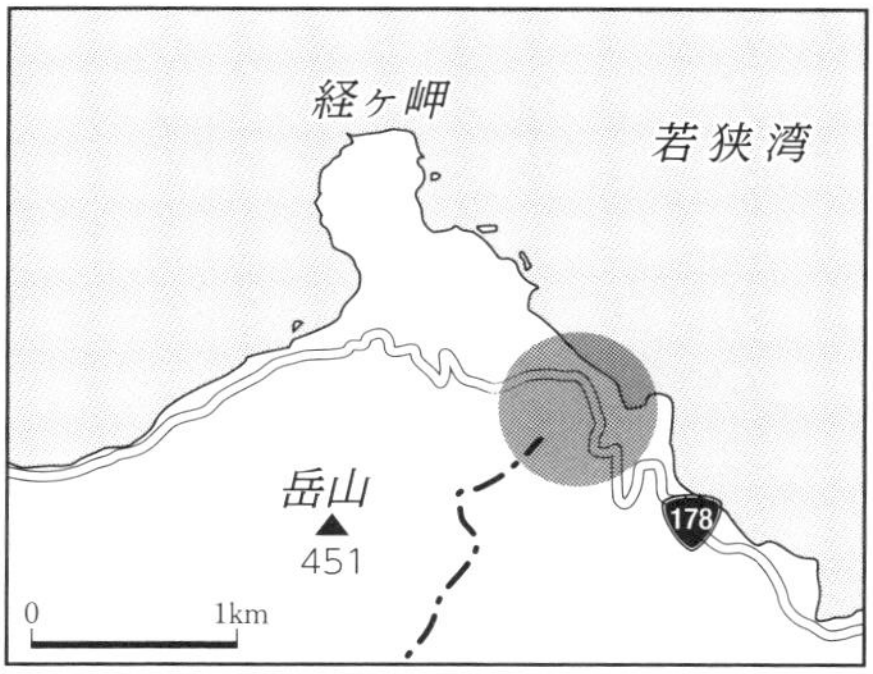

経ヶ岬
若狭湾
岳山
451
178
0
1km

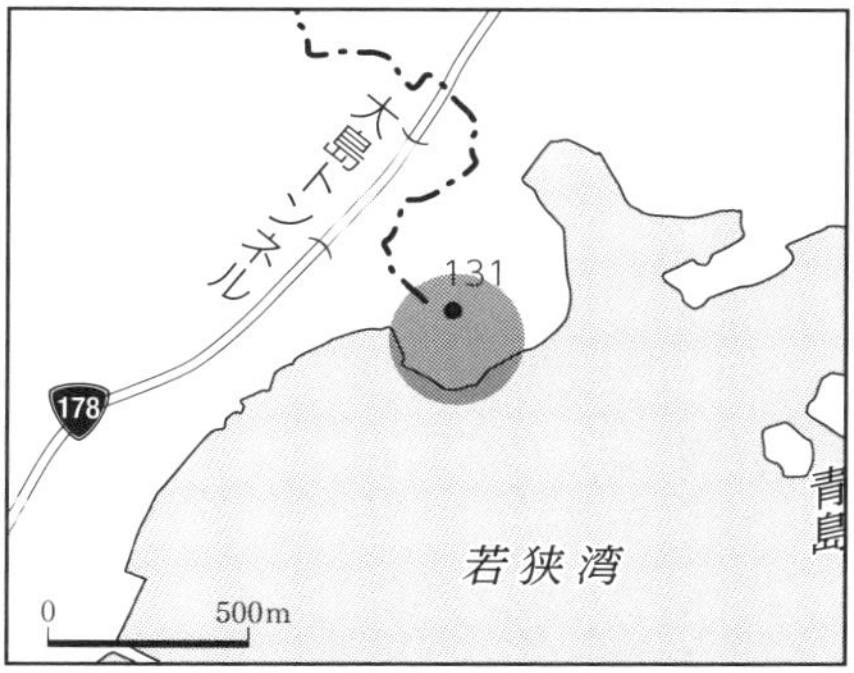

大島トンネル
131
178
青島
若狭湾
0
500m

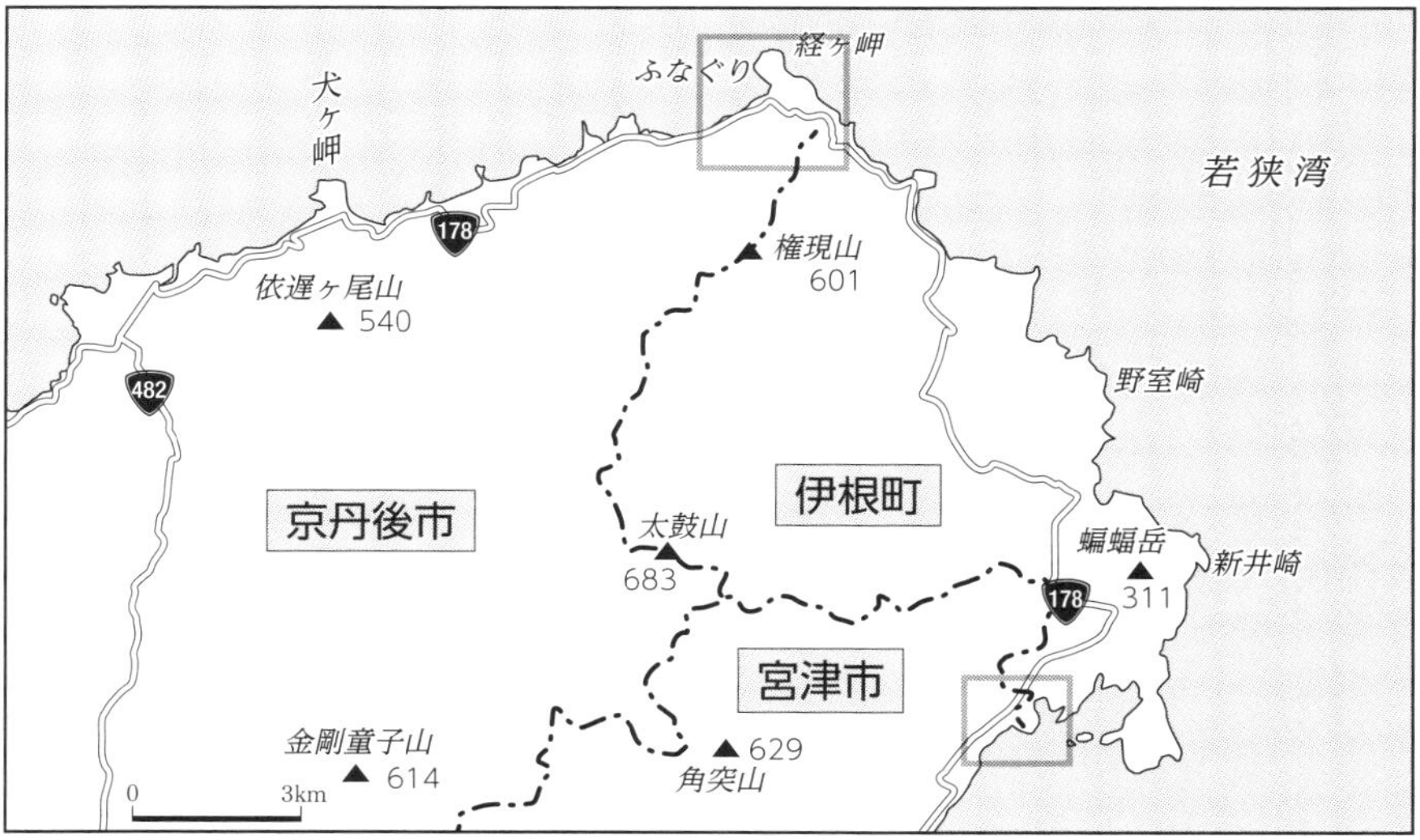

経ヶ岬
ふなぐり
犬ヶ岬
若狭湾
178
権現山
601
依遅ヶ尾山
540
482
野室崎
京丹後市
伊根町
太鼓山
683
蝙蝠岳
311
新井崎
宮津市
金剛童子山
614
629
角突山
0
3km

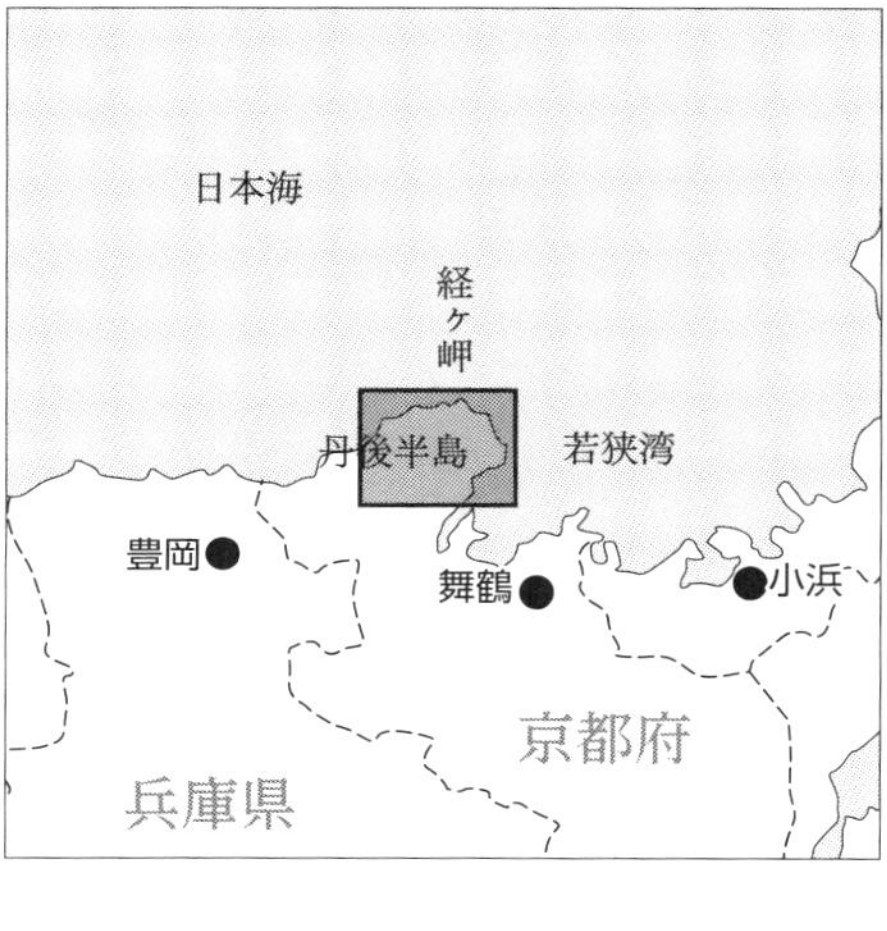

日本海
経ヶ岬
丹後半島
若狭湾
豊岡
舞鶴
小浜
京都府
兵庫県

■大阪府　大阪市淀川区×豊中市

境界が確定していない神崎川の河川飛び地

「水の都」と称される大阪市には、多くの河川が大阪湾に注いでいるが、大阪市の北縁を流れているのが、淀川分流の神崎《かんざき》川である。神崎川の流れをよく見ると、河川飛び地がいくつも存在していることがわかる。吹田《すいた》市の一部が神崎川の対岸の大阪市東淀川《ひがしよどがわ》区の中に飛び離れていたり、東淀川区の一部が、対岸の吹田市の中にあったりしているのだ。大阪市淀川《よどがわ》区と、北に隣接する豊中《とよなか》市との間にも河川飛び地がある。しかし、東淀川区と吹田市の河川飛び地は境界が確定しているのに、淀川区と豊中市との間にある河川飛び地は、境界が確定していないのである。

河川が行政区分の境界になっている場合、基本的には川の流れの中心に境界線が引かれている。神崎川も流路の中心線が境界になっているが、淀川区と豊中市の間では、３ヵ所で境界を表す破線が途切れている。一つ目は淀川区の18条3丁目と豊中市豊南町東4丁目の間、二つ目は阪急宝塚線の鉄橋の上流側、そして三つ目は阪神高速11号池田線の大豊橋と阪急神戸線の神洲橋の間にある。これらは単なる河川の境界未定地なのではなく、境界線の一部が陸地側に食い込んでいるのだ。一つ目と二つ目は豊中市側に境界線が少し延びており、三つ目は逆に淀川区側に豊中市と淀川区の境界線が食い込んでいる。

境界未定地が発生した原因として考えられるのは、神崎川の蛇行を改修するための工事である。神崎川はこれまで、たびたび氾濫してきた。昭和以降では、１９３４年（昭和９）の室戸台風と、１９５０年（昭和25）のジェーン台風が、高潮と洪水による大きな被害を流域にもたらした。そのたびに河川の復旧工事が行われ、その際に境界が曖昧になってしまったのだろうと思われる。現在は特に障害になるようなことがないため、境界未定地を解消するための協議は行われていない。

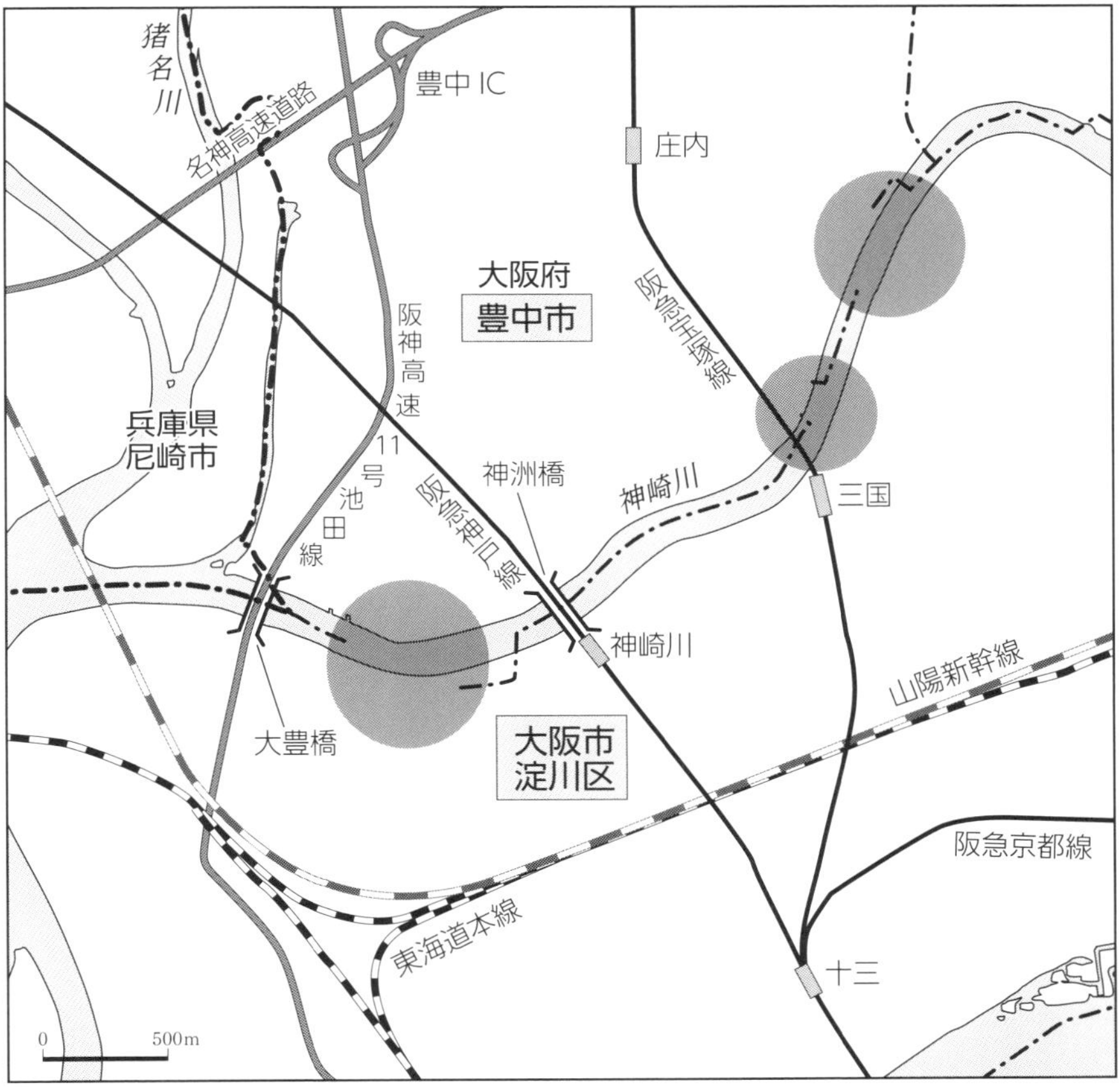
猪名川
名神高速道路
豊中 IC
庄内
大阪府
豊中市
阪急宝塚線
阪神高速11号池田線
兵庫県
尼崎市
阪急神戸線
神洲橋
神崎川
三国
神崎川
大豊橋
大阪市
淀川区
山陽新幹線
阪急京都線
東海道本線
十三
0
500m

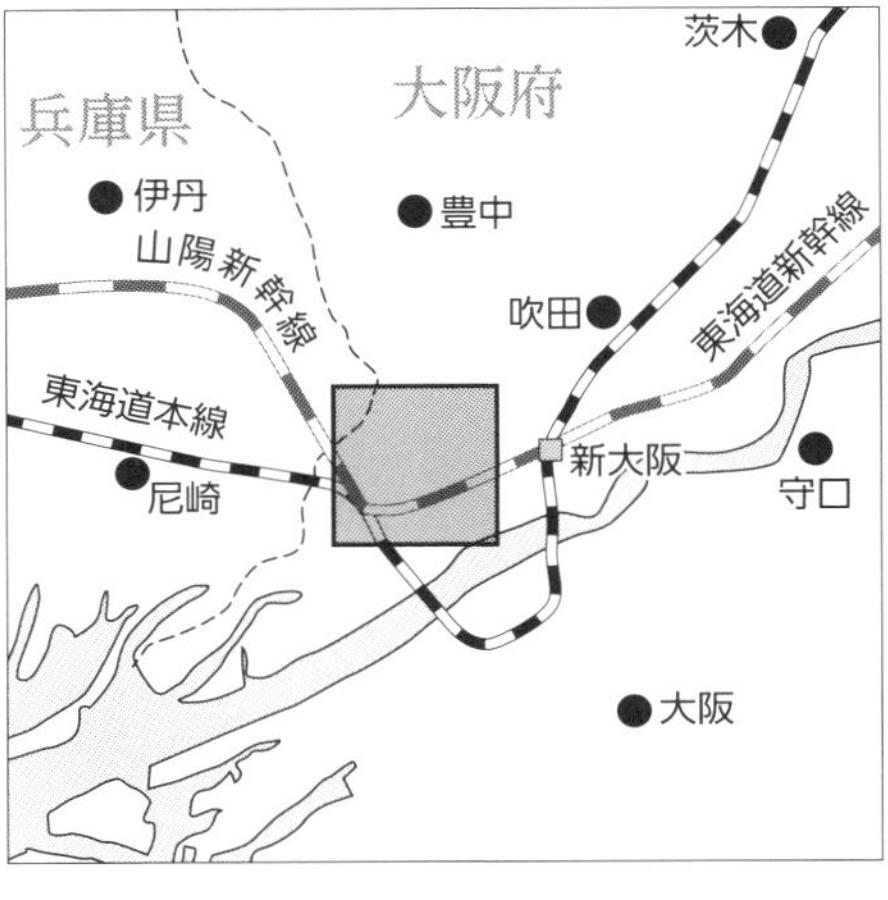
茨木
大阪府
兵庫県
伊丹
豊中
山陽新幹線
吹田
東海道新幹線
東海道本線
新大阪
守口
尼崎
大阪

■兵庫県　西宮市×宝塚市、西宮市×神戸市北区、西宮市×芦屋市

西宮市は日本一境界未定地が多い都市

大阪市と神戸市の中間に位置する西宮《にしのみや》市は南北に細長い。沿岸部は工業地帯、北部は六甲山地、中央部は多くの大学が立地する文教地区で、高級住宅地でもある。周囲を尼崎《あまがさき》市、伊丹《いたみ》市、宝塚《たからづか》市、神戸《こうべ》市（北区）、芦屋《あしや》市の5市に囲まれているが、このうち宝塚、神戸、芦屋の3市との間に境界未定地が合計8ヵ所もある。西宮市は日本一境界未定地が多い自治体なのである。いずれの境界未定地も六甲《ろっこう》山地に存在している。

宝塚市との境界未定地は、確定している境界線を挟んで5ヵ所に分かれている。まず一つ目は、六甲山地の甲山《かぶと》（309メートル）の北麓、深谷貯水池のすぐ南側にある。直線で約300メートルの間が境界未定地で、そこから西へ300メートルほどの境界は確定しているが、再び樫ヶ峰（457メートル）までの1・2キロほどの間が境界未定になる。樫ヶ峰から北西へ800メートルほど行ったところにも約400メートルの境界未定地があり、太多田川《おおただ》と岩倉山（488メートル）の中間あたりにも約300メートルの境界未定地がある。もう1ヵ所は宝塚駅から北西へ500メートルほどのところで、武庫《むこ》川を挟んで約600メートルの区間が境界未定地になっている。そこを福知山線と国道176号が通り、住宅も建ち並んでいる。以上の5ヵ所が西宮市と宝塚市との境界未定地である。

神戸市との境界未定地は、有馬温泉の北側に300メートルほどあり、境界未定地の下を阪神高速7号北神戸線の有馬北トンネルが通り抜けている。そこから東へ2キロほど行った白水峡《はくすいきょう》公園墓地の東側にも約350メートルの境界未定地があり、そこを有馬街道が通っている。芦屋市との境界未定地は、六甲山（931メートル）の東側から1・2キロほどの区間で、境界未定地を芦有ドライブウェイが通っている。以上、西宮市にある境界未定地は8ヵ所。境界未定地の地籍調査は行われておらず、境界が確定する見通しは立っていない。

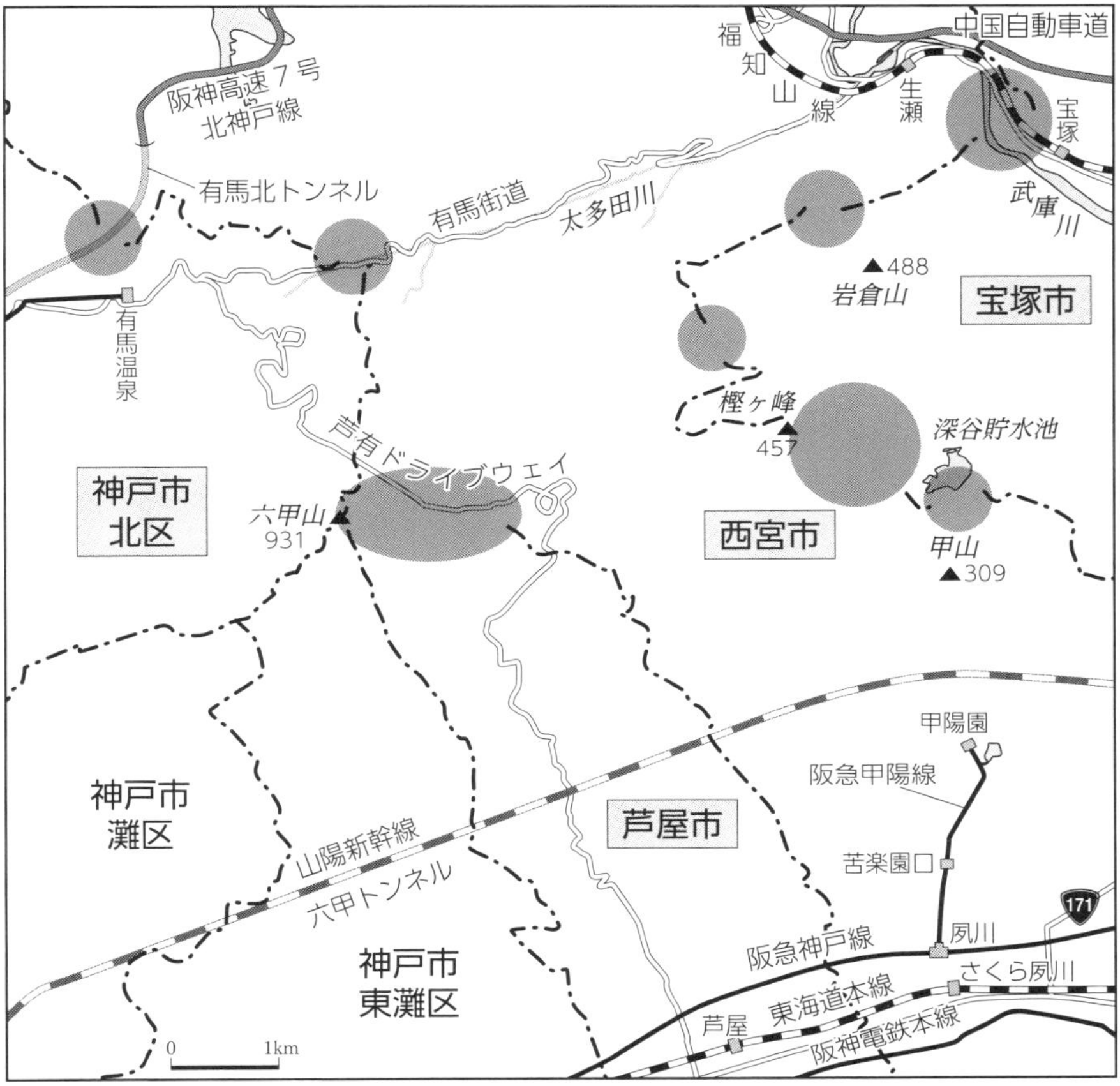
阪神高速７号
北神戸線
有馬北トンネル
有馬街道
太多田川
福知山線
生瀬
中国自動車道
宝塚
武庫川
▲488
岩倉山
宝塚市
有馬温泉
樫ヶ峰
457
深谷貯水池
芦有ドライブウェイ
神戸市
北区
六甲山
931
西宮市
甲山
▲309
甲陽園
阪急甲陽線
神戸市
灘区
芦屋市
苦楽園口
山陽新幹線
六甲トンネル
171
阪急神戸線
夙川
さくら夙川
神戸市
東灘区
東海道本線
芦屋
阪神電鉄本線
0
1km

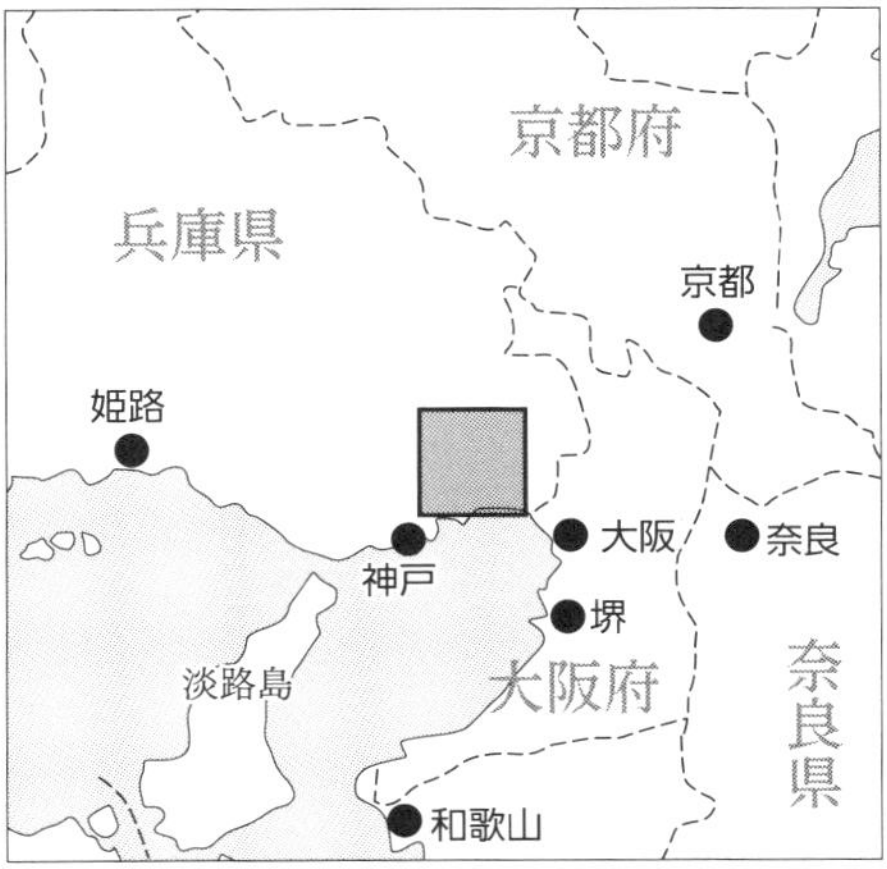
京都府
兵庫県
京都
姫路
神戸
大阪
奈良
堺
淡路島
大阪府
奈良県
和歌山

■兵庫県　加西市×小野市

境界未定地は青野原演習場の中

兵庫県の中央部を流れている加古川の中流域に開けた小《お》野《の》市は、古くから播州そろばんと刃物の産地として知られているが、最近は神戸市と姫路市のベッドタウンとして発展している。その西に隣接する加西《かさい》市は平野（播州《ばんしゅう》平野）と丘陵からなり、市の北部に中国自動車道の加西ＩＣがある。工業が発達しているが、穀倉地帯でもあるので至るところに溜め池が点在している。小野市から延びてきている北条鉄道は加西市の北条町駅が終点駅になっており、駅の周辺に中心市街地が形成されている。

小野市は北部で加東《かとう》市と隣接しており、両市の境界付近に1976年（昭和51）に設置された陸上自衛隊青野原《あおのはら》駐屯地がある。駐屯地の所在地は小野市になっているが、敷地は加東市にまたがっており、駐屯地の敷地の中で小野市と加東市の境界線が複雑に入り組んでいる。駐屯地にはいくつもの建物があるが、建物と建物の間の通路に両市の境界線が通っていたりする。その複雑な境界線から、境界をめぐる争奪戦があったことが推測される。

駐屯地の南側には青野原演習場が広がっている。南北が4・8キロ、東西3・5キロの、小野市と加西市にまたがる広大な地域である。その青野原演習場の中に境界未定地があるのだ。加古川線の河合西駅から西へ約1・5キロ、直線で500メートルほどの間が境界未定地になっている。なぜ境界未定地がこの地点に発生したのかは不明だ。青野原演習場は国有地だが、かつては農地が広がっていた。演習場の中に溜め池が点在していることがそれを物語っている。現在も演習場の周辺には田畑が広がっているが、宅地化も進んでおり、学校や病院もある。境界未定地が青野原演習場の中、という特殊な場所のため、加西、小野の両市ではどうすることもできず、境界が未定だからといって支障をきたす恐れもないので、境界を確定させるための動きもない。

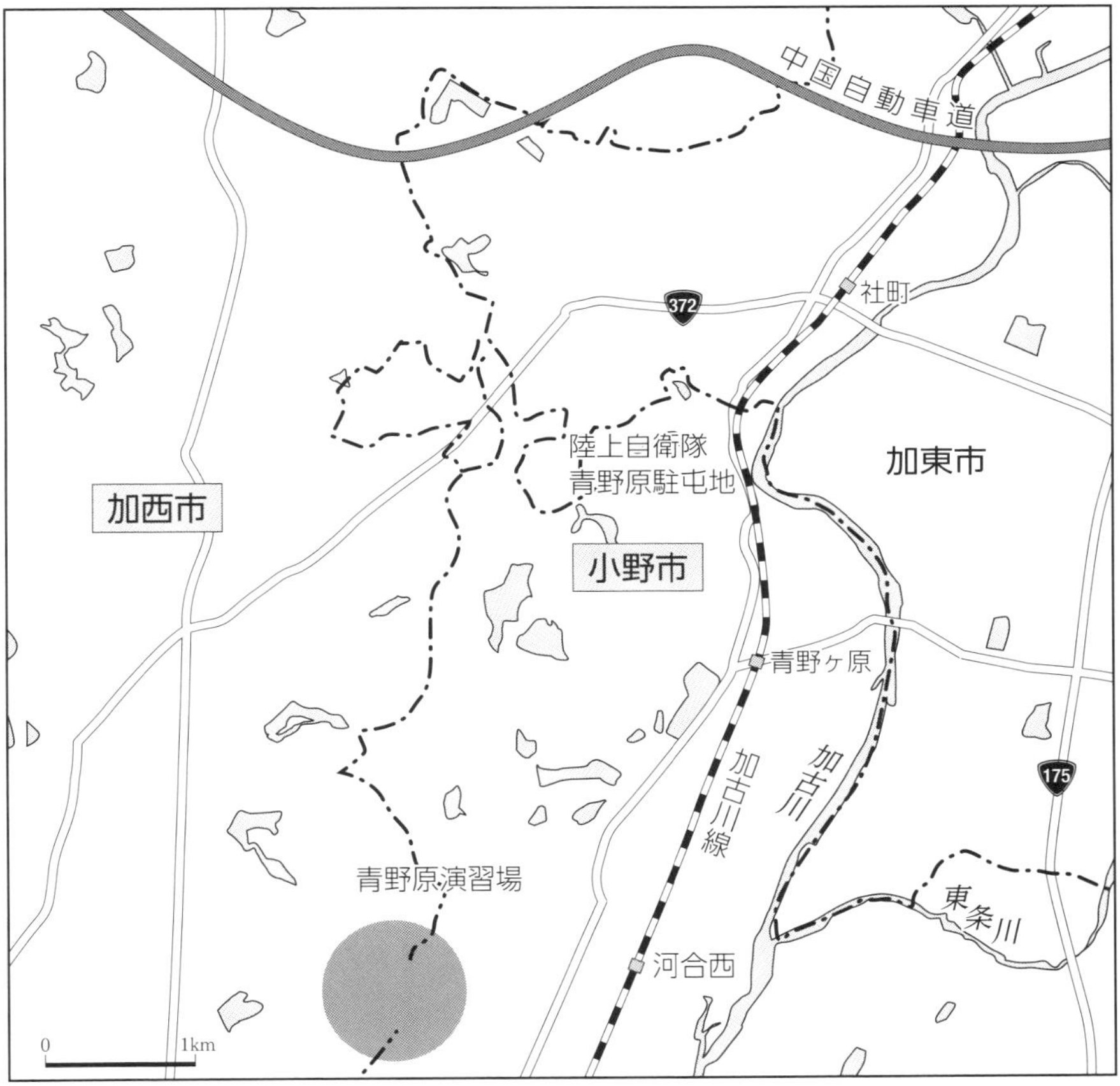
中国自動車道
372
社町
陸上自衛隊
青野原駐屯地
加東市
加西市
小野市
青野ヶ原
加古川線
加古川
175
青野原演習場
東条川
河合西
0
1km

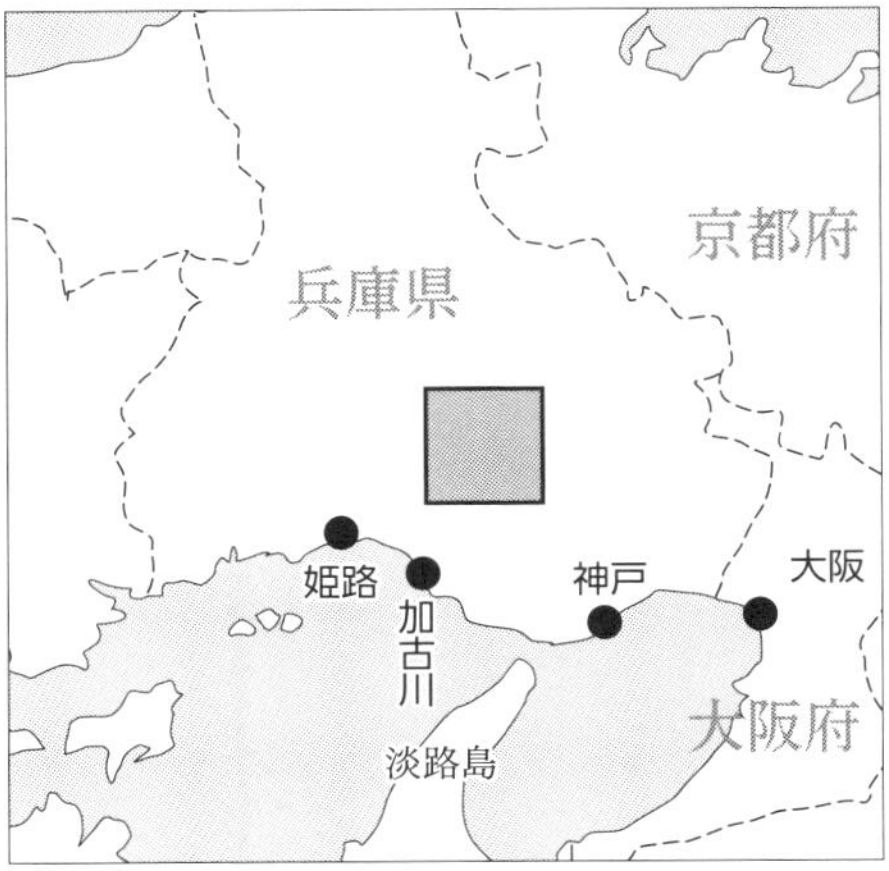
京都府
兵庫県
姫路
加古川
神戸
大阪
淡路島
大阪府

■兵庫県　たつの市×太子町

城山がそっくり境界未定地

兵庫県の南西部、揖保《いぼ》川の下流域に位置する「たつの市」は、「播州《ばんしゅう》の小京都」と称される旧城下町で、揖保川を挟んで両岸に市街地が形成されている。たつの市の東に隣接する太子《たいし》町は、聖徳太子ゆかりの斑鳩《いかるが》寺の門前町として発達した町だ。太子町は過去60年以上、どこの町村とも合併していないため面積は狭く（22・6平方キロメートル）、たつの市と姫路市に周りをすっぽりと囲まれて目立たない。山陽新幹線が町のほぼ中央を東西に通り抜けているが駅はなく、その南側を走っている山陽本線にも駅は設置されていない。だが道路交通では、太子竜野バイパス（国道2号）と姫路西バイパス（国道29号）、国道179号が交わる交通の要地になっている。

太子町の北西部、たつの市の中心部からは南東へ5キロほど行ったところに、たつの市と太子町の境界未定地がある。境界未定地には城山（87メートル）という小高い山がそびえており、その下を太子竜野バイパスの福田トンネルが貫通している。城山の北側の麓から、南側のふもとまで直線で約500メートルの間が境界未定地である。したがって、福田トンネルも境界が未定のトンネルだということになる。

1979年（昭和54）ごろ、境界を確定させるための協議が行われたことがあるが、境界未定地に隣接する4ヵ所の自治会が主張する境界が一致していなかったため、協議は物別れに終わっている。以後、具体的な話し合いは行われていない。現在は行政上特に支障もなく、争いも発生していないが、城山の山麓には住宅地が広がっており、将来的には利害がともなう問題が発生しないとも限らない。そのため、早期の解決が望まれるが、調査や測量には多額な費用と労力を費やさなければならないため、たつの市と太子町の間で境界未定地を解消させようという動きは特にないようだ。

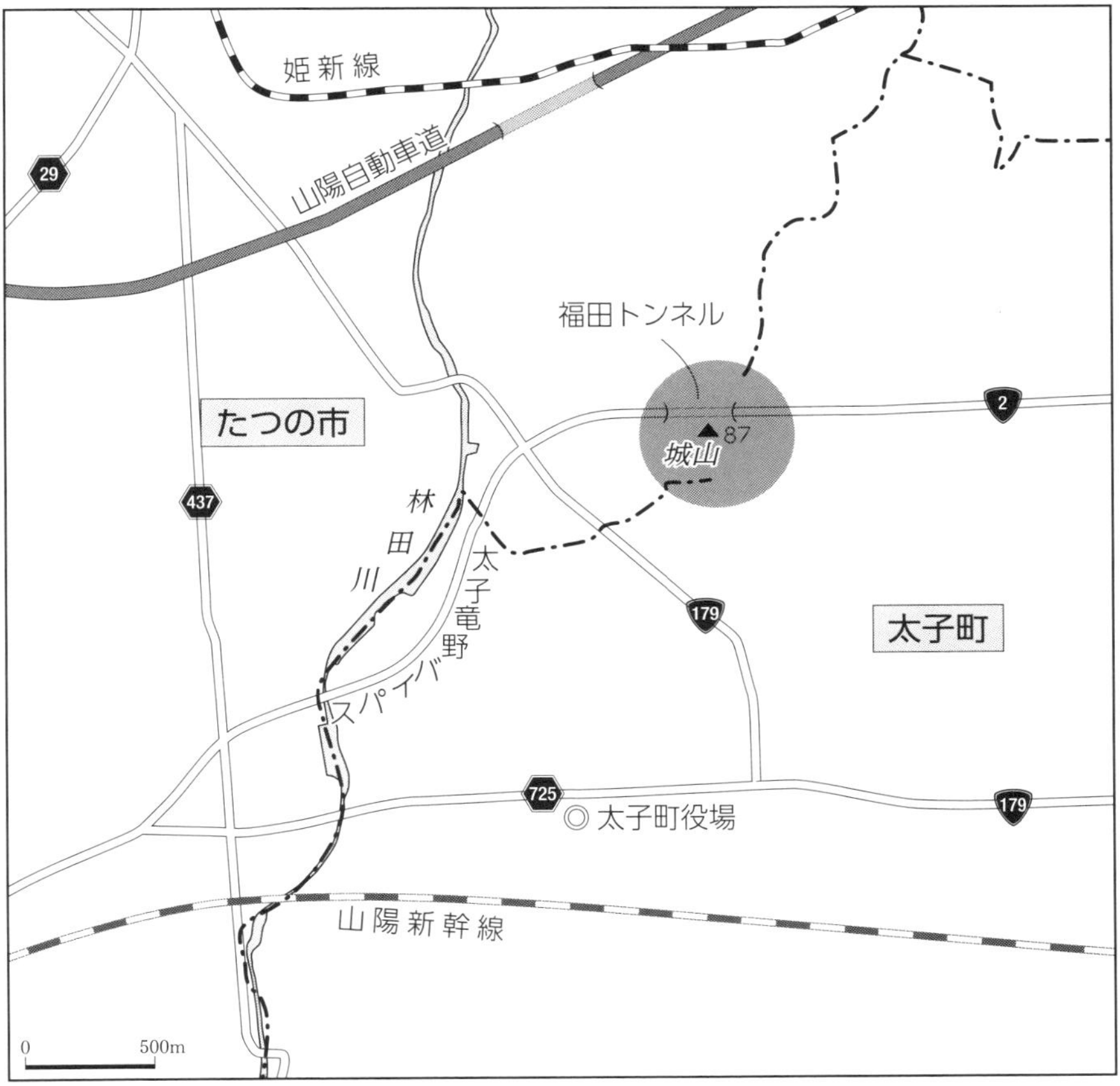
姫新線
山陽自動車道
29
福田トンネル
2
たつの市
87
城山
437
林田川
太子竜野スパイパ
179
太子町
725
◎太子町役場
179
山陽新幹線
0
500m

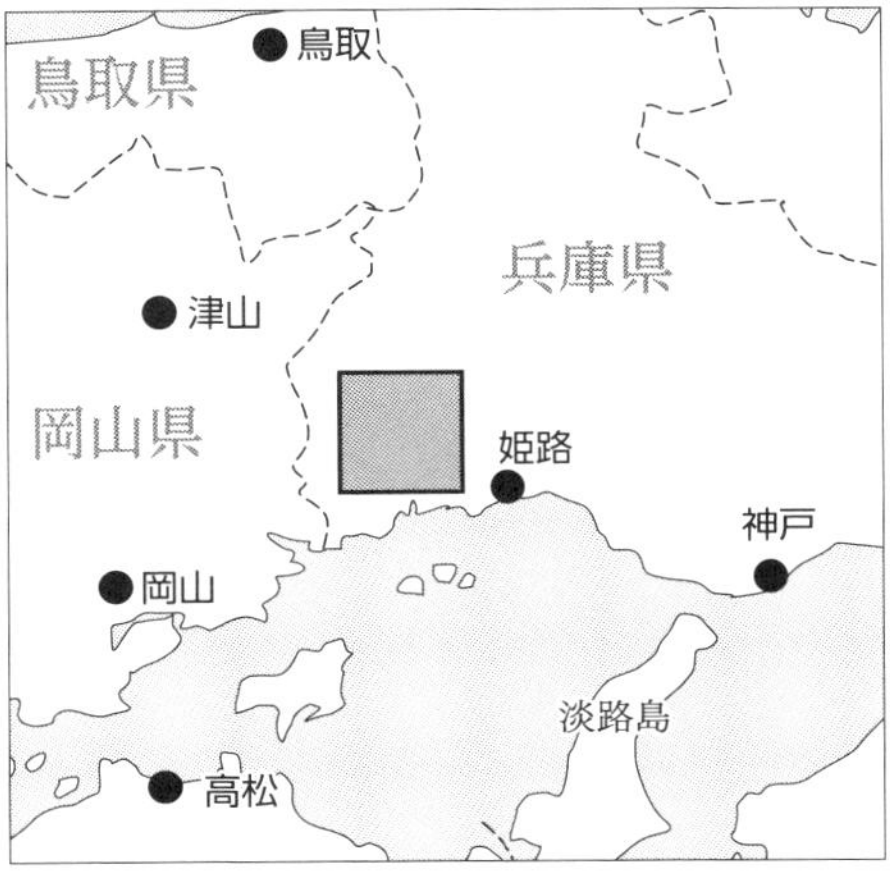
鳥取
鳥取県
兵庫県
津山
岡山県
姫路
神戸
岡山
淡路島
高松

■和歌山県　新宮市×那智勝浦町

境界未定地は新宮港にある

和歌山県の南東端に位置する新宮市《しんぐう》は、熊野三山の一つとして知られる熊野速玉《はやたま》大社の門前町として、また熊野川の上流で産する木材の集散地として発達してきた都市で、熊野川（新宮川）の河口右岸に市街地を形成している。熊野川の対岸は三重県の紀宝《きほう》町である。新宮市の南側は那智《なち》勝浦《かつうら》町と接している。那智勝浦町は熊野三山の一つの熊野那智大社や、西国三十三ヵ所観音霊場第一番札所の青岸渡《せいがんと》寺、一段の滝としては落差日本一の那智滝など、観光資源が豊かな町である。

新宮市と那智勝浦町との境界はほとんどが山地で、海岸近くまで樹木に覆われた小高い山が迫っている。熊野灘の沿岸ギリギリのところを、紀勢《きせい》本線と国道42号が通っているが、そこに新宮市と那智勝浦町の境界未定地がある。つまり、紀勢本線も国道42号も境界未定地を通り抜けているわけだ。境界未定地は紀勢本線のトンネルのあたりから、海岸線までのわずか300メートルほどの間である。新宮市と那智勝浦町にまたがっている新宮港は、紀伊半島南部で唯一の外国貿易港である。大型旅客船や川崎と宮崎を結ぶ定期フェリーも就航している港だが、境界未定地はその新宮港のほぼ中央にある。

いつごろ、どのような理由で境界未定地が発生したのかは不明で、これまで境界線をめぐる争いが発生したという痕跡も見られない。だが、境界未定地が海岸線の複雑な熊野灘にあるところからみて、過去には漁業権をめぐる争いがあったのではないかとも考えられる。しかし、境界未定地が存在することによる障害はなく、もちろん利害関係も生じていないので、境界未定地を解消するための協議は、現在は行われていない。両市町は世界遺産に登録されている「紀伊山地の霊場と参詣道」の熊野地区の観光拠点として良好な関係にあり、早急に境界未定地を確定させようという動きはない。

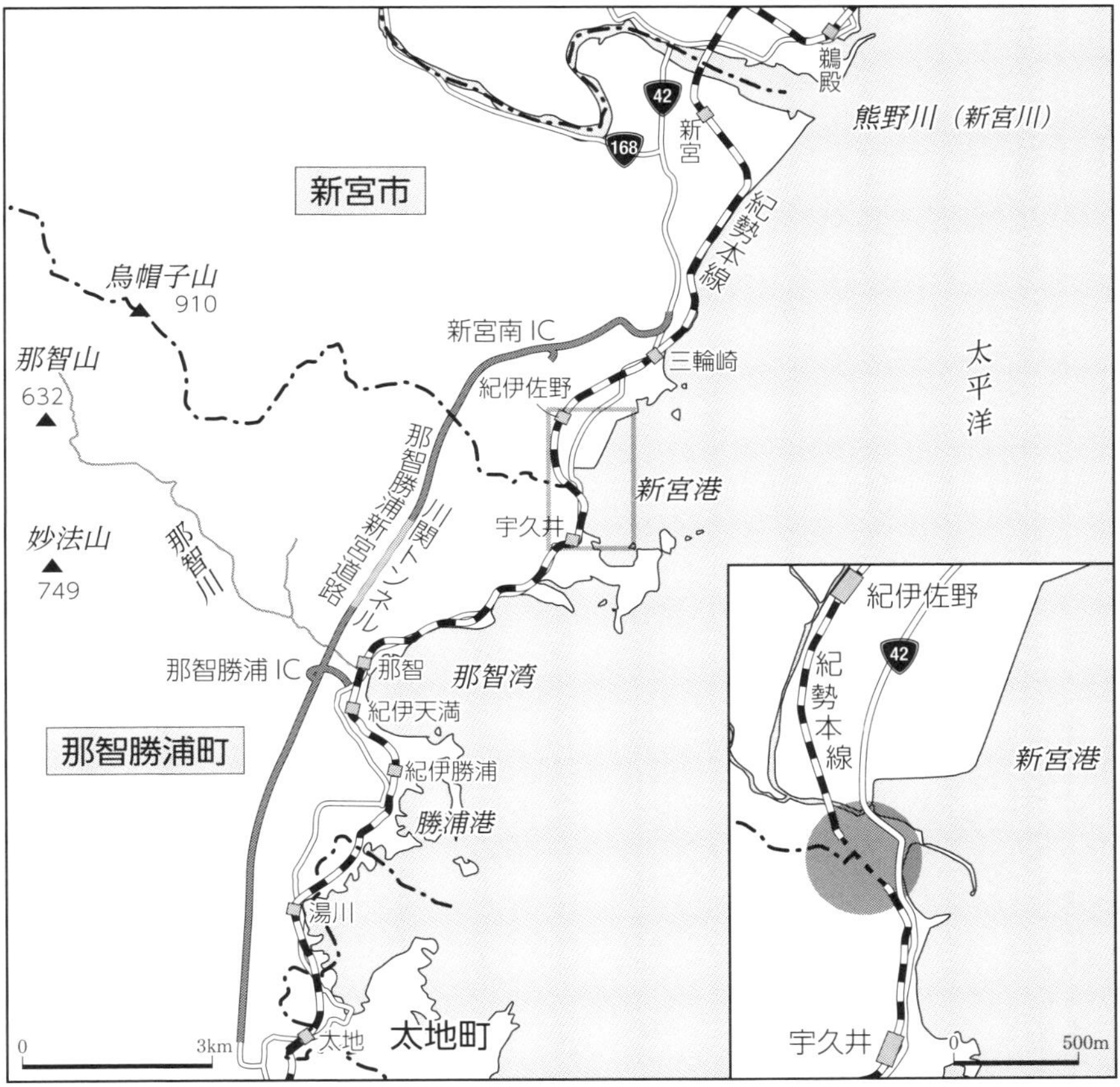
鵜殿
熊野川（新宮川）
新宮
新宮市
紀勢本線
烏帽子山
910
那智山
632
新宮南 IC
三輪崎
太平洋
紀伊佐野
那智勝浦新宮道路
川関トンネル
新宮港
宇久井
妙法山
749
那智川
那智勝浦 IC
那智
那智湾
紀伊天満
那智勝浦町
紀伊勝浦
勝浦港
湯川
太地
太地町
0
3km
紀伊佐野
紀勢本線
新宮港
宇久井
0
500m

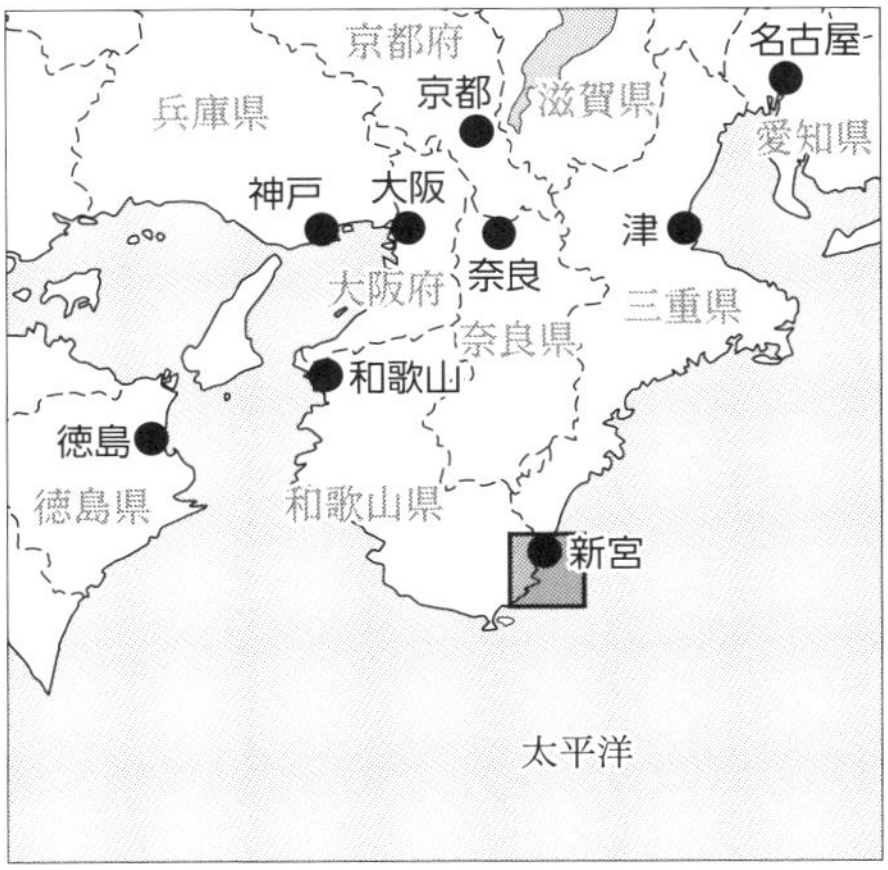
京都府
名古屋
京都
滋賀県
兵庫県
愛知県
神戸
大阪
奈良
津
大阪府
三重県
奈良県
和歌山
徳島
徳島県
和歌山県
新宮
太平洋

■和歌山県　串本町×古座川町

本州最南端の串本町にも境界未定地がある

本州で最も南に位置する和歌山県、その和歌山県の最南端にある自治体が、潮岬《しおのみさき》で知られる串本町《くしもと》だ。本州最南端の地として知られる潮岬は陸繋島で、本土と潮岬を繋いでいる砂州上に市街地が形成されている。古くから漁業が盛んな町だが、現在の串本港はマグロ、カツオの遠洋漁業基地として重要な役割を担っている。串本町は漁業ばかりではなく、国の天然記念物に指定されている橋杭岩《はしぐい》や串本海中公園など、観光スポットも多い。町域は東西に細長く、南側はすべて海に面しているが、串本町の北に隣接する古《こ》座川町《ざがわ》はまったく海に面していない。古座川の上、中流域を占める内陸の町である。町域の約9割が山間部で、古座川沿いに集落が点在している。古座川町は林業を主産業としている。

本州最南端の漁業が盛んな串本町と、林業を主産業とする古座川町との間に、境界未定地が3ヵ所もある。一つ目の境界未定地は佐部地区にあり、和歌山県道227号田原古座線近くの地蔵峠から北へ約2キロの区間。二つ目の境界未定地は中湊地区にあり、地蔵峠から南へ1キロほど行ったところに、直線で450メートルほどの境界未定地がある。三つ目の境界未定地は西向地区にあり、古座川の南岸から重畳山《かさね》（302メートル）の北麓まで直線で約850メートルの区間である。

なぜ境界未定地が途切れ途切れに存在しているのか、どのような理由で発生したのかなどはまったく不明である。境界未定地はいずれも山間地域で、山林に覆われているので行政に支障をきたすような要素は何もない。そのため、境界を解消するための協議は特に行われていない。境界を確定させるには地籍調査もしなければならない。利害がともなうような事態になるまで、境界を確定する必要もないと考えているようだ。そういう事情もあって、現在のところ解決の見通しは立っていない。

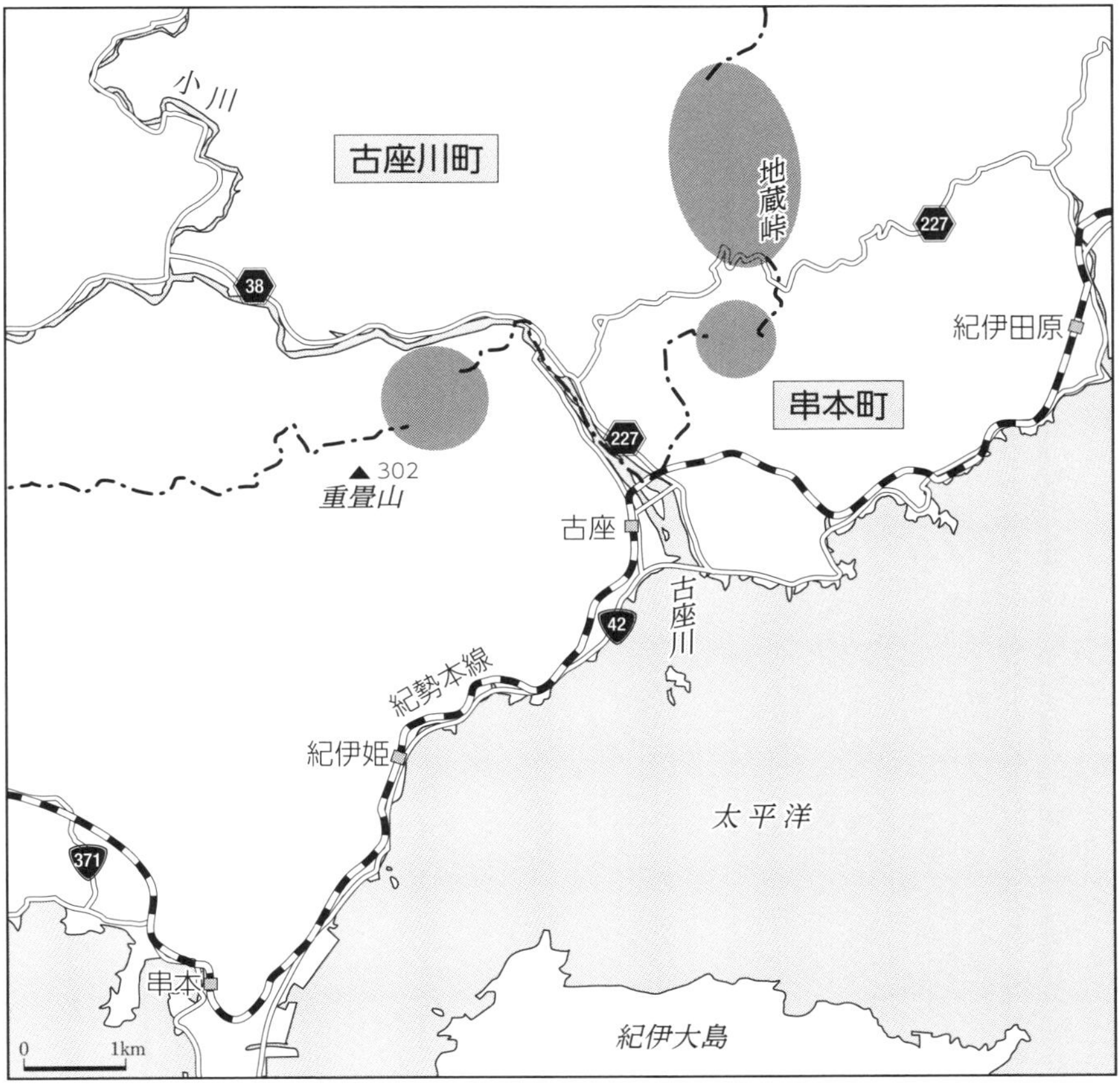
小川
古座川町
地蔵峠
227
38
紀伊田原
串本町
227
302
重畳山
古座
古座川
42
紀勢本線
紀伊姫
太平洋
371
串本
紀伊大島
0
1km

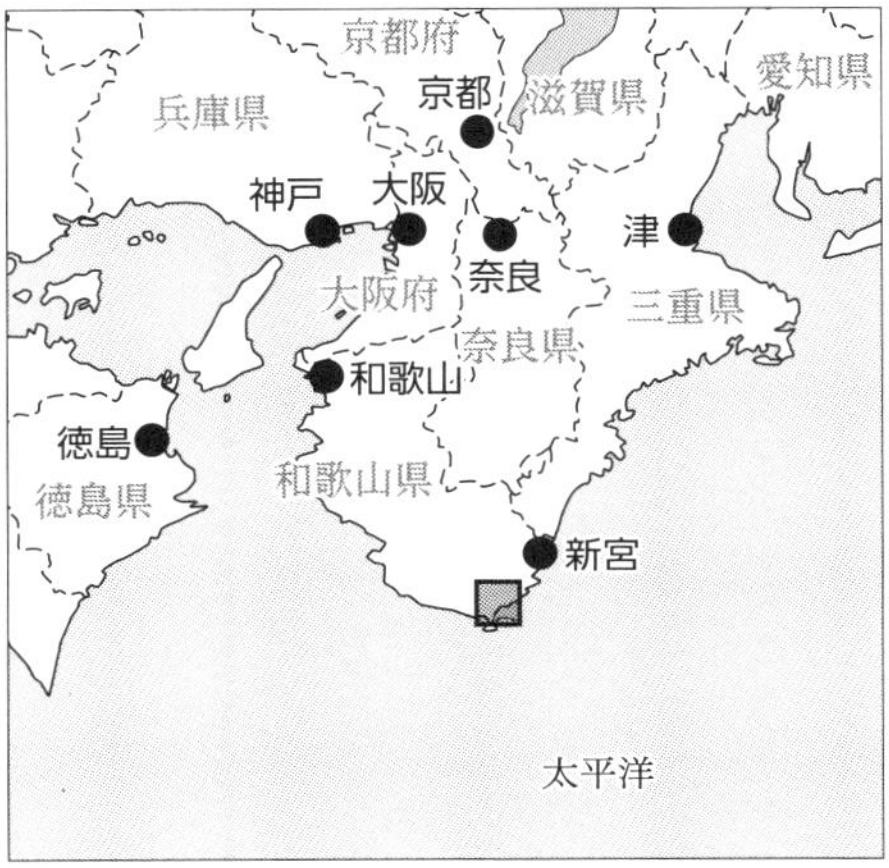
京都府
愛知県
兵庫県
京都
滋賀県
神戸
大阪
奈良
津
大阪府
三重県
奈良県
和歌山
徳島
徳島県
和歌山県
新宮
太平洋

第6章 中国・四国地方の境界未定地

■岡山県　玉野市×香川県　直島町

瀬戸内海に浮かぶ小島になぜ境界未定地が

「東洋のエーゲ海」と称される瀬戸内海には、大小合わせて3000余の島々が浮かんでいる。大きな島ならともかく、小さな島はそっくりどこかの市町村の管轄になっているのが普通である。ところが、小さな島にも境界線が通っていることもある。島に県境が走っているのは極めて珍しく、全国で7島しかない。そのうち6島までが瀬戸内海にある。その一つが、小豆島の西に連なっている直島諸島の井島という面積2・7平方キロメートル、周囲9・3キロの島である。この井島に、岡山県と香川県の県境が走っているのだ。

県境の北側が岡山県玉野《たまの》市で、南側が香川県直島《なおしま》町。岡山県側では、読みは同じ「いしま」だが「石島」と表記する。同じ一つの島なのに、岡山県側と香川県側とで表記が異なるのは、管轄が違うからという理由だけではない何かを感じさせる。それはともかく、島の約3分の2が香川県で、岡山県の領域は残りの3分の1に過ぎない。だが、広い方の香川県側は無人で、岡山県側の石島地区にのみ100人近くの人が住んでいる。井島は島内に県境が通っている島としては、日本で唯一の有人島なのである。

井島周辺の海域には好漁場が多かったため、岡山藩の胸《むね》上《あげ》村（現・玉野市胸上）と幕府直轄地の直島との間で、漁場をめぐる領有権の争いが絶えなかった。そこで1702年（元禄15）、両者の言い分をもとに実地検分が行われ、幕府の裁定により井島に境界線が引かれることになった。それが現在の岡山と香川の県境である。東の戸尻鼻《とじりばな》から西はヘラガ崎まで、稜線に沿って県境が通っているが、ヘラガ崎から東へ150メートルほどの間だけが県境の未定地になっている。なぜこの区間だけが境界未定地になっているのか定かではないが、おそらく縄張り争いの名残なのだろう。沿岸漁業とノリの養殖が島のおもな産業だが、現在は特に漁業権をめぐって争いが発生することもなく、良好な関係にある。

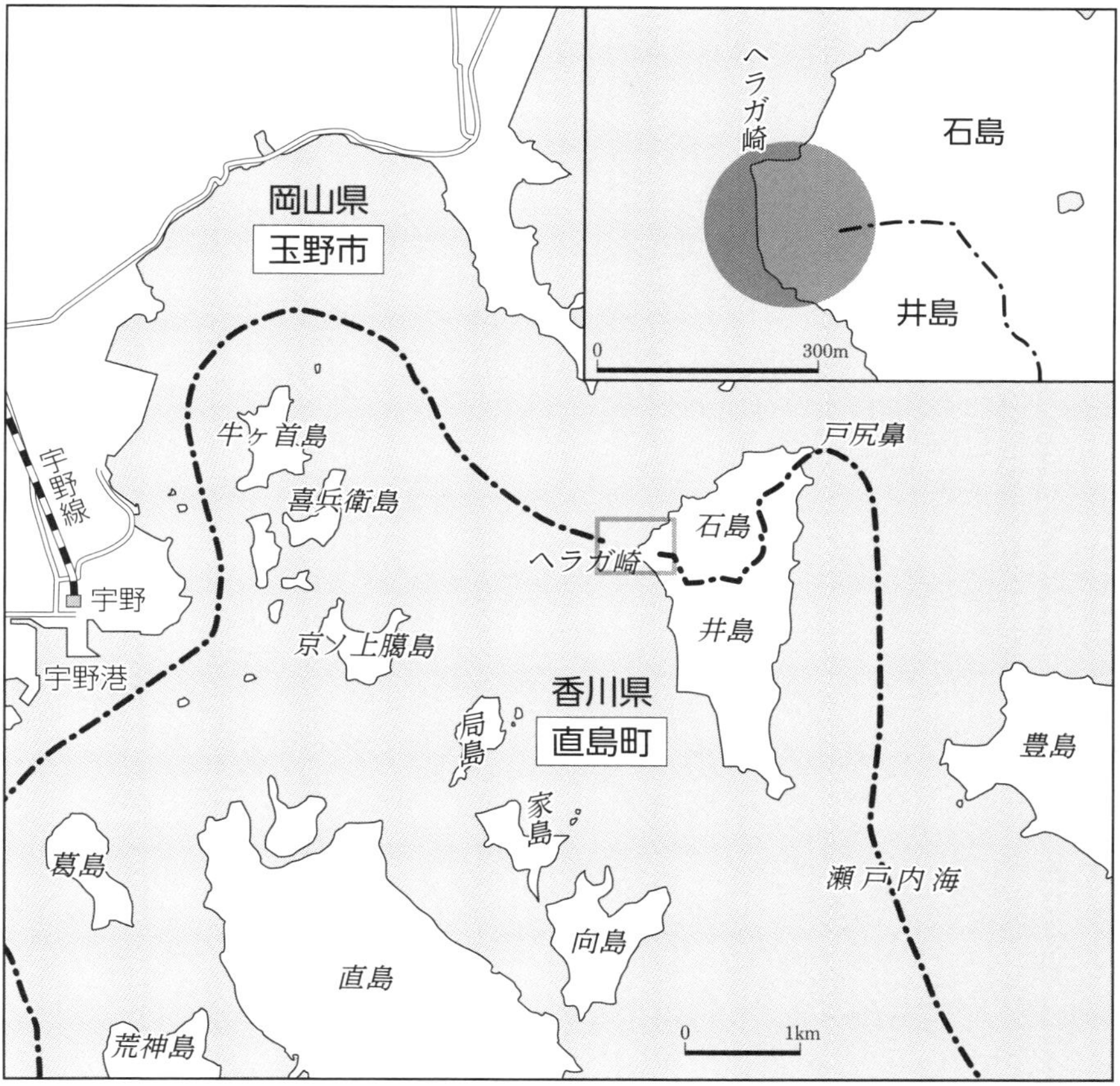
ヘラガ崎
石島
井島
0
300m
岡山県
玉野市
宇野線
宇野
宇野港
牛ヶ首島
喜兵衛島
京ノ上臈島
戸尻鼻
石島
ヘラガ崎
井島
香川県
直島町
局島
家島
豊島
葛島
瀬戸内海
向島
直島
荒神島
0
1km

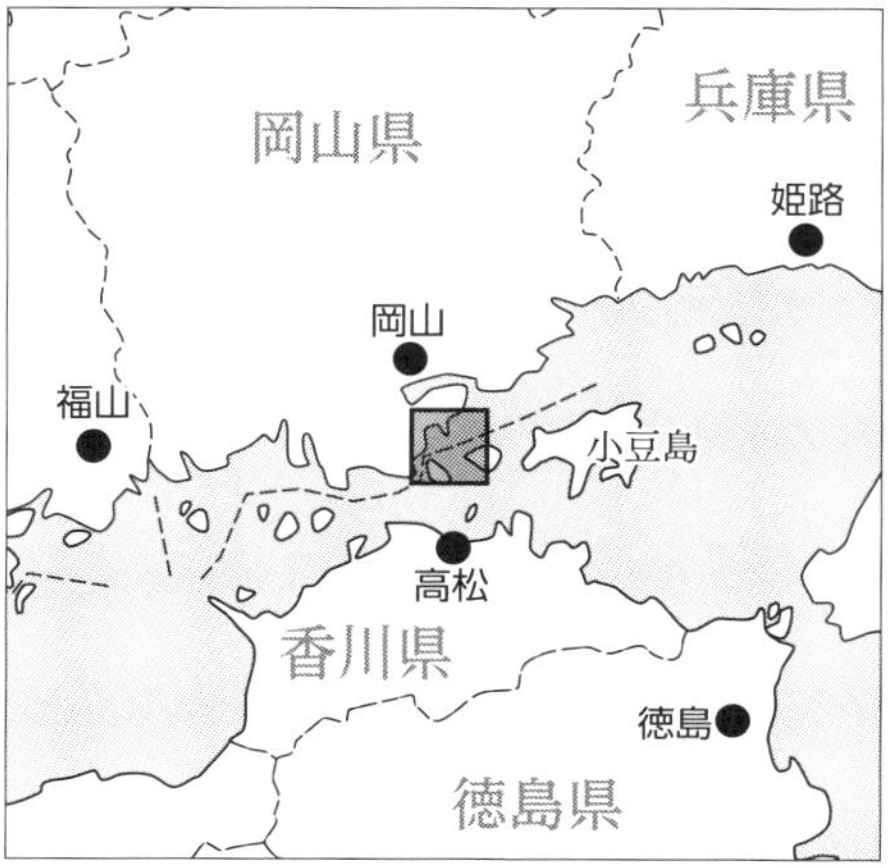
岡山県
兵庫県
姫路
岡山
福山
小豆島
高松
香川県
徳島
徳島県

■岡山県　岡山市南区×玉野市

境界未定地は「児島湾締切堤防」で発生した

岡山県の県庁所在地である岡山《おかやま》市は、2009年（平成21）4月に政令指定都市になり、北区、南区、東区、中区の4区が設置された。東、中、南の3区が児島《こじま》湾に面している。児島湾を包み込むように、南側から東に突き出している児島半島は、かつては「児島」という小さな島だった。その島が潮流による土砂の堆積と、江戸時代以降から始められた干拓工事によって陸続きになったのである。児島湾は江戸時代までは現在よりはるかに大きな湾だったという。児島半島のつけ根は玉野《たまの》市の領域になっているが、先端部分には10平方キロメートル前後もある岡山市南区の大きな飛び地がある。

また児島湾の湾奥には、1950年代から始まった干拓事業によって誕生した人造湖の児島湖がある。面積は7・1平方キロメートルと箱根の芦ノ湖とほぼ同じ大きさの湖である。児島湖の西側から北側、東側にかけての湖岸は南区に面しているが、南側は玉野市に面している。ということは、児島湖は岡山市と児島市の境界に横たわっているわけだ。児島湖の南側から西側にかけての地域には田園地帯が広がっており、北岸に岡南《こうなん》飛行場（旧・岡山空港）がある。

もともと境界のない海の一部に堤防を築いて造られた湖なので、湖面に境界線は引かれていない。つまり境界未定地だということである。境界未定地は児島湾の湾奥が締め切られたとき、すなわち岡山港と対岸の児島半島を結ぶ「児島湾締切堤防」が完成した1959年（昭和34）に発生したことになる。児島湖は境界未定地であるため、岡山市の面積にも玉野市の面積にも含まれていない。両市は児島湖の面積分の地方交付税交付金をもらい損ねていることになるが、境界を確定するための協議は特に行われていない。水面は隣接する自治体共有の財産である、という考えが根底にあるのだろう。無理に境界を確定させようとして、ギクシャクした関係になりたくないという思いが強いのかもしれない。

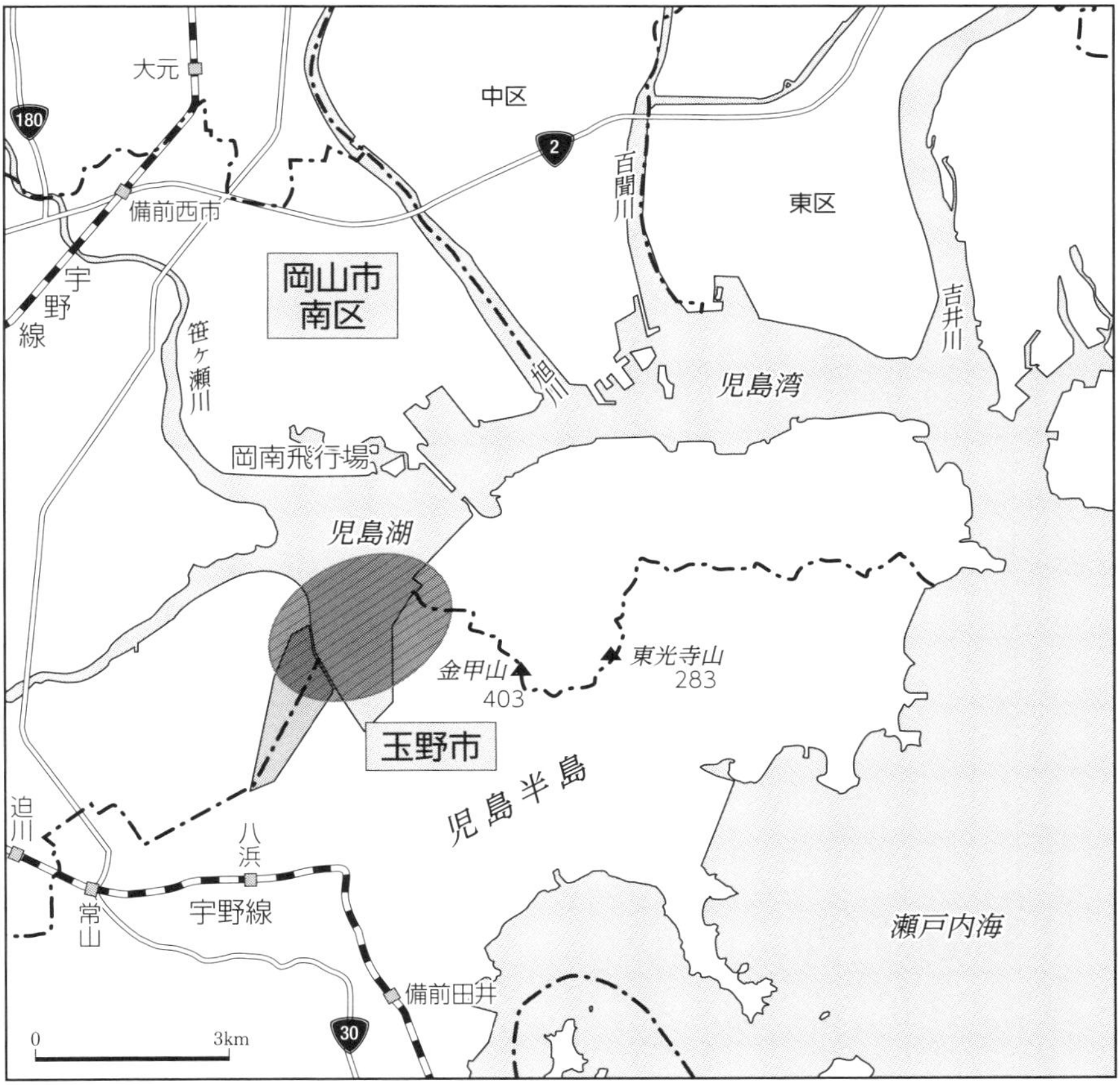
大元
180
中区
2
百閒川
東区
備前西市
宇野線
岡山市南区
笹ヶ瀬川
吉井川
旭川
児島湾
岡南飛行場
児島湖
金甲山
403
東光寺山
283
玉野市
児島半島
迫川
八浜
常山
宇野線
瀬戸内海
備前田井
30
0
3km

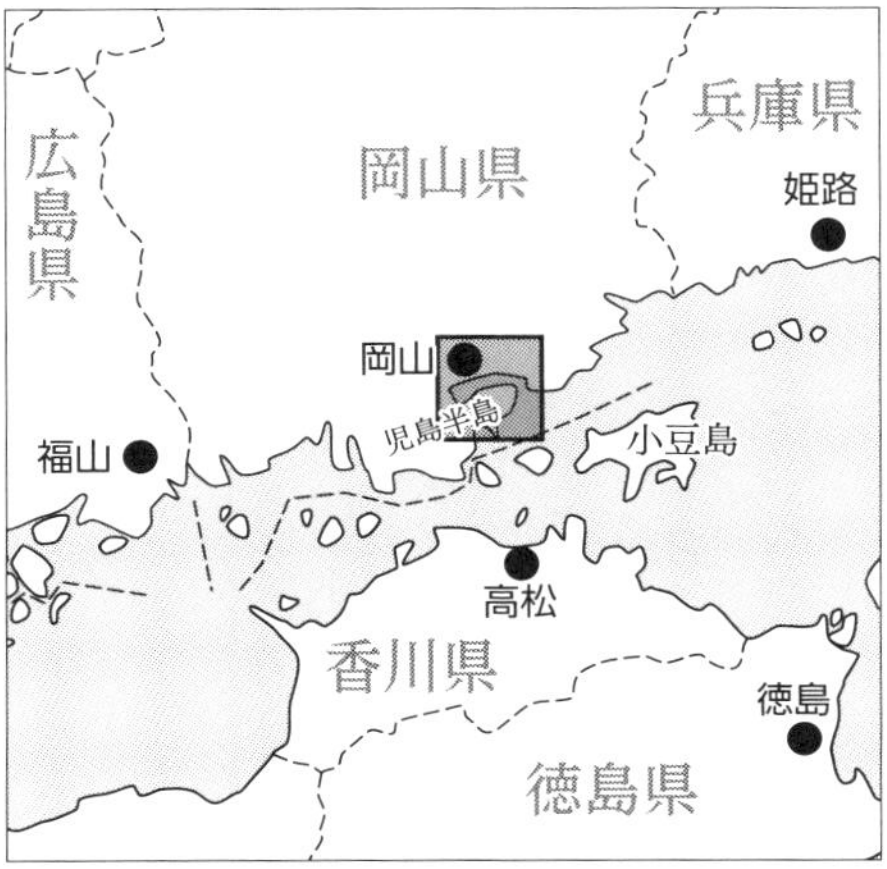
兵庫県
広島県
岡山県
姫路
岡山
児島半島
福山
小豆島
高松
香川県
徳島
徳島県

■広島県　三次市×安芸高田市

裁判に持ち込まれた境界未定地

広島県の北部に位置する三次《みよし》市は、山陽と山陰を結ぶ交通の要衝として栄えた歴史の古い町である。今も交通の要衝であることに変わりはなく、芸備《げいび》線と福塩《ふくえん》線が市内に乗り入れているほか、中国自動車道の三次ＩＣが中心部近くにあり、市の東部では中国自動車道、松江自動車道、尾道自動車道が接続する三次東ＪＣＴもある。また、中国地方で最大河川である江《ごう》の川上流の可愛《えの》川に、三方から流れてきた支流の西城川、神野瀬《かんのせ》川、洗馬《せば》川が市の中心部で巴状になって合流しているという珍しい地形でもある。「霧の町」としても知られている。

境界未定地は三次市（旧・三和町）と、西に隣接する安《あ》芸高田《きたかた》市（旧・甲田町）との間にある。市の南部にそびえる大土《おおづち》山（８００メートル）の山頂付近から北へ１・６キロほどの間が境界未定地で、その周辺は広大な民有地である。本来、行政区分の境界は正式なものであってしかるべきで、未定であってはならないはずである。だが、現実には県境および市町村境の未定地が全国各地にある。どの自治体も、境界を確定するために努力をしているとはいえ、行政上に支障が発生しない限り動き出さないようだ。しかし、境界未定地は次第に減少しつつあることは間違いない。すべての境界線が確定するのも、そう遠くはないだろう。

三次市と安芸高田市の間にある境界未定地の一帯には広大な民有地が広がっている。市としても境界未定地があることは好ましいことではないので、早期の解決を望んでいるが、双方の主張がかみ合わず、２００２年（平成14）には裁判にまで持ち込まれている。そこでほぼ確定したのだが、過去の経緯などから慎重な対応が必要となっており、関係者により解決に向けた取り組みが行われている。現在はほぼ決着がついており、境界線に杭を打って、正式な手続きを済ませれば境界線が確定するという段階にまで来ているという。

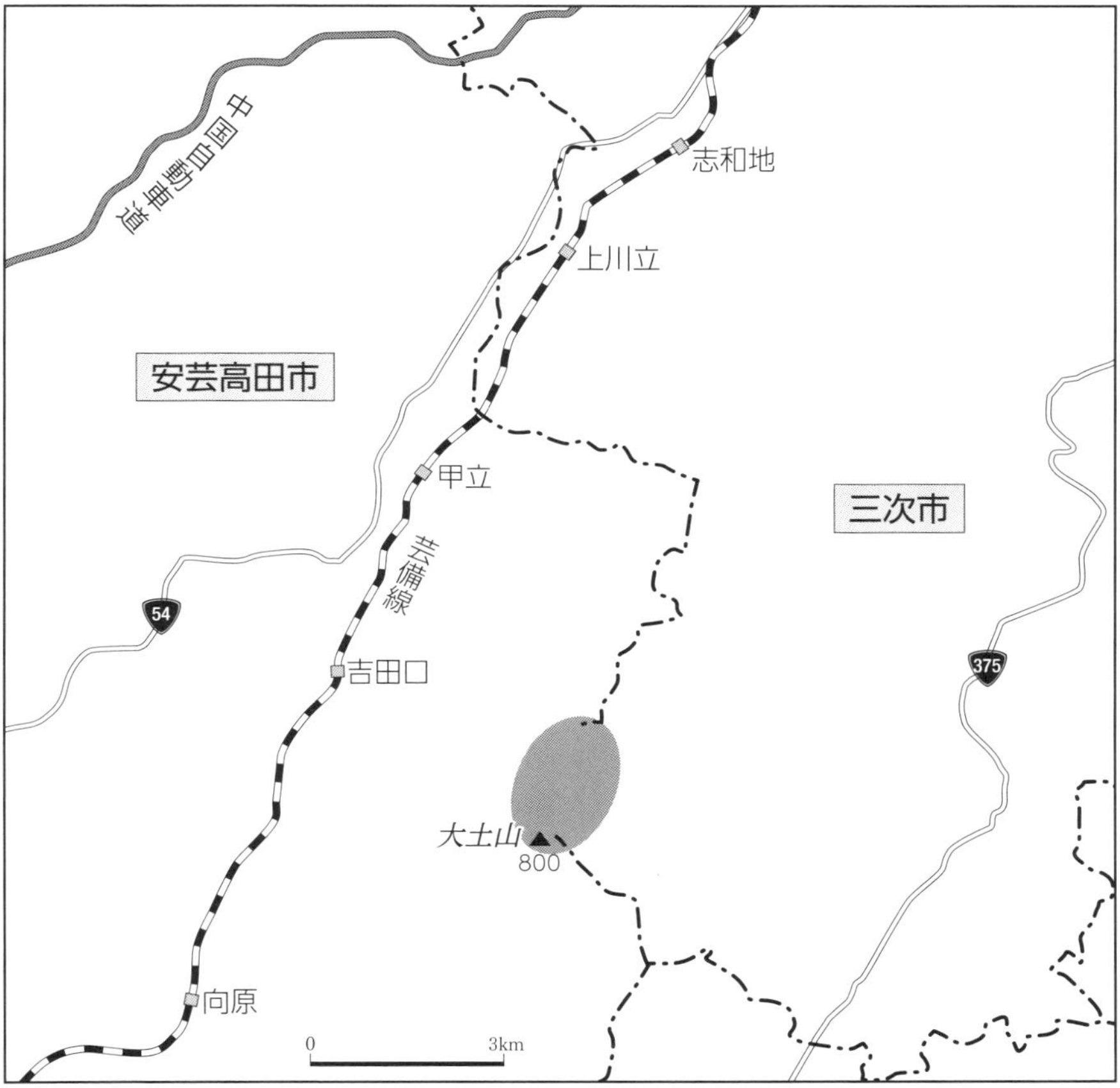
中国自動車道
志和地
上川立
安芸高田市
甲立
三次市
芸備線
54
吉田口
375
大土山
800
向原
0
3km

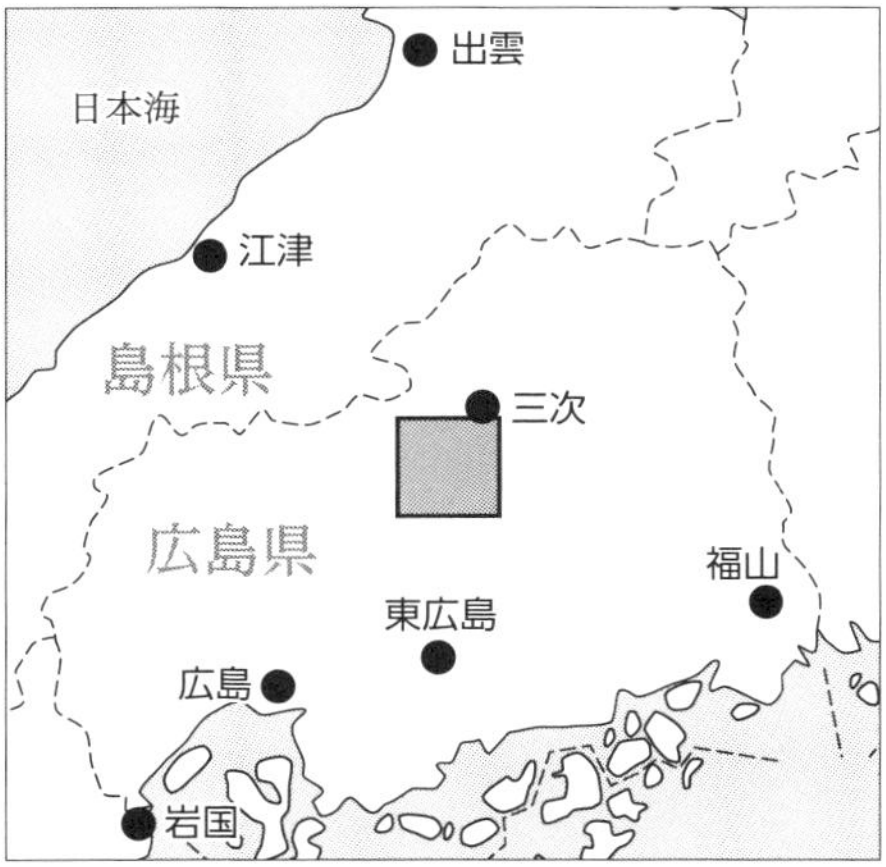
出雲
日本海
江津
島根県
三次
広島県
福山
東広島
広島
岩国

第７章　九州・沖縄地方の境界未定地

■福岡県　遠賀町×鞍手町

小さな溜め池にも境界未定地がある

福岡県の北部は降水量が少なく、大河川にも恵まれていないため、農民たちは水不足に苦しめられてきた。日照りが続けばたちまち凶作に見舞われる。その防衛策として、この地方では江戸時代から、灌漑用の溜め池が盛んに築造されてきた。九州地方では、福岡県が最も溜め池の多い地域である。三郡《さんぐん》山地の馬見《うまみ》山を発して、響灘《ひびき》に注いでいる遠賀《おんが》川の西岸に、遠賀《おんが》町と鞍手《くらて》町という小さな町がある。都市化が進んでいる北九州市の近郊の町だが、かつては純農村地帯だった。その名残ともいえる農業用の溜め池が、この地域には数多く点在している。

大きな湖ならともかく、小さな溜め池なら普通は一つの市町村内に収まっているものだが、まれに二つの自治体にまたがっている溜め池もある。遠賀町と鞍手町の境界に横たわっている浮州池と、倉谷溜め池という二つの溜め池がまさにそれである。大きい溜め池の浮州池には、直線的な市町村境が通っているが、小さい方の倉谷溜め池には境界線が引かれていない。つまり境界未定地なのだ。

倉谷溜め池は、一辺が200メートルそこそこの四角い形の小さな溜め池である。つまり、溜め池の幅の約200メートルが境界未定地になっているのだ。たとえ小さな溜め池でも、農民たちにとってはかけがえのない水資源なのである。そのため、これまで倉谷溜め池の領有をめぐって、何度もトラブルが繰り返されてきた。溜め池の真ん中に線を引いて、均等に分ければよさそうなものだが、そういう単純な問題でもなさそうだ。双方とも溜め池が半分だけでは納得できないのだろう。これまで、境界を決めるための協議が何度も行われてきたが、両者の主張は平行線をたどるばかりで、解決のめどは立っていない。行政上特に支障がないことから、境界を確定させるための協議を行って両者の関係をぎくしゃくさせたくないという思いもあるようだ。

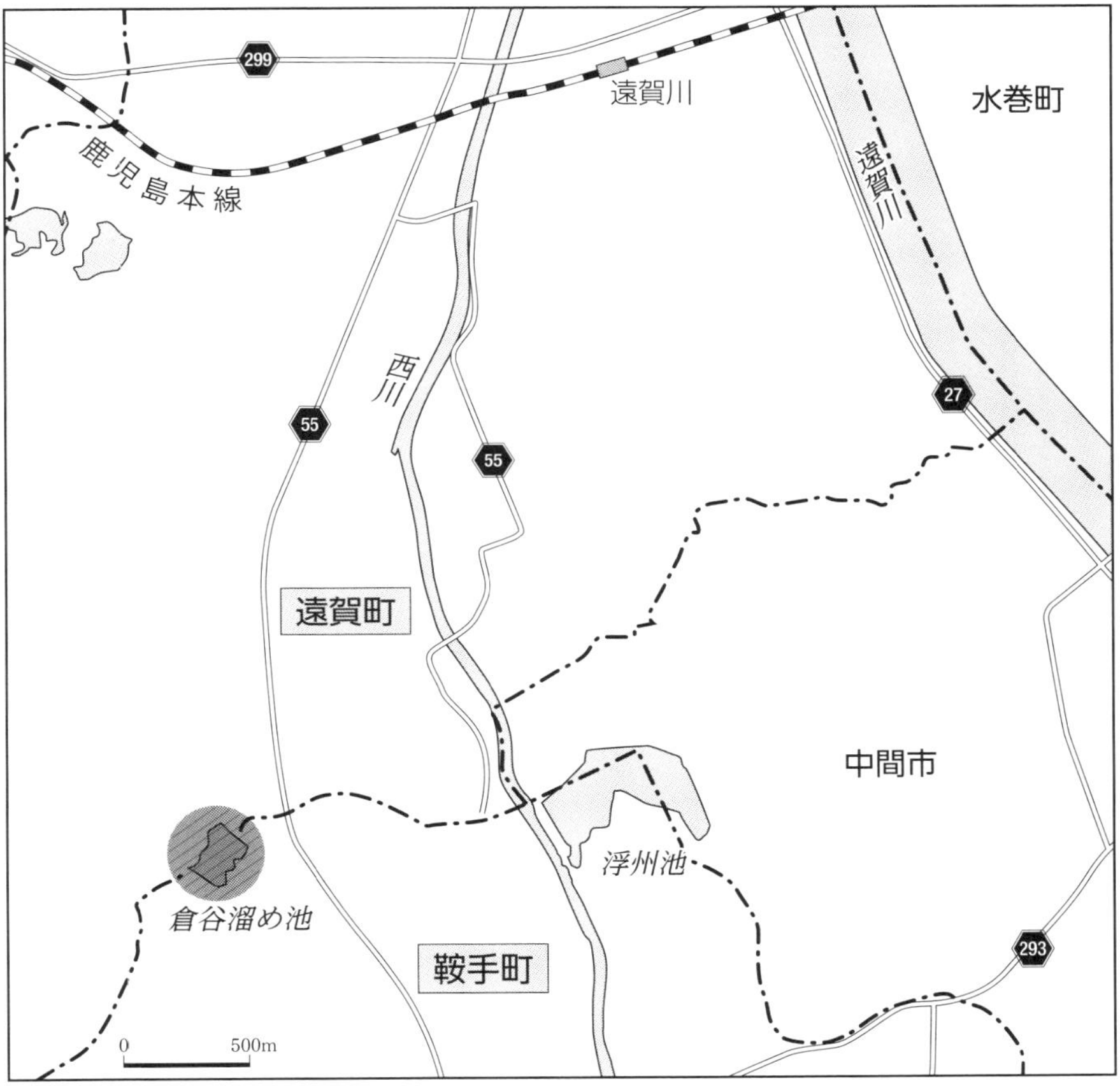

299
遠賀川
水巻町
鹿児島本線
遠賀川
西川
55
55
27
遠賀町
中間市
浮州池
倉谷溜め池
鞍手町
293
0
500m

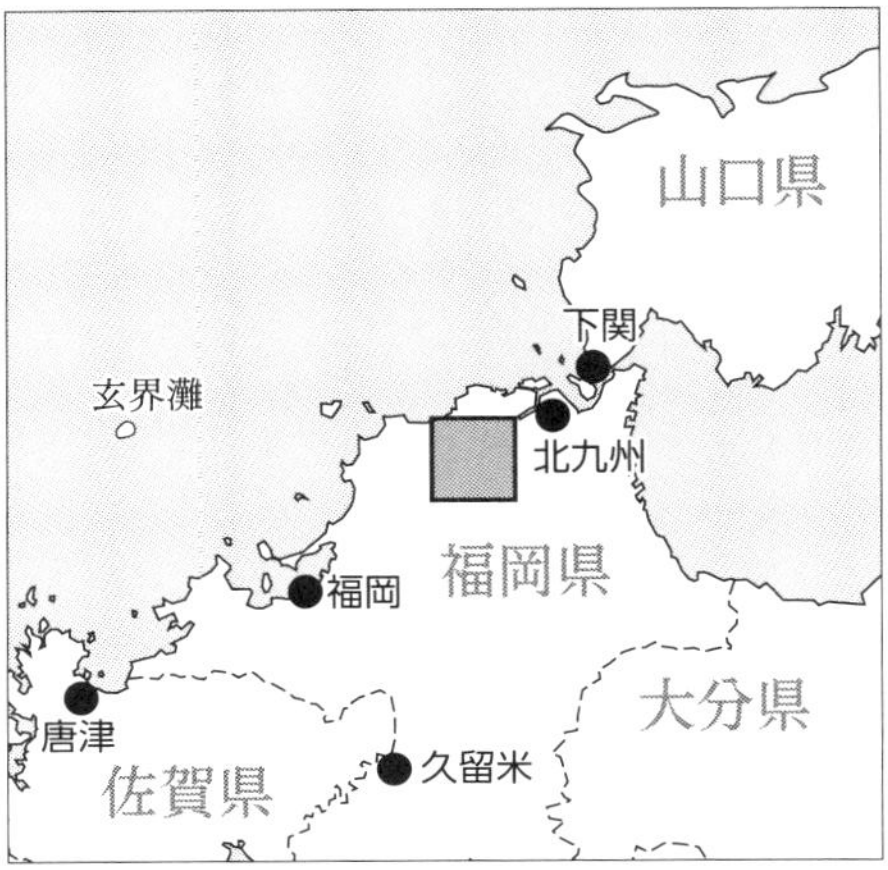

山口県
下関
玄界灘
北九州
福岡県
福岡
唐津
大分県
久留米
佐賀県

■福岡県　小竹町×直方市、小竹町×飯塚市

旧炭鉱町にも境界未定地がある

福岡県のほぼ中央の遠賀《おんが》川の流域に、小竹《こたけ》町という人口7000人そこそこの小さな町がある。明治以降、筑豊炭田の炭鉱町として発展し、最盛期には2万人以上の人口を有していた。昭和30年代になると炭鉱が相次いで閉山され、一時衰退したが、現在は工業団地が造成され、工業化が進められている。町の中心部を南北に流れる遠賀川に沿って、筑豊本線と国道200号が走っている。

小竹町は周囲を旧炭鉱都市の直方《のおがた》市、飯塚《いいづか》市、宮若《みやわか》市の3市に囲まれた面積狭小の町だが、そのうちの直方市と飯塚市との間に境界未定地がある。小竹町と直方市との境界未定地は、遠賀川と支流の彦山川が合流する地点から、5キロほど南へ行ったところにある。片白《かたしろ》溜池という農業用溜め池の東側に広がる丘陵地で、750メートルほどの間が境界未定地になっている。境界未定地を平成筑豊鉄道伊田線が通り抜けている。

直方市の方では地籍調査も終わっているが、小竹町の調査がまだ実施されていないので、境界を確定することはできないが、近年中には確定するものとみられる。

また、境界未定地を挟んで「赤地《あかぢ》」という字名が、直方市と小竹町との双方にある。これは偶然に赤地という地名が存在しているわけではなく、古くは赤地という一つのまとまった集落だったのだ。その集落が何らかの理由で袂を分かち、小竹町と直方市に分かれたものとみられている。

小竹町には飯塚市（旧・頴田《かいた》町）との間にも境界未定地がある。遠賀川と庄内川の合流点から南東方向へ少し行ったところで、詳細な地図でも確認できないほど短い区間が境界未定地になっている。未定地のすぐ北側には団地があり、その北に権現堂溜池がある。境界未定地は民有地のため、これまで特に問題は発生していない。やがて地籍調査が実施され、境界線が確定するものと思われる。

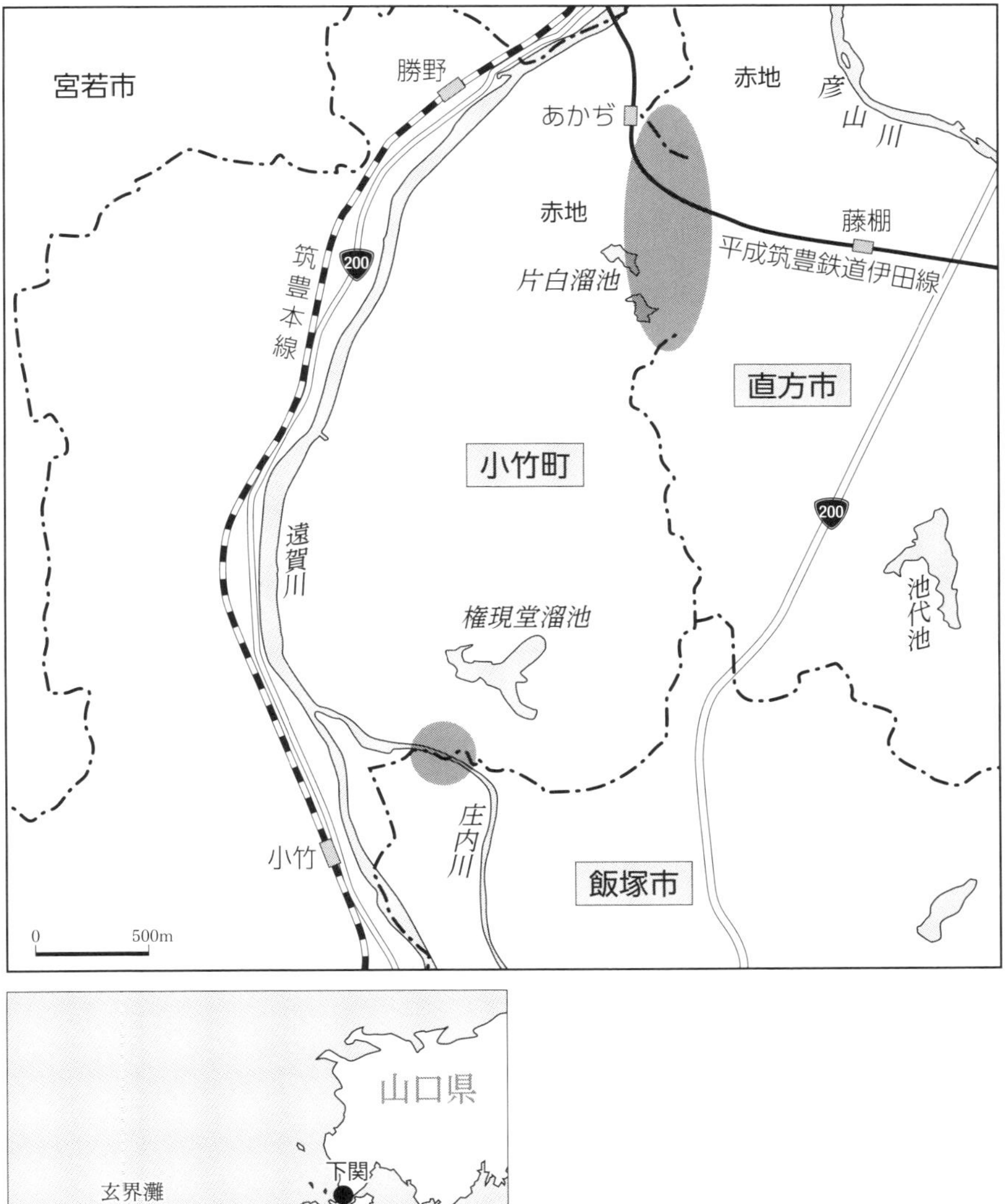
宮若市
勝野
あかぢ
赤地
彦山川
赤地
藤棚
200
筑豊本線
片白溜池
平成筑豊鉄道伊田線
直方市
小竹町
200
遠賀川
権現堂溜池
池代池
庄内川
小竹
飯塚市
0
500m

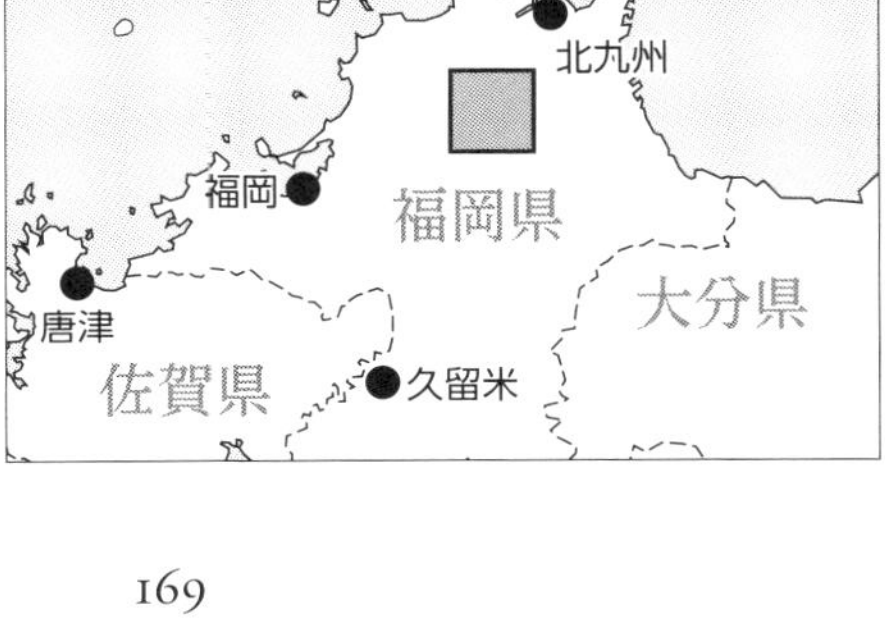
山口県
下関
玄界灘
北九州
福岡
福岡県
唐津
大分県
佐賀県
久留米

■福岡県　田川市×糸田町

バイパスに建設された筑豊烏尾トンネルは境界未定

九州の最北部を占める福岡県は明治以降、北海道とともに石炭産業が最も盛んだった地域で、これまで日本の経済発展に大きく貢献してきた。なかでも、県のほぼ中央に位置する田川《たがわ》市は、筑豊地方で最大の炭鉱都市として栄えた。炭鉱労働者たちの間で歌われた民謡の「炭坑節」は、その後、盆踊りの歌として全国に広まっていったが、その炭坑節の発祥地は田川市だといわれている。田川市の北に隣接して糸田《いとだ》町という小さな町があるが、ここも炭鉱で栄えた町である。だが、1960年（昭和35）ごろから始まったエネルギー革命により、エネルギーの供給源が石炭から石油に転換されたため炭鉱の閉山が相次ぎ、田川市も糸田町もかつての活気を失っている。しかしながら近年は、産業構造の変化にともない企業の誘致が積極的に進められている。

旧炭鉱都市の田川市と、糸田町との間に境界未定地が存在している。国道201号（田川庄内バイパス）にある「道の駅いとだ」の西約900メートルの地点から、飯塚市との境界まで直線で400メートルほどの区間である。境界未定地の周辺は山林原野で、国道201号のバイパスに建設された筑豊烏尾《からすお》トンネルがその中を潜り抜けている。

明治の終わりころから、境界未定地をめぐって頻繁に紛争が発生していたらしい。そこで1987年（昭和62）には、裁判所に所有権確認調停の申し立てが行われ、翌年、裁判所に提示された調停案で田川市と糸田町は合意に達した。1989年（平成元）、田川市と糸田町が境界協定書を締結したことにより、長い間争われてきた境界紛争は決着したのである。そして翌1990年（平成2）と2005年（平成17）に実施された国土調査により、田川市と糸田町の境界線は確定する運びとなり、それを国土地理院に報告するため、両市町で協議を行っていく段階にきている。

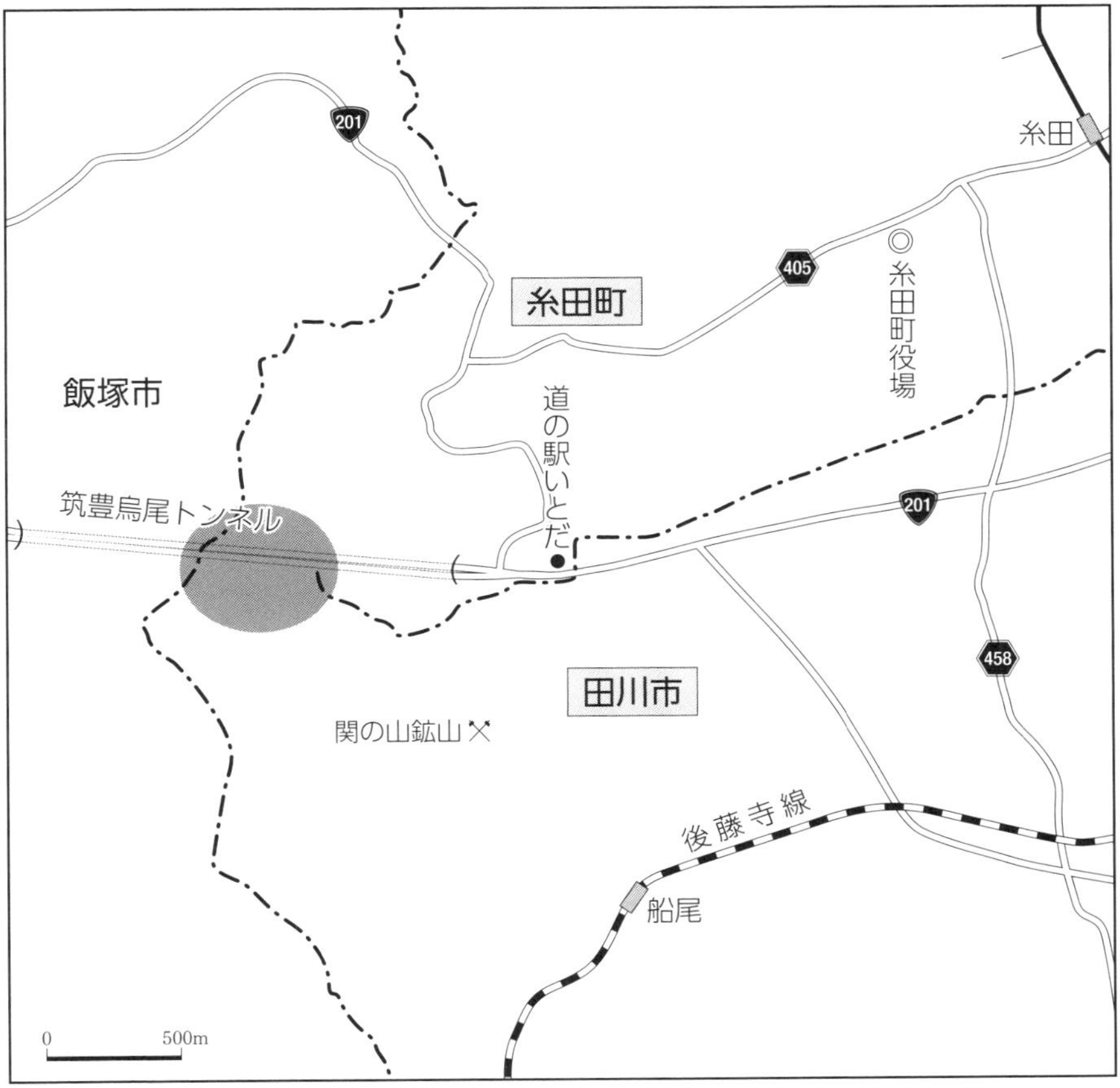
201
糸田
405
糸田町
糸田町役場
飯塚市
道の駅いとだ
筑豊烏尾トンネル
201
458
田川市
関の山鉱山
後藤寺線
船尾
0
500m

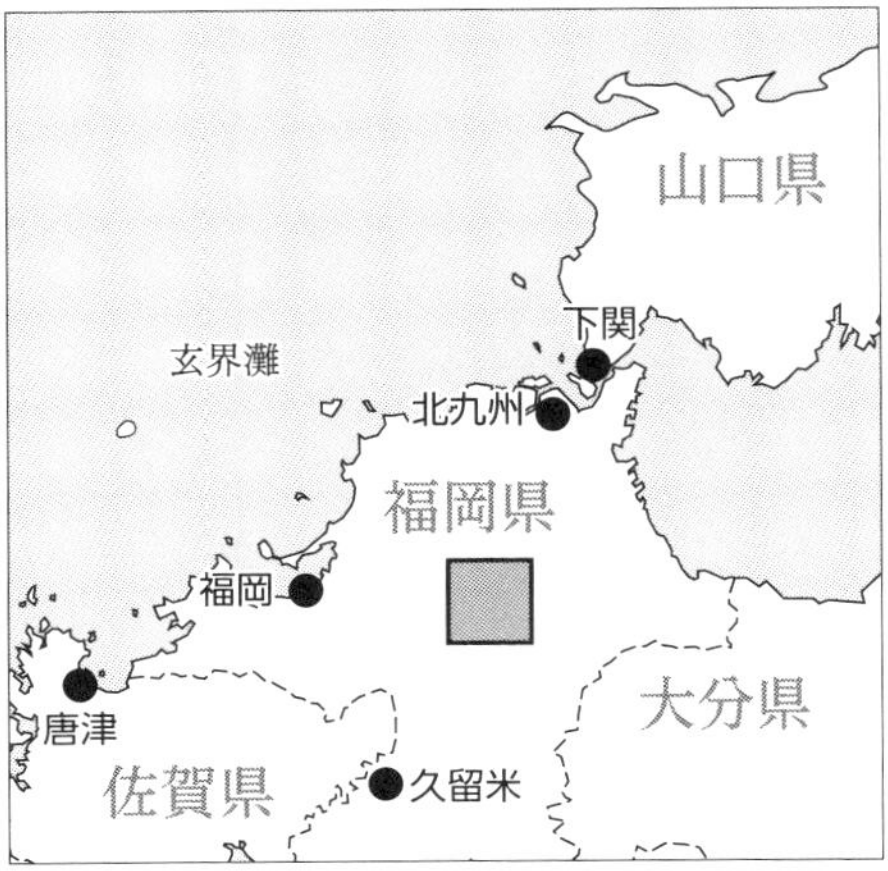
山口県
下関
玄界灘
北九州
福岡県
福岡
唐津
大分県
佐賀県
久留米

■福岡県　添田町×大分県　中津市

県境未定地にそびえる日本三大修験道場の英彦山

福岡県と大分県の県境に、英彦《ひこ》山という原生林に覆われた山がそびえている。さほど高い山ではないが、古くから山伏の修験場として栄えてきたという歴史があり、奈良県の大峰《おおみね》山、山形県の羽黒山とともに「日本三大修験道場」の一つに数えられている。新潟県の弥彦《やひこ》山、兵庫県の雪彦《せっぴこ》山とともに「日本三彦山」の一つでもある。英彦山は北岳、中岳、南岳の三峰からなり、南岳が標高1199メートルの最高峰だ。中岳に英彦山神社がある。現在は自然景観にすぐれた山として、耶馬《やば》日田英彦山国定公園の一角を担っている。

この英彦山の山頂付近が県境の未定地になっている。福岡と大分の県境にある薬師峠（標高900メートル）から、英彦山の鬼スギ東側の標高1044メートルの地点までの約2・3キロの間が境界未定地なのだ。境界未定地は国有林と、英彦山神社の神社林に覆われている。1967年（昭和42）、大分県山国《やまくに》町（現・中津《なかつ》市）は福岡県の添田《そえだ》町に対し、山国町と添田町の境界、すなわち大分と福岡の県境は、国土地理院の地形図を基に尾根伝いにする旨の確認を行ったところ、添田町側はこれを了承した。ところが、新しく就任した添田町長はこの決定に強く反発した。というのも、1901年（明治34）4月、大分、福岡両県が尾根伝いより大分県側にある営林署作業道を境界線とする文書を取り交わしていたことが判明したからである。そのため添田町長は、前町長時代に交わした確認決定を破棄することを山国町側に通告。それに対し山国町は、あくまでも国土地理院の地形図に記されている境界線を主張して激しく対立したことから、両県庁、熊本営林局、国土地理院をも巻き込んで県境紛争へと発展。それ以来、地形図から境界線が消えた。県境が未定地であることによる支障は特にないため、両町による協議は行われておらず、県境未定地が解消する見通しも立っていない。

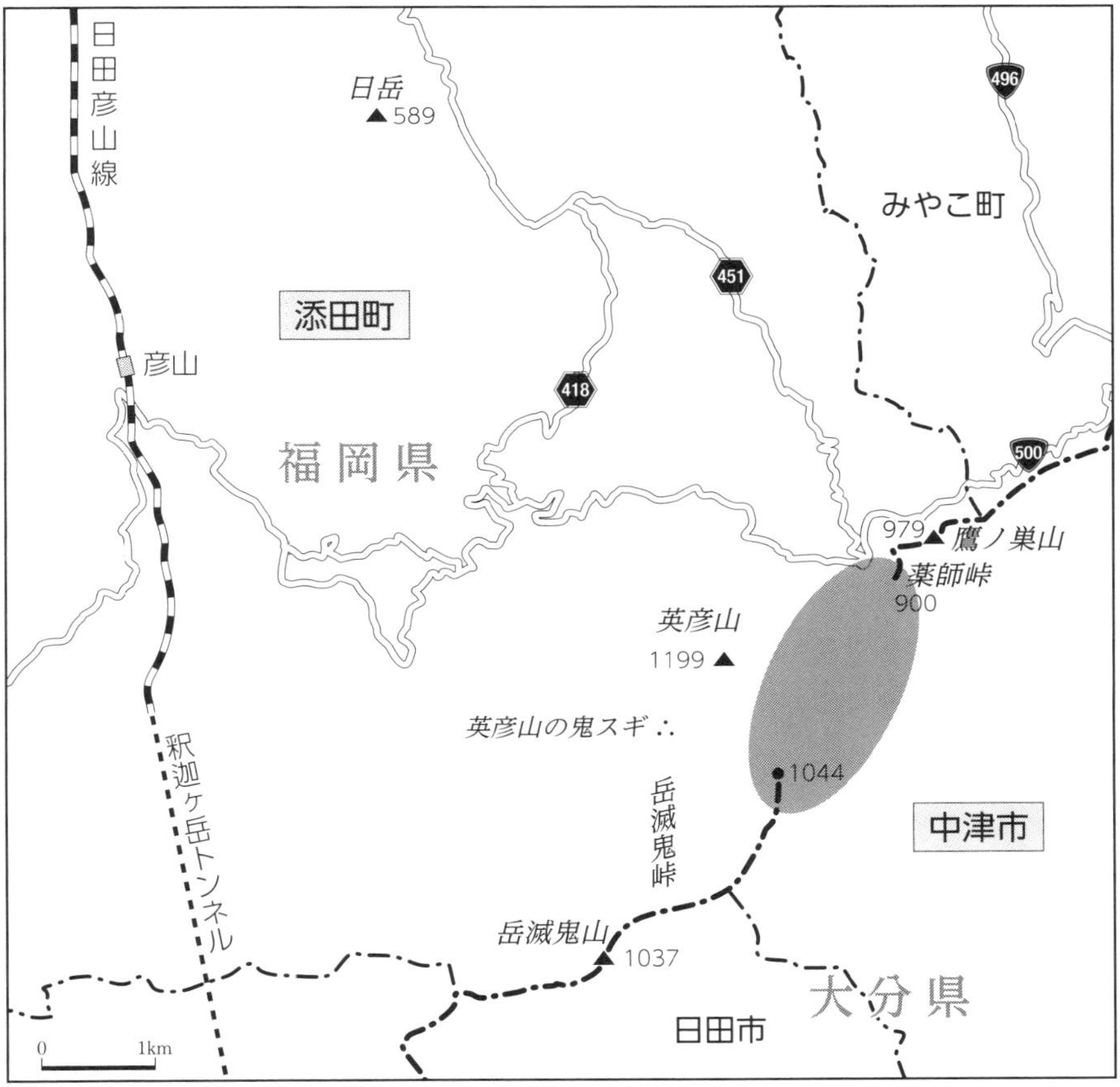
日田彦山線
日岳
589
みやこ町
496
451
添田町
彦山
418
福岡県
500
979
鷹ノ巣山
薬師峠
900
英彦山
1199
英彦山の鬼スギ
1044
中津市
釈迦ヶ岳トンネル
岳滅鬼峠
岳滅鬼山
1037
大分県
日田市
0
1km

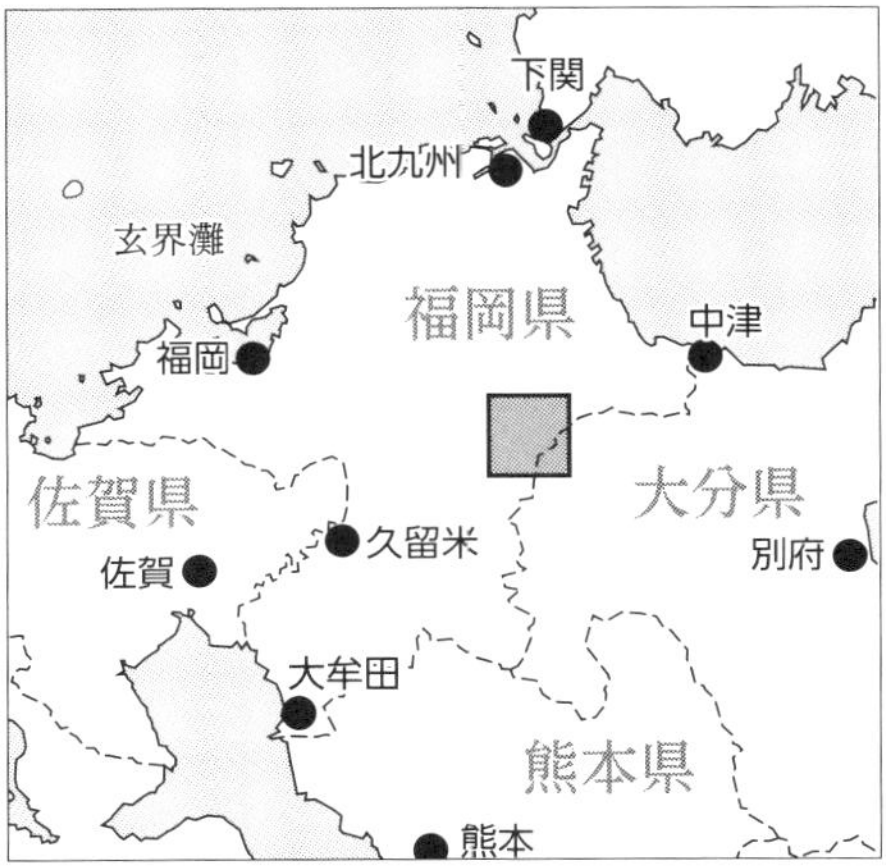
下関
北九州
玄界灘
福岡県
中津
福岡
佐賀県
大分県
久留米
佐賀
別府
大牟田
熊本県
熊本

■佐賀県　みやき町×上峰町

佐賀県東部の境界未定地は地籍調査の終了で解消

佐賀県最東端に位置する交通の要衝の鳥栖《とす》市と、弥生時代の大規模な環濠集落跡の吉野ヶ里《よしのがり》遺跡があることで有名な吉野ヶ里町の間に「みやき町」という町がある。2005年（平成17）、中原町、北茂安《きたしげやす》町、三根《みね》町の3町が合併して成立した町で、町の南縁を流れている筑後川を挟んで、福岡県の久留米市と隣接している。県庁所在地の佐賀市や福岡市にも近く、近年はベッドタウンとして宅地化が進んでいる。

町の北部は脊振《せふり》山地で、山麓を長崎自動車道が東西に通り抜けており、その南側を長崎本線と国道34号が並行して走っている。みやき町と吉野ヶ里町に挟まれて上峰《かみみね》町という小さな町があるが、みやき町と上峰町との間に境界未定地がある。みやき町の旧北茂安町と旧三根町は、すでに合併前に地籍調査が終了している。したがって、旧北茂安町および旧三根町と上峰町との間に境界未定地は存在していないが、旧中原町の地籍調査はまだ終わっていないので、みやき町としては旧中原町と上峰町との間に境界未定地が残っていることになる。長崎自動車道のすぐ南側から、鎮《ちん》西《ぜい》山（200メートル）の北麓まで1・5キロほどの間である。境界未定地のほとんどが山林だが、溜め池もあり長崎自動車道も通っている。上峰町でもすでに地籍調査は終了しているので、旧中原町の地籍調査が終われば、町境はすべて確定し、境界未定地は解消する。

そもそも地籍調査とは、「土地に関する戸籍」ともいわれるように、一筆ごとの土地の所有者、地番、地目を調査し、一筆ごとの土地の境界や地積（土地の面積）を測量することをいう。そこで、隣接する自治体との間で、境界線の主張に食い違いが生じると境界線を引くことができず、境界未定地として扱われることになる。地積にはどうしても利害がともなってくるため、容易に境界を確定させることができないのである。

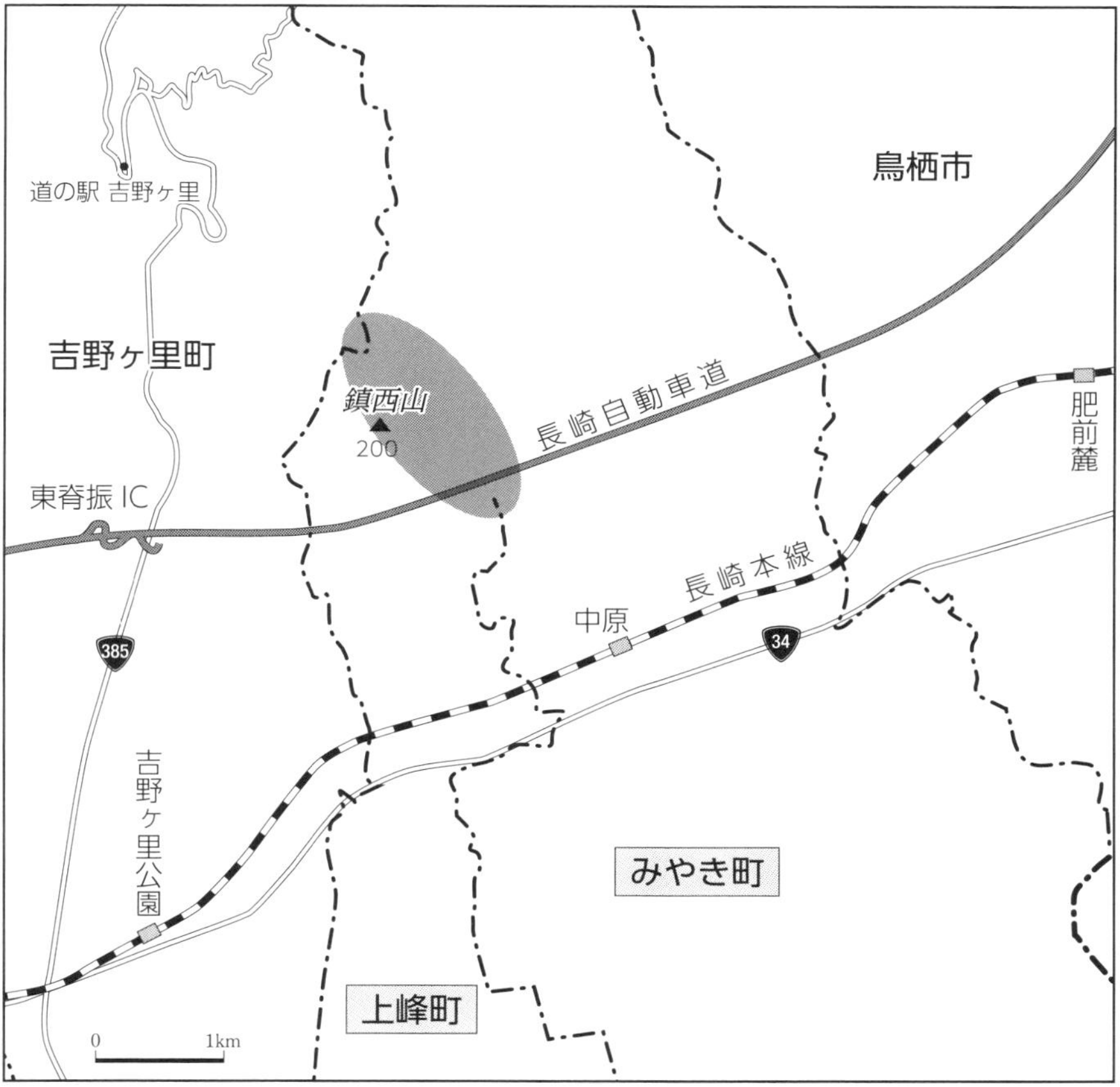
道の駅 吉野ヶ里
鳥栖市
吉野ヶ里町
鎮西山
200
長崎自動車道
肥前麓
東脊振 IC
長崎本線
中原
385
34
吉野ヶ里公園
みやき町
上峰町
0
1km

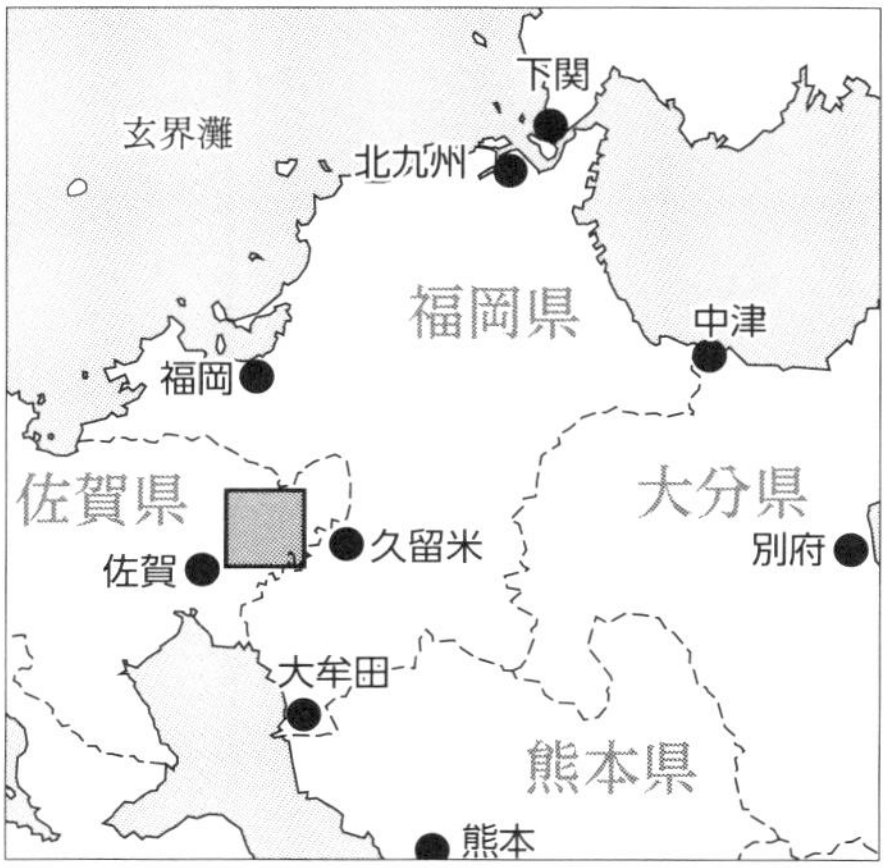
下関
玄界灘
北九州
福岡県
中津
福岡
佐賀県
大分県
久留米
佐賀
別府
大牟田
熊本県
熊本

■佐賀県　佐賀市×神埼市

佐賀市と神埼市の境界未定地の面積は毎年協議で確認

　福岡県南部から佐賀県南東部にかけて広がっている筑紫平野、その西部を占めている佐賀平野は日本有数の穀倉地帯として知られている。佐賀平野の米の収穫量は、佐賀県全体の70パーセント以上を占めている。佐賀平野の南側は有明海に臨み、北部には筑紫山地が横たわっているが、筑紫山地と佐賀平野の境目あたりを、長崎自動車道が東西に通り抜けている。県庁所在地の佐賀市は、佐賀平野のほぼ中央に位置している。市の東側は、南部で筑後川を挟んで福岡県の大川市および柳川市に接し、中北部では佐賀県の神埼《かんざき》市に隣接している。

　境界未定地は、佐賀市と神埼市との間に存在している。筑紫山地の腰巻山（514メートル）の南東側の斜面を、600メートルほど下った標高486メートルの地点から南へ約2キロ、ちょうど長崎自動車道までの間が境界未定地になっている。長崎自動車道の南側には帯隈《おぶくま》山や早稲隈《わさくま》山、日《ひ》の隈《くま》山などの小高い山がそびえ、多くの溜め池が点在している。池畔には、国の天然記念物に指定されているエヒメアヤメ自生南限地がある。

　境界未定地は標高100～500メートルの丘陵地で、一帯が国有林のため、明確な境界線を確定させることが難しいという面がある。いや、国有林なのであえて境界線を確定させる必要性がなかったともいえる。だが、佐賀市と神埼市は、境界未定地に関して毎年協議を行い、面積（参考地）の確認をしているので、地方交付税の算定に影響を及ぼすことはないという。そういう理由もあって、現在に至るまで境界線は未定のままである。境界未定地が国有林のため、調査や測量など、多額の費用を使ってまで境界線を確定させる必要もなく、現在の段階ではそのような動きはない。境界が未定のままでも利害問題が生じる恐れもないことから、今後も境界未定地を解消させるための話し合いは特に行われる予定はないという。したがって、境界が確定する見通しも立っていない。

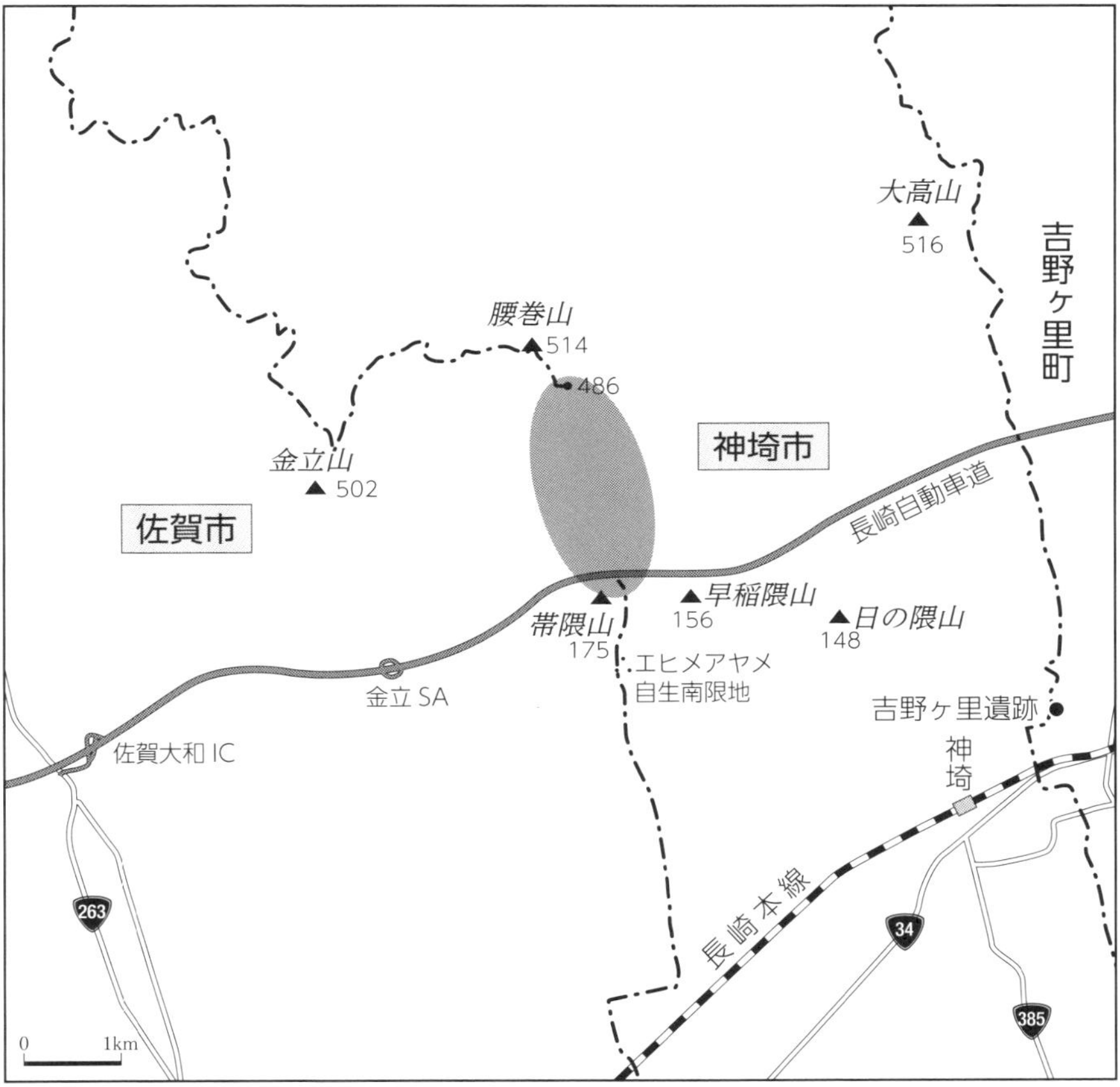
大高山
516
吉野ヶ里町
腰巻山
514
486
神埼市
金立山
502
佐賀市
長崎自動車道
早稲隈山
156
日の隈山
148
帯隈山
175
エヒメアヤメ
自生南限地
金立 SA
吉野ヶ里遺跡
佐賀大和 IC
神埼
長崎本線
263
34
385
0
1km

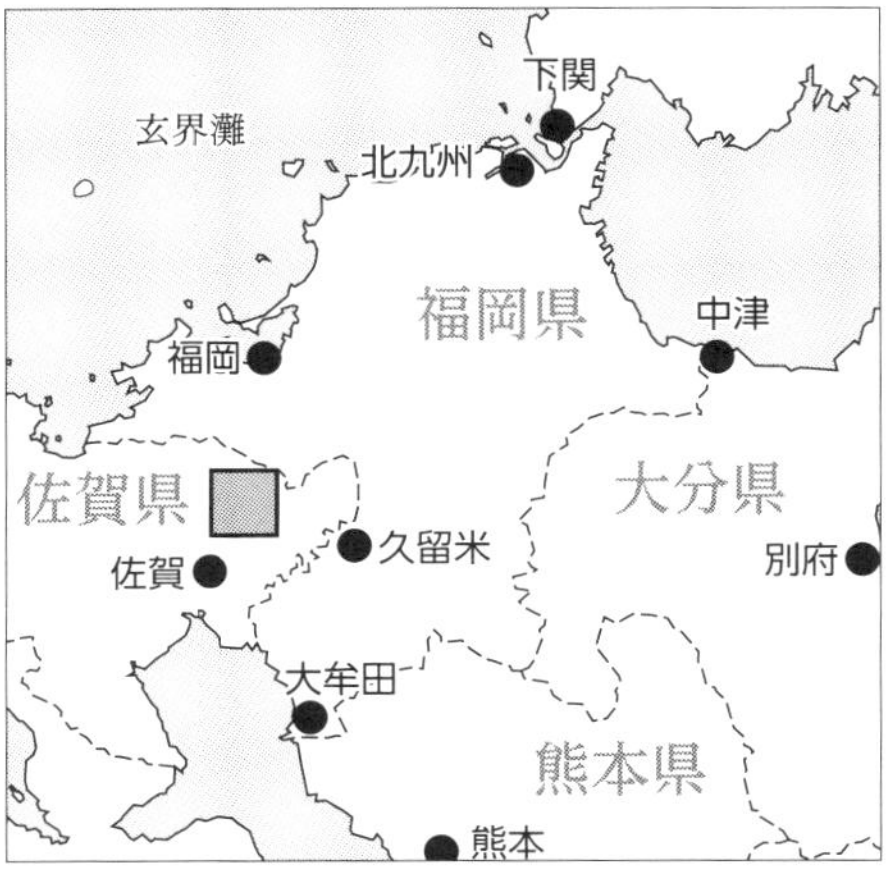
下関
玄界灘
北九州
福岡県
中津
福岡
佐賀県
大分県
久留米
佐賀
別府
大牟田
熊本県
熊本

■佐賀県　多久市×江北町

丘陵地に広がる果樹園が多久市と江北町の境界未定地

佐賀県の中央に位置する多久市《たく》は、明治以降、唐津炭田の炭鉱町として発展してきた都市である。炭鉱の閉山後は活気を失ってしまったが、企業誘致を積極的に進め、都市の再生を図っている。多久盆地の中心に市街地が形成されており、唐津線のほか、長崎自動車道や厳木《きゅうらぎ》多久道路、国道203号などが盆地の真ん中を通り抜けている。南部の丘陵地ではミカンの栽培が盛んである。

多久市の南に隣接している江北町《こうほく》は、佐賀平野の西部に位置しているが、佐久市と同じように、明治以降は石炭産業で発展してきた町である。閉山後は企業誘致を進め、丘陵地などでミカンを栽培しているという点でも、多久市と共通している。江北町は江戸時代から交通の要地として発展してきたが、現在もその重要な役割は変わっていない。江北町の玄関駅である肥前山口駅で、長崎本線と佐世保線が分岐しており、国道34号と207号の分岐点もある。

多久市と江北町との間にある境界未定地は、江北町の北部にそびえる辨天山《べんてん》（195メートル）という小高い山の北側丘陵地にある。直線で1・3キロほどの間である。境界未定地には山林のほか、果樹園や田畑、荒地などが混在しており、農業用の溜め池も点在している。近くを六角川水系の石原川も流れている。その石原川の流れに沿って、佐賀県道35号多久江北線が通り抜けている。

いつから境界未定地が存在しているのかは不明だが、国有地と民有地が複雑に入り組んでいるため、国土調査にも手間取ったという。現在は地籍調査もほぼ終わっており、多久市と江北町との間で最終段階の詰めの協議が行われている。境界線が確定するのも、そう先のことにはならなさそうだ。

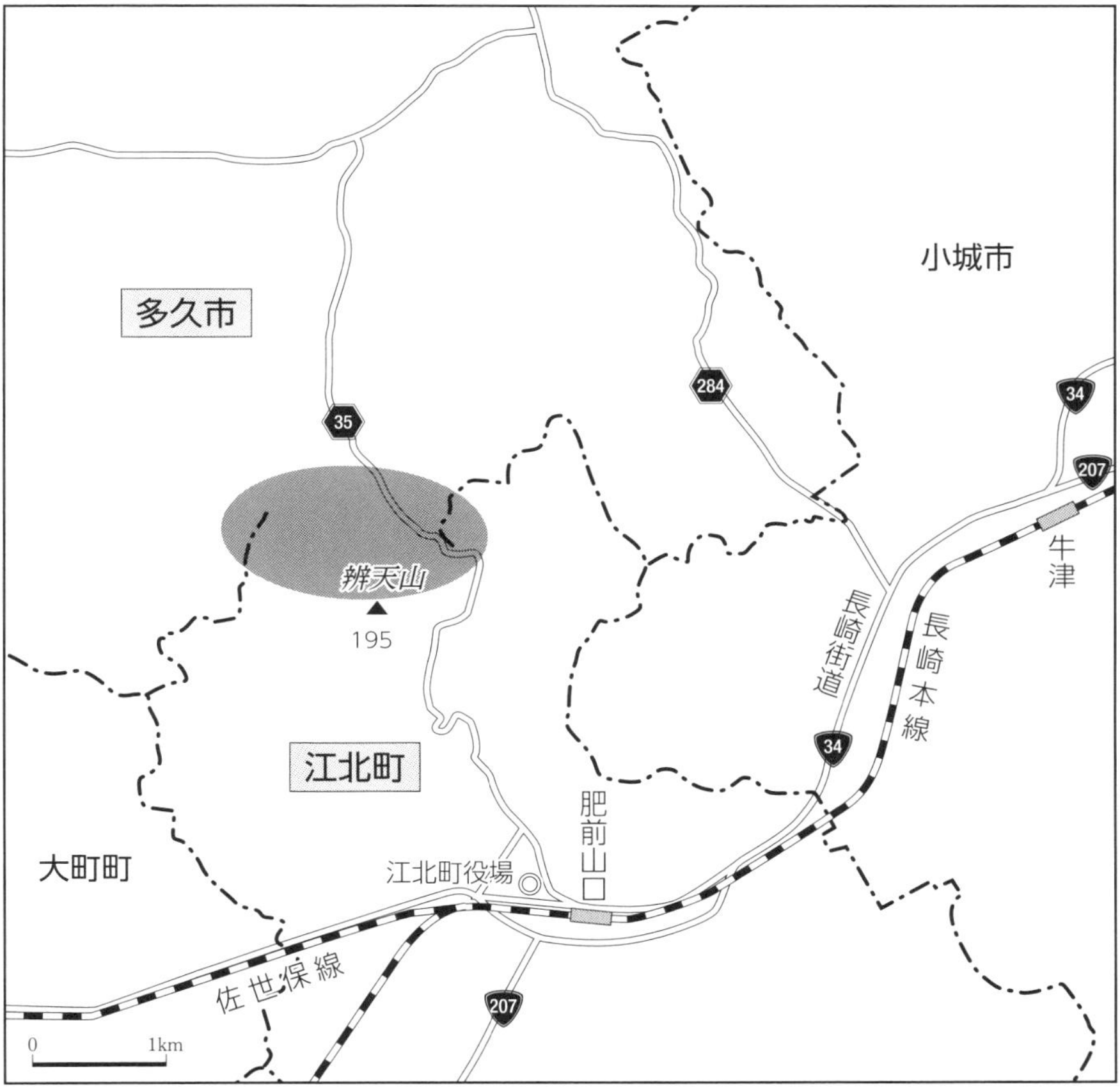
小城市
多久市
284
34
35
207
牛津
辨天山
195
長崎街道
長崎本線
34
江北町
肥前山口
大町町
江北町役場
佐世保線
207
0
1km

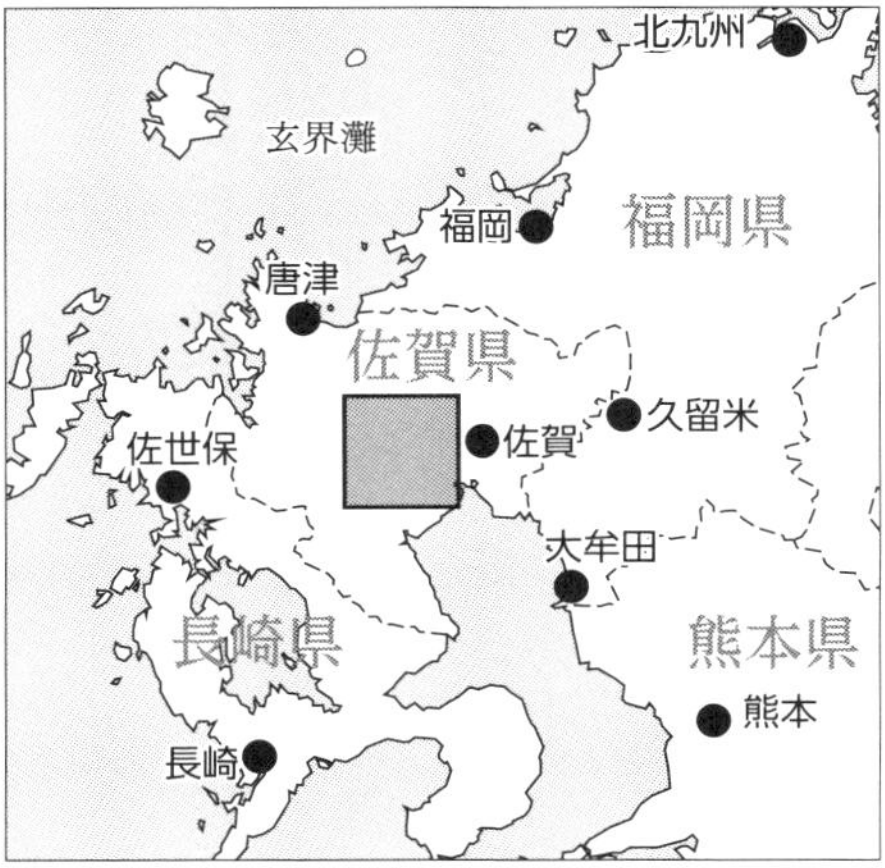
北九州
玄界灘
福岡
福岡県
唐津
佐賀県
久留米
佐賀
佐世保
大牟田
長崎県
熊本県
熊本
長崎

■熊本県　阿蘇市×南阿蘇村、阿蘇市×産山村、南阿蘇村×大津町

阿蘇山の周辺にある3ヵ所の境界未定地

九州のほぼ中央にそびえている阿蘇《あそ》山は、標高900メートル前後の外輪山と、阿蘇五岳と呼ばれる中央火口丘からなる複式活火山である。外輪山の東西は18キロ、南北24キロ、周囲が80キロもある世界最大のカルデラとして知られている。阿蘇山の最高峰は、阿蘇市と高森町の境界にそびえる高岳（1592メートル）だが、大噴火口があるのは、高岳のすぐ西側にそびえている標高1506メートルの中岳である。中岳の西約700メートルの地点と、そこから一部確定している部分を挟んで西へ3・5キロほどまでが、阿蘇市と南阿蘇村の境界未定地になっている。未定地の北側が阿蘇市で、南側が南阿蘇村である。

中岳の噴火口は境界未定地にある。噴火口の西側まで有料道路の阿蘇山公園道路が通じており、阿蘇山上神社がある阿蘇山西駅と、噴火口近くの火口西駅をロープウェイで結んでいるが、このあたりの阿蘇市と南阿蘇村の境界が曖昧なのである。

阿蘇市には、東に隣接する産山《うぶやま》村との間にも境界未定地がある。産山村は阿蘇山の外輪山と久住山の中間に広がる丘陵地に開けた山村で、広大な原野では肉牛の飼育が行われている。境界未定地は、別府湾に注いでいる大野川の二次支流の大蘇《おおそ》川に建設された大蘇ダムから、南西へ2キロほどのところにある。なぜか、約500メートルだけが境界未定地になっているのだ。近くに「阿蘇やまなみリゾートホテル&GC」がある。

南阿蘇村にも、もう1ヵ所の境界未定地がある。阿蘇五岳の一つである根子《ねこ》岳（1433メートル）を発して島原湾に注いでいる白川と、国道57号が最接近している地点、すなわち黒川第三発電所の北側から北東へ向かって阿蘇市との境界まで、直線でおよそ7キロの間が境界未定地なのだ。阿蘇山の西側斜面一帯で、瀬田裏原野が広がっている。これらの境界未定地は、発生事由や発生時期など、すべて不明である。

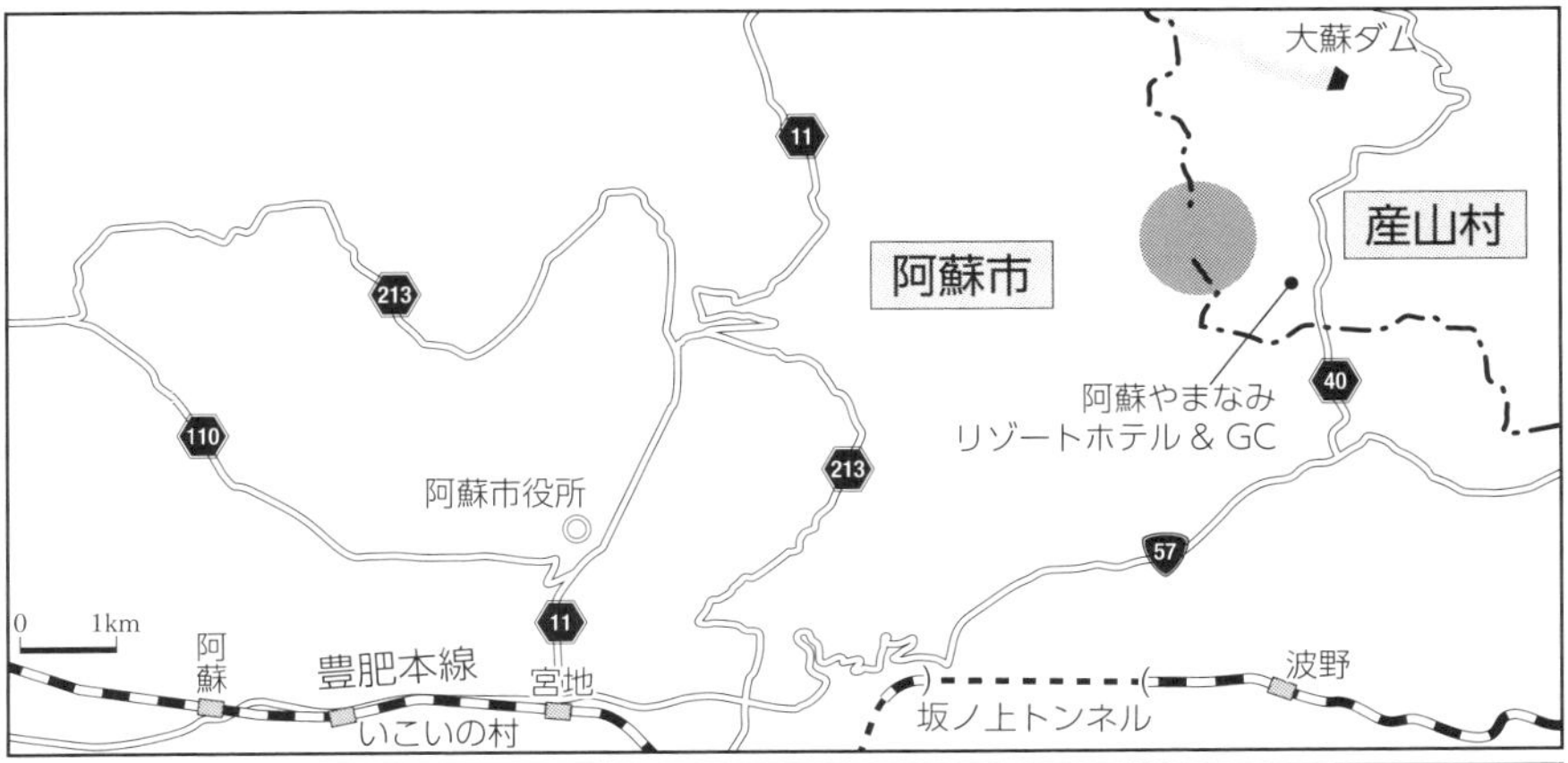
大蘇ダム
11
産山村
阿蘇市
213
阿蘇やまなみ
リゾートホテル＆GC
40
110
213
阿蘇市役所
57
0　1km
11
阿
蘇
豊肥本線
宮地
波野
いこいの村
坂ノ上トンネル

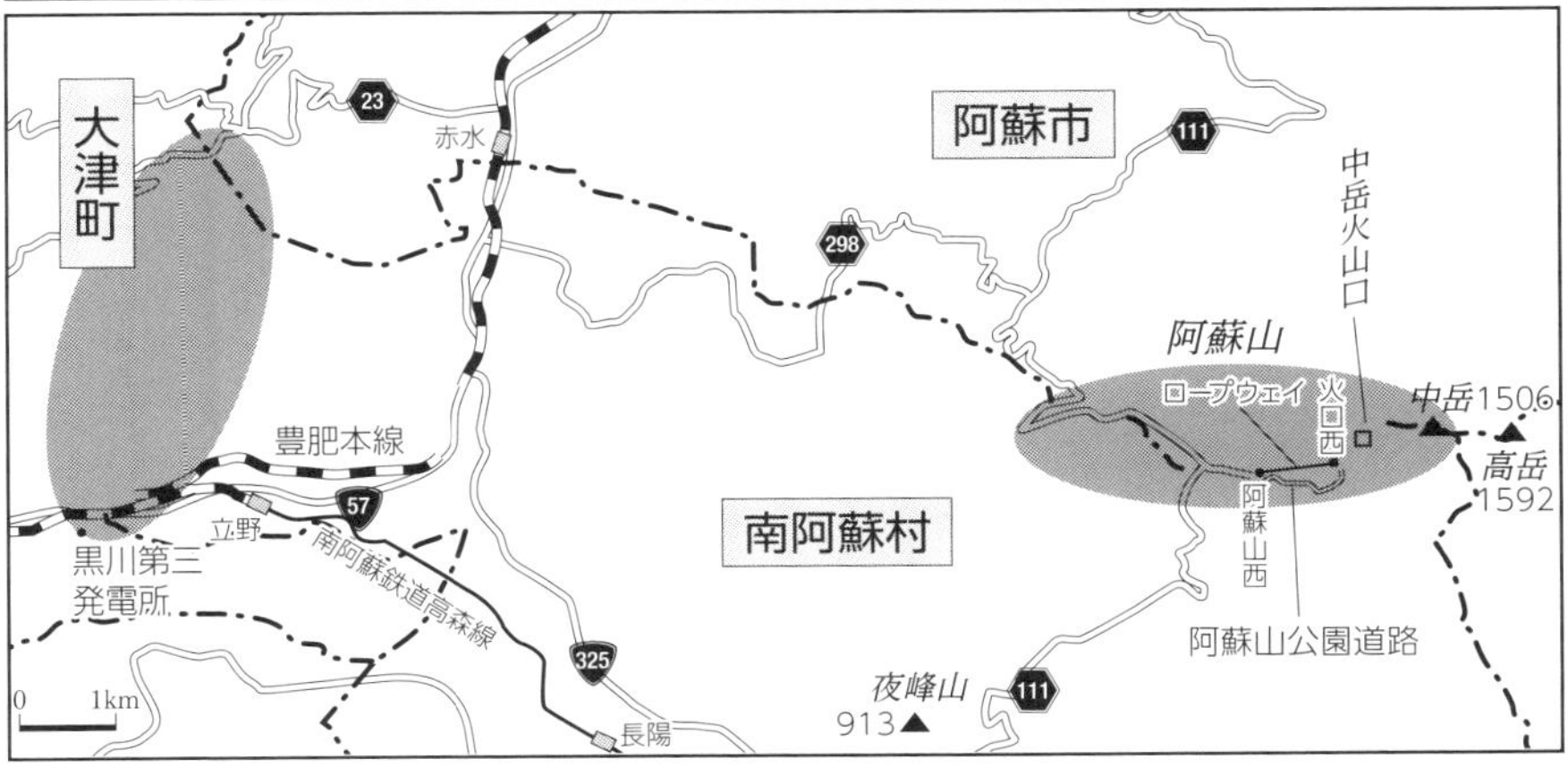
大
津
町
23
赤水
阿蘇市
111
中
岳
火
山
口
298
阿蘇山
ロープウェイ
火
口
西
中岳1506
高岳
1592
豊肥本線
阿
蘇
山
西
57
立野
南阿蘇村
黒川第三
発電所
南阿蘇鉄道高森線
阿蘇山公園道路
325
夜峰山
913
111
0　1km
長陽

福岡県
大分県
南小国町
産山村
菊池市
阿蘇市
阿蘇山
大津町
南阿蘇村
高森町
熊本県
宮崎県

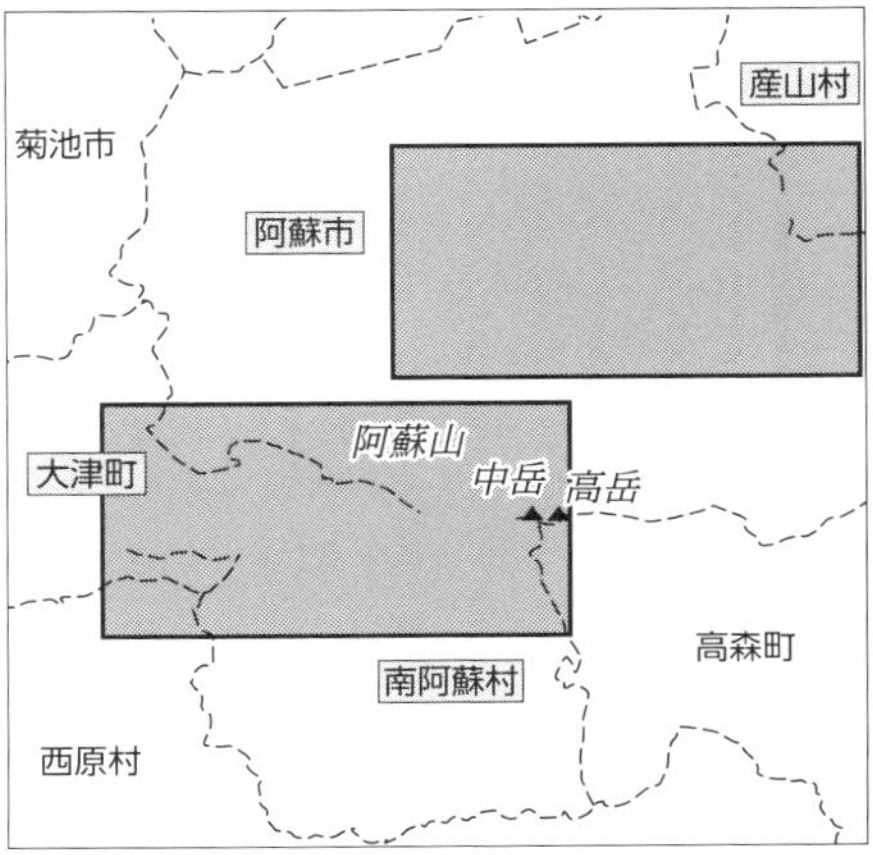
産山村
菊池市
阿蘇市
大津町
阿蘇山
中岳
高岳
高森町
南阿蘇村
西原村

■大分県　九重町×竹田市、大分県　九重町×熊本県　小国町

近年中に解消される大分県と熊本県の境界未定地

九州本土の最高峰は霧島山《きりしま》でもなければ、雲仙岳《うんぜん》でも阿蘇山《あそ》でもない。大分県の中西部に横たわる「くじゅう連山」と呼ばれている火山群、その最高峰の中岳《なか》（1791メートル）が九州本土の最高峰である。くじゅう連山には中岳のほか、久住山（1787メートル）や星生山《ほっしょう》（1762メートル）などの高峰が連なっている。くじゅう連山の北側に位置する九重町《ここのえ》は、南側は竹田市《たけた》と隣接し、北側は玖珠町《くす》、西側は熊本県の小国町《おぐに》および南小国町に隣接している。

九重町の中心部を流れている筑後川水系の二次支流である野上川に沿って、九大本線と国道210号が、北側の山麓を大分自動車道が走り抜けているが、町の南部には観光客で賑わう飯田《はんだ》高原が広がっている。その九重町に2ヵ所の境界未定地がある。1ヵ所は、くじゅう連山をまたいで南側に隣接している竹田市との間にあり、もう1ヵ所は西に隣接する熊本県小国町との間にある。

九重町と竹田市との境界未定地は、くじゅう連山の山中にある。中岳の西およそ1・3キロの地点から、さらに西へ直線で1キロほどまでの間が境界未定地になっている。未定地の周辺は、標高1600～1700メートルの荒れ地で、すぐ北側には星生山がそびえている。2019年に国土調査が入る予定になっており、それが済めば正式な境界が確定する予定である。

九重町と熊本県小国町との間にある県境未定地は、飯田高原の西にそびえている涌蓋山《わいた》（1500メートル）の南側斜面、標高1200メートル前後に広がる荒れ地に1キロほどの未定地がある。小国町側では2017年（平成29）に国土調査が済んでおり、九重町でも2020年中には国土調査が実施される予定になっている。それが済めば大分県と熊本県の県境未定地も解消され、正式な県境が引かれることになる。

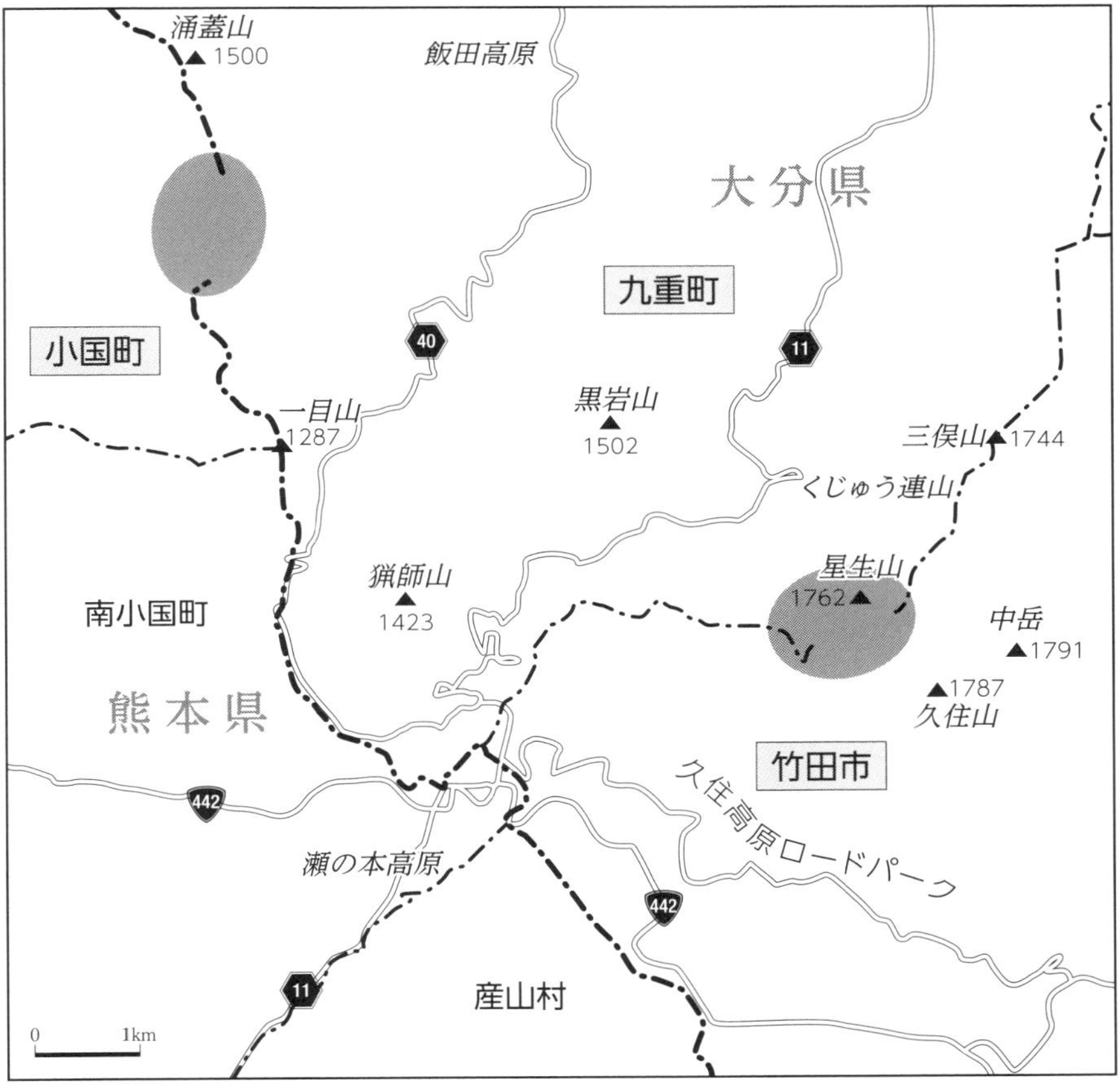
涌蓋山
1500
飯田高原
大分県
九重町
小国町
40
11
一目山
1287
黒岩山
1502
三俣山
1744
くじゅう連山
猟師山
1423
星生山
1762
中岳
1791
1787
久住山
南小国町
熊本県
竹田市
442
久住高原ロードパーク
瀬の本高原
11
産山村
0
1km

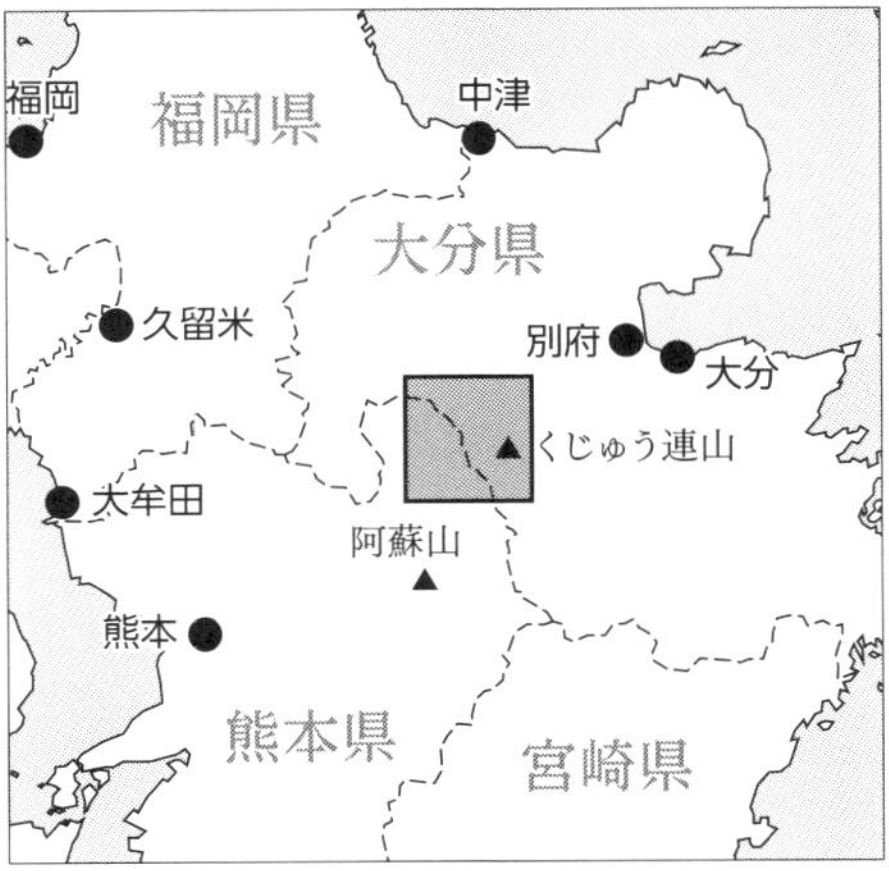
福岡
福岡県
中津
大分県
久留米
別府
大分
くじゅう連山
大牟田
阿蘇山
熊本
熊本県
宮崎県

■大分県　別府市×由布市

別府市と由布市の境界未定地は保安林

日本有数の温泉地として知られる別府《べっぷ》市は、大分県中部の別府湾岸に温泉街を形成しており、「別府八湯」といわれる温泉地が市内の各所に点在している。源泉数、湧出量ともに日本一の大温泉で、九州を代表する観光温泉都市として賑わっている。県庁所在地の大分市とは別府湾岸で繋がっており、大分都市圏の一角を担っている。だが、両市の境界付近に、猿の棲息地として有名な高崎山が立ちはだかっているため市街地は分断され、両市を結ぶ交通手段は内陸部を走っている大分自動車道を別にすれば、湾岸沿いを通っている日豊本線と別大国道（国道10号）しかない。したがって、国道10号の交通量は九州でも屈指の多さである。

市の東部は別府湾だが、南部と西部は由布《ゆふ》市に囲まれており、北部は宇佐市と日出《ひじ》町に接している。別府湾岸には平地が広がっているが、内陸部は険しい山岳地帯で、由布市との境にそびえる由布岳（豊後富士・1583メートル）や、山頂までロープウェイが通じている鶴見岳（1375メートル）などの山々が連なっている。市の北部にも伽藍岳（硫黄山）という標高1045メートルの山がそびえている。山頂は由布市側にあるが、ここに別府市と由布市の境界未定地がある。

境界未定地は伽藍岳の北麓、大分自動車道のすぐ東側にある。標高650〜700メートルの伽藍岳の北側斜面で、直線で450メートルほどの区間が境界未定地になっている。境界未定地の一帯は保安林である。すなわち、森林法に基づいて水源涵養《かんよう》、自然災害の防止、環境保全などを目的として農林水産大臣が指定した森林地帯で、保安林の周囲も国有林のため構築物は何もなく、現在は市の農林水産課が防火帯を設置して管理している。特に行政上の支障はなく、由布市との間で境界を確定するための協議も行われていない。

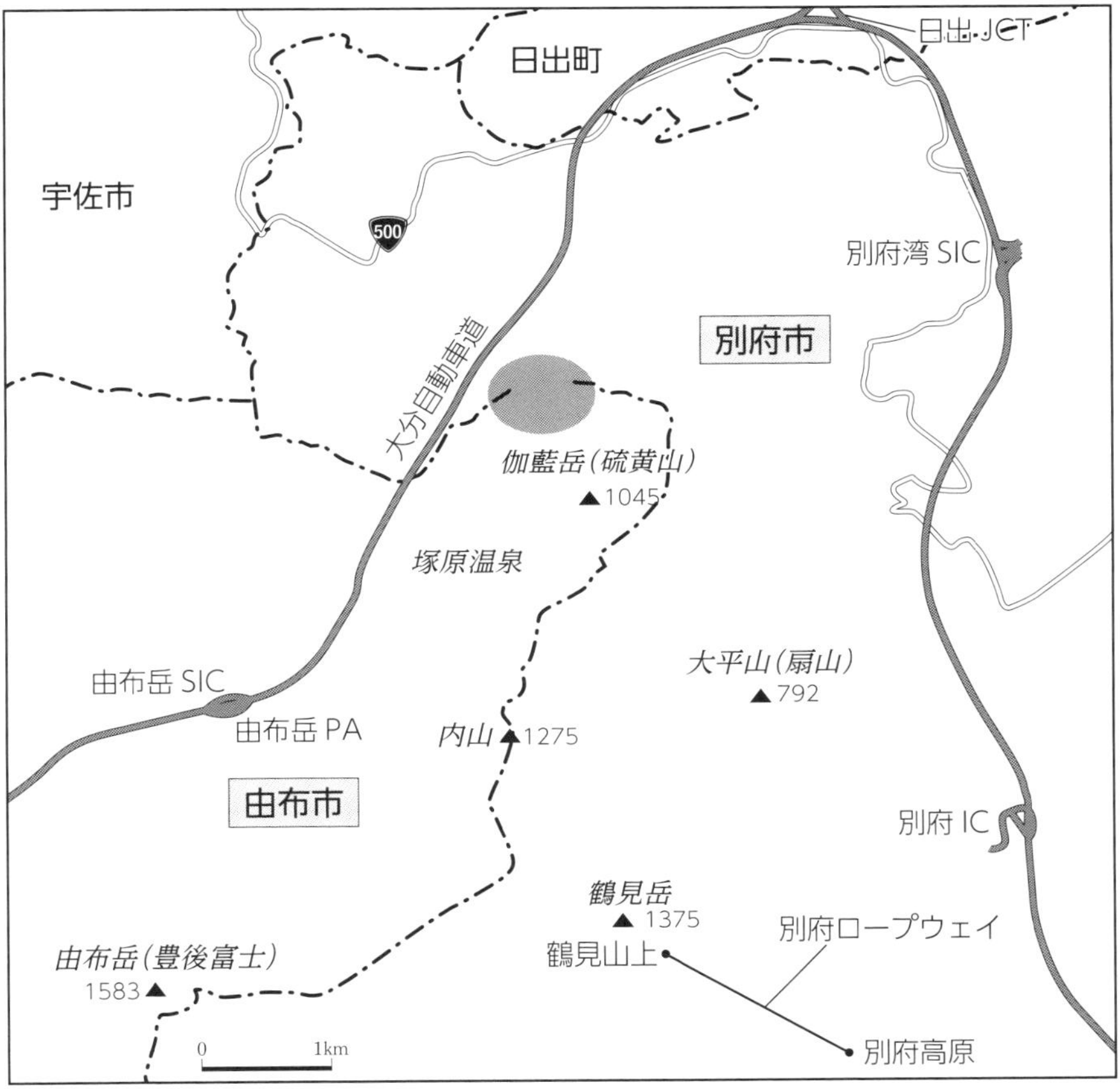
日出町
日出JCT
宇佐市
500
別府湾SIC
別府市
大分自動車道
伽藍岳（硫黄山）
1045
塚原温泉
大平山（扇山）
792
由布岳SIC
由布岳PA
内山
1275
由布市
別府IC
鶴見岳
1375
別府ロープウェイ
鶴見山上
由布岳（豊後富士）
1583
0
1km
別府高原

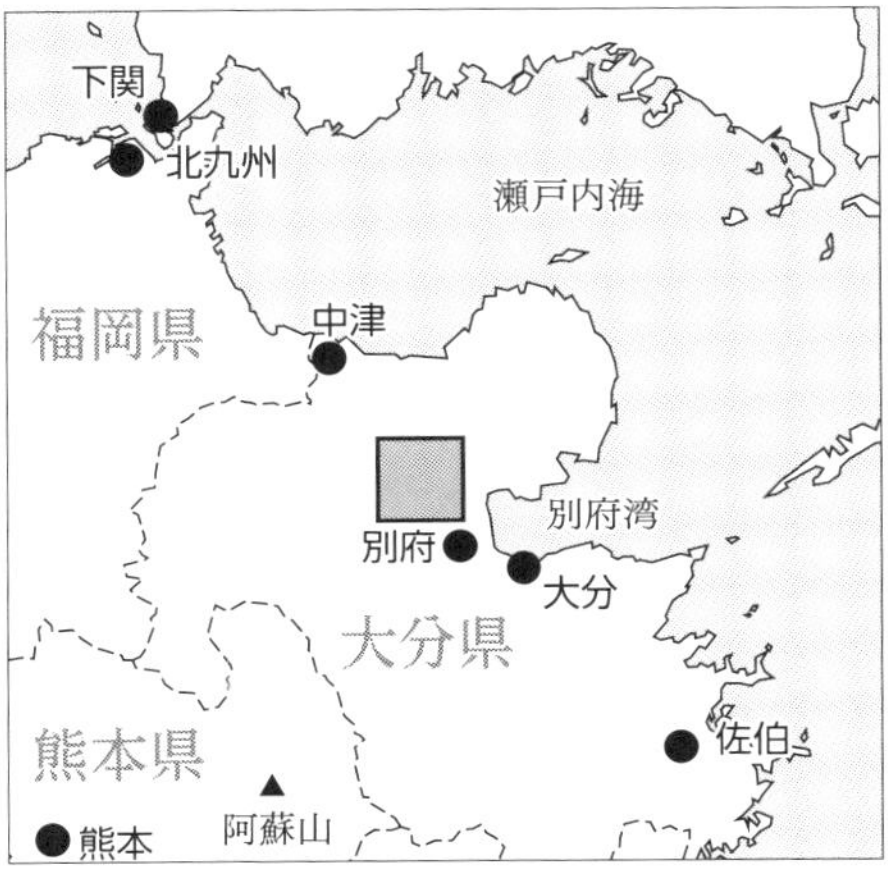
下関
北九州
瀬戸内海
福岡県
中津
別府湾
別府
大分
大分県
熊本県
佐伯
阿蘇山
熊本

■宮崎県 都城市×高原町

天孫降臨伝説の高千穂峰に境界未定地が

宮崎と鹿児島の県境に横たわる霧島連峰の一峰に、高千《たかち》穂峰《ほのみね》という標高1574メートルの成層火山がそびえている。霧島火山群では韓国岳《からくに》（1700メートル）に次いで2番目の高峰で、天孫降臨伝説の地として知られている。この高千穂峰の山頂付近で、自治体の境界線が複雑に入り組んでいる。特に奇異に感じるのは、宮崎と鹿児島との県境が高千穂峰の西麓から、山頂を目指して宮崎県の領域に深く入り込んでいることだ。鹿児島県の領域が山頂までは届いていないものの、噴火口を取り込んでいることがわかる。

また、宮崎県側では都城《みやこのじょう》市と小林市、高原《たかはる》町の境界が山頂に向かって延びてきており、山頂を挟んで直線で約1・5キロの間が都城市と高原町の境界未定地になっている。高千穂峰は山岳信仰の地として崇められてきた神聖な山なので、山頂の領有をめぐる争奪戦が繰り広げられてきた痕跡なのかもしれない。境界未定地は山頂付近だけではない。高千穂峰の東側斜面を3キロ余り下ったところまでは境界が確定しているのだが、そこから再び約2キロの区間が境界未定地になる。しかも境界未定地の真ん中には、御池《みいけ》という小さな湖が横たわっている。御池は今から4000年以上前に発生した、霧島山の火山活動によって生まれた火口湖だ。直径が1キロほどの小さな湖だが、水深が93・5メートルもある。

この御池の湖底に、戦車や銃などの武器が沈んでいるという噂がある。第二次世界大戦で日本の敗戦が決定的になったとき、敵軍に武器を奪われないようにするため、湖底に沈めて隠したのだといわれている。2006年（平成14）に行われた調査で、手りゅう弾が見つかっているので、ただの噂ではなさそうだ。御池などの境界未定地を解消するため、都城市と高原町の間で幾度も協議が重ねられてきたが、いまだに解決には至っていない。もし武器が発見された場合は、都城市と高原町で協力して処理することになっているという。

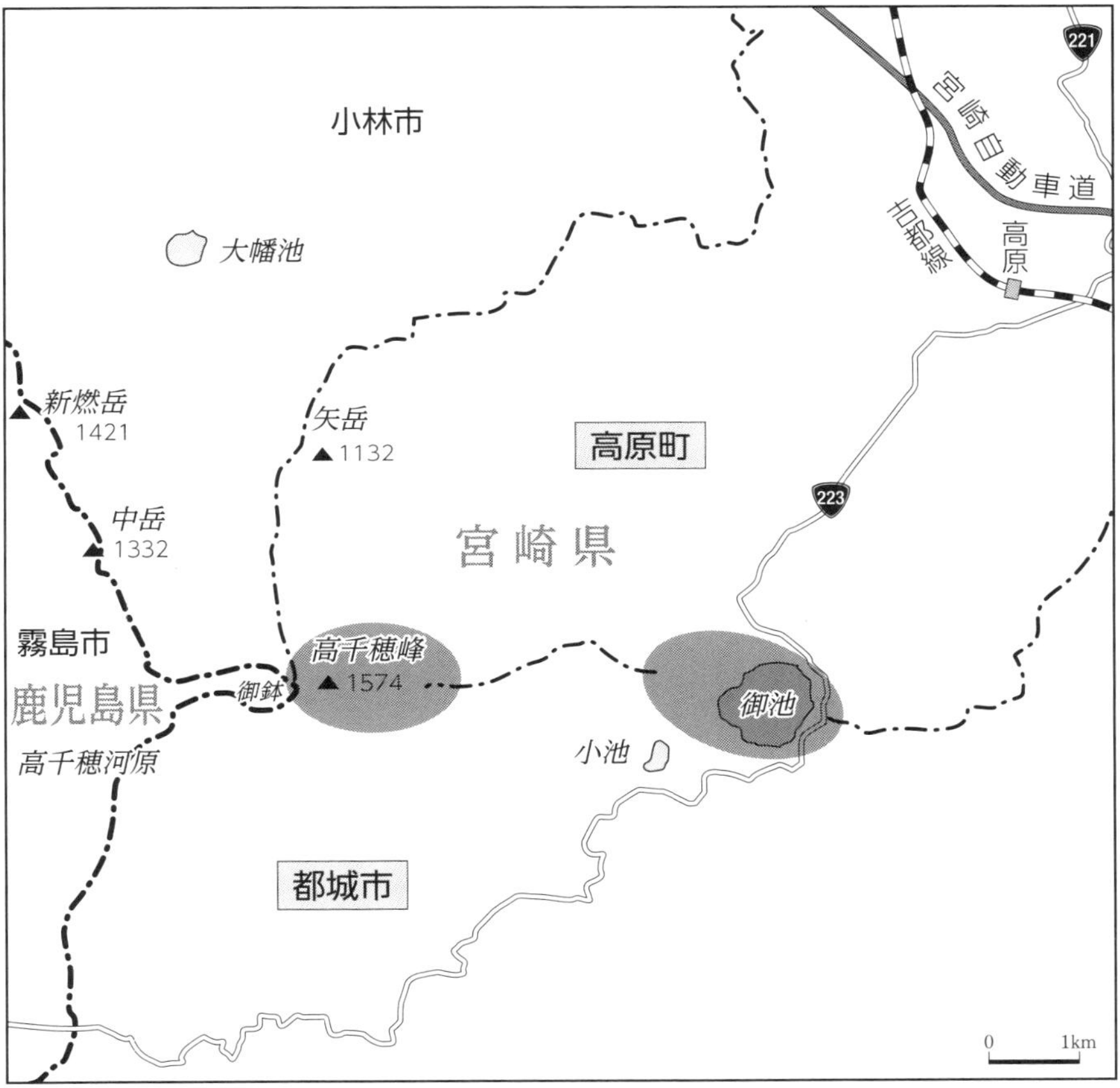
小林市
大幡池
新燃岳
1421
矢岳
1132
中岳
1332
高原町
宮崎県
霧島市
鹿児島県
高千穂峰
1574
御鉢
御池
小池
高千穂河原
都城市
宮崎自動車道
吉都線
高原
221
223
0
1km

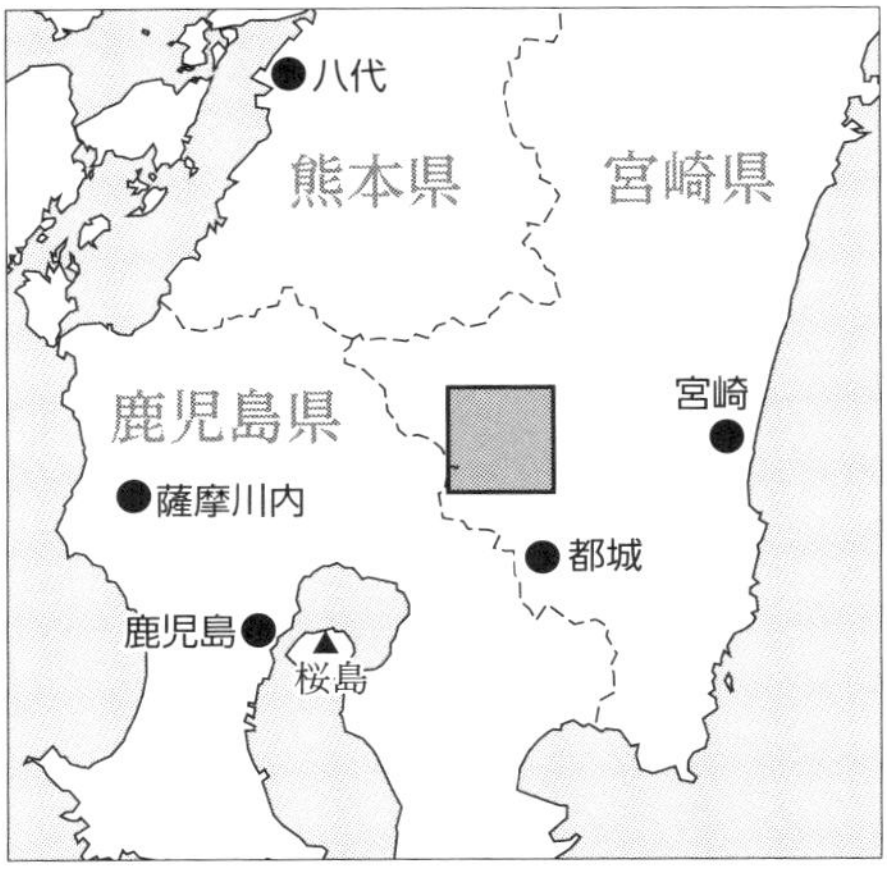
八代
熊本県
宮崎県
鹿児島県
宮崎
薩摩川内
都城
鹿児島
桜島

■宮崎県　小林市×えびの市×綾町

小林市の東側と西側にある境界未定地

宮崎県の南西部に位置する小林市《こばやし》は、大淀川支流の岩瀬川流域に広がる小林盆地の中心都市である。周囲をえびの市、西米良村《にしめら》、綾町《あや》、宮崎市、都城市《みやこのじょう》、高原町《たかはる》の県内6市町村に囲まれている。市の北部は熊本県と隣接し、南西部は鹿児島県と接している。その南西部の県境には霧島山《きりしま》が横たわっており、市の北部には九州山地の山々が連なっている。市の西側で接しているえびの市との山岳地帯と、市の東側で接している綾町との山岳地帯に、境界未定地が存在している。

えびの市と小林市との間にある境界未定地は、熊本県のあさぎり町と宮崎県えびの市の境界を流れている岩瀬川から、南へ直線で約4キロの間である。なぜここに境界未定地があるのかは定かではないが、この地域一帯の山林は、県境をまたいで民間の会社が所有している。そのため利害が生じる要因は何もない。しかも、境界未定地の周辺は山深い地域であったことから測量や調査も難しく、正確な境界を確定させることができなかったのだろうと推測されている。境界が曖昧であっても特に支障がないことが、現在も境界未定地になっている原因ではないかとみられている。

小林市の東側にある綾町との境界未定地も、やはり山深い山林である。大淀川水系の綾北川の上流に建設されている綾北ダムを、3・5キロほど下ったところにある綾第一発電所の近くから、南西にそびえる大森岳（1109メートル）の山頂付近までの直線で約2キロの間が境界未定地になっている。いつから境界未定地が存在しているのかは不明で、その理由も明らかではない。境界未定地の周辺は山深い国有林のため、特に障害になるようなことはなく、境界未定地を解消させるための協議も行われていない。したがって、境界が確定する見通しは今のところ立っていない。

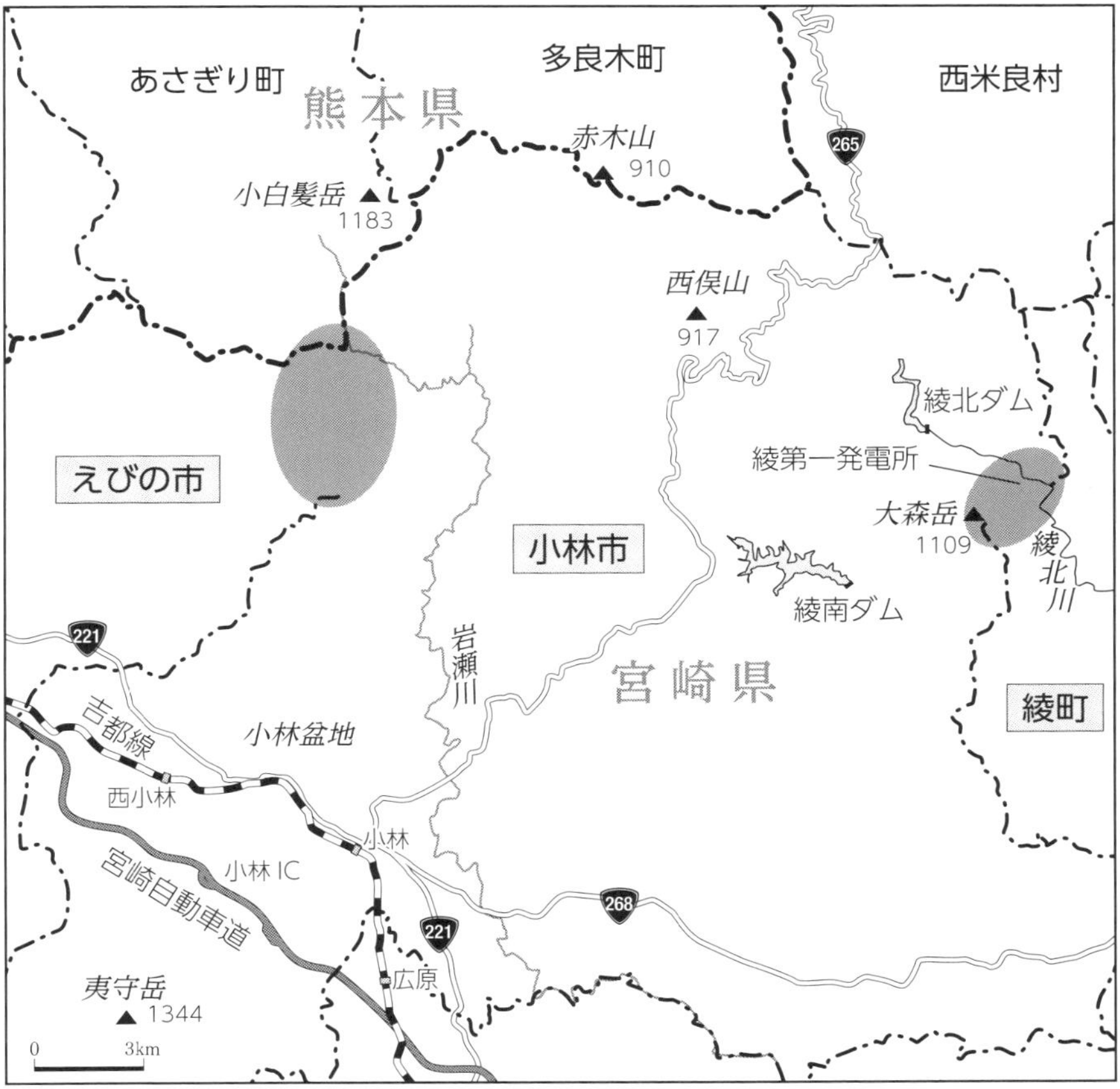
あさぎり町
多良木町
西米良村
熊本県
赤木山
910
265
小白髪岳
1183
西俣山
917
綾北ダム
綾第一発電所
えびの市
大森岳
1109
小林市
綾北川
綾南ダム
221
岩瀬川
宮崎県
綾町
吉都線
小林盆地
西小林
小林
小林 IC
宮崎自動車道
268
221
広原
夷守岳
1344
0
3km

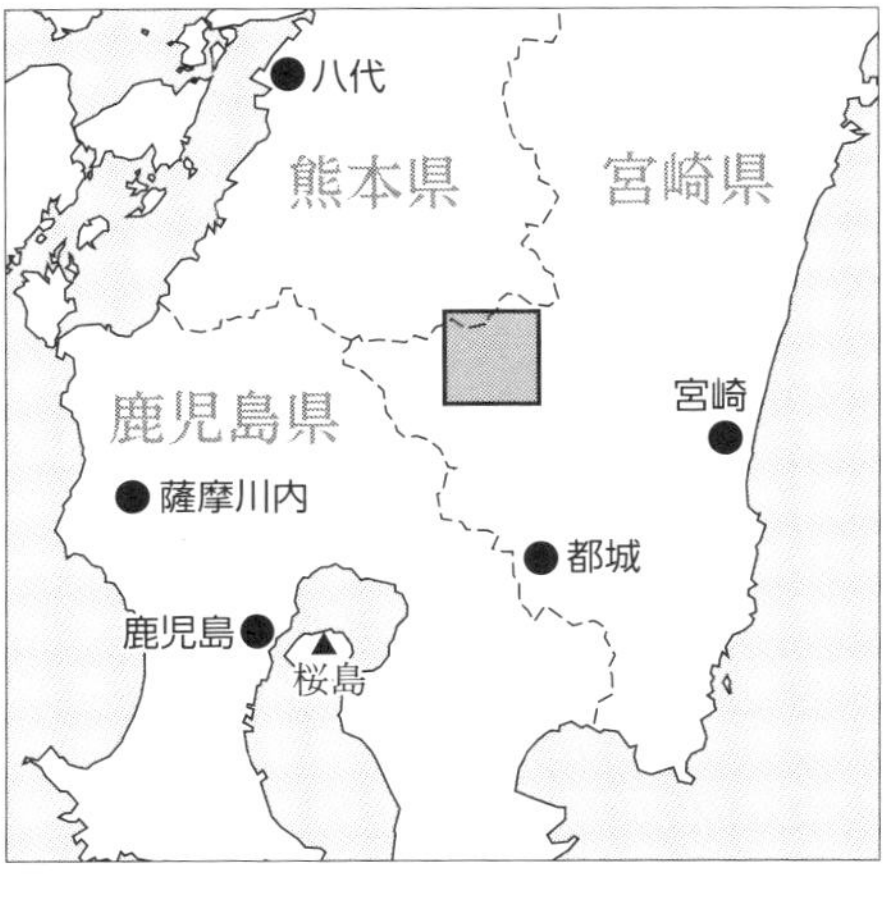
八代
熊本県
宮崎県
鹿児島県
宮崎
薩摩川内
都城
鹿児島
桜島

■宮崎県　えびの市×鹿児島県　湧水町

採草地をめぐる宮崎県と鹿児島県の県境争い

宮崎県の南西部に位置する「えびの市」は、東シナ海に注いでいる川内川《せんだい》上流の加久藤《かくとう》盆地に開けている。南に隣接する鹿児島県との県境に、霧島《きりしま》火山群で最高峰の韓国岳《からくに》がそびえ、その北側の斜面には、えびの高原が広がっている。えびの市は温泉も豊富な九州南部を代表する観光都市で、吉都《きっと》線と肥薩《ひさつ》線が市内を走り、九州自動車道と宮崎自動車道が交わる交通の要地でもある。

市域は熊本県と鹿児島県の県境を分け入るように西に突き出しているが、突き出している南側の部分が、宮崎県と鹿児島県との県境未定地になっている。肥薩線の線路のあたりから、県境にそびえる黒園山（636メートル）の山頂まで直線で3キロ余りの間が、宮崎県えびの市（旧・真幸《まさき》町）と鹿児島県湧水《ゆうすい》町（旧・吉松町）の境界未定地である。

いつから未定地が存在するのかは定かではないが、県境をめぐって古くから真幸町と吉松町の間で、いざこざが絶えなかった。それというのも、大正初期、鹿児島県側の住民が県境を越えて宮崎県側の山腹に、幅120メートル、長さ300メートル余りの土塁を築いたからだ。ここが優良な採草地であったため、吉松町の住民は土塁が県境であると主張。これに真っ向から反対する真幸町の住民との間で、県境紛争へと発展したのである。

この県境争いに終止符を打つため、1953年（昭和28）、真幸町では町長と議長の連名で宮崎県知事あてに県境確定の要望書を提出。それに基づいて、加久藤営林署（宮崎）と加治木《かじき》営林署（鹿児島）による現地調査が行われた。調査の結果、県境を越えて宮崎県側に土塁が築かれていたことが確認された。そのため、採草地の境界線は加久藤営林署と加治木営林署との間で協議を進めていき、解決を図ることになった。だが、それから六十数年が経過しても、境界線はいまだに未定のままである。

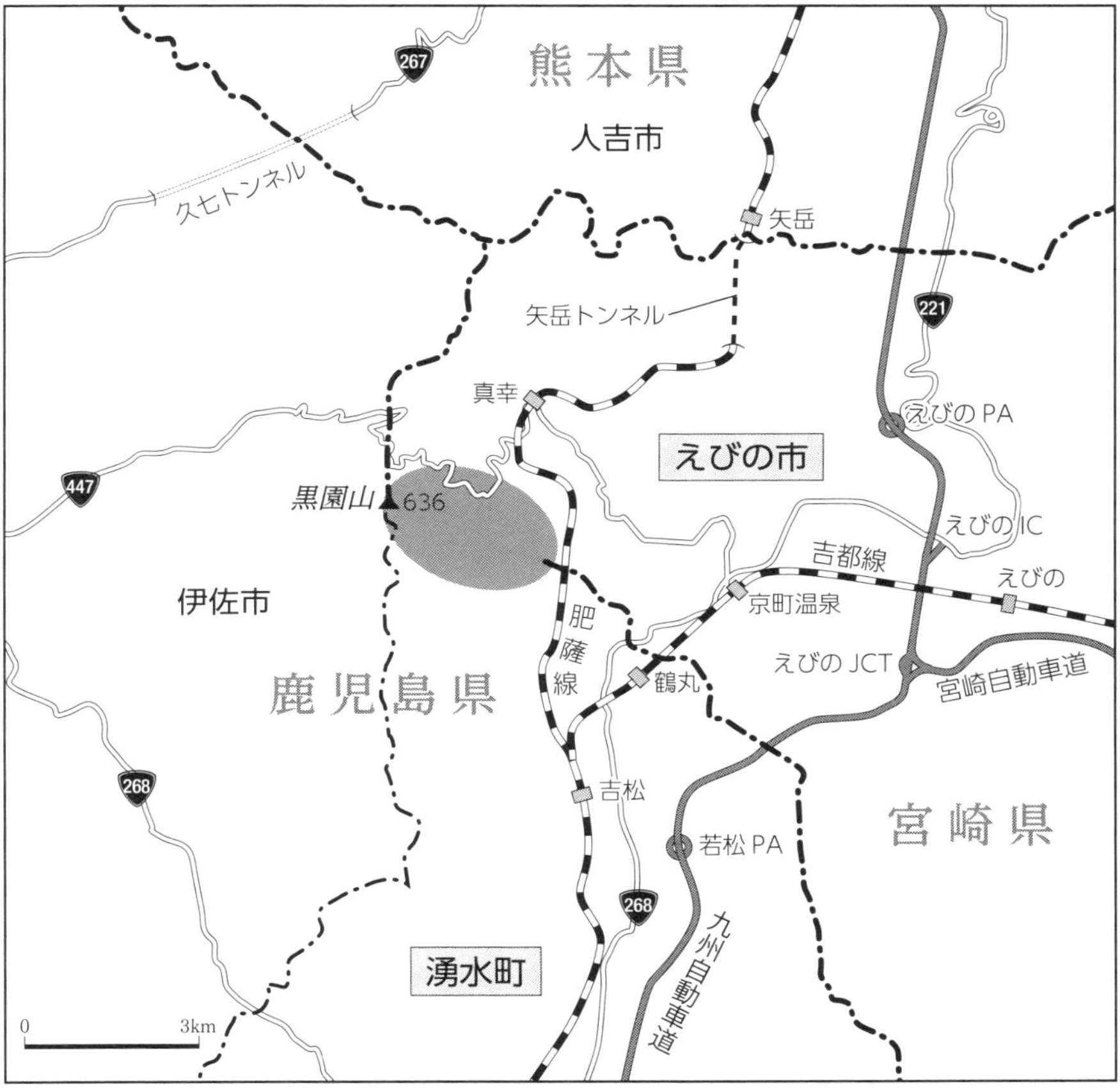
熊本県
人吉市
久七トンネル
矢岳
矢岳トンネル
真幸
えびの市
えびのPA
黒園山▲636
えびのIC
吉都線
えびの
伊佐市
肥薩線
京町温泉
えびのJCT
宮崎自動車道
鶴丸
鹿児島県
吉松
若松PA
宮崎県
九州自動車道
湧水町
0
3km
267
221
447
268

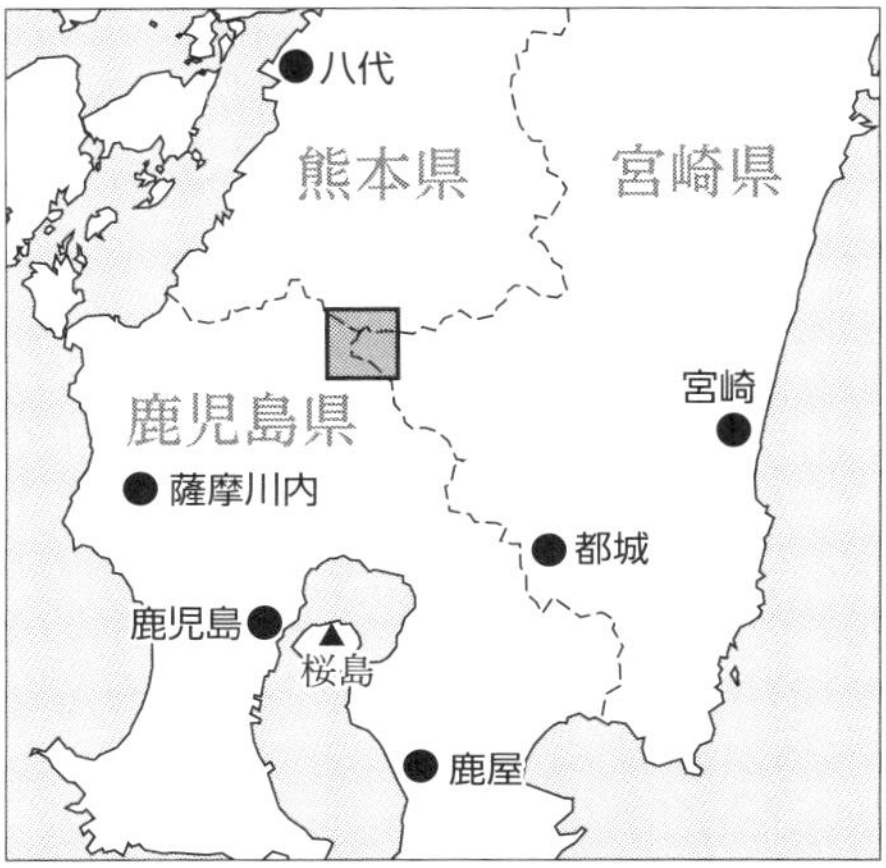
八代
熊本県
宮崎県
鹿児島県
宮崎
薩摩川内
都城
鹿児島
桜島
鹿屋

■鹿児島県　薩摩川内市×南さつま市

東シナ海上に浮かぶ所属未定の無人島

いまだに所属が決まっていない島が、伊豆諸島ばかりではなく、九州南部の東シナ海上にも存在している。薩摩半島の西の沖合に連なる甑島《こしきじま》列島と、薩南《さつなん》諸島の北端に位置する宇治群島、そのほぼ中間に浮かぶ鷹島《たかしま》と津倉瀬《つくらせ》という二つの無人島である。地元の人でも知らないような、岩礁といった方がいいほど小さな島である。この鷹島と津倉瀬という二つの島が、いまだに所属未定地なのだ。国土地理院では鷹島を「甑島南方」、津倉瀬を「宇治群島北東方」と表現している。

甑島列島の南端から約18キロ南の東シナ海上に浮かぶ鷹島は、五つの岩礁からなり、一番大きな島でも直径約150メートル、総面積は0・04平方キロメートル。鷹島から南へ約12キロ離れている津倉瀬はさらに小さく、四つある岩礁の総面積は0・01平方キロメートルに過ぎない。二つの島の面積は鹿児島県の総面積には加えられているものの、所属が決まっていないので、どの市町村の面積にも含まれていない。したがって、鹿児島県の総面積と、県内の各市町村の面積を合計した数値とは合致していない。

この島がなぜ所属未定のままで現在に至っているのか。本土から遠く離れた、何も価値のない小さな無人島に、管理費用を支出したくないという思惑があったのかもしれない。行政的上、これまで特に支障は出ていないが、この海域は好漁場として注目されるようになり、本土の各港からチャーター船に乗って多くの釣り客が訪れている。

甑島列島の下甑《しもこしき》村（現・薩摩川内《さつませんだい》市）と、宇治群島を管轄する笠沙《かささ》町（現・南さつま市）との間で、これまで幾度も協議が行われてきたが、双方の主張はかみ合わず、いまだに所属は未定のままである。この問題は、2014年（平成26）9月の薩摩川内市議会でも議題に上っている。

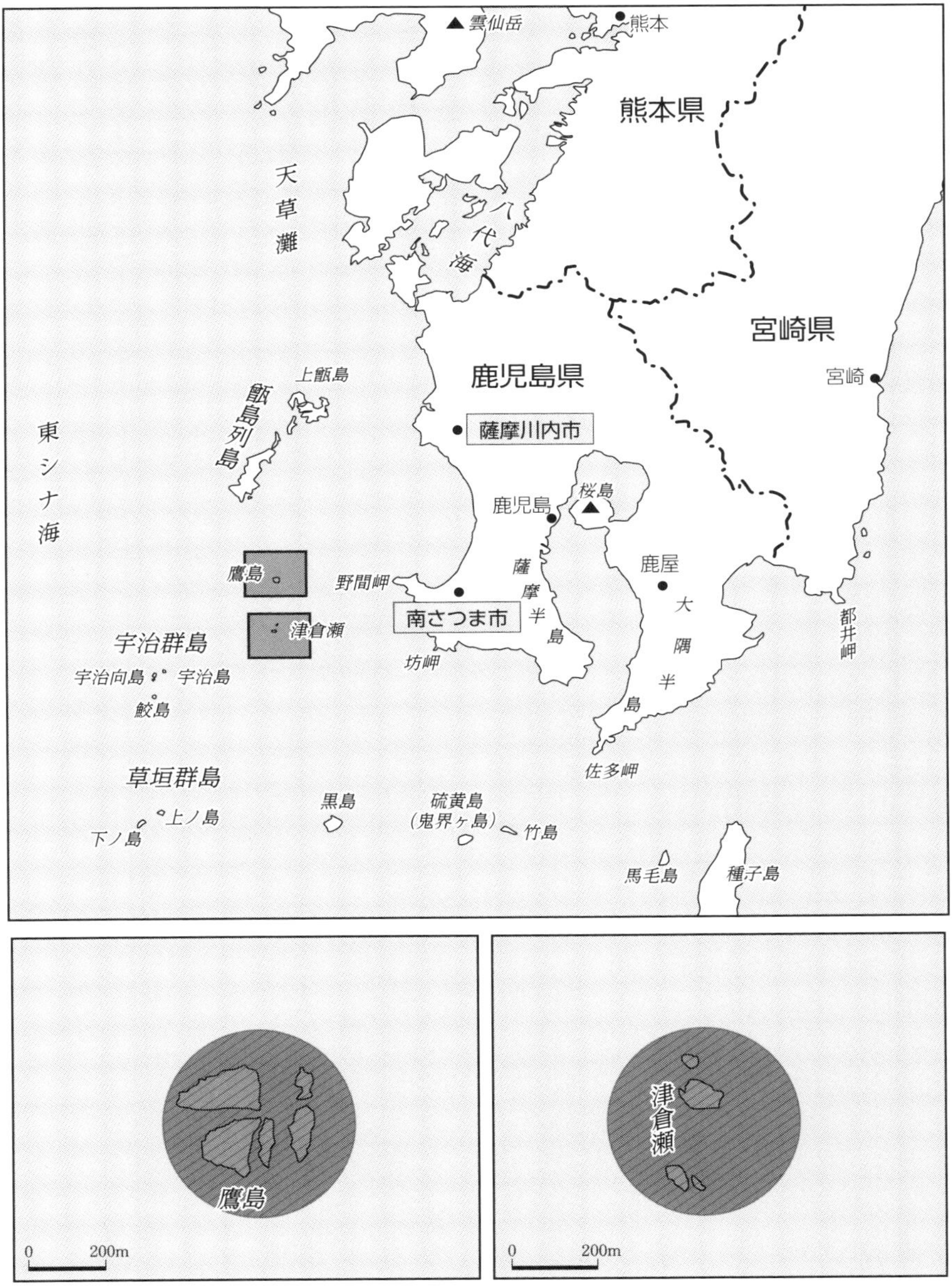

雲仙岳
熊本
熊本県
天草灘
八代海
宮崎県
宮崎
鹿児島県
上甑島
甑島列島
薩摩川内市
東シナ海
桜島
鹿児島
鹿屋
鷹島
野間岬
南さつま市
薩摩半島
大隅半島
津倉瀬
宇治群島
都井岬
坊岬
宇治向島
宇治島
鮫島
佐多岬
草垣群島
黒島
硫黄島
(鬼界ヶ島)
上ノ島
下ノ島
竹島
馬毛島
種子島
鷹島
0
200m
津倉瀬
0
200m

■沖縄県　うるま市×金武町

埋め立て工事が完了すれば境界未定地が解消される

沖縄本島は北東から南西に延びている狭長な島で、北方領土を除けば日本一大きい。海岸線は複雑に入り組み、半島や湾が随所にある。沖縄本島の中央部東岸にも、金武《きん》岬と与勝《よかつ》半島に抱かれた金武湾という丸い形をした湾がある。金武湾の北側が金武《きん》町、南側がうるま市で、両市町の間に境界未定地がある。うるま市は2005年（平成17）、具《ぐ》志川《しかわ》市、石川市、勝連《かつれん》町、与那城《よなしろ》町の4市町が合併して発足した都市だが、境界未定地は金武町と旧・石川市との間にある。

金武湾の沿岸を走っている国道329号の南側から、海岸線までの数百メートルの間が境界未定地なのである。境界未定地の南側のうるま市に、石川石炭火力発電所がある。金武湾沿岸の埋め立て地に建設されたもので、石川石炭火力発電所の1号機は1986年（昭和61）11月に、2号機は翌年の3月に運転を開始している。石炭火力発電所の北側にあるのが公有水面埋立地で、そこが境界未定地になっているのだ。

石炭を燃焼して発生する石炭灰を処理するため、構内灰捨場後背地の公有水面埋立地について、1988年（昭和63）3月に国と石炭火力発電所との間で売買契約が締結されている。だが、当該地がうるま市と金武町との境界未定地に位置しているため、ややこしいことになっている。所有権などの登記を行うためには、境界を確定させなければならない。しかし、まだ埋め立て工事が完了していないため、公有水面埋立地のうるま市と金武町の持ち分面積についての合意がなされていない。したがって、いまだに未登記になっており、境界線を確定させるには至っていない。埋め立て工事が完了した時点で境界線を確定させることになっているが、埋め立て工事は当初の予定より大幅に遅れているといい、現時点では境界確定の見通しは立っていない。

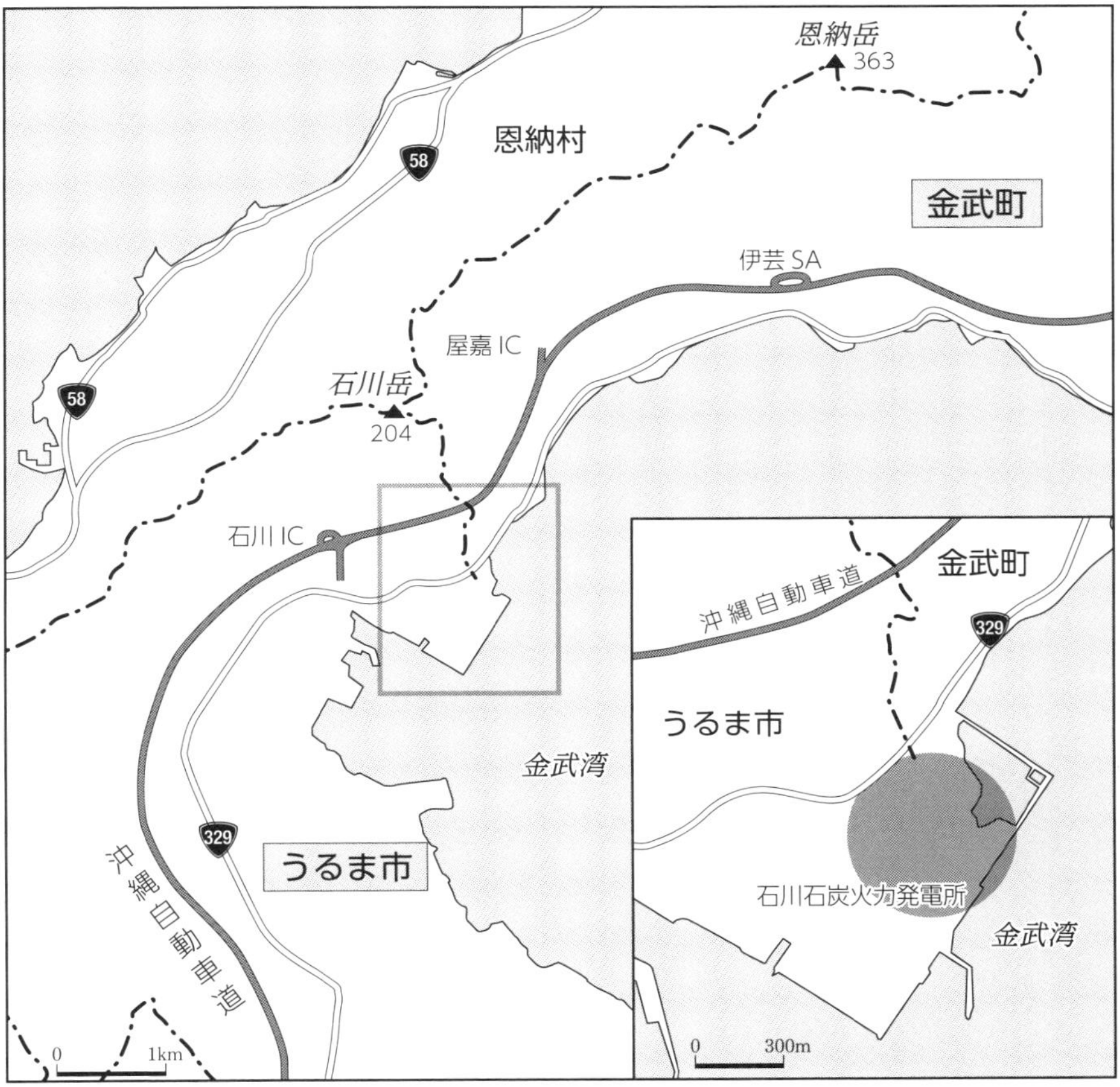
恩納岳
363
恩納村
58
金武町
伊芸 SA
屋嘉 IC
石川岳
204
58
石川 IC
金武町
沖縄自動車道
329
うるま市
金武湾
石川石炭火力発電所
金武湾
329
うるま市
沖縄自動車道
0 1km
0 300m

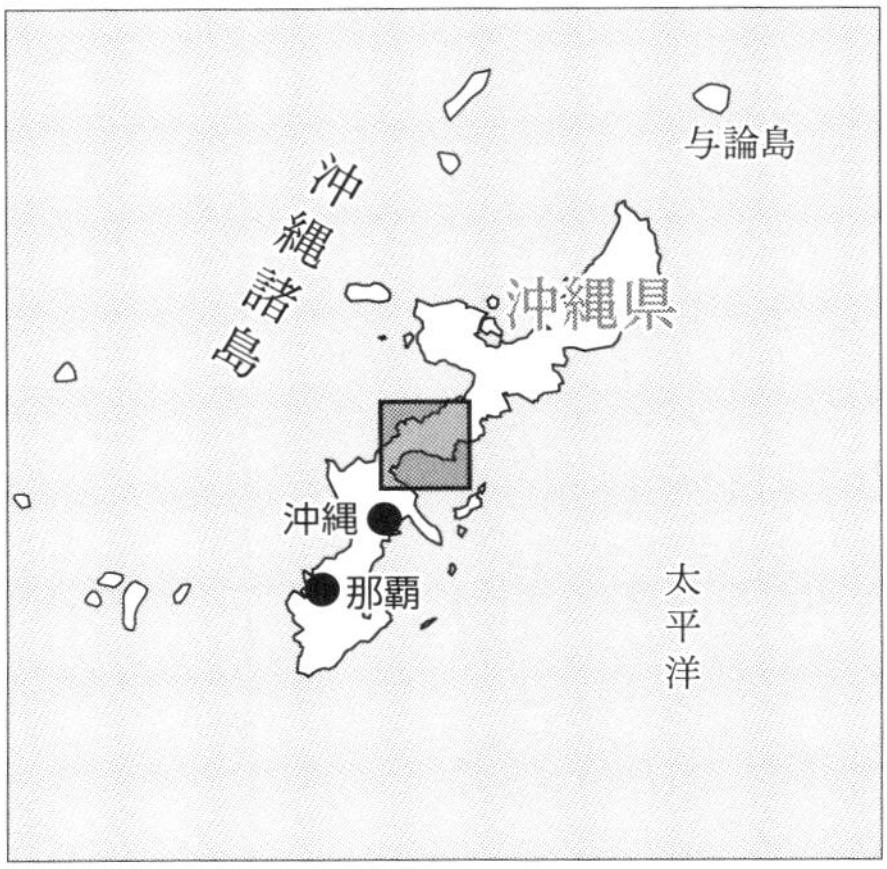
与論島
沖縄諸島
沖縄県
沖縄
那覇
太平洋

■沖縄県　那覇市×豊見城市

那覇市と豊見城市との境界未定地は海中道路

沖縄本島の南西部に位置する那覇《なは》市は、琉球王朝の時代は首里《しゅり》の外港として発達し、現在は県庁所在地として名実ともに沖縄県の中心都市である。東シナ海に面して那覇港と、その背後に那覇市の中心市街地が広がっており、国場《こくば》川を挟んで対岸の東シナ海沿岸に那覇空港がある。那覇空港は近年、著しく乗降客数が増加しているため、滑走路の増設が計画されている。

那覇空港のすぐ南側に、瀬長《せなが》島という周囲約1・8キロの小さな島がある。那覇市に隣接する豊見城《とみぐすく》市が管轄している。戦前まで瀬長島には集落が形成されていたが、戦後になって米軍の弾薬庫が置かれ、無人島と化した。しかし、1977年（昭和52）に日本に返還されてから観光開発が進み、現在は海中道路で陸地と繋がっている。沖縄県では数少ない天然温泉の施設もオープンし、潮干狩りや海水浴、キャンプ地としても親しまれている。また、夕日の名所としても知られ、飛行機の離着陸が間近で見られる場所としても人気を集めている。

瀬長島の北東岸は埋め立てによって広げられ、そこに四つの野球場が設けられている。また、瀬長島は2本の海中道路で本島と繋がっている。1本は瀬長島と国道331号を結んでいる東西の海中道路で、あと1本は那覇空港と繋がっている。この2本の海中道路に囲まれた海域が境界未定地であった。1977年ごろまで、境界未定地は存在していなかったが、観光開発の埋め立てによって発生したものである。

境界線をめぐって豊見城市と那覇市とが対立し、2016年（平成28）には最高裁にまで持ち込まれたこともある。だがその後、両市の主張が合意に達し、2018年（平成30）4月、那覇市と豊見城市との間の境界が正式に確定、国土地理院の地形図にも反映されることになった。

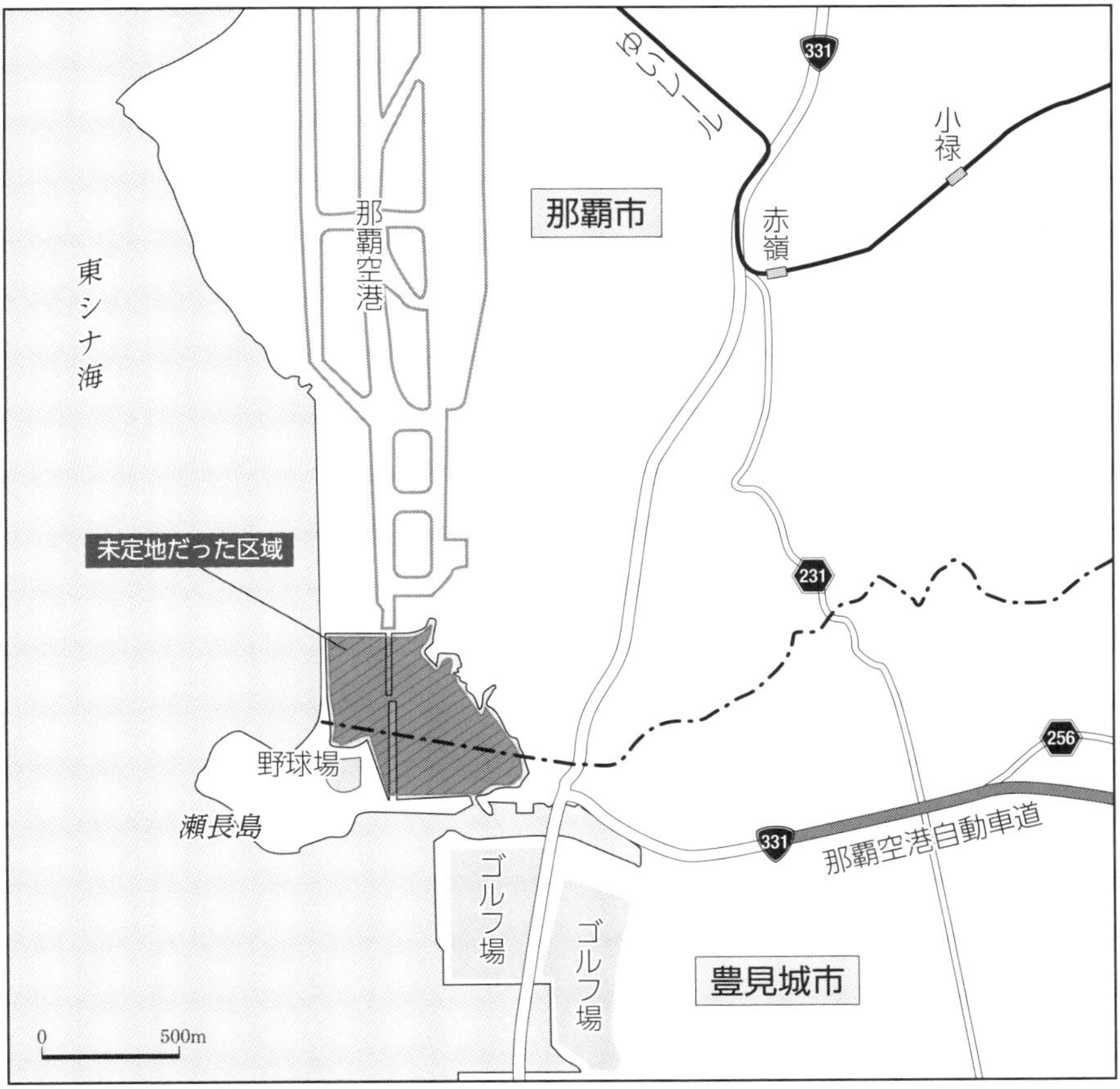
ゆいレール
331
小禄
那覇市
那覇空港
赤嶺
東シナ海
未定地だった区域
231
256
野球場
瀬長島
331
那覇空港自動車道
ゴルフ場
ゴルフ場
豊見城市
0
500m

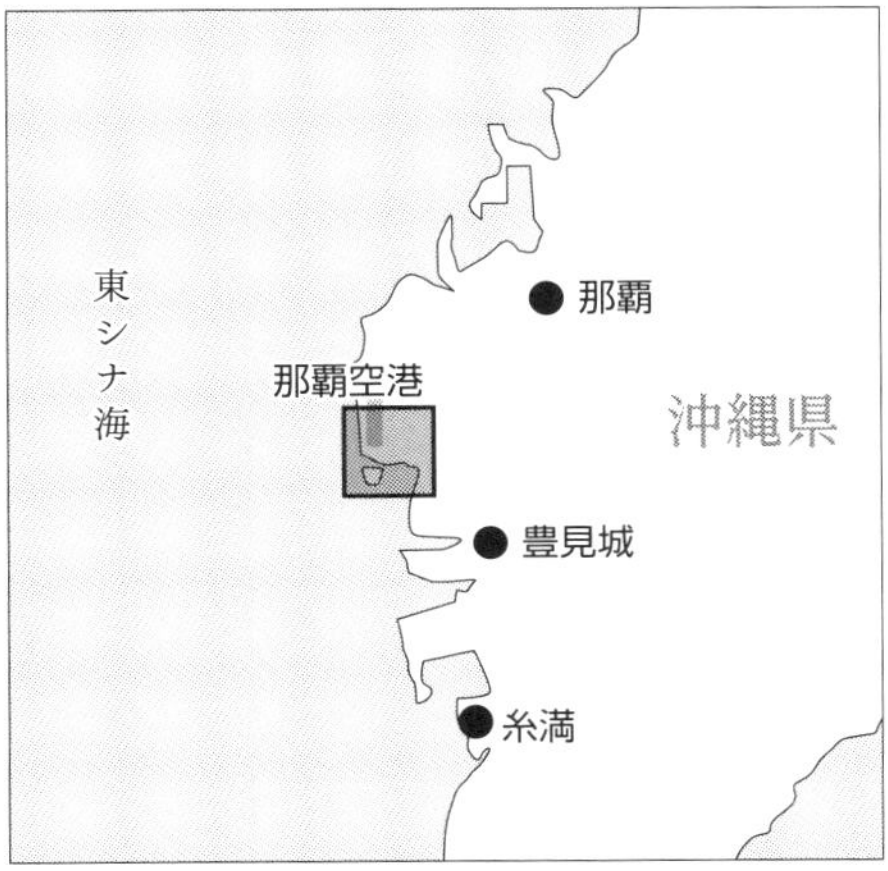
東シナ海
那覇
那覇空港
沖縄県
豊見城
糸満

第8章

確定した湖沼の境界

■北海道　北見市×佐呂間町×湧別町

サロマ湖の砂州先端の飛び地は境界確定の副産物

オホーツク海の沿岸に、サロマ湖という大きな湖がある。面積は152平方キロメートルで琵琶湖、霞ヶ浦に次いで日本で3番目に大きい。陸地に大きく入り込んだ入江が、砂州の発達で外海と遮断されて形成された日本最大の汽水湖である。砂州の全長は25キロ以上にも及ぶ。東の北見市《きたみ》(旧・常呂町《ところ》)側から延びてきた砂州と、西の湧別町《ゆうべつ》側から延びてきた砂州が中央で繋がっているが、湖口がわずか300メートルほど口を開けている。かつては湖口が常呂町と湧別町の境界線になっていた。だが、現在はここが境界ではないのである。

1991年(平成3)、国土地理院は2万5千分の1の地形図を作成するに際して、各自治体に対して市町村境の確認を行ったが、この時点ではサロマ湖に境界線は引かれていなかった。サロマ湖は境界未定地だったのである。サロマ湖に面している常呂町、佐呂間町、湧別町の境界線は湖岸で途切れていた。そのためサロマ湖の面積は、3町のいずれの町の面積にも加えられていなかった。したがって、サロマ湖の面積分に当たる地方交付税を受け取ることができなかった。そこで常呂、佐呂間、湧別の3町は、これを契機にサロマ湖の湖面の境界線を確定させようということで合意した。

サロマ湖の湖面に引かれる境界線は、対岸を最短距離で結んだ「等距離線主義」を採用したことにより、西側から延びている湧別町の砂州の先端部分に境界線が引かれることになった。つまり、北見市の飛び地が発生したのである。そのため、砂州の先端にあるサロマ湖漁港や灯台も北見市の管轄だということになるが、湖面の境界線はあくまでも便宜的なもので、従来通りサロマ湖は3町の共有の財産として、3町が協力し合って維持管理していくことが確認されている。したがって、湧別町側の砂州の先端にあるサロマ湖漁港や灯台も、実質的にはこれまで通り湧別町が管理している。

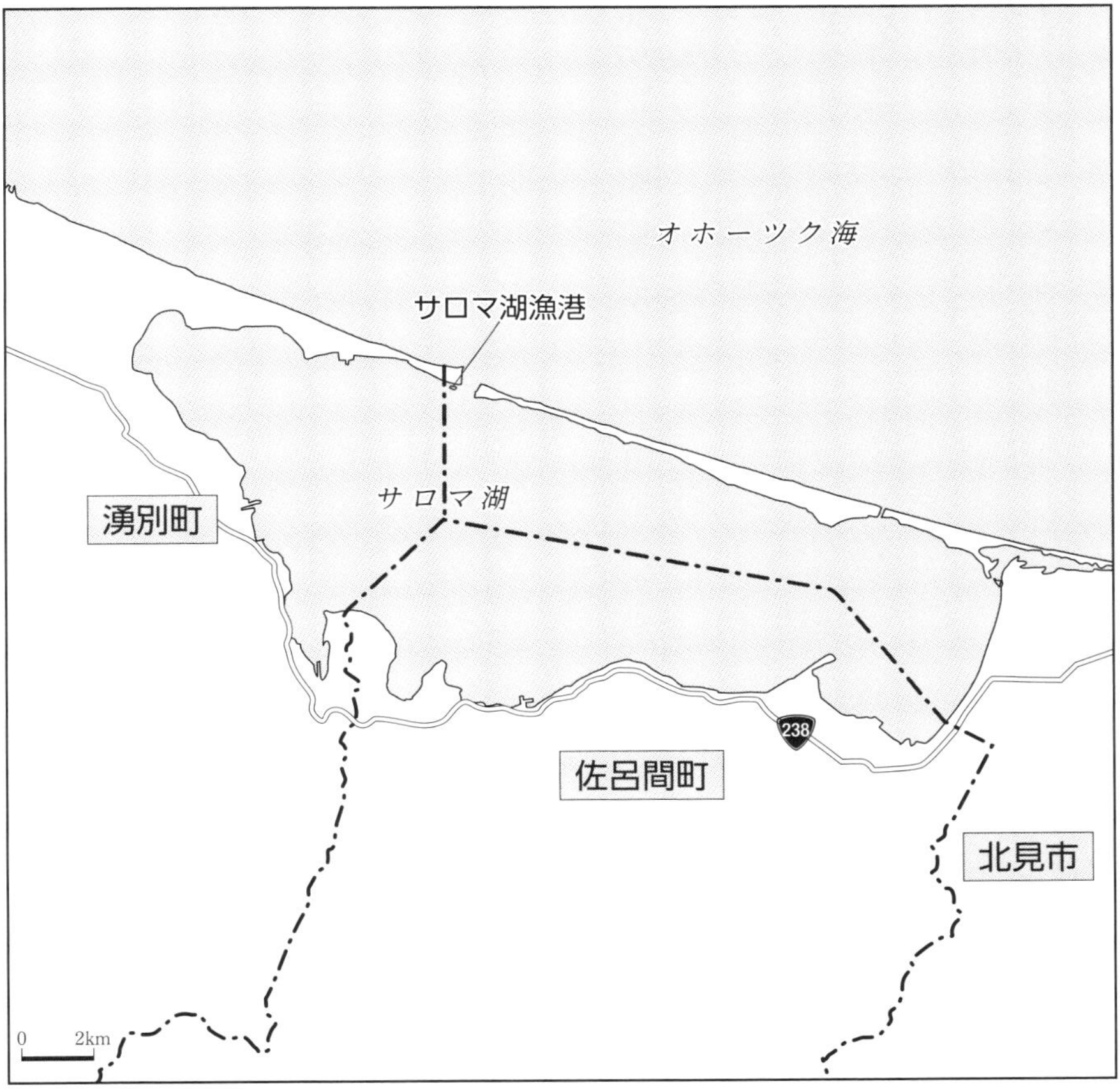
オホーツク海
サロマ湖漁港
サロマ湖
湧別町
238
佐呂間町
北見市
0　2km

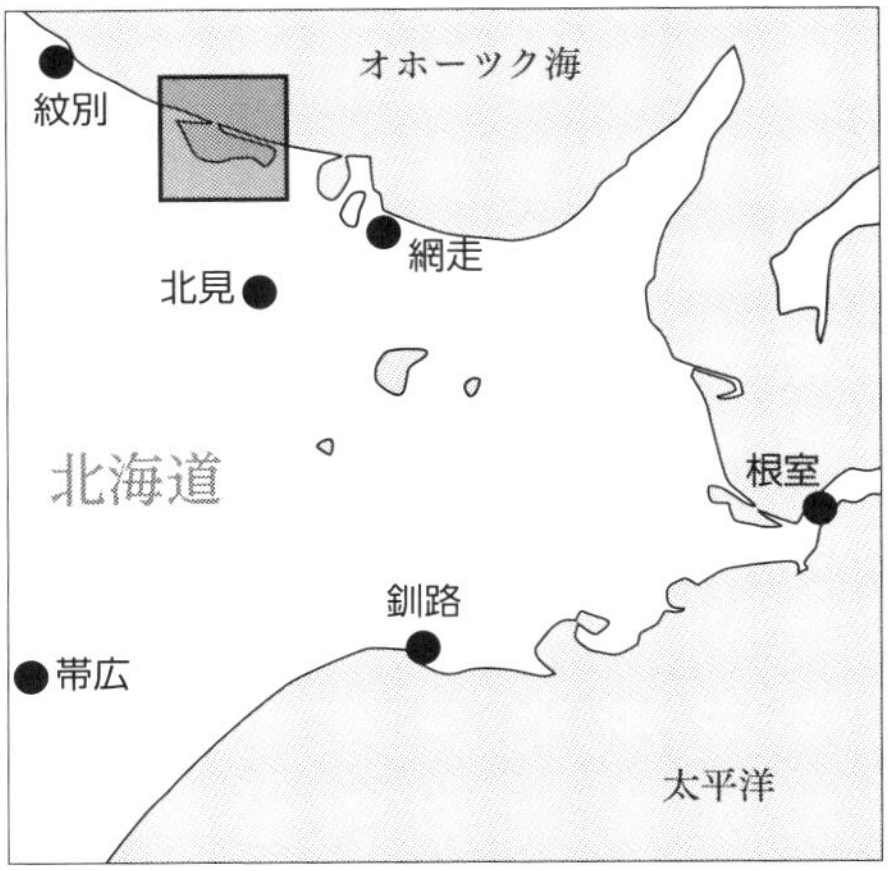
オホーツク海
紋別
網走
北見
北海道
根室
釧路
帯広
太平洋

■青森県 十和田市×秋田県 小坂町

137年ぶりに確定した十和田湖の県境未定地

東北地方屈指の観光地として知られる十和田湖《とわだ》は、青森と秋田の両県にまたがっている。その十和田湖の県境が長い間、未定地のままだった。そのため、十和田湖の面積61平方キロメートルが両県の面積に加えられていなかった。それが137年ぶりに決着し、十和田湖の湖面に境界線が引かれることになったのである。

江戸時代、十和田湖はそっくり南部藩の領域だったが、明治になってからにわかに、十和田湖の県境が未定であることが認識されはじめた。というのは、廃藩置県後の1871年（明治4）11月、南部藩領であった十和田湖の西側の鹿角郡《かづの》が、秋田県に編入されたからだ。これにより、十和田湖が秋田県と青森県にまたがることになった。

当時、十和田湖に魚類はまったく棲息していなかったので、利害関係が生じる要因はなかったのである。だが、十和田湖で魚類の養殖が行われるようになると、にわかに県境問題が取りざたされるようになってきた。1901年（明治34）、十和田鉱山技師の和井内貞行《わいないさだゆき》は十和田湖での養殖願を秋田県に申請し、漁業権の免許を取得。以来、十和田湖の漁業権は和井内貞行が独占することになった。このまま漁業権を秋田県側に独占させておくと、十和田湖の全域が秋田県の管轄になりかねないと青森県は危機感を持つようになり、1903年（明治36）、十和田湖の県境を確定させるため、秋田県側に協議を申し込んだ。しかし、両県の主張はかみ合わず、県境が確定するには至らなかった。

いつまでも意地とメンツにこだわっていても得することは何もない。というのは、地方交付税交付金は自治体の面積も算定基準になっているからである。

そこで、2008年（平成20）7月から、青森・秋田の両県と、十和田湖に面する青森県十和田市および秋田県小坂町《こさか》の4者による本格的な協議が行われ、同年8月、「青森県6、秋田県4」で最終合意に達した。

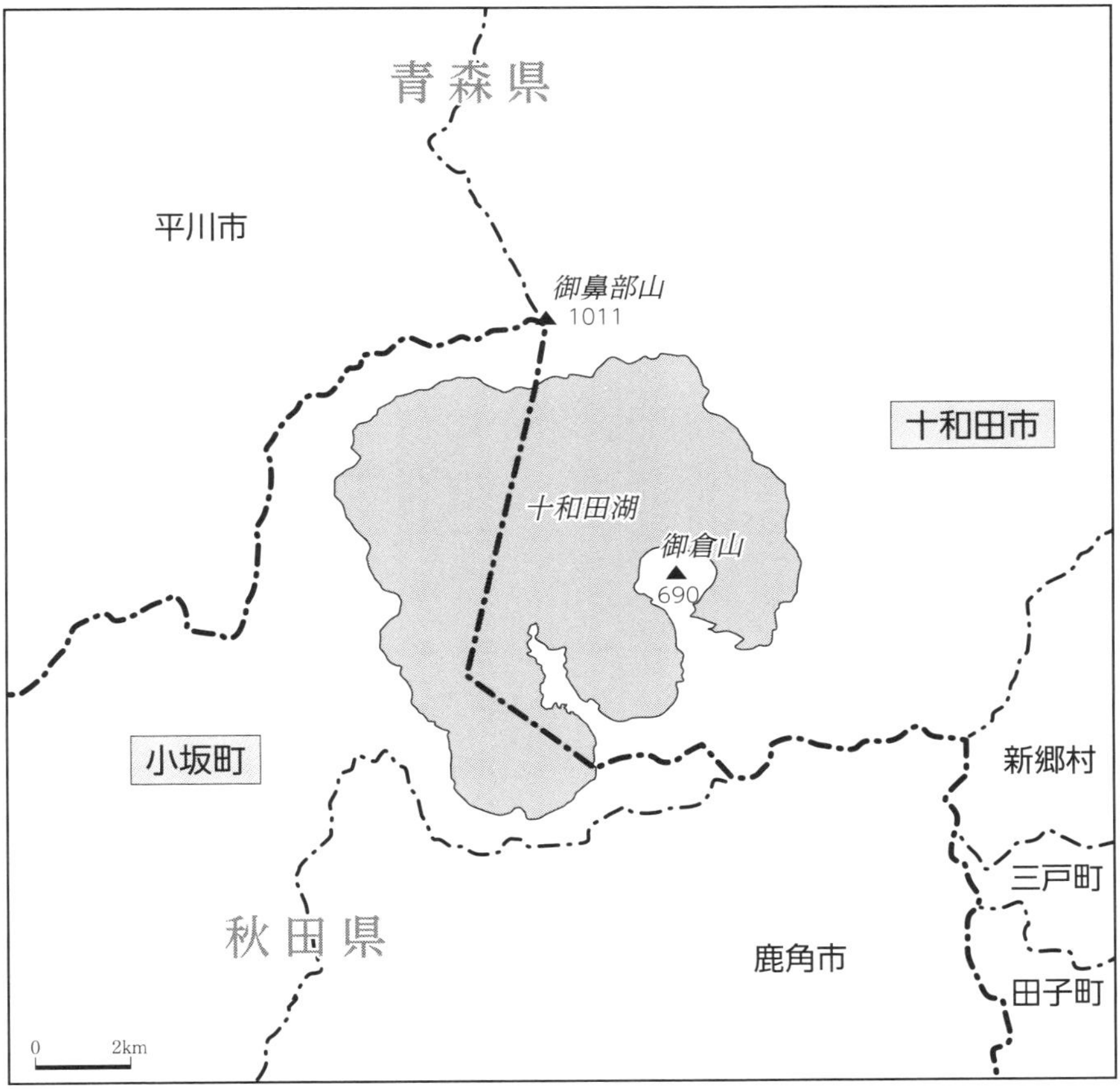
青森県
平川市
御鼻部山
1011
十和田市
十和田湖
御倉山
690
小坂町
新郷村
三戸町
秋田県
鹿角市
田子町
0
2km

青森
青森県
弘前
八戸
大館
秋田県
岩手県

■福島県　会津若松市×郡山市×猪苗代町

福島県のシンボル、猪苗代湖は3市町で分割

福島県の中央部、磐梯山《ばんだい》の南麓にある猪苗代湖《いなわしろ》は、面積は103平方キロメートルで、琵琶湖、霞ヶ浦《かすみがうら》、サロマ湖に次いで全国で4番目に大きな湖である。断層活動による盆地の生成と、火山活動による泥流によって形成された堰止湖で、周囲はおよそ50キロ、湖面標高が514メートルと比較的高いところにある。福島県のシンボル的な湖として親しまれている。

湖は本来、湖に面する自治体共有の財産として、各自治体が協力して維持管理するのが望ましい。したがって、これまで湖面には境界線は存在しないというのが一般的な考え方だった。漁業権の問題も絡んでくるので、湖面に境界線を引くことはトラブルの発生原因にもなりかねない。だが、背に腹は替えられないとでもいえばいいのか。各自治体が受け取ることができる地方交付税は、自治体の面積も算定基準になっている。当然のことながら、湖の面積も対象になるが、湖面の境界が確定していないと、どの自治体にもその面積を加えることができない。その面積分の地方交付税をもらい損ねているわけだ。

多くの自治体は財政が逼迫している。もらえるものならもらいたい、というのが本音だろう。そこで1990年代に入ってから、大きな湖に面している自治体では、湖面の境界線を早期に確定させて、地方交付税の増収を図るべきだという動きが出てきた。猪苗代湖に面している会津若松《あいづわかまつ》市、郡山《こおりやま》市、猪苗代町の3市町でも、湖面の境界線を確定させるために協議を重ね、「等距離線主義」によって3市町で分割することで合意した。そして1999年（平成11）10月、地方自治法第9条の規定により、猪苗代湖の湖面に境界線が引かれたのである。それによって、猪苗代湖の湖面が3分割されることになった。湖岸線の距離が最も長い猪苗代町が全体の約半分にあたる47パーセント、会津若松市が28パーセント、郡山市が25パーセントという比率で、猪苗代湖が3市町に区分された。

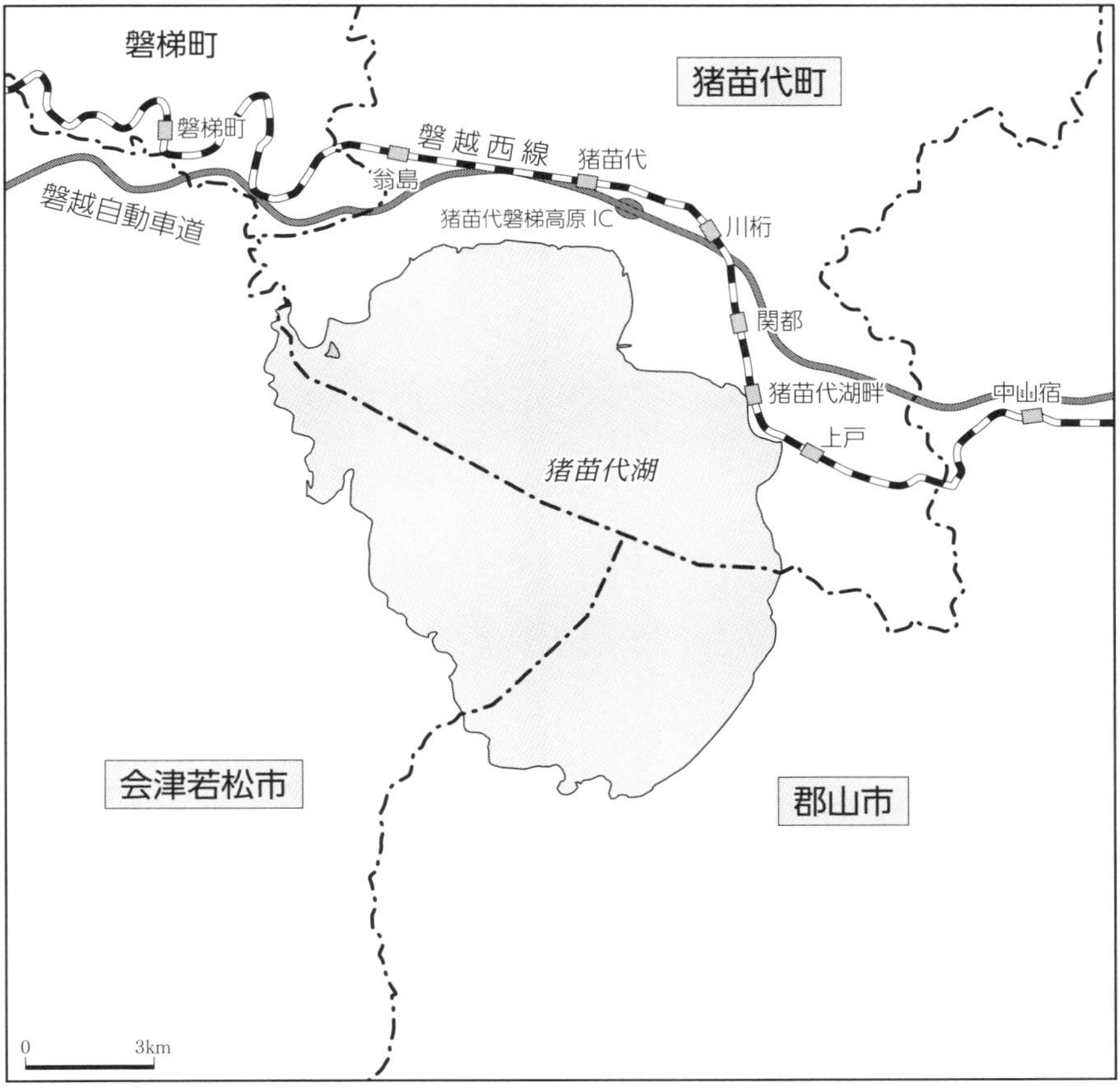
磐梯町
猪苗代町
磐梯町
磐越西線
猪苗代
翁島
磐越自動車道
猪苗代磐梯高原 IC
川桁
関都
猪苗代湖畔
中山宿
上戸
猪苗代湖
会津若松市
郡山市
0
3km

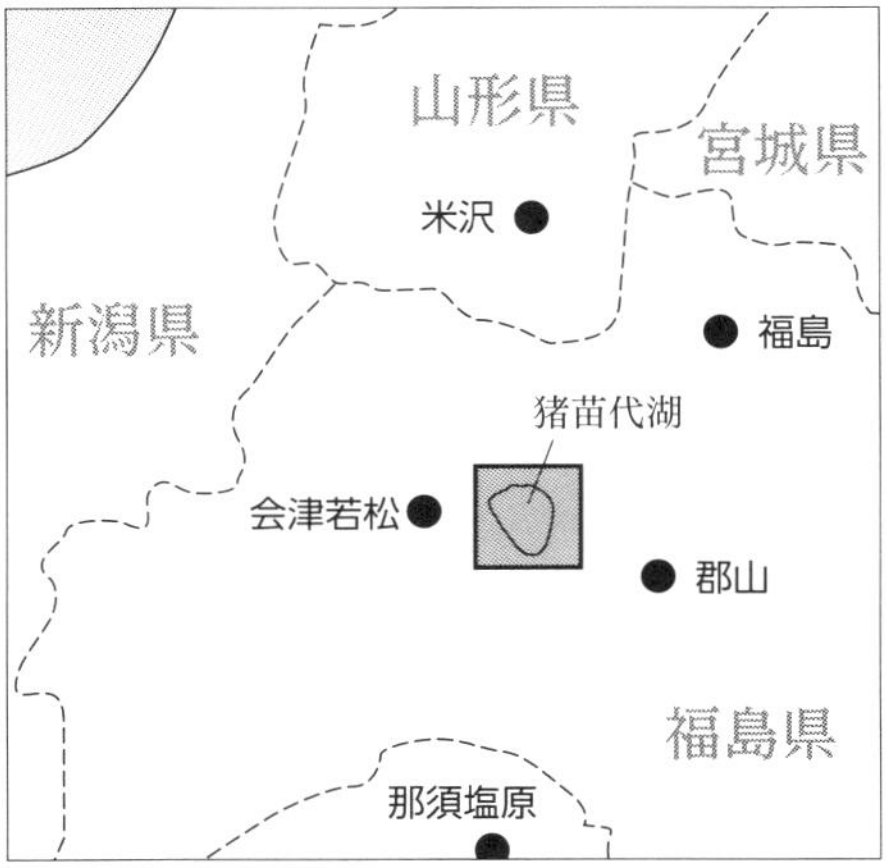
山形県
宮城県
米沢
新潟県
福島
猪苗代湖
会津若松
郡山
福島県
那須塩原

■茨城県　稲敷市×美浦村×阿見町×土浦市×かすみがうら市×石岡市×小美玉市×行方市×潮来市×神栖市×鹿嶋市

日本で2番目に大きい湖の霞ヶ浦にも境界線が

　琵琶湖や十和田湖の境界が確定したことで、湖に面する自治体に支払われる地方交付税が増額されることになった。その現実を目の当たりに見て、茨城県の南部に横たわっている霞《かすみ》ヶ浦《がうら》周辺の自治体の間でも、霞ヶ浦や北浦《きたうら》の境界線を確定させようという意見が急速に高まってきた。霞ヶ浦の面積は167・6平方キロメートルもあり、琵琶湖に次いで2番目に大きな湖である。北浦も加えると、200平方キロメートル以上の面積になる。これらの境界を確定させることによって、増額される地方交付税は相当な額に上り、財政難に苦しむ自治体にとっては、喉から手が出るほど欲しい貴重な財源になるはずだ。

　境界線を確定するべきだという世論は日増しに高まり、2008年（平成20）1月、霞ヶ浦・北浦周辺の関係する市町村は、境界の確定に向けて本格的に動き出した。市町村境の設定方法などについて幾度となく協議が重ねられ、次第に具体化していった。そして同年12月には、各市町村の定例議会で境界設定案が可決され、合意にこぎつけた。湖面に引かれる境界線は琵琶湖と同じように、対岸とを最短距離で結んだ中間点を境界とする「等距離線主義」が採用され、それに基づいて境界線が設定されたのである。境界が確定したことによって、国から受け取る地方交付税は8000万円の増額になる。

　じつは県の市町村課によると、明治時代に国が作成した地図には、霞ヶ浦および北浦に市町村の境界線が引かれていた痕跡があったという。ところが、昭和50年代になって国土地理院が地図を作成するにあたり、霞ヶ浦の境界線を確認したところ、どの自治体からも境界線は特に決まっていないとの回答があった。周辺の自治体にしてみれば、湖は「共有の財産」だという考えが根底にあったのだろうと思われる。そのため、地図に境界線を引くことができず、霞ヶ浦や北浦は最近まで境界未定地の扱いになっていたのである。

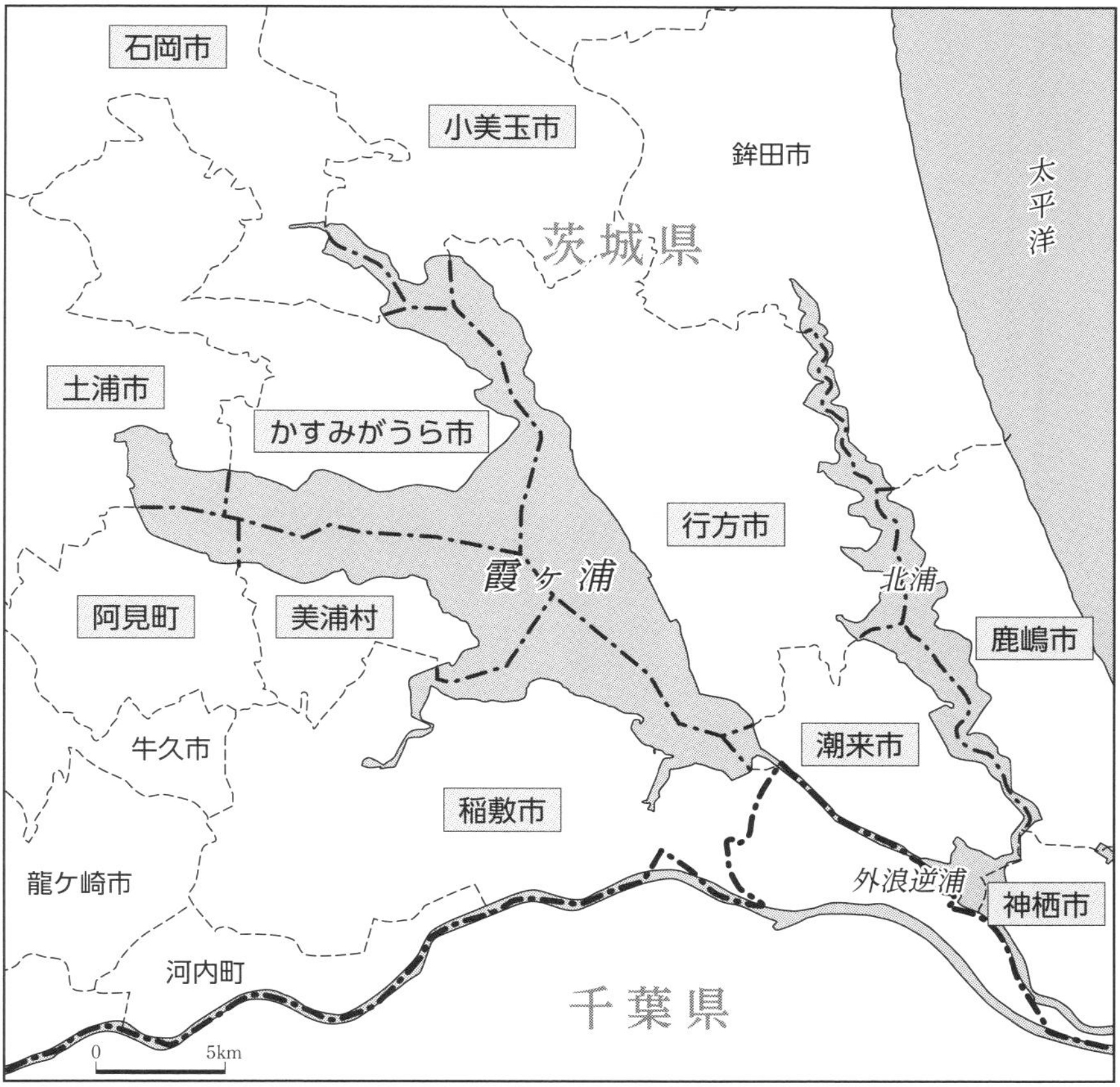
石岡市
小美玉市
鉾田市
太平洋
茨城県
土浦市
かすみがうら市
行方市
霞ヶ浦
北浦
阿見町
美浦村
鹿嶋市
潮来市
牛久市
稲敷市
龍ケ崎市
外浪逆浦
神栖市
河内町
千葉県
0
5km

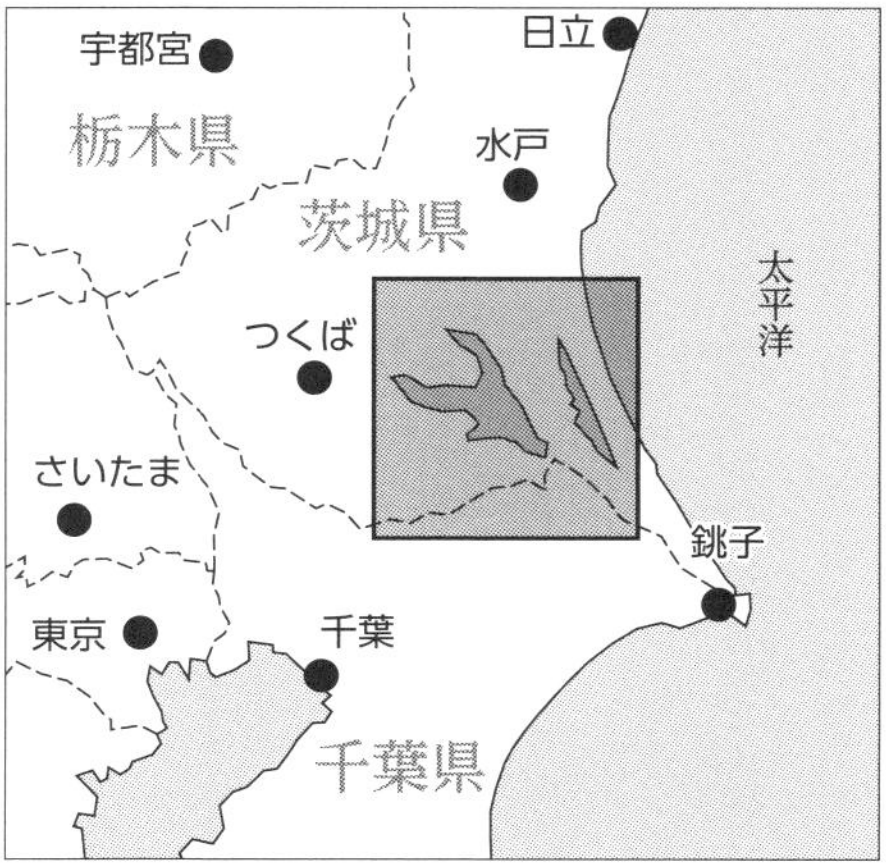
宇都宮
日立
栃木県
水戸
茨城県
太平洋
つくば
さいたま
銚子
東京
千葉
千葉県

霞ヶ浦に刺激され、浜名湖も境界確定

霞《かすみ》ヶ《が》浦《うら》に続いて、静岡県の南西部に位置している浜名湖の湖面にも境界線が引かれることになった。面積は65平方キロメートルで全国第10位の大きさだが、湖岸線が複雑に入り組んでいるため、湖の周囲は１１４キロと長い。浜名湖の面積の10倍以上ある琵琶湖の周囲は２４１キロだから、浜名湖はその半分近くもある。湖の周囲は全国で３番目に長い湖である。浜名湖は今切口で遠州灘と繋がっているため、魚介類が豊富で絶好の釣り場として親しまれている。浜名湖はウナギの養殖で有名だが、かつては淡水湖だった。遠州灘と仕切られていた砂州が、１４９８年（明応7）の明応地震による津波で決壊し、海水が流入して汽水湖になったのである。

それはともかく、平成の大合併前まで浜名湖には浜松《はままつ》市、細江《ほそえ》町、三ヶ日《みっかび》町、湖西《こさい》市、新居《あらい》町、舞阪《まいさか》町、雄踏《ゆうとう》町の7市町が面していた。しかし、２００５年（平成17）7月、細江町、三ヶ日町、舞阪町、雄踏町の4町が浜松市に編入合併されたため、浜名湖の湖面に面している自治体は浜松市、湖西市、新居町の３市町になった。だが、浜名湖の湖面は境界未定のため、３市町の面積には含まれていなかった。

琵琶湖や霞ヶ浦が湖面の境界を確定させたことに刺激されてか、浜名湖の境界も確定させようという動きが活発になり、３市町による協議が進められていくことになった。境界線は他の湖と同じように「等距離線主義」が採用された。２０１０年（平成22）1月には市町境界決定書が県から交付され、同年3月16日、総務大臣への届け出により正式に境界が決まった。湖面に浜松市と湖西市、新居町の境界線が引かれることになったが、それから1週間後の3月23日には、湖西市と新居町が合併したため、湖面は浜松市と湖西市の境界線だけになった。ただし、湖面には浜松市の北区と西区の行政区の境界線もある。

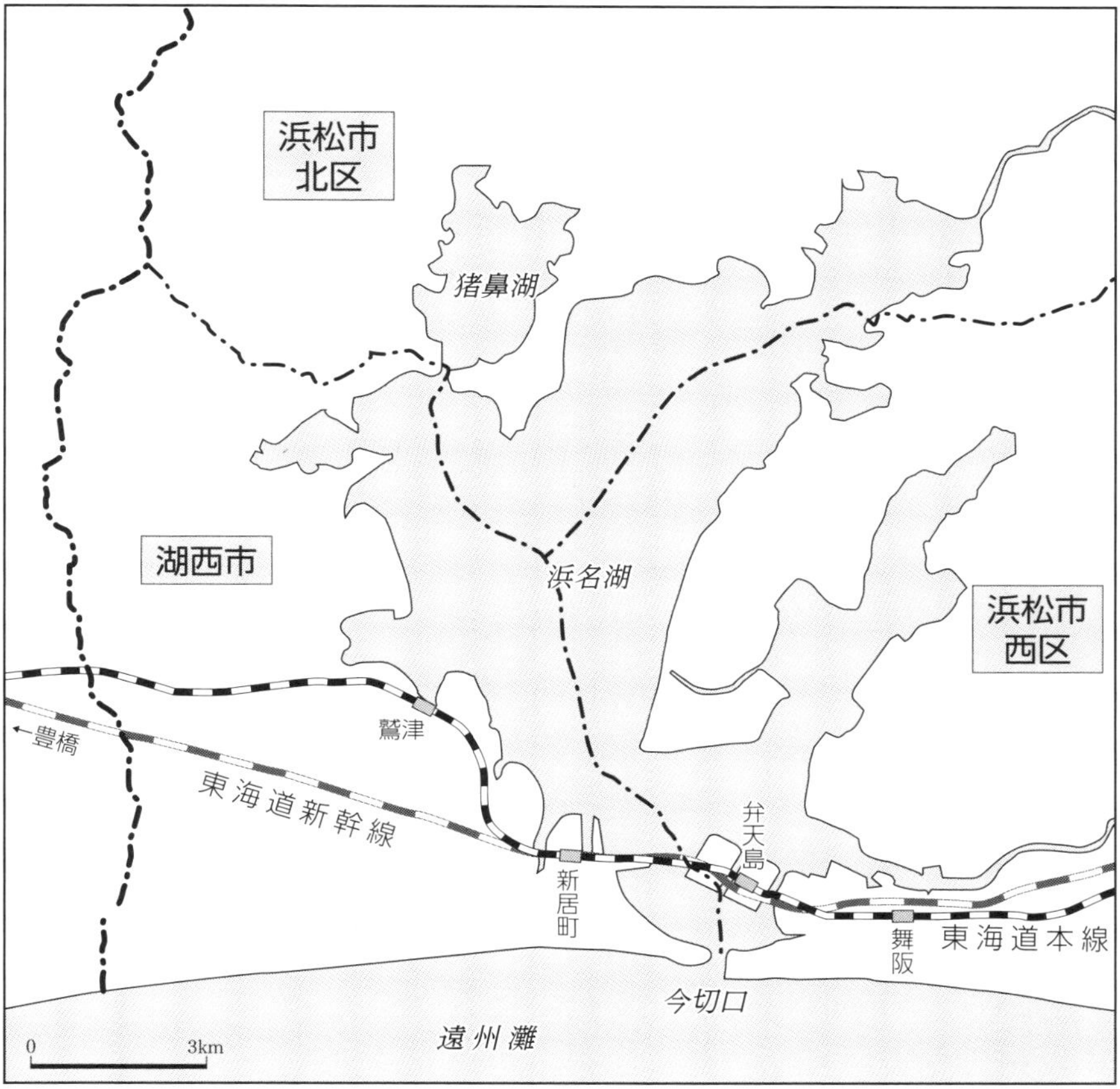
浜松市
北区
猪鼻湖
湖西市
浜名湖
浜松市
西区
←豊橋
鷲津
東海道新幹線
弁天島
新居町
舞阪
東海道本線
今切口
遠州灘
0
3km

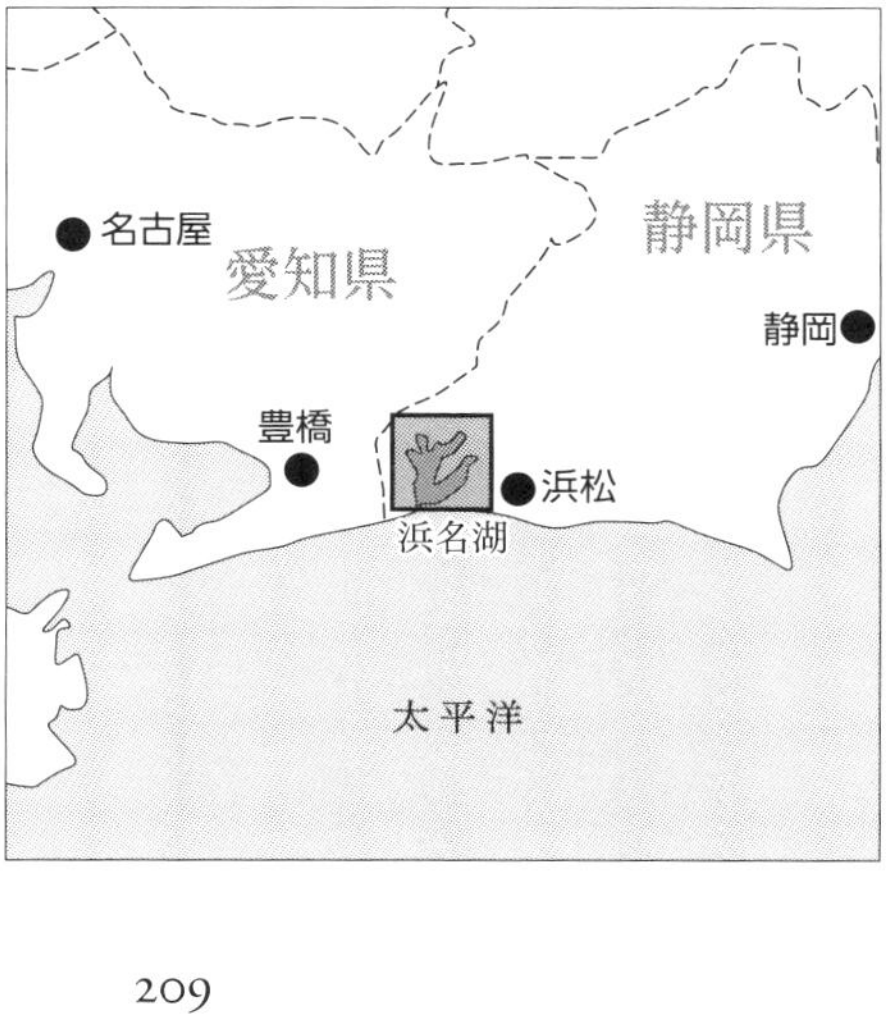
名古屋
愛知県
静岡県
静岡
豊橋
浜松
浜名湖
太平洋

■滋賀県　大津市×高島市×長浜市×米原市×彦根市×東近江市×近江八幡市×野洲市×守山市×草津市

琵琶湖が10市に分割された

日本一大きい湖として有名な琵琶湖も、かつては境界が未定だった。面積は約670平方キロメートルもあり、東京23区（617平方キロメートル）よりも広い。滋賀県の総面積の約6分の1を占めるという巨大な湖である。国から受け取る地方交付税は、自治体の面積も算定基準になるが、琵琶湖の境界が未定のままでは、どの自治体にも加えることができない。つまり、琵琶湖の面積分の地方交付税をもらい損ねているわけだ。これをもらわない手はない。

琵琶湖の境界を確定して、琵琶湖周辺の自治体に分割するという案は、すでに1990年代から持ち上がっていた。しかし、県は「琵琶湖は共有の財産」だという考えから、琵琶湖に境界線を引くことには消極的だった。だが、どの自治体も財政は逼迫しており、地方交付税の増収を図るためにも、境界線の確定を強く望んでいた。

そこで2006年（平成18）5月、「琵琶湖市町境界設定検討会議」が設置され、琵琶湖の境界確定に向けて本格的に協議されていくことになった。そして翌年9月、琵琶湖に面する14の市町は、①琵琶湖の対岸を最短距離で結んだ中間点とする「等距離線主義」により境界を設定する。②増額になった地方交付税の2分の1を14市町共有の財源として、琵琶湖の環境保全に拠出する。以上2点の条件を確認し合い、琵琶湖沿岸の自治体はこの境界の設定に合意した。これが官報に告示され、正式に琵琶湖の境界が確定したのである。

琵琶湖の境界が確定したことによって、増額される地方交付税は2億8300万円にもなる。これが、琵琶湖の水面の面積に応じて14市町に配分されることになった。だが、2010年（平成22）1月、琵琶湖の北岸に面する長浜《ながはま》市が大規模な合併を行ったため、琵琶湖に隣接する自治体は大津《おおつ》、高島《たかしま》、長浜、米原《まいはら》、彦根《ひこね》、東近江《ひがしおうみ》、近江八幡《おうみはちまん》、野《や》洲《す》、守山《もりやま》、草津《くさつ》の10市になった。

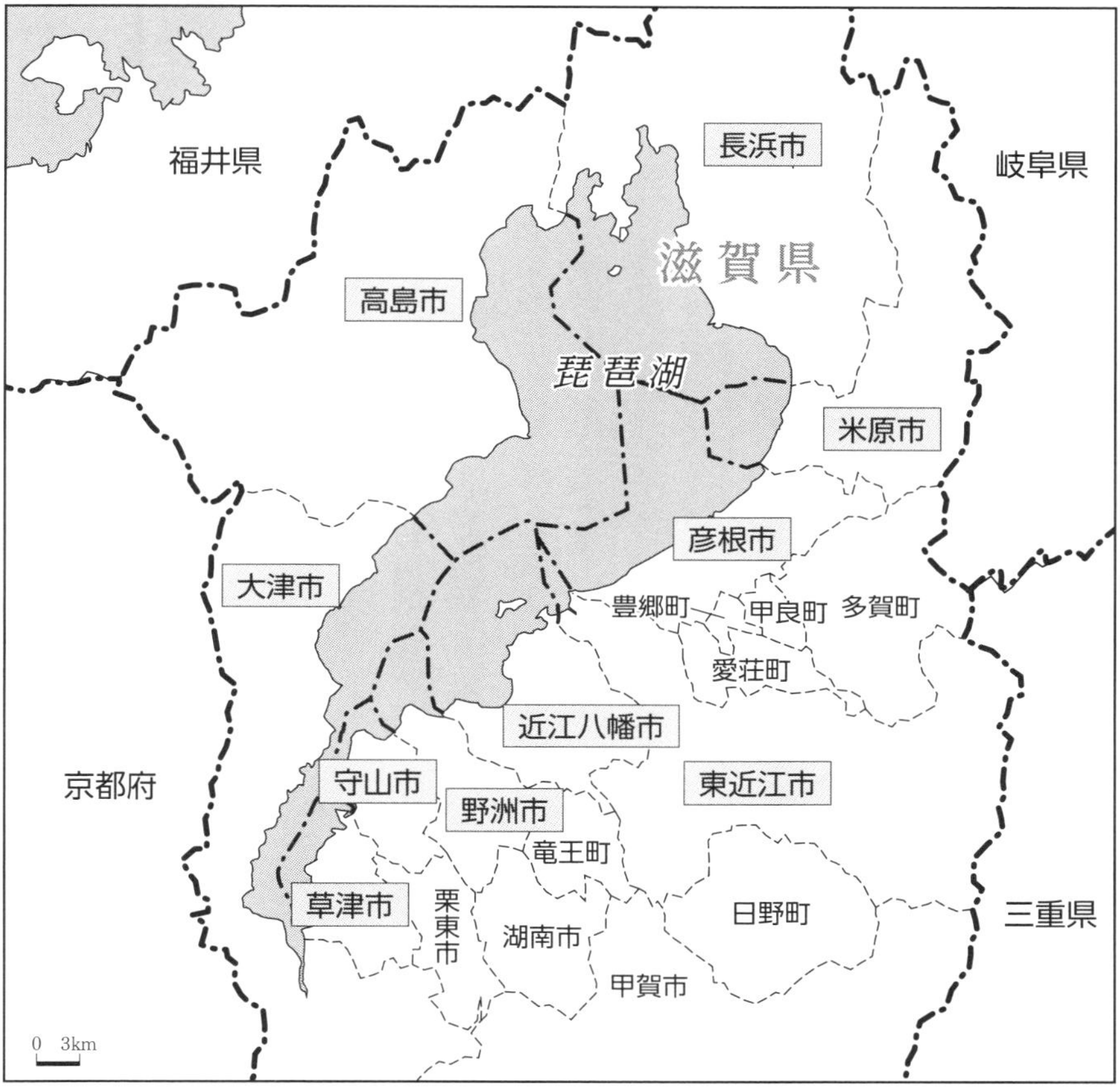
福井県
長浜市
岐阜県
滋賀県
高島市
琵琶湖
米原市
彦根市
大津市
豊郷町
甲良町
多賀町
愛荘町
近江八幡市
守山市
東近江市
京都府
野洲市
竜王町
草津市
栗東市
湖南市
日野町
三重県
甲賀市
0　3km

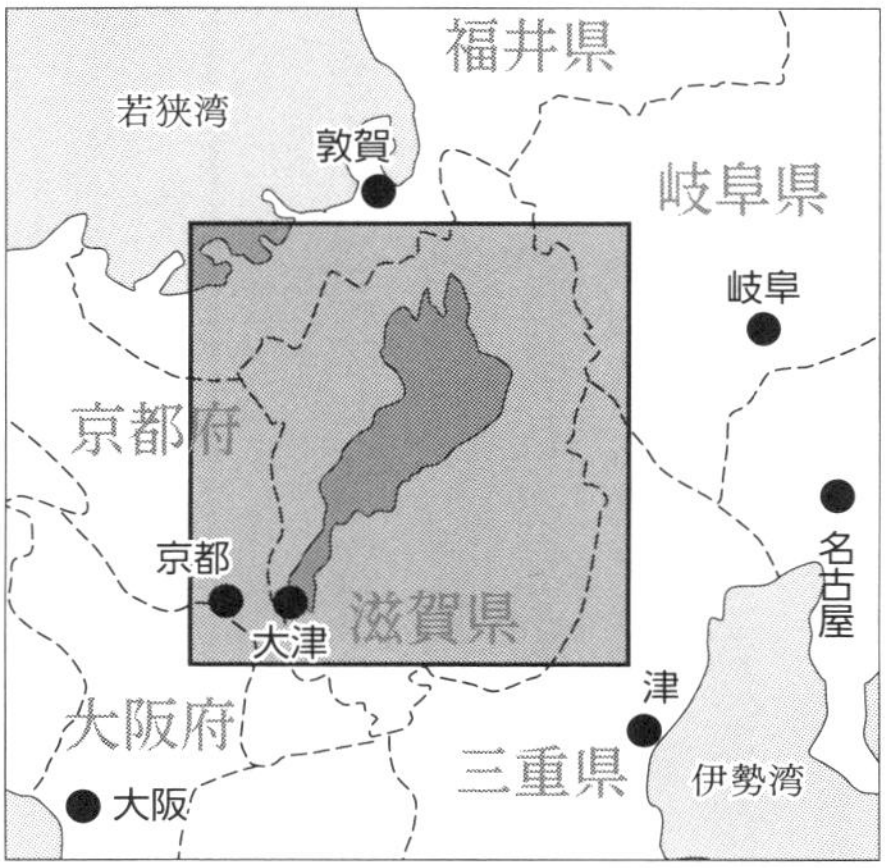
福井県
若狭湾
敦賀
岐阜県
岐阜
京都府
京都
大津
滋賀県
名古屋
津
大阪府
三重県
伊勢湾
大阪

■京都府 宮津市×与謝野町

天橋立の砂州で仕切られた阿蘇海も境界未定地だった

日本三景の一つとして知られる天橋立《あまのはしだて》は、宮津《みやづ》湾の湾奥に形成された全長3・6キロの細々とした砂州で、幅20〜170メートルの砂州の上には見事な松並木が続いている。日本海側を代表する景勝地で、国の特別名勝に指定されているとともに、文化庁の重要文化的景観にも選定されている。この天橋立の砂州によって、宮津湾の湾奥が仕切られているのが阿蘇海という潟湖である。面積4・8平方キロメートルとさほど大きな湖ではないが、宮津市と与謝《よさ》野《の》町にまたがっている。

京都府の総面積と、府内にある各市町村の面積の合計を比較すると4・81平方キロメートルの誤差のあることが総務省に指摘された。それが阿蘇海の面積と一致したことから、阿蘇海が境界未定地であることが表面化した。そこで京都府から、各地にある湖の境界が次々に確定していく中、阿蘇海の境界も確定させたらどうかという打診があった。これを受け、阿蘇海に面する宮津市と与謝野町では、境界確定に向けて協議を進めていくことになった。

阿蘇海と天橋立を含むこの地域一帯は、丹後天橋立大江山国定公園に指定されており、自然の力が創り出した絶景の天橋立を世界遺産に登録させようという機運も高まっている。それを実現させるためにも、天橋立の美しい景観と環境を守り、それを次世代に継承していく必要がある。阿蘇海の境界を確定させれば、阿蘇海に面する宮津市および与謝野町の面積が広くなり、わずか250万円程度と少額ながら、地方交付税が増額される。それを阿蘇海および天橋立の環境保全に活用させようというのである。

境界を確定させるには地方自治法第9条の規定により、市町議会の議決を経る必要がある。議会で承認されたのち、京都府から総務大臣への届け出により、2013年（平成25）3月、阿蘇海の境界が正式に確定した。最も新しい湖面の境界確定である。

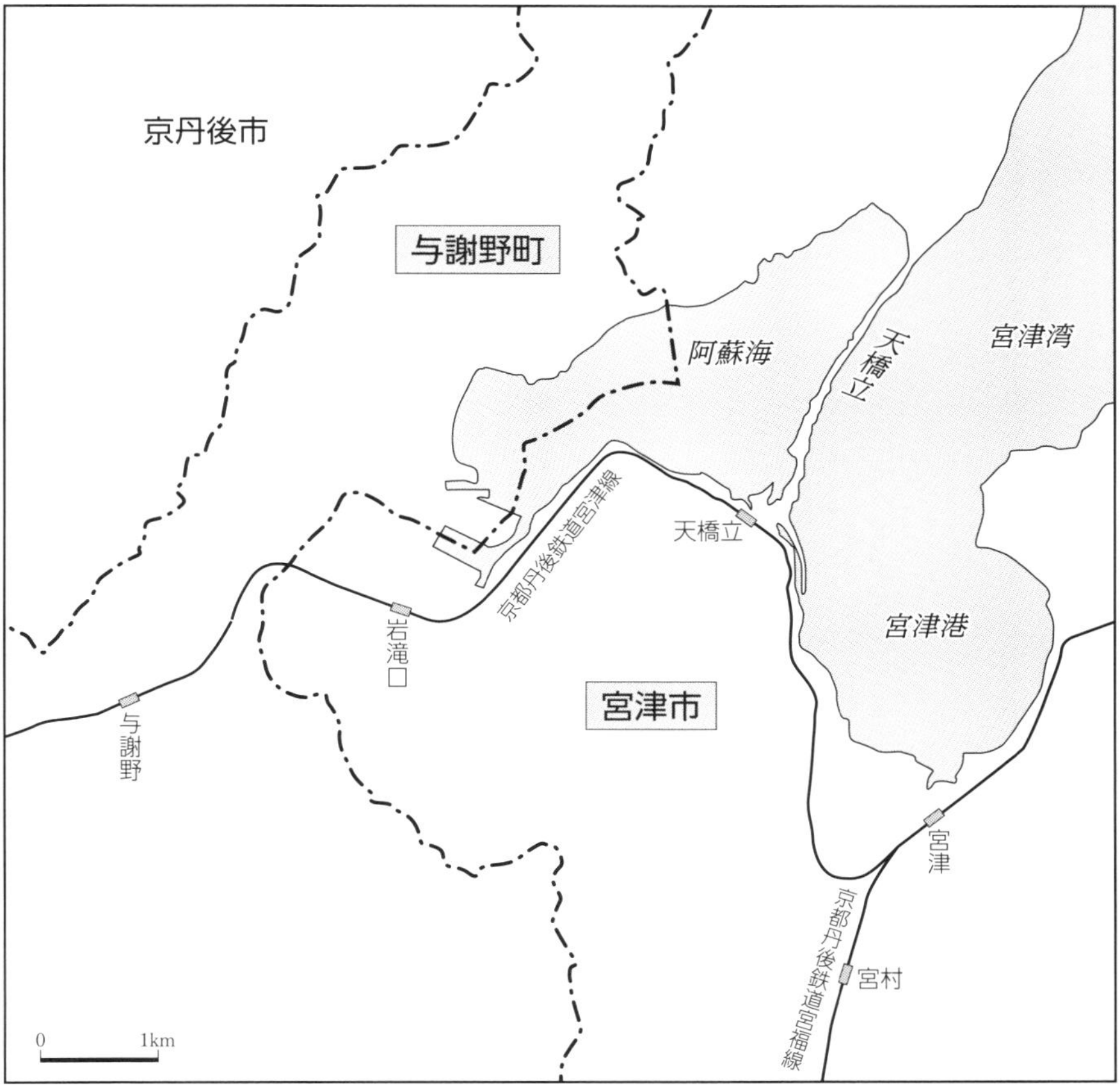
京丹後市
与謝野町
阿蘇海
天橋立
宮津湾
京都丹後鉄道宮津線
天橋立
岩滝口
宮津港
宮津市
与謝野
宮津
京都丹後鉄道宮福線
宮村
0
1km

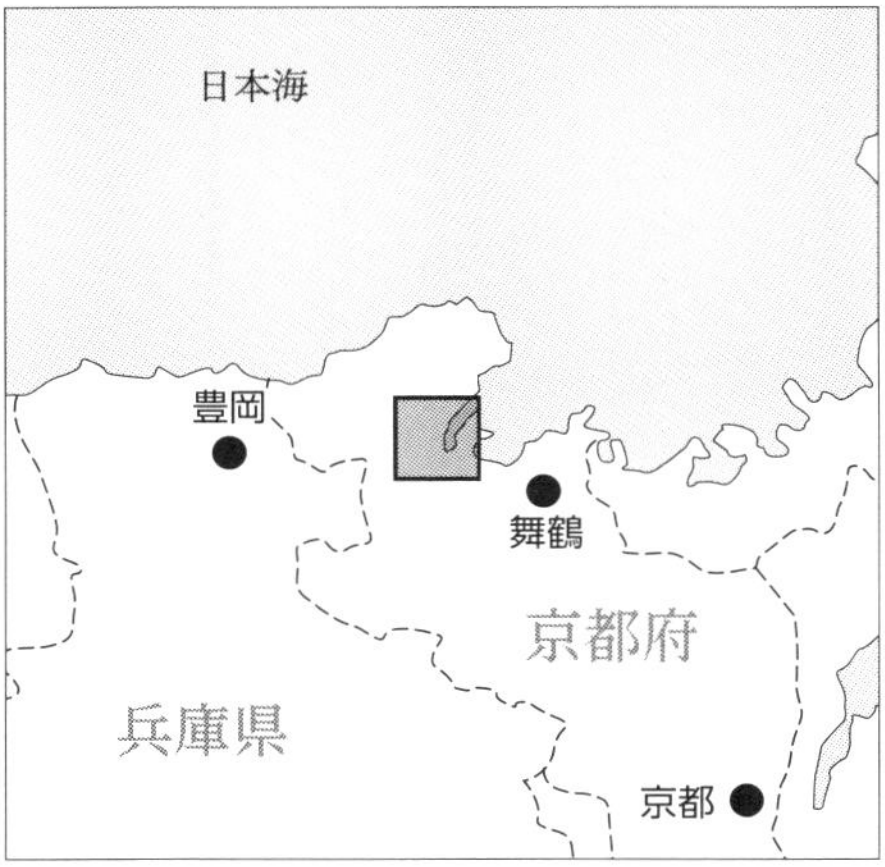
日本海
豊岡
舞鶴
京都府
兵庫県
京都

■鳥取県　米子市・境港市×島根県　安来市・松江市

埋め立て工事が中海の県境を確定させた

山陰地方の島根県と鳥取県の境界に横たわっている中海《なかうみ》は、島根半島と弓ヶ浜《ゆみがはま》半島に囲まれた面積85・7平方キロメートルの全国で5番目に大きな湖で、境水道で日本海と繋がっている。中海は海水と淡水が入り混じった汽水湖のため魚介類が豊富で、江戸時代から出雲国《いずものくに》（島根）と伯耆《ほうき》国《くに》（鳥取）の漁民の間で、漁場をめぐる争いが絶えなかった。古文書には中海は出雲領だということになっているが、証拠となる資料が残されていないため、長い間県境未定地として扱われてきた。

その中海の湖面に、平成に入ってから境界線が引かれることになった。境界が確定したのである。ただ、琵琶湖や霞ヶ浦《かすみがうら》などのように、地方交付税の増額を見込んで境界を確定させたわけではなかった。その発端になったのが、昭和30年代に入って持ち上がってきた中海の干拓と淡水化事業計画にある。さらに、防衛庁（現・防衛省）の美保飛行場のジェット基地化構想も具体化しつつあったため、県境を確定する必要が出てきた。湖面の埋め立てが両県にまたがる可能性があるからだ。もしそうなれば、鳥取県だけの問題だけではなくなり、島根県との事業費の負担割合や埋め立て地の帰属問題も発生する。

県境が未定だと事業計画がスムーズに進んでいかなくなる恐れがあるため、関係市町村は１９１５年（大正４）に測量した地形図を基に、１９８１年（昭和56）４月、鳥取と島根の両県知事および関係市町村との間で「中海における境界、米子空港の拡張整備等に関する協定書」を締結し、暫定的な県境を設定した。その後も協議が繰り返され、現地調査や測量なども行われて、１９９０年（平成２）４月、正式に県境が確定したのである。中海の湖面には、鳥取と島根の県境のほか、鳥取県の米子《よなご》市と境港《さかいみなと》市、および島根県安来《やすぎ》市と松江《まつえ》市の境界線も引かれることになった。

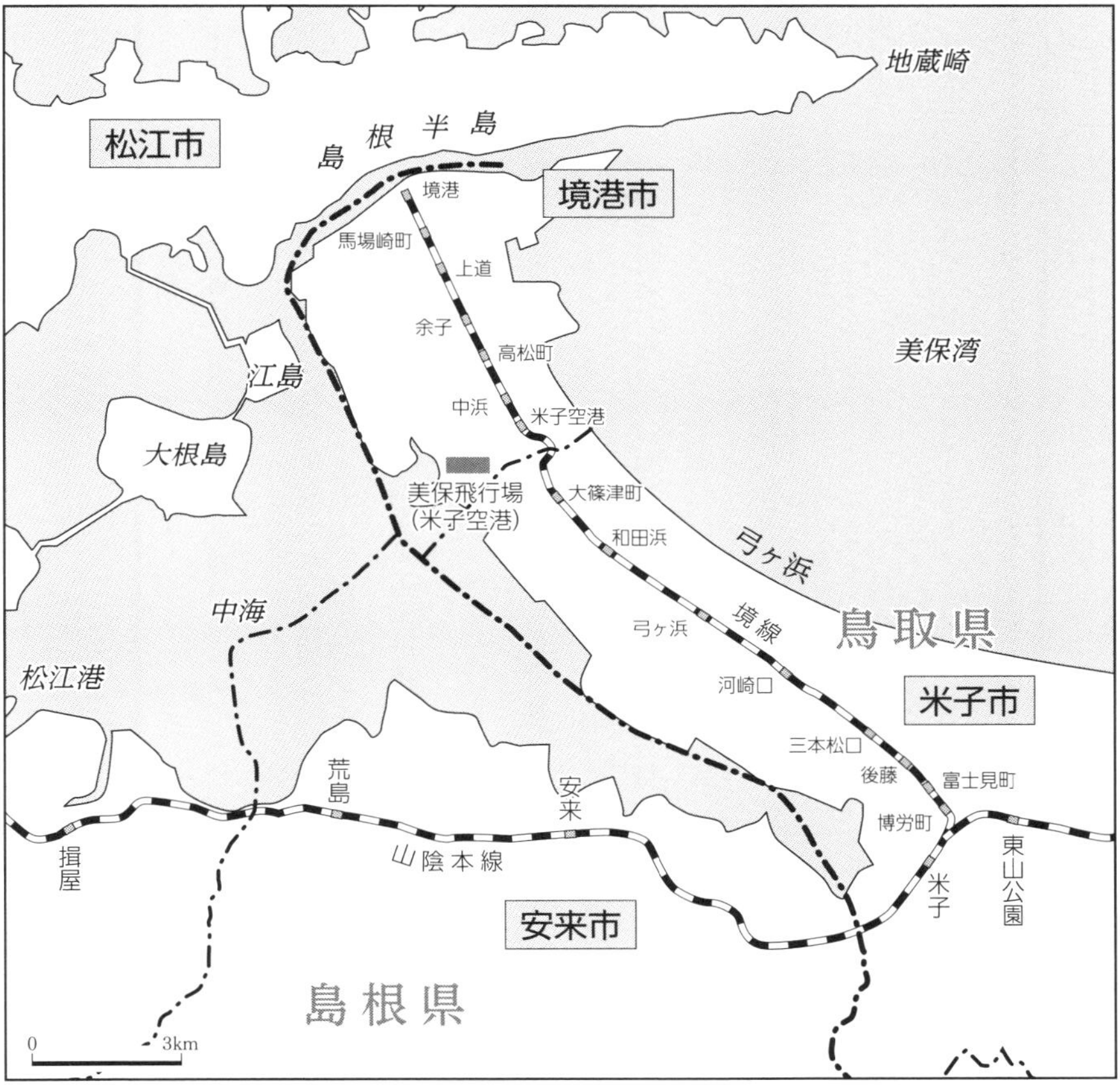
地蔵崎
松江市
島根半島
境港市
境港
馬場崎町
上道
余子
高松町
美保湾
江島
中浜
米子空港
大根島
美保飛行場
（米子空港）
大篠津町
和田浜
弓ヶ浜
中海
弓ヶ浜
境線
鳥取県
松江港
河崎口
米子市
三本松口
後藤
富士見町
荒島
安来
博労町
揖屋
山陰本線
東山公園
米子
安来市
島根県
0
3km

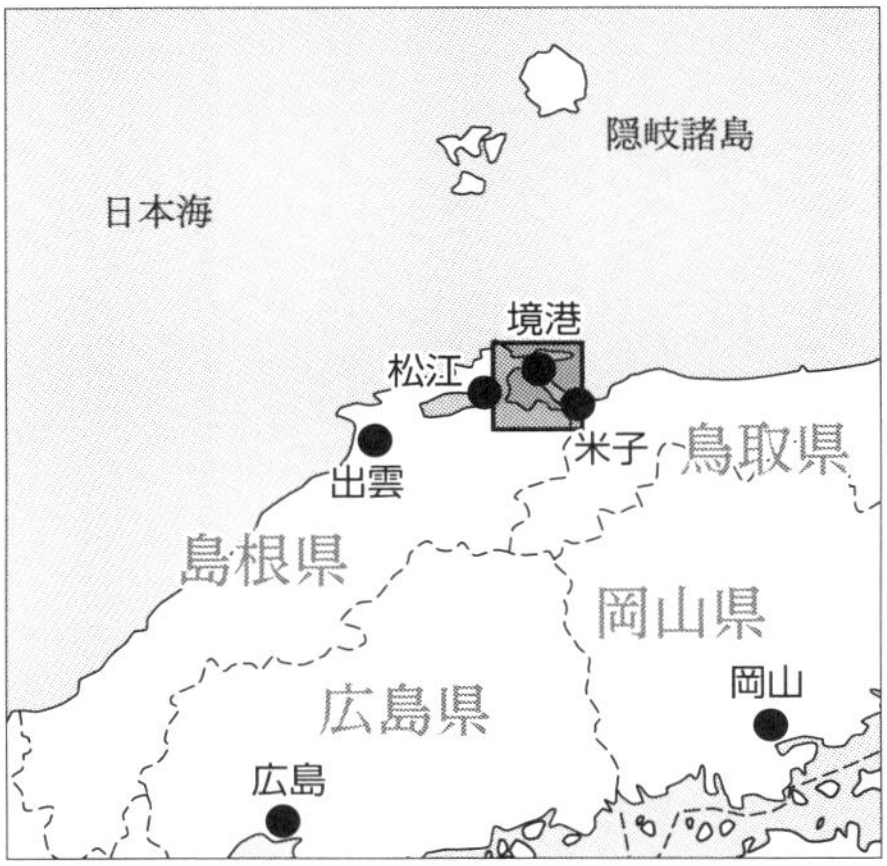
隠岐諸島
日本海
境港
松江
米子
鳥取県
出雲
島根県
岡山県
岡山
広島県
広島

■島根県　松江市×出雲市

宍道湖の湖面は松江市と出雲市で分割

島根半島の南側に横たわっている宍道湖《しんじ》の面積は79・2平方キロメートルで、北海道の屈斜路湖《くっしゃろ》に次ぎ全国で7番目に大きい湖である。だが、水深は浅く、最も深いところでも6・4メートルしかない。大橋川で汽水湖の中海《なかうみ》と繋がっており、水位差がほとんどないため、宍道湖も汽水湖である。塩分濃度は海水の10分の1程度と淡水湖に近い湖なので、淡水に生息する魚介類が豊富である。シジミ、ウナギ、コイ、ワカサギ、スズキ、モロゲエビ、シラウオは「宍道湖七珍」といわれ、島根県を代表する味覚として知られている。県庁所在地の松江《まつえ》市は宍道湖の沿岸に発達した旧城下町で、宍道湖と中海を繋いでいる大橋川で市街地が南北に二分されている。

魚介類が豊富な宍道湖は、中海と同じように古くから漁民の間で漁業権をめぐる激しい争いが繰り広げられてきた。その宍道湖の境界線も1996年（平成8）9月、湖岸に面する自治体による協議で合意し、湖面に境界線が引かれることになった。漁民の争いを解決させるためというわけではなく、地方交付税の増額を目的に設定されたものである。

境界が確定した当時、宍道湖には松江市、平田市、斐川《ひかわ》町、宍道町、玉湯町の5市町が面していた。したがって、湖岸に面する5市町で宍道湖の湖面を分割していたが、2005年（平成17）3月、宍道町と玉湯町は松江市と合併して消滅し、平田市も2005年3月に出雲《いずも》市と合併し、斐川町も2011年（平成23）10月に出雲市と合併して消滅したため、現在は宍道湖に面しているのは松江市と出雲市だけ。湖面に引かれている境界線も松江市と出雲市を分ける1本の線だけである。宍道湖は島根県の宝である。その宍道湖の境界が確定したことにともない、松江市と出雲市に加算される地方交付税の一部は、水環境保全活動や環境教育事業を実施するために拠出されることになった。

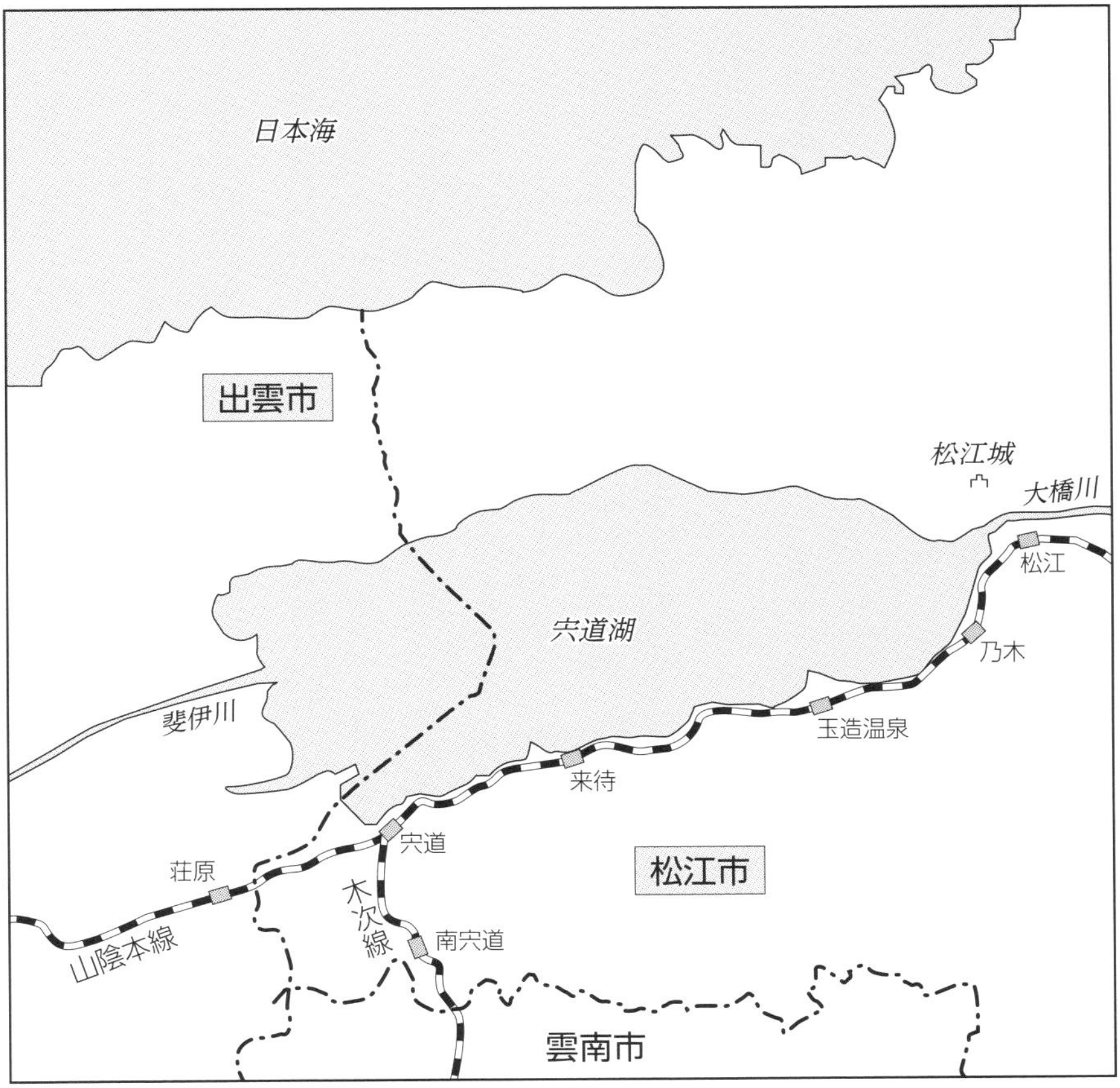
日本海
出雲市
松江城
大橋川
松江
宍道湖
乃木
斐伊川
玉造温泉
来待
宍道
荘原
松江市
木次線
南宍道
山陰本線
雲南市

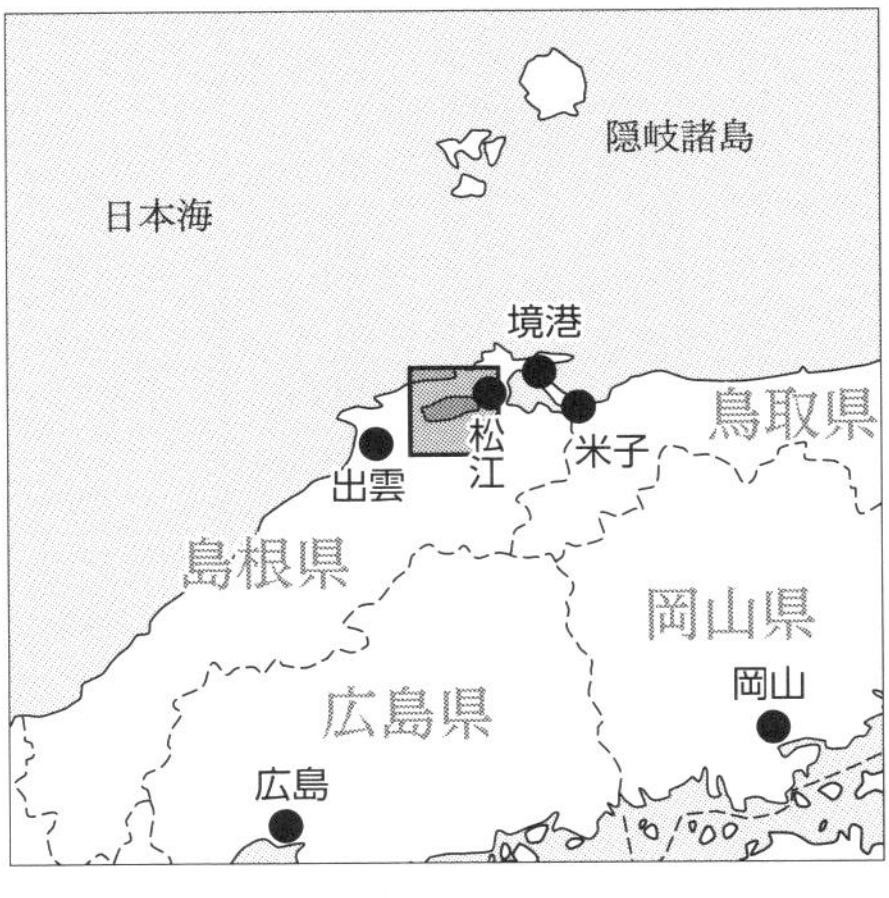
隠岐諸島
日本海
境港
松江
米子
出雲
鳥取県
島根県
岡山県
岡山
広島県
広島

第9章

国境の未定地および紛争地

北方領土にも存在していた境界未定地

■択捉島　蘂取村×紗那村、紗那村×留別村
■国後島　泊村×留夜別村

北海道の北東部に浮かぶ北方領土は、択捉島《えとろふ》、国後島《くなしり》、色丹島《しこたん》、歯舞諸島《はぼまい》からなり、「北方四島」とも呼ばれている。総面積は5036平方キロメートルと、千葉県の面積に匹敵する広さである。四島で最も大きい択捉島（3184平方キロメートル）は、沖縄本島（1201平方キロメートル）の約2・7倍、2番目に大きい国後島（1499平方キロメートル）も、沖縄本島の1・2倍以上の大きさがある。日本固有の領土であり、戦前までは約1万7000人の日本人が住んでいた。しかし第二次世界大戦後、ソ連（現・ロシア）に不法占拠され、現在もロシアの実効支配が続いている。

旧ソ連に占領される前まで、北方四島には六つの村があった。択捉島に3村（留別村《るべつ》、紗那村《しゃな》、蘂取村《しべとろ》）、国後島に2村（泊村《とまり》、留夜別村《るやべつ》）、色丹島に1村（色丹村）の合計6村である。ロシアに実効支配されている現在、行政に支障があるわけではないが、これらの島にも境界未定地が存在していた。もしロシアに占領されていなければ、その後開発が進み、北方四島には100万人を超える日本人が住んでいたかもしれない。

択捉島にある日本最北端の蘂取村と、南に隣接する紗那村との間は、北側のオホーツク海の沿岸と、南側の太平洋の沿岸の少しの境界が決まっているだけで、ほとんどが未定地になっていた。紗那村と、南に隣接する当時日本一面積が広かった留別村との間の境界も、オホーツク岸のごく一部が確定しているだけで、ほとんどが未定である。

国後島でも泊村と留夜別村との間に境界未定地があった。オホーツク海の沿岸にあるニキショロ湖の湖面と、その東に続く境界が未定になっているほか、太平洋側の内陸にも境界未定地が存在していた。

明治以降に本州からの入植者によって開拓された地であり、広大な土地にわずか1万7000人ほどしか住んでいなかったために特に支障がなかったのだろう。

■日本×ロシア

千島列島も南樺太も、国際法上は所属未定地

日本最北端の宗谷岬からわずか40キロほど北に浮かぶ樺太（サハリン）は、北海道とほぼ同じ面積を有する南北に細長い島だが、なぜ樺太の真ん中に国境線が引かれているのだろう。国別に色分けした世界地図のほとんどが、日本は赤色、ロシアは緑色に彩色されている。ところが、樺太の北半分（北樺太）は緑色だが、南半分（南樺太）と千島列島には色が施されておらず、白抜きになっているのだ。それはどういう理由によるものかといえば、日本政府は南樺太と千島列島を、国際法上は所属未定地だと主張しているからなのだ。

１８５４年（安政元）に日本とロシアとの間で締結された日露和親条約で、日本とロシアの国境が取り決められた。この条約により、千島列島は択捉島とウルップ島の間を両国の国境とし、樺太には国境を定めず雑居地とされた。そのため、樺太では紛争が絶えなかった。それを打開するため、１８７５年（明治８）、「樺太・千島交換条約」を結んで、日本は樺太を放棄する代わりに、ウルップ島以北の千島列島を日本が領有することになった。

しかし、１９０４年（明治37）に勃発した日露戦争で、日本が勝利したことにより日露講和条約が結ばれ、北緯50度以南の樺太が日本に割譲された。これで南樺太と千島列島の全域が日本の領土になったのである。だが、第二次世界大戦後の１９５２年（昭和27）、日本と連合国との間でサンフランシスコ講和条約が調印され、再び国境が大きく塗り替えられることになった。日本は連合国による占領から解放され独立を回復したものの、それと引き換えに南樺太と千島列島を放棄した。だが、この条約の草案は米英両国だけで作成されたものであったため、これを不服とするソ連は条約に調印しなかった。したがって、南樺太も千島列島も国際法上はロシアの正式な領土ではなく、所属未定地なのである。南樺太とウルップ島以北の千島列島に色が施されていないのには、そういう理由があったのだ。

■日本×韓国

国境紛争を生んだ李承晩ライン

日本と韓国との間にも国境未定地が、いや領有権をめぐって国境紛争がくすぶり続けているといった方がよいだろう。山陰の日本海上に浮かぶ隠岐諸島から北西へ150キロほど行ったところに、「竹島」という小さな島が浮かんでいる（韓国では独島《トクト》と呼称している）。竹島は東島（女島）と西島（男島）という二つの小島と、数十の岩礁から成る総面積わずか0・23平方キロメートルの無人島である。1849年（嘉永2）、フランスの捕鯨船が発見したとされているが、それ以前から日本の漁民は、竹島の存在を知っており、周辺の海域で漁業を営んでいたという。

明治政府は1905年（明治38）、竹島は日本の領土であることを宣言し、島根県に編入した。しかし、戦後の1948年（昭和23）に韓国が独立してから雲行きが怪しくなってきた。1952年（昭和27）、サンフランシスコ講和条約が発効する直前になって、韓国の李承晩大統領は竹島の領有権を主張し、竹島と隠岐諸島の間に「李承晩ライン」と呼ばれる境界線を一方的に引いたことから、領有権をめぐる紛争に発展。韓国は竹島を占拠し、灯台や見張台などを建てるとともに、警備員を常駐させて実効支配している。

竹島そのものに大した価値は無いが、竹島周辺の海域は対馬海流とリマン海流が出会う好漁場である。200カイリ漁業専管水域の問題もあり、漁業におよぼす影響はとてつもなく大きいのである。韓国も日本も竹島に固執するのは、そういった理由もあるからなのだが、竹島が日本と韓国の関係を悪化させている大きな要因になっていることは紛れもない事実である。2005年（平成17）3月、島根県が条例で「竹島の日」を制定したことで、竹島問題に韓国はより過敏になっている。日本、韓国の双方がともに、竹島を自国の領土であると主張している限り、平和的解決は望めそうもない。

■日本×中国×台湾

無人島の尖閣諸島に、日本人が居住していた

領有権をめぐる国境紛争が竹島より危険な状況にあるのが、沖縄本島から４００キロ余り西の東シナ海上に浮かぶ尖閣諸島である。尖閣諸島は魚釣島、北小島、南小島など五つの小島と三つの岩礁から成る火山島で、総面積は５・５平方キロメートル、最も大きい魚釣島の面積は３・８平方キロメートルある。明治政府は１８９５年（明治28）、尖閣諸島を日本の領土として沖縄県に編入している。現在は無人島だが、戦前にはアホウドリの羽毛採取やカツオ漁業などで、２００人以上の日本人が居住していたこともある。

第二次世界大戦の敗戦でアメリカの管理下に置かれたが、１９７２年（昭和47）に沖縄が日本に返還されたのにともない、尖閣諸島は再び日本の領土になっている。尖閣諸島の近海はカツオの好漁場だが、これまで尖閣諸島の領有をめぐるトラブルはなかった。しかし１９６０年代に入って、尖閣諸島周辺の大陸棚に海底油田や天然ガス層など、豊富な海底資源が眠っていることがわかると、中国と台湾も尖閣諸島の領有を主張し始めるようになり、国際問題にまで発展している。

尖閣諸島は現在、日本が実効支配している。１９７８年（昭和53）に日本の政治団体が魚釣島に灯台を建て、その後、海上保安庁が中国人の不法侵入を防ぐため仮設ヘリポートを設置した（現在は撤去されている）。そのため、中国や台湾は対日非難を強め、中国漁船などによる不法操業や不法越境が頻繁に繰り返されてきた。２０１０年（平成22）９月には、中国漁船衝突事件が発生。違法操業中の中国漁船が、パトロール中だった海上保安庁の巡視船に自ら衝突した事件である。２０１２年（平成24）９月、日本政府が尖閣諸島を国有化してからは、反日運動はより激しさを増しており、日本の出方次第では、一触即発の事態になりかねない状況に陥っている。

市町村名索引

＊本文1〜8章で取り上げた境界未定地に該当する市町村名を都道府県ごと50音順で掲げる。

【参考文献】

『日本地図』（帝国書院）
『最新基本地図』（帝国書院）
『旅に出たくなる地図・日本編』（帝国書院）
『総合地歴新地図』（帝国書院）
『今がわかる時代がわかる・日本地図』（成美堂出版）
『地図（ＭＡＰ）』（日本国際地図学会・日本地図学会）
『月刊　地図中心』（日本地図センター）
『新詳日本史図説』（浜島書店）
『平成の大合併　県別市町村名事典』（東京堂出版）
『全国市町村要覧』（第一法規）
『世界大百科事典』（平凡社）
『日本地名大百科』（小学館）
『コンサイス日本地名辞典』（三省堂）

- 国土交通省国土地理院、国土交通省道路局、総務省、経済産業省、環境省、文化庁の資料およびホームページ
- 都道府県、市区町村の資料およびホームページ
- 朝日新聞、読売新聞、毎日新聞、産経新聞、中日新聞など全国主要新聞

〔著者略歴〕

浅井建爾（あさい　けんじ）

地理・地図研究家。日本地図学会会員。著書にベストセラーになった『知らなかった！驚いた！日本全国「県境」の謎』『なんだこりゃ?!まだまだあるぞ「県境」＆「境界線」の謎』（以上、実業之日本社）、『誰かに教えたくなる道路のはなし』（ＳＢクリエイティブ）、『東京の地理と地名がわかる事典』（日本実業出版社）、『本当は怖い京都の地名散歩』（ＰＨＰ研究所）、『日本全国　合成地名の事典』『駅名・地名不一致の事典』『平成の大合併　県別市町村名事典』（以上、東京堂出版）など著書多数。

日本全国　境界未定地の事典

2019年１月30日　初版印刷
2019年２月10日　初版発行

著　者　　浅井 建爾
発行者　　金田 功
発行所　　株式会社東京堂出版
http://www.tokyodoshuppan.com/
〒101-0051 東京都千代田区神田神保町1-17
電話03-3233-3741

DTP・地図作成　株式会社あおく企画
装　丁　　松倉 浩
印刷製本　中央精版印刷株式会社

ISBN978-4-490-10906-1 C0525